일제 강점기로부터 1세기를 산 한 여인의 파란만장한 인생의 회고록이자
백수를 향한 극노인의 처절한 투병기이고 가족의 눈물나는 간병기

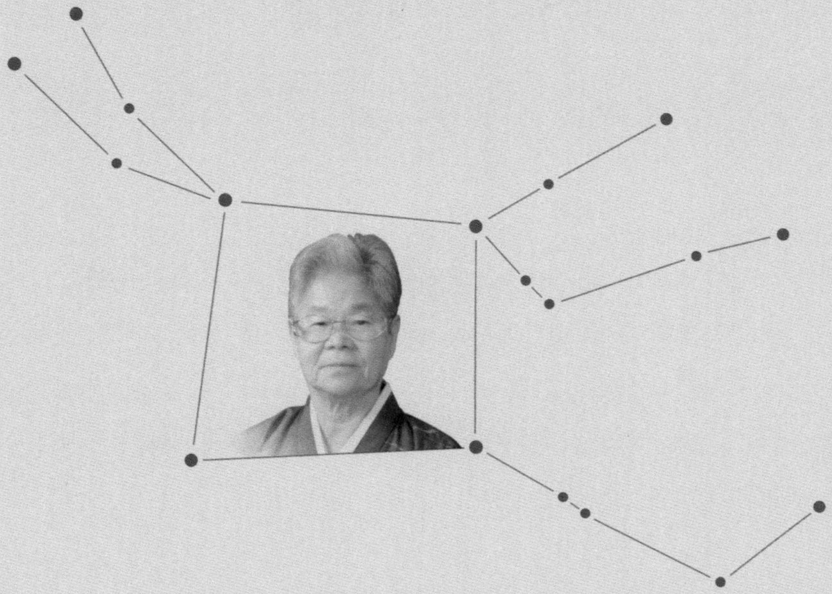

성안댁 김서균의

백세일기

백수를 누린 성안댁 김서균이 들려주는 황금 같은 노년 삶의 지혜와 해학
그리고 현실적인 노인 돌봄 문제에 대한 공감 일기

구술 김서균

정리 조정관

머리글

'성안댁 김서균의 백세 일기'는 어머니께서 100세를 3달 앞둔 시점부터 100세를 1년 넘긴 시점까지 1년 반에 걸쳐 말씀해주신 내용을 넷째 아들인 제가 옮긴 것입니다. 어머니 김서균의 댁호인 성안은 무등산 자락 광주호 근처 광주시 북구 충효동의 옛 이름으로 성촌이라고도 부릅니다. 이 성안은 어머니가 태어난 곳은 아니고 어머니께서 늘 자랑스럽게 여기시는 시조 할아버지이신 의병장 충장공 김덕령 장군의 고향 마을입니다. 그런데 그 성안이 어머니의 댁호가 되었습니다.

어머니는 꿈이 크고 눈이 높아서 현실에서 만족되는 것이 거의 없으셨습니다. 그래서 비판적이셨고 늘 새롭게 도전하셨습니다. 부지런하시고 지칠 줄 모르는 체력으로 밤낮 쉴새 없이 뭔가를 하셨습니다. 매우 집요하시면서도 포기할 때는 주저함 없이 일거에 포기하고 잊어버리셨습니다. 이게 어머니의 건강 비결이 아니었나 싶습니다. 배포도 보통이 아니셔서 큰일을 시작하실 때에 주저함이 없으셨고 부당한 일을 보면 참지 않으셨습니다. 하지만 자식들이 아프면 어린 자식 둘을 잃은 젊은 시절의 상처 때문인지 어찌할 바를 모르고 밤을 새워 무슨 주문 같은 것을 외우시면서 잔밥을 먹여주시거나 물 수건으로 열을 식혀주시고 서둘러서 병원에 데려가 주셨습니다. 까칠한 성격이시지만 어디를 가나 친구나 동생을 곧장 잘 사귀셨습니다. 그냥 그렇고 그런 친구가 아니라 서로 죽고 못 사는 그런 친구나 의자매를 만드셨습니다. 이것이 노년을 활력있게 사셨던 비결이라고 생각됩니다.

어머니는 또 말하기를 무척 좋아하셨습니다. 입은 밥 먹어라고만 있는 입이 아니고 말도 하라고 있는 입이다고 하시면서 말하기를 좋아하셨습니다. 그래서 어려서부터 어머니로부터 많은 이야기를 들었습니다. 어려서는 어머니의 시조할아버지 의병장 충장공 김덕령 장군의 신화 같은 이야기와 흥부와 놀부, 선녀와 나무꾼, 해와 달이 된 오누이, 장화 홍련, 콩쥐 팥쥐, 은혜 갚은 까치, 의좋은 형제 등 많은 전래 동화이었습니다.

나이 들어서는 6·25전쟁 때 여러 차례 죽을 고비를 넘기셨던 이야기, 홀로 되신 다음에 피눈물 나게 고생하셨던 이야기였습니다. 사오십년동안 수십 번도 더 들은 이야기를 또 하실 때면 '또 그 이야기'라고 하면서 '어머니, 그거 다 알아요, 지금 몇 번째예요'하며 귀 담아 듣지 않았습니다.

어머니 연세가 90세 후반에 이르러서는 생신이 있는 11월 전후로 무슨 징크스처럼 어머니 건강에 큰 일들이 연이어 생겼습니다. 그래서 늘 해주시는 어머니 말씀도 못 듣게 되는 날이 곧 오겠구나 하는 생각이 들었습니다. 많은 이야기를 여러 번 들었음에도 '또 그 이야기'하며 건성으로 들었기 때문에 수없이 해주셨던 어머니 말씀이 정확히 기억하기 어려웠고 앞뒤를 연결시키려고 하면 쉽지 않았습니다. 그래서 어머니의 백수에 임박하여 의사 아들로서 제 꿈이기도 했던 어머니의 백수를 기념하고 어머니 말씀을 기록으로 남겨 영구보존하고자 '성안댁 김서균의 백세 일기'를 계획하였습니다. 일반 대중을 위한 책이기 보다는 우리 가족이나 친지들이 돌려 보며 어머니를 추억하기 위한 책으로 그날 그날 해주시는 어머니 말씀을 가감 없이 사투리 투성이 말 그대로 옮겨 적고자 했습니다. 하루하루 쓰면서 기록이 쌓이다 보니 이는 한 가족의 이야기이지만 일제 강점기 삼일독립운동 전 해로부터 1세기를 산 한 여인의 파란만장한 삶을 통해 우리의 과거를 알고, 삶의 지혜와 해학을 배우고, 현실적으로 큰 국가적인 문제인 노인 문제에 대해서도 깊이 생각해보게 되는 글이라는 생각이 들었습니다. 성안댁 김서균 한 사람만의 이야기가 아니라 누구나 겪었고 지금 겪고 있거나 앞으로 겪을 내용으로 모두가 공감하고 함께 공론해봐야 할 내용인 것이었습니다.

연세 많으신 어르신들은 누구나 다 외롭습니다. 배우자가 없거나, 있어도 치매나 노쇠 등으로 대화가 안 되고, 자식과 따로 살거나, 자식과 같이 살아도 대화가 부족해서 그렇습니다. 그런데 어머니 백세일기를 쓰기 시작하면서 어머니 말씀에 더욱 귀를 기울이게 되고 궁금한 것은 여쭙기도 하여 어머니와 대화시간이 일방적으로 듣는 시간이 아니라 그야말로 이야기를 주고받는 즐거운 대화의 시간이 되었습니다. 이로써 어머니의 외로움도 조금 덜어드릴 수 있었습니다. 어머니가 아프셨을 때에는 어머니께서 호소하는 증상과 치료에 대한 반응을 귀담아 듣고 소아가 어린 성인이 아니듯 노인도 나이 많은 성인이 아니라는 것을 깨달았습니다. 증상 표현도 다르고 약에 대한 효과나 부작용도 성인과 아주 다름을 알 수 있었습니다. 이로써 노인 환자의 진료에 많은 도움이 되었고 여러분들에게도 도움이 될 것이라고 생각합니다.

'성안댁 김서균의 백세 일기'는 어머니께서 넷째 아들인 저에게 말씀하신 내용을 적은 것이어서 전적으로 100세 노인의 기억력에 의존하여 쓰여진 것입니다. 따라서 내용에 넷째 이야기가 많고 어머니께서 잘못 이해하고 계시거나 잘못 기억하신 것이 있을 수 있습니다. 제가 나름대로 최대한 검증하고 검토하였으나 약간의 오해나 오류는 너그럽게 받아들여 주시기 바랍니다. 수록된 사진은 저나 저희 가족이 직접 찍은 것이며 주간보호센터에서 어머니의 모습은 어머니께서 다니셨던 복지관과 요양원에서 제공해 준 것입니다. 사진 사용을 흔쾌히 허락해주시고 어머니를 친어머니 이상으로 잘 돌봐주신 성명심 관장님과 송영심 원장님께 깊이 감사드립니다.

'성안댁 김서균의 백세 일기'는 일제 강점기로부터 해방과 6·25전쟁을 거쳐 최근 대통령 탄핵과 북미정상회담에 이르기까지 우리나라 역사 가운데 가장 파란만장했던 지난 1세기를 사신 어머니의 인생 회고록이자 백수를 향한 극노인의 처절한 투병기이며 함께 한 가족들의 눈물나는 간병기입니다. 이 책이 누구에게는 감사가 되고 누구에게는 희망이 되고 누구에게는 공부거리가 되기를 바래봅니다.

2020. 3. 1
넷째 아들 조정관

성안댁 김 글라라 서균의 이력

일제 강점기

1918년 10월 16일(음), 출생. 마을 훈장 김희장과 조대숙의 4남1녀 중 3번째 외동딸로
전남 화순군 남면 주산리(배수) 203번지에서

1919년 1월 22일, 대한제국 고종 황제 서거

1919년 3월 1일, 3·1독립운동

1936년 11월 25일(음) 19세, 결혼. 한 살 연하 조래경과 김임의 외아들 조익현과 결혼하여
전남 화순군 한천면 오음리(산음) 119번지로 출가

1938년 4월 일제 국가 총동원법 공포하여 우리나라 인적 물적 자원 수탈 본격 시작

1938년 4월 18일(음) 21세, 큰아들 정량 출생. 산음에서 오후 4시 반경 출생

1939년 5월 경 22세, 광주로 이사. 광주시 학동으로 소 달구지 5개

1940년 5월 7일(음) 23세, 둘째아들 정웅 출생. 광주시 학동에서 오전 9시경

1941년 12월 7일, 일본이 미국 하와이 진주만 기습 공격. 미국이 제2차 세계대전에 참전

1942년 봄 25세, 딸 출생. 백일 기침으로 잃음

1943년 초가을 26세, 화순으로 이사. 광주에서 전남 화순군 동면 찰동으로 (미국의 참전으로 시작된
연합군 공습을 피해 남편이 광주 전매청을 사직하고 동면 구암리 화순탄좌 회계서기로 이직)

1945년 봄 28세, 구암리로 이사. 동면 찰동에서 구암리 화순탄좌 사택으로

해방과 푸른 시절

1945년 8월 15일 28세, 해방. 구암리 화순탄좌 구봉산 숙사에서 맞음

1945년 11월 15일(음) 28세, 큰딸 정남 출생. 구암리 화순탄좌 구봉산 숙사에서 밤 8시경

1947년 7월 7일(음) 30세, 시어머니 별세. 낮에 품앗이 하고 돌아와 저녁에 수제비 드시고
숨을 몰아 쉬시며 남편 흉 값하지 말라고 하시고 별세, 나 홀로 종신

1947년 12월 25일(음) 30세, 둘째딸 정자 출생. 구암리 화순탄좌 사택에서 낮 12시경

1948년 1월 1일(음) 31세, 시할머니 별세. 치매로 3년간 앓으시다 설날에 내 무릎을 베고 별세

1950년 2월 10일(음) 33세, 셋째아들 정문 출생. 구암리 화순탄좌 사택에서 오후 4시 반경

1950년 6월 25일, 6·25전쟁 일어남

1950년 7월 33세, 피난. 화순군 동면 구암리에서 남면 주산리 친정 마을로

1951년 1~3월, 남면 장선리 강내과 고향 집에서 피난
(빨치산 소탕작전으로 마을 가옥을 전부 불태우고 소개시킴)

1954년 봄 37세, 막내딸 혜자 출생. 이듬해 홍역으로 잃음

1956년 8월 2일(음) 39세, 넷째아들 정관 출생. 화순군 남면 주산리에서 오전 10시경

1959년 5월 2일(음) 42세, 막둥이 정일 출생. 화순군 남면 주산리에서 낮 12시경

홀로 서기

1965년 5월 13일(음) 48세, 남편 뇌출혈 (지주막하출혈) 발병. 광주적십자병원 입원

1965년 10월 5일(음) 48세, 남편 별세. 퇴원 앞두고 뇌출혈 재발로 광주적십자병원에서 별세

1967년 1월 8일 50세, 큰아들 정량 결혼

1965년~1968년 농사 직영. 이후에는 소작

1975년 58세, 광주시 학동에서 양림동으로 이사

1977년 60세, 광주시 양림동에서 농성동으로 이사

1978년 10월 16일(음) 61세, 회갑 잔치. 광주시 서구 농성동 집

1987년 70세, 주암댐 수몰 토지 보상 완료로 고향 배수에서 완전 철수

1992년 6~7월 75세, 미국 방문. 뉴욕, 뉴저지, 필라델피아, 워싱턴, 나이아가라, 엘에이, 그랜드 캐년,
라스베가스, 요세미테, 레이크 타오, 샌프란시스코, 하와이

1997년 11월 15일 80세, 팔순 잔치. 무등산 관광호텔

하루 살이

2010년 11월 25일 93세, 척추 (흉추 8, 9, 10) 압박골절로 대학병원 1차 입원 (5일간)

2010년 12월 29일, 척추 (흉추 7, 12) 압박골절로 대학병원 2차 입원 (12일간)

2011년 1월 7일 94세, 백내장 수술 (오른쪽)

2012년 7월 10일 95세, 백내장 수술 (왼쪽)

2014년 10월 4일 97세, 세례. 광주 풍암동 성당에서 (세례명 글라라)

2015년 5월 19일 98세, 망막 황반변성 진단, 유리체 강내 주사요법 시작, 2016년 7월 7일까지 5차례

2016년 11월 28일 99세, 척추 (요추 1) 압박골절로 대학병원 3차 입원 (15일간)

2016년 12월 12일, 빛고을 노인요양병원 입원 (재활 위해 5주간)

2017년 11월 13일 100세, 급성심근경색증으로 대학병원 1차 입원 및 풍선확장술 (좌측 심장동맥, 9일간)

2018년 2월 26일 101세, 심근경색증 재발로 대학병원 2차 입원 및 스텐트 삽입술 (우측 심장동맥, 5일간)

2018년 11월 21일 101세, 심근경색증 2차 재발로 대학병원 3차 입원 및 스텐트 삽입술
(좌측 심장동맥, 5일간)

2018년 11월 23일 101세 (만 100세), 생일 대학병원 입원실에서 자축

별이 되다

202___년 ___월 ___일 10__세, 하늘나라 별이 되다.

(주소: 하늘나라 우주시 가을남구 페가수스동 1918-1016번지)

성안댁 김서균의 가계도

(2019년 당시)

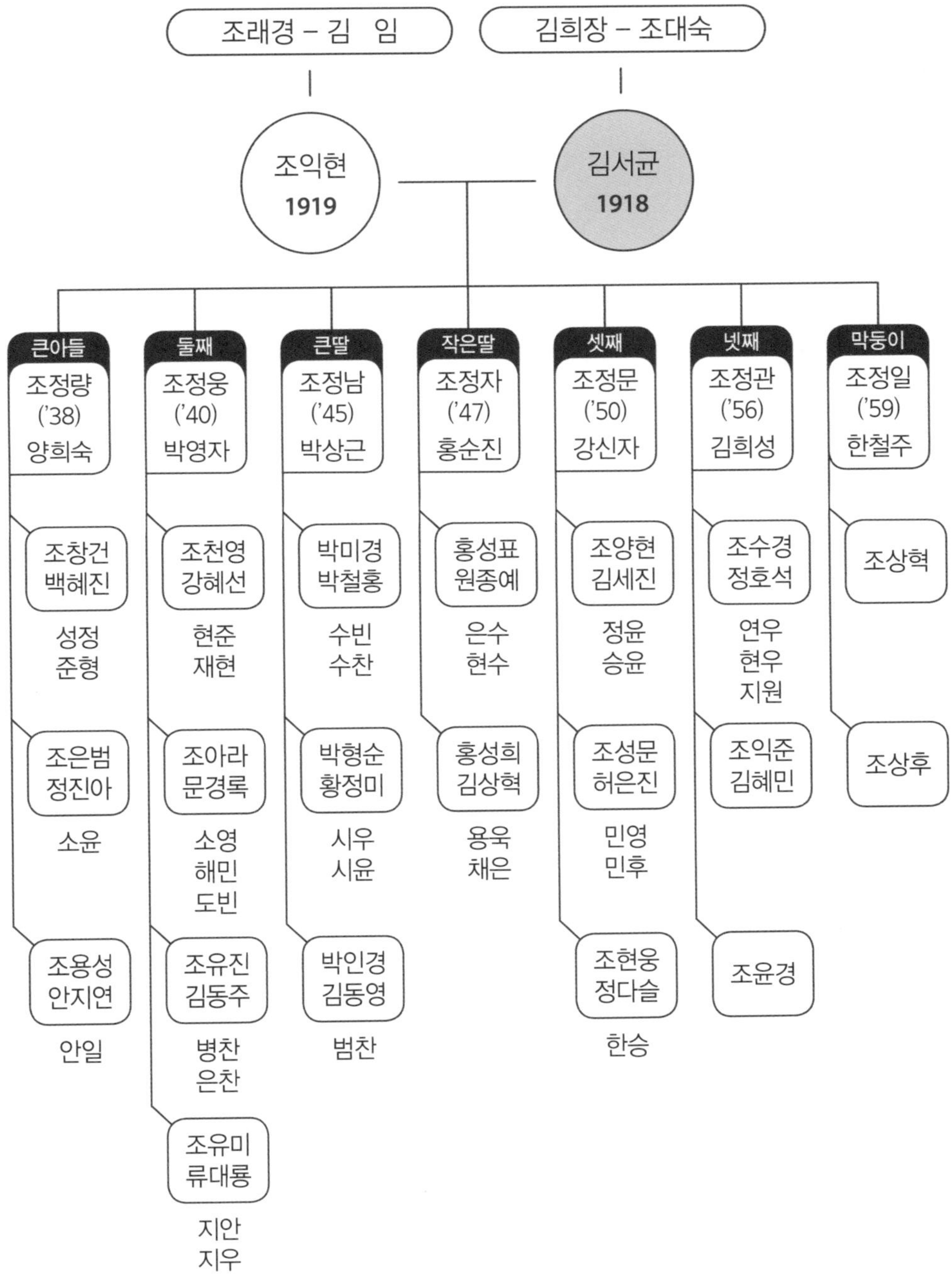

목차

성안댁 김서균 2018

성안댁 김서균 2019

99
성안댁 김서균 2017
100

2017년 9월 26일 화요일 – 2017년 12월 31일 일요일

2017. 9. 26 화요일 (100세 – 68일)

나는 백세 노인, 성안댁 김서균

나는 백세 노인 성안댁 김서균이다. 물론 한국 나이다. 1918년생이니 만으로는 99세이다. 내가 미국 사람도 아니고 중국 사람도 아닌 한국 사람이니 나이를 한국식으로 세는 것은 너무 너무 당연하다. 한국식 나이 셈법은 아주 독특하여 수태로부터 나이를 세는 것이다. 따라서 인간의 생명을 수태로부터 최고로 존중할 것을 맹세하는 히포크라테스 선서의 생명 사상과도 일치한다. 그런데 호적에는 1921년으로 되어 있으니 국가가 공인하는 100세가 되려면 3년을 더 살아야 한다. 원래 생일은 1918년 말띠 해 음력으로 10월 16일이다. 그런데 1950년 6·25전쟁 때 면사무소 호적 서류가 모두 불타버려 호적을 다시 만들면서 1921년 2월 21일로 올라간 것이다. 우리 아이들도 생일이 한두 살씩 적게 올라간 경우가 많다. 그래서 백세 노인에게 국가에서 준다는 청려장은 호적 나이로 줄 것이기 때문에 받지 못할지도 모르겠다.

백세를 맞아 이제 사랑하는 가족과 친지 그리고 이 아름다운 세상과 이별을 준비해야겠다. 나의 파란만장한 백년의 삶은 필설로 다할 수 없다. 넷째가 자서전을 쓰라고 오래 전부터 부추겼는데 다음다음하며 미루다가 이제는 눈이 어두워져서 포기할 수밖에 없다. 그런데 작년에 회갑을 맞은 넷째가 시간을 내어 나의 일기를 대필해주겠다고 한다. 그래서 나는 말하고 넷째는 받아써서 모자 공동 작업으로 "성안댁 김서균의 백세 일기"를 시작한다. 극히 개인적인 내용으로 종횡무진 횡설수설할 것이다. 하지만 이 일기를 통해 조선이 망하고 시작된 일본의 강제 합병에 이은 수탈과 탄압으로 최고로 가난하고 억압받은 일제강점기로부터 8·15해방과 민족상잔의 6·25동란을 거쳐 선진국 반열에 들어 선 21세기 새천년 대한민국에 이르기까지 격변의 한 세기를 살아 온 한 여성의 삶을 통해서 지난 역사를 되돌아보고 백세 세상에 당면한 노인 돌봄 문제를 함께 고민해보고 백세 어르신이 주는 삶의 지혜도 얻을 수 있을 것이다. 이 일기를 읽게 될 모든 분들도 백세를 미리 잘 준비하셔서 저와 같이 행복한 백세를 누리시기 바랍니다.

백세, 살아 보니 살만합니다. 백수, 할 수만 있으면 꼭 하시기 바랍니다.

〈내 오래된 주민등록증, 3살이 늦게 되었음〉

2017. 9. 27 수요일 (100세 – 67일)

음식 맛은 손끝이 아니라 혀끝에서

이틀 동안 국이 없었는데 오늘 아침에 드디어 국이 나왔다.
나한테 밥이나 국은 뜨거워야 한다, 델 정도로.
따라서 국은 내가 식탁에 앉은 다음에 떠서 주거나 아니면 전자레인지에 다시 데워 주어야한다.
뜨겁지 않으면 먹지 않기 때문이다.
오늘 국은 호박 된장국이다. 그런데 한 숟갈 떠서 맛을 보니 쓰디쓰다.
그래서 못 먹겠다고 내어놓고 어멈한테 "국 버려라"고 하고는 "너는 국 끓이면서 맛도 안보냐"고 했다.
어멈은 맛을 봤는데 먹을 만했다고 한다.
넷째는 내가 내어 놓은 국을 가져다가 자기 국에 부어서 맛있다는 듯 먹는다.
하나도 안 쓰고 먹을 만하다고 시위를 하는 것 같다.
내 입맛이 변한 것인지, 이 애들이 안 쓴 척하는지 모르겠다.

그런데 내 입맛이 변한 것은 사실이다.
신 것을 그렇게 잘 먹었는데 지금은 못 먹는 것만 봐도 그렇고 자꾸 음식이 싱겁거나 쓰게 느껴진 것도 그렇다.
또한 뜨거운 것을 좋아하는 것도 맛을 잘 못 느끼기 때문인가 싶다.
음식 맛은 손끝에서 나온다고 하지만 실제는 혀끝에서 나온다.
맛을 잘 보고 간을 잘 맞춰야 맛이 있기 때문이다.
젊었을 때에는 내가 하는 음식은 뭐든지 맛있다고 소문이 자자했는데 이렇게 입맛이 변했으니 음식을 한다고 해도 옛맛을 내기는 어려울 것 같다.
나이를 많이 먹으니 입맛까지 변하는가 싶지만 식사 후 먹는 요구르트와 단 과일의 영향도 있을 것 같다.

〈구례 지리산 산채백반 상차림〉

2017. 9. 28 목요일 (100세 - 66일)

굽힐 때는 굽히고 숙일 때는 숙여야

오늘 아침에는 제법 큰 굴비가 나왔다.
넷째가 살을 발라 주어서 맛있게 잘 먹었다.
내가 시집을 갔을 때 시어머니는 굴비를 씻지 않고 통째로 훨훨 타고 있는 아궁이에 넣어서 구운 다음 껍질을 벗겨 드셨다.
그 시절이 엊그제 같은데 아주 먼 옛날이 되었다.
그때 굴비를 참 많이 먹었는데 팔십 년이 다된 그때나 지금이나 굴비는 굴비다.
요즘에는 하도 맛있는 것이 많아 입맛이 변해서 그럴 수도 있지만, 그래도 그때 아궁이 불에 구운 굴비 맛이 훨씬 더 나은 것 같다.
그런데 굴비라는 이름은 고려시대에 영광에 귀양 온 이자겸이란 선비가 붙인 것이라고 한다.
영광 앞바다에서 잡힌 조기 맛이 하도 좋아 왕에게 진상하면서 비록 귀양을 왔지만 뜻을 굽히지 않겠다는 의미로 굴비라고 글을 동봉하여 올렸다고 한다.
그런데 사람이 너무 대쪽같이 빳빳하면 안 된다.

더 큰 것을 위해 작은 것은 포기하고 받아들일 수 있어야 한다.
막는 것이 바위이면 맞서 싸울 것이 아니라 굽히고 돌아가야 한다.
문이 낮으면 고개를 숙이고 들어가듯 굽힐 때는 굽히고 숙일 때는 숙여야 한다.
큰일을 위해서는 작은 수모나 창피는 받아 들여야 한다는 것이다.
이것이 안 되면 사소한 일로도 목숨을 걸고 싸우게 된다.
큰 뜻의 굴비를 위해서는 작은 비굴은 받아들일 수 있어야 한신과 같은 위인이 될 수 있다.
이게 외유내강의 엽전 처세술이다.
그런데 젊어서 나는 뭐든지 지지 않으려고 했다.
그래서 애 아빠와도 맨 날 싸웠다.
작은 것을 져줘야 큰 것을 얻었을 텐데 왜 그리 싸웠는지!
지금 생각하니 아쉽다.
백 살을 먹으니 나 혼자 힘으로 할 수 있는 일이 없어 이제는 자연스럽게 포기하고 산다.
지고 산다, 어쩔 수 없이.
굴비를 많이 먹었는데도 굴비를 위해서는 비굴할 수도 있어야 하는 것을 그 때는 왜 몰랐을까!

2017. 9. 29 금요일 (100세 – 65일)

만남이 없는 헤어짐도, 헤어짐이 없는 만남도 없다

딸같이 정들었던 복지관 성 관장이 퇴임을 하고 새 관장이 인사를 왔다.
성 관장이 3주 가까이 나오지 않아 이상하다고 생각했는데, 오늘 새 관장이 인사를 해서 퇴직한 것을 알았다.
얼마나 힘이 빠지고 눈물이 나는지 모른다.
외짝사랑인 줄 알지만 아마도 내가 관장한테 반했던 것 같다.
하루 종일 눈물이 나고 허전했다.
만나면 언젠가는 헤어지는 것이 인생인 줄을 알지만 너무 섭섭하고 마음이 아프다.
나이를 먹으니 이별하는 것도 더 감당이 안 된다.
세상과의 이별이 가까워 져서 그럴까!

성 관장은 우리가 금호아파트에 살 때 우리 한 층 위에 살았다.
십년 정도 같이 살다가 각각 다른 아파트로 이사를 해서 헤어졌는데 노인장기요양 주간보호서비스를 이용하게 되면서 다시 만나게 되었다.
엉덩이 관절이 안 좋고 척추의 압박골절로 아파트 노인정을 보행기를 밀고도 갈 수 없게 되어 노인장기요양 장애등급 판정을 신청하였는데 4급 판정을 받아 주간보호를 받을 수 있게 되었다.
그래서 넷째가 적절한 시설을 찾다가 성 관장님이 남구노인복지관을 운영하는 것을 알고 찾아가 이십여 년 만에 다시 만난 것이다.
그 사이 나는 극 노인이 되었으나, 관장은 지금 시집가도 될 정도로 젊게 보였다.
정말 반가웠다.
아침에 출근하면 일일이 어르신들 손을 잡고 불편한 데 없냐고 안부를 묻고, 건강하시라고 격려해주었다.
놀이 시간에는 같이 놀아 주고 음식도 직접 맛을 보아 맛있게 해주고 밥이랑 국도 솥단지 채로 가져와서 옆자리에서 바로 퍼주어 따뜻하게 주었다.
방이나 화장실도 어찌나 깨끗하게 관리를 하는지 번들번들 빛이 났다.
이런 친딸 같은 관장이 그만두니 가슴 한 켠이 뻥 뚫린 것 같다.
만남이 없는 헤어짐이 없고 헤어짐이 없는 만남이 없는 줄은 알지만 그래도 나는 슬퍼서 눈물이 난다.

〈남구 복지관에서 즐거웠던 시간들〉

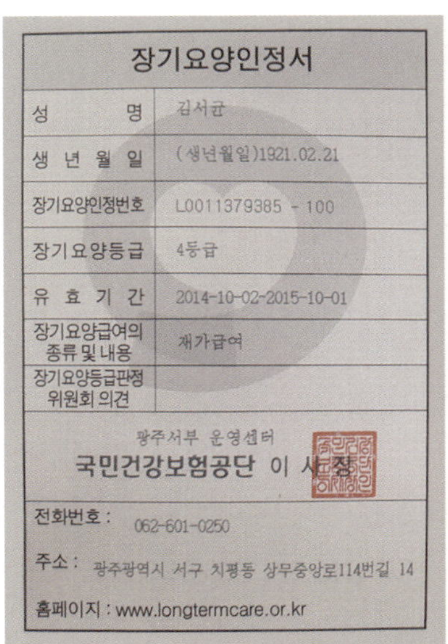

장기요양인정서

성명	김서균
생년월일	(생년월일)1921.02.21
장기요양인정번호	L0011379385 - 100
장기요양등급	4등급
유효기간	2014-10-02-2015-10-01
장기요양급여의 종류 및 내용	재가급여
장기요양등급판정 위원회 의견	

광주서부 운영센터
국민건강보험공단 이사장

전화번호 : 062-601-0250
주소 : 광주광역시 서구 치평동 상무중앙로114번길 14
홈페이지 : www.longtermcare.or.kr

발행일자 : 2014.10.01

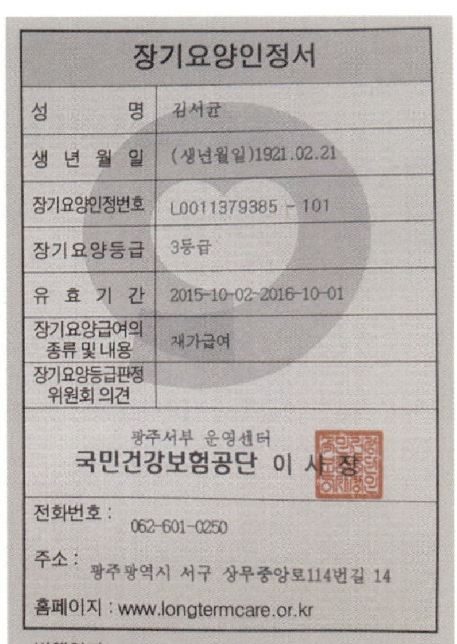

장기요양인정서

성명	김서균
생년월일	(생년월일)1921.02.21
장기요양인정번호	L0011379385 - 101
장기요양등급	3등급
유효기간	2015-10-02-2016-10-01
장기요양급여의 종류 및 내용	재가급여
장기요양등급판정 위원회 의견	

광주서부 운영센터
국민건강보험공단 이사장

전화번호 : 062-601-0250
주소 : 광주광역시 서구 상무중앙로114번길 14
홈페이지 : www.longtermcare.or.kr

발행일자 : 2015.08.19

〈노인 장기요양 인정서, 95세에 처음으로 4급 판정을 받아 주간보호서비스를 받기 시작함〉

2017. 9. 30 토요일 (100세 – 64일)

위로하다 보니 위로가 된다

오늘은 넷째 내외가 익준이만 남겨 두고 화순 집에 가버려서 혼자 남아 심심했다.

그래서 여기저기 전화를 하다가 혹시나 싶어 얼마 전에 대장이 터져 대학병원에서 응급수술 받은 막둥이 동생 댁이 퇴원을 했나하고 배수로 전화를 걸었다.

그런데 웬일인가!

뜻밖에도 동생 댁이 전화를 받아 깜짝 놀랐다.

자세히 물어보니 어제 퇴원을 했고 그러면서 우리 집으로 전화하여 넷째 며느리한테 퇴원 사실을 알려줬다고 한다.

그런데 나한테 말해주지 않은 것이다.

아무리 내가 귀가 어두워 귀에 가까이 대고 말해야 한다지만 나한테 말해주지 않은 것이 매우 섭섭했다.

섭섭해도 어찌할 수 없는 처지라서 서러웠다.

저녁밥을 먹으며 넷째한테 말했다.

그랬더니 자기도 벌써 제자들한테 그런 대접을 받는다면서 '서러워하지 말라'고 한다.

이제 막 환갑이 지났을 뿐인데도 제자들이 그런다니 믿기지 않았다.

"벌써 너도 그러냐? 세상이 참 무섭구나"라며 넷째를 위로해 주었다.

위로를 받으려다 위로를 하고나니 나도 위로가 되었다.

〈내 고향 배수의 수몰 전과 수몰 후 호수가 된 풍경〉

2017. 10. 1 일요일 (100세 - 63일)

자식 사랑은 내리 사랑

저녁에 수경이가 정서방이랑 같이 연우와 현우를 데리고 왔다.
연우는 내가 화장실을 갈 때면 보행기를 앞에서 끌어 주고 좌변기에 앉을 때에는 뒤로 와서 내 옷을 내려 준다. 지 외할아버지 하는 것 보고 따라 하는 것이지만 다섯 살 아이로서 상상할 수 없이 착하고 기특한 증손이다.
다락에 올라가서도 증조할머니하고 소리쳐 부르곤 한다.
둘째 현우는 내가 무서운지 피하는데 연우는 나를 무척 좋아하여 목을 껴안고 이마를 맞대고 밀고 당기며 장난을 한다.
내가 조연우라고 했더니 기어코 정연우라고 한다. 그래도 내가 장난으로 자꾸 조연우라고 하니 종이에다 정연우라고 반듯하게 써서 보여준다.
한 시간 넘게 놀다 갔는데 다 모여서 같이 살고 싶은 생각이 들었다.
왜 나는 애들만 보면 좋아할까?
자식들은 물론 손자나 증손자를 보면 좋아 죽겠다.
학동에서 살 때 장손 창건이를 데리고 살았는데 다섯 살 때 아빠를 따라 여수로 이사를 가서 헤어졌다.
그 때에도 몇 달을 넋 나간 사람처럼 갈피를 못 잡고 방황했었다.
그리고 넷째가 미국 연수 갔을 때 손녀 수경이와 헤어지면서 또 그랬다.
수경이 애들이 와서 몇 시간을 놀다가 가도 너무 섭섭하다. 나랑 자고 갔으면 하는 생각이 드는 것이다.
어찌 내 욕심만 챙기겠는가 하면서도 말이다. 다음 주에 또 놀러오라고 하며 마음을 달랜다.
그러나 자기들은 내 마음과 같지 않을 것이다.
내리 사랑은 있어도 치사랑은 없다지 않은가!
그러고 보면 모든 위대한 사랑은 다 내리 사랑이다.

〈사랑스런 증손자, 연우와 현우〉

2017. 10. 2 월요일 (100세 - 62일)

명절이 되니 옛날 생각만 난다

유사 이래 처음이라는 개천절-추석-한글날 10일 연휴 3일째다.
복지관에 안 가고 집에 있으니 심심하고 옛날 생각만 났다.
미안하다는 말 한마디만 남기고 내 나이 48세에 일곱 남매 중 하나도 여우지 않고 떠난 남편 뒤를 이어 농사를 짓을 때 일꾼 (1년 계약의 새경을 받고 집안 일 전반을 돕는 사람)들이 생각났다.
절동에서 온 송샌은 내가 혼자가 되었다고 일은 안 하고 나를 수없이 골탕을 먹였다.
싸우기도 많이 싸웠지만 여전했다.
반면에 동복 서리에서 데려왔던 총각 일꾼 시균이는 정말 착실히 일을 잘 해주었다.
고마워서 나중에 몇 번이나 찾아보려 했으나 찾지 못했는데 분명 잘 되었을 것이라고 생각한다.
내 애를 먹인 송샌은 어렵게 산다고 들었다.
같이 일을 해보면 평생 어렵게 살 사람과 곧 자립하고 성공할 사람이 쉽게 구별된다.
시균이 같이 남의 일도 자기 일처럼 하는 사람은 복을 받아 뭣을 해도 잘 되게 되어 있다.
일꾼을 데리고 5년 동안 농사를 지었으나 여자 혼자 할 일이 아니라고 생각하여 그만 두고 묵갈림(소작)을 주어 버렸다.

내가 사나워진 것도 혼자서 억센 일꾼들 데리고 농사지으면서 그렇게 된 것이다.
논을 소작으로 맡기고 나서는 소를 키웠는데 직접 키우는 것이 아니라 소작처럼 맡겨서 키웠다.
한두 마리 사 달라던 사람들의 요청에 의해 시작한 일이었는데 소득이 나서 나중에는 소가 아주 많아졌다.
송아지로 사 주고 그 사람들이 키워서 어미 소가 되면 장에 내다 판다.
팔리면 대금에서 송아지 값과 거간비, 소 시장 말뚝 값 등을 제하고 순이익을 반으로 나눈다.
소를 잃거나 소 값이 떨어져 손해를 볼 때도 있지만 이익이 많이 났다.
한번은 남방에 사는 전씨가 다 큰 소가 줄에 걸려 넘어져서 죽었다고 했다.
그런데도 나는 가보지도 않고 알았다고 했다.
또 한번은 사평 정씨가 소를 세 마리나 사주라고 해서 사줬는데 한 마리를 도둑맞았다고 했다. 그때 나는 "도둑이 가져갔는데 그럼 어떻게 하느냐. 당신도 나도 운이 없다고 생각하자"고 했다.
그랬더니 변상하라고 할 줄 알았는데 그냥 두라고 한다며 몇 번이나 엎드려 절하고 자손만대나 복 받으시라고 고마워했었다.

이래저래 잃어버린 소가 5마리는 된 것 같지만 그래도 새끼를 나면 가르고 키워서 어미 소로 팔아 나누니까 큰 수입이 되었고 그 돈으로 사평에 논도 샀다.
그러다가 주암댐이 들어서면서 논밭과 집이 다 댐으로 들어가게 되어 지긋지긋한 농사를 지을 수 없게 되자 울고 싶을 때 뺨 맞은 기분이 들었다.
1987년에 토지 보상도 끝나 내가 나고 자라서 시집갔다가 6·25동란 때 피난 들어와 살았던 고향 배수를 완전히 떠났고 지금 고향에는 마을 어귀에 세워진 실향민 망향비에 내 이름 석자만 남아있다.

〈추석 차례 상차림〉

〈고향 배수 옛 시냇가 풍경과 수몰 후 남은 마을 입구 망향비〉

2017. 10. 3 화요일 (100세 - 61일)

애들은 내 맘을 몰라

서울 셋째가 성묘하러 온다고 한다.
근래에는 추석 때 안 내려왔는데 작년에 큰형이 가서 큰형 첫 성묘에 빠지지 않으려고 오는 것 같다.
아침에 전화로 물어보니 7시 반 차를 탔다고 한다.
왜 좀 빨리 오지 7시 반 차를 탔냐고 하니 표가 없다고 한다.
미리 끊었으면 이른 표를 끊었을 것인데.
그리고 오늘 왔다 오늘 간다고 하는데 엄마랑 하룻밤 자고 가면 안 되는지 모르겠다.
아니면 어제 와서 자든지.
동생과 제수한테 미안해서라고 하지만 하룻밤 자는 것이 뭐시 (무엇이) 그렇게 힘들다고 그런지 모르겠다.

아무튼 셋째랑 넷째는 어디 가려고 하면 서두르지 않고 왜 그리 느려 빠는지 모르겠다.
언제 삽시도에 갔을 때에도 어찌 운전을 느리게 하던지 결국 배 시간을 놓친 적도 있었다.
기다리는 나는 일분이 한 시간 같은데 좀 빨리 나섰으면 안 되었을까 싶다.
그냥 기다리고 있으려니 빨리 보고 싶어 안달이 나서 못 견디겠다.
애들은 이런 엄마 맘을 몰라도 한참 모른다.
고속버스가 좀 밀렸다고 했는데 그래도 한 시가 좀 못 되어 왔다.
이렇게 엄마 맘을 모를까 싶어 주먹으로 좀 두들겨 패고 싶었으나 다 큰 자식이라 못 때렸다.
셋째가 오면서 연보라색 가을 블라우스, 서울의 유명한 달인 카스테라, 제주도 오메기 떡을 사왔다.
지금까지 옷은 셋째 며느리가 다 사댔다.
백 살이나 먹어 무슨 옷을 새로 사 입냐는 생각도 있지만 복지관에 오는 사람들은 다 옷을 잘 입는다.
일하는 도우미 선생들도 대충 입고 다니는 나를 보고 "할머니, 헌 옷 그만 입고 던져 부시오"라고 한다.
그러면 "가난한 나라에서 그러면 못쓴다. 이 옷이 뭐가 어쩐다고 버리냐"고 했다.
그런데 옆 자리 할머니는 매일 옷을 갈아입고 온다.
그래서 "당신은 칠면조요? 매일 옷을 갈아입고 오게"라며 놀린 적이 있다.
다른 사람들도 다 잘 빼 입고 온다.
넷째가 눈치를 채고 자꾸 새 옷을 사준다고 해도 나 죽으면 다 꼬시를 (태울) 것인데 뭘라고 옷을 사냐고 했는데 새 옷이 생겨서 다행이다.
피 한 방울 섞이지 않은 셋째 며느리는 멀리 서울에 살면서도 어찌 내 맘을 알고 이렇게 고운 옷을 사 보냈는지 모르겠다.

2017. 10. 4 수요일 (100세 – 60일)

올 추석은 기다리다가 지나갔다

올 추석은 기다리다가 다 지나가버렸다.

어제 성묘할 때 산음 당산나무 밑에서 큰며느리와 장손 창건이 부녀, 용성이 등 큰집 식구와, 둘째, 셋째, 넷째 부부, 막둥이 부부와 상후를 만나서 추석 인사를 나누고 나는 넷째와 수만리로 왔다.

차례는 지내지 않고 토란국에 전과 잡채를 먹고 후식으로 송편과 식혜를 먹었다.

아침 식사 후 넷째는 일한다고 밖으로 나가고, 어멈도 집 주변의 꽃 사진을 찍고 식물 채집하러 나가버려 나만 혼자 있었다.

큰 거실에 혼자 멍하게 있는 동안 서울에 사는 아들 딸, 손자, 손자며느리로부터 전화가 와서 추석 인사를 받느라 시간을 좀 때웠으나 밖에 나간 넷째 부부는 아무리 기다려도 들어오지 않았다.

나 보기 싫어서 둘이 차 갖고 도망간 것 같다는 생각이 들기 시작했다.

12시가 넘으니 넷째가 들어와 "너희들 도망간 줄 알았다"고 하고 "이제 풀이 다 죽는데 무슨 풀을 그렇게 뽑느냐"고 야단을 쳤다.

넷째는 아무 대꾸를 하지 않았다.

나중에 알고 보니 샘 옆에 풀 안 나게 납작 돌 (판석)을 깔고 있었다고 한다.

오후에는 수경이 식구들이 온다고 해서 모두들 눈 빠지게 기다렸는데 3시에 온다, 4시에 온다"고 하다가 결국 시댁 성묘 때문에 못 온다고 한다. 괜히 기다리게만 해놓고 못 온다니, 몹시 서운했다.

또 저녁에는 아래 집 의자매 동생이 놀러 온다고 해서 기다렸는데 7시 반이 되어도 오지 않아 전화를 했더니 피곤해서 누워있다고 한다. 그래서 "그러면 쉬고 내일 보자"고 했다.

결국 올 추석은 아침부터 저녁까지 기다리다가 다 가버렸다.

"더도 말고 덜도 말고 한가위만 같아라"고 하는 추석도 올해 같으면 차라리 안 오는 게 낫겠다.

〈아래 집 의자매 동생과 간식 시간〉

2017. 10. 5 목요일 (100세 – 59일)

우리 집 가마솥 이야기

추석 다음 날이다. 어제 저녁에 온다고 했던 아래 집 동생이 식혜와 홍어를 가지고 왔다.
나는 정표로 내 블라우스와 바지를 주었다.
완전 새 옷은 아니지만 몇 번 입지 않은 것이어서 농사일 할 때 입으라고 주었다.
나는 외동딸이어서 여동생이 있으면 좋겠다고 생각했는데 동생이 생겨서 참 좋다.
둘이 나란히 앉아 가져 온 음식과 어멈이 내온 과일을 먹으며 이런저런 이야기하며 그 동안 쌓인 회포를 풀었다.
점심 무렵에 막둥이가 점심을 먹으러 가자고 왔다.
단골인 서성리 햇살과 달빛으로 가서 닭 코스 요리를 시켰다.
입가심으로 호박찜이 먼저 나와 워낙 좋아하는 것이라 정신없이 먹어버려 진짜 닭 요리는 많이 못 먹었다.
식사 후에 주인 아주머니가 작은 가마솥을 가져와 두 아들에게 하나씩 주었다.
나는 먹은 음식보다 가마솥 선물이 훨씬 더 좋았다.
가마솥 선물을 보니 우리 집에 대대로 내려온 큰 무쇠 가마솥이 생각났다.

내가 시집갔을 때 고조 때부터 썼다고 하니 150년이 넘었을까 싶다. 쌀로 한 말이 들어가고 밥을 하면 40인분 정도가 나온다. 큰 돼지 한 마리를 통째로 넣고 삶을 수 있을 정도로 큰 가마솥이다.
내가 시집을 갔을 때 내가 작아서 솥뚜껑 들기가 힘들겠다고 솥뚜껑을 가벼운 것으로 새로 맞춰주셨다.
시조부님은 학식과 덕망이 높은 분이셔서 바깥출입하고 늦게 돌아오셔서 밥이 다 떨어져 없다고 해도 밥 해라고 하지 않으시고 싱건지 (동치미) 한 뿌리만 주라하여 드시고는 그냥 주무시는 분이셨다.
소를 팔아 오라고 심부름을 시키고는 소 값 받은 돈을 얼마냐 묻지도 않고 그냥 받으시는 분이셨다.
그리고 명절이 돌아오면 가난한 사람에게 쌀을 그냥 나눠주시는 분이셨다.

우리 집 무쇠 가마솥은 무척 크고 녹이 나지 않고 밥도 맛있게 잘 되어 많은 식솔들과 과객 (지나가는 길손) 대접에 적격이었다.
그런데 이 솥으로 밥을 하루에 여섯 번까지 했다고 한다.
그만큼 과객이 많았다는 것이다.
내가 시집갔을 때는 시조부님이 돌아가신 후여서 과객 접대는 안 했다.
산음으로 시집가서 3년을 살고 우리는 시할머니와 시어머니 두 분을 모시고 그 큰 집과 전답을 팔고 광주로 이사를 나왔다. 이 때 솥이 커서 갖고 나오지 못하고 동면 시앙골 (샘골) 큰고모에게 맡겨놓고 나왔다. 당시 큰고모부는 화순 동면 면장을 하고 계셨다.

동면은 석탄을 캐는 화순광업소가 있어 아주 큰 면이었고 큰아들 여상현은 서정주와 함께 동인 활동을 했던 팔색조 시인이었다.
한천휴양림 안에 있는 이름난 명당인 조부모님 산소도 이 큰고모부 여형도 면장이 큰 돈을 주고 사서 마련해 준 것이다. 작은고모는 동복 연동 정씨 집안으로 시집을 가서 목포에서 큰 제재소를 하며 잘 살았는데 나중에 부도가 나서 힘들어졌다고 한다.
큰고모가 이 가마솥을 달라고 했으나 대대로 내려온 유물이니 줄 수는 없다고 했다.

광주로 나와서 일 년을 지내다가 애 아빠는 전매청에 들어갔다.
전매청 근무 때 외근과 출장이 많아 한 달에 3-4번 집에 올 정도였다.
태평양전쟁의 막바지에 이르러 연합군의 공습이 심해지자 하나밖에 없는 처조카를 잃을지 모른다고 큰고모부 여면장이 전매청 일을 그만 두게 하고 동면 화순광업소 회계 서기로 일하게 해주었다.
그래서 광주에서 동면 구암리 화순광업소 사택으로 이사를 하여 시앙골 큰고모 댁에 있던 가마솥을 찾아 왔다.
그러다가 해방을 맞았는데 5년 만에 6·25전쟁이 일어나 배수로 피난을 갔는데 이 솥에 돼지 한 마리를 넣고 친정인 남면 배수로 갔다.
피난할 때 재봉틀과 이 가마솥이 가보 1호, 2호였고 이불 봇짐 속에 숨겨서 지게에 지고 갔다.
피난을 가서는 밤에는 반란군한테 낮에는 국군한테 시달렸는데 식량과 먹을거리는 물론 좋은 살림살이는 다 가져가기 때문에 재봉틀과 솥은 산에 구덩이를 파고 이불에 싸서 묻어 비장을 하여 약탈을 면했다.
동란이 끝나고 배수에 정착하여 살면서도 이 솥은 그 많은 인부들한테 밥해 먹이는 데 안성맞춤이었고 밥맛이 좋기로 유명했다. 밥뿐만 아니라 돼지 삶고 메주 쓰고 장 담그고 술 내리는 데까지 만능이었다.
오래되고 사용을 안 하니 바닥 일부에 구멍도 나고 고철로 팔면 사갈 사람도 없을지 모르지만 우리 집 가보로 계속 물려줬으면 좋겠다.
나는 틈나는 대로 자식들한테 너희들이 잘 사는 것은 많은 덕을 쌓으신 조부님의 덕이라고 말한다. 그리고 이 가마솥 단지는 아낌없이 덕을 베푸셨던 조부님의 사랑의 밥차였던 것이다.

〈우리 집 가보인 가마솥과 재봉틀〉

2017. 10. 6 금요일 (100세 – 58일)

나의 결혼 이야기

어제부터 내린 비가 밤새 주룩주룩 내리더니 낮이 되면서 이슬비로 바뀌었다.
비가 오니 사방이 너무 조용하다.
옛날 속담에 달갑지 않은 사위를 보내기 위해 장모가 "이제 가라고 가랑비가 오네"라고 하니 이에 가기 싫은 사위가 "더 있으라고 이슬비가 옵니다"라고 응수했다는 말이 있다.
"쥐 먹을 것은 없어도 사위 먹을 것은 있다"는 말이 있듯이 사위가 오면 씨암탉도 잡아 주는 것이 장모다.
지금은 세상이 많이 달라져서 장모살이라는 말도 있다지만 사위는 백년 사위, 백년 손님이다.
어제 와서 하룻밤을 같이 잔 딸과 사위 챙기고 손자들과 놀아주느라 넷째 며느리가 고생이 많다.
비가 와서 밖에 나가 놀지 못하고 안에만 있으니 뒤치닥거리 하느라 쉬지도 못하고 고생한다.
청소는 넷째가 다 하지만 식사 챙기고 간식 주고 설거지 하는 것이 쉽지 않은 일이다.
나는 귀가 어두워 아이들과 이야기를 할 수 없어 노는 것만 불구경하듯 보고만 있으려니 따분하다.
두시가 넘어 수경이가 동생 윤경이를 데리고 먼저 간다고 인사를 한다.
아쉽다. 만나면 좋으나 헤어지면 언제나 섭섭하다.
연우가 봉투를 건네주고 현우랑 배꼽인사를 해서 외갓집에 또 놀러오라고 했다.

애들도 다 떠나고 이제 늙은이 셋만 남았다.
가을비는 계속 내리고 마음은 날씨만큼이나 쓸쓸하다.
내가 심심해하니 넷째가 옆으로 와서 느닷없이 결혼을 어떻게 하게 됐느냐고 묻는다.
내가 19살, 애 아빠가 18살 때 결혼을 했다.
우리 쪽 중매쟁이는 친정아버지와 친하게 지내던 종철이 아버지이고 그 쪽은 정선골 구서기였다.
둘 다 한천면사무소에서 서기로 있었는데 중매를 한 것이다.
서로 얼굴도 안 보고 중매쟁이 말만 듣고 그냥 결혼했는데 결혼 전에 신랑 측에서는 시어머니 되실 분이 당신 친정 어머니와 함께 우리 집으로 와서 나를 보고 갔다.
시어머니 되실 분이 집에 와서 나에게 "책 쓴 것이 있다던데 어디 가져와 바라"고 해서 내가 쓴 책 3권을 갖다 주었더니 보시고는 알았다고 하고 가셨다.
가신 다음에 바로 혼인 승낙이 왔다.
시댁은 한천면에서 두 번째 부자 집이었고 우리 집은 가난했지만 사람 하나 보고 나를 데려갔다고 한다.

시집을 갔더니 집이 매우 컸다. 대지가 한 오백평은 되는 것 같았다.

집 뒤에 대밭이 있고 집 안에 큰 감나무만 해도 11그루가 있었고 집 가운데로 맑은 물이 흐르는 긴 도랑이 있었다.

이 도랑 물은 겨울에도 마르지 않았고 깨끗해서 식수는 물론 빨래, 청소 등 모든 일에 사용되었다.

집은 안채 (5칸), 사랑채 (5칸), 신혼집 (3칸), 문간채 (일꾼방, 방앗간, 소 외양간이 딸려 있음), 돼지막이 있는 칫간 (재래식 화장실)으로 크게 다섯 채가 있었다.

그런데 남편은 성질이 참 고약했다.

삼대 독자 석달 유복자로 태어나 둘 다 홀로되신 할머니와 어머니의 경쟁적인 과잉보호와 사랑을 받고 자란 결과로 생각되었다.

사사건건 불만이었고 두 마디만 해도 시비를 걸고 성질을 냈다.

이렇게 성질 고약한 사람은 처음 보았다.

남한에는 더 없을 것이고 북한에나 하나 더 있을지 모르겠다는 생각이 들었다.

남의 것은 똥친 막가지 (재래식 화장실에서 대변을 흙이나 재로 덮어 쳐내는 막대기)라도 욕심내면 안 되고, 뭘 빌려주고 갚지 않아도 재촉하지 못하게 했다. 그래서 떼인 돈도 많았다.

하지만 자식 욕심은 많아 열을 낳겠다고 했다.

그래서 21살에 첫째를 낳은 후 42살에 막둥이까지 아홉을 낳았고 이 중 둘은 어려서 잃어 칠남매를 키웠다.

〈산음 마을 전경, 동그라미로 표시된 곳이 옛집의 위치〉

2017. 10. 7 토요일 (100세 - 57일)

늙은 것이 서럽다

어제까지 이틀간 비가 왔는데 비가 개고 전형적인 가을 날씨가 돌아왔다.
넷째가 아침밥을 먹고 비 때문에 미룬 판석 공사를 오늘은 꼭 마무리해야 한다고 일하러 나가면서 점심 때까지는 찾지 말라고 한다.
눈도 어둡고 들리지도 않는데 혼자 있으니 너무 심심하다.
그런데 12시가 넘었는데도 넷째가 들어오지 않아 어멈한테 물었더니 판석 일이 아직 끝나지 않고 친구들이 2명이나 와서 일이 끝나면 친구들과 같이 점심을 먹는다고 먼저 드시라고 한다.
그런데 혼자 먹기는 싫다.
이만큼 살았는데 뭘 또 더 살겠다고 혼자 밥을 먹겠냐 싶어서 안 먹겠다고 했다.
대신 아래 집 의자매 동생이 쪄온 옥수수나 좀 갖다 놓으라고 했다.
점심을 안 먹겠다고 했는데 시간이 지나니 배도 고프고 무료해서 거실 탁자에 있는 옥수수를 집어 돌아서서 소파에 앉으려다 나무 소파의 팔걸이에 오른쪽 옆구리를 찍어 버렸다.
얼마나 아프던지 "아이고, 아버지"소리가 저절로 나왔다.
그런데 아픈 통증보다는 내 처지가 너무 비참해서 눈물이 나왔다.
비천한 목숨을 부지하려고 그 옥수수가 뭐라고 그걸 먹으려고 발버둥을 쳤는지.
내가 벌레라는 생각이 들었다.
밥이나 축 내는 밥벌레.
어둡기 전에 광주 집으로 가자고 재촉하여 급히 저녁밥을 먹었다.

저녁밥을 먹고 나서 차를 타기 전에 나를 휠체어에 실어 연휴 기간에 넷째가 공사한 것을 보여주었다.
판석으로 서쪽 샘가 풀밭을 예쁘게 포장한 것이었다.
그 무거운 돌을 혼자 옮겨 짝을 맞추고 사이사이를 시멘트로 깔끔하게 메꾸었다.
혼자 했다고 믿기지 않았다.
집에 돌아오니 다친 옆구리 갈비뼈가 더 아파서 넷째한테 파스를 붙여 달라고 하는데 또 서러워서 엉엉 울었다.
아무 짝에도 쓸모가 없고 여러 사람 힘들게만 하는 벌레 같은 인간이라는 생각이 다시 들었다.
넷째가 "왜 쓸모없다고 생각하시느냐? 남들에게 물어보시면 다들 훌륭하고 부럽다고 할 것이다"라고 하면서 달랜다.
나이 들면, 다들 힘이 없어지고 안 보이고 안 들린다. 어쩔 수 없는 것이다.
"그래도 하루가 가고 또 하루가 오면 사랑하는 자식들을 또 보는구나 하며 즐겁게 생각하시라"고 아기 달래듯이 나를 어른다.
실제로 나는 애기가 되어 넷째를 엄마를 기다리듯 기다린다.

너무너무 서러워 엉엉 울었는데 넷째가 달래고 얼러주어 마음이 좀 풀렸다.
이제 자식들 보고 손자들 잘 되는 것 보는 맛으로 하루하루 기쁘게 살아 볼까한다.
잘 안 되겠지만.

〈나의 50대 첫 가족사진, 51세 때 1968년〉

〈나의 50대 시절, 배수마을 계원들과 여수 여행〉

2017. 10. 8 일요일 (100세 - 56일)

모두 다 내 탓이다

나는 사기를 좋아하는데 큰딸과 셋째, 넷째도 나를 닮아 사기를 좋아한다.
그런데 생각해보니 칠 남매 중에 나를 안 닮은 애가 없는 것 같다.
나는 먹거리 사기를 좋아해서 어디 놀러 가면 꼭 그 지방의 특산물을 사고, 오고 가는 길에 무우나 배추, 사과나 배, 포도나 무화과, 감자나 고구마 등이 보이면 가던 차를 세우게 해서 사곤 한다.
이 때문에 운전하는 아들과 다투기도 한다.
차를 세울 수 없는 곳에서도 차를 세우라고 하니 차를 세우지 않고 계속 가면 내가 왜 안 세우냐고 다그치기 때문이다.
그런데 큰딸은 주방용 살림살이 사기를 좋아하고 셋째는 나처럼 먹을 것 사기를 좋아한다.
그래서 길거리에서 파는 과일이나 붕어빵, 군고구마도 잘 사온다.
넷째는 공구나 특이한 물건을 사기 좋아한다.
그리고 넷째는 손재주가 좋은데 이것은 나 보다는 내 친정아버지를 닮았다.
친정아버지는 손으로 못 하는 것이 없으셨다.
글씨도 잘 쓰고 그림도 잘 그리셨다.
송광사 같은 큰 절의 탱화나 단청 그림을 그리셨고 병풍도 많이 만들어 친지들에게 주었으며 꽃신, 작은 농기구, 상여 장식 등 못하시는 것이 없었는데 넷째가 많이 닮았다.
손재주가 좋은 것 뿐 아니라 갸름한 얼굴에 짙은 삼각 눈썹까지 생김새도 많이 닮아 어려서부터 외탁했다는 (외가를 닮았다는) 말을 많이 들었다.
이번 추석 연휴 때에도 수만리 집 샘터 옆 공터에 판석 까는 공사를 혼자서 했는데 전문가 못지않았다.
뿐만 아니라 보행기 바퀴가 고정되어 방향을 틀 때면 방바닥을 긁는 소리로 아래 집에 피해를 준다고 원래 바퀴를 빼고 파이프에 각목을 둥글게 깎아 박고는 가운데에 구멍을 뚫어 회전 바퀴를 달고 뒷바퀴에는 테니스공을 달아 전혀 소리가 안나게 해 주었다.

내 성질 급한 것은 둘째가 많이 닮았다.
어디 가자고 하면 먼저 나와 재촉하고 놀러 가거나 식당에 가도 숟가락 떼자 말자 일어서자고 하는 것이 나와 똑같다.
그리고 78살인 지금까지 잔병치레 한번 안 한 건강 체질인데 이것도 나를 닮은 것 같다.
집 안의 불 끄는 것은 큰아들이 닮았다.
큰아들 집에 살 때 큰아들이 이방저방 돌아다니며 불을 끄고 다녀서 나무랐는데 넷째 집에서는 내가 그러는 것이었다. 따지고 보니 다 나를 닮은 것이다.
막둥이는 부지런하고 힘이 좋은 것이 나를 닮았다.
젊어서 사평장이 십리 길인데 울퉁불퉁 자갈 깔린 길이었다.

그 길을 나이롱 치마가 바람에 파닥거리고 옷고름이 어깨 너머로 휘날릴 정도로 빠르게 걸었다.
그때 사람들이 나를 보고 째깐한 (작은) 사람이 날아다닌다고 했다.
그렇게 빨리 걸으면 바람이 일어 치마폭과 옷고름이 날리며 나는 소리가 참 듣기 좋았다.
그런데 막둥이가 새벽 4시에 어김없이 일어나 앞산에 가고 주말도 없이 학교에 가서 일하고 또 틈틈이 수만리 공장과 밭도 관리하는 것을 보니 내가 젊었을 때 옷고름을 날리며 다녔던 생각이 난다.
손녀들 중에는 넷째네 수경이가 나를 가장 많이 닮았다.
활달한 성격에 말하기 좋아하고 목소리가 큰 것까지 닮았다.
이렇게 좋은 것도 나쁜 것도 다 나를 닮았으니 모두 다 내 탓이다.

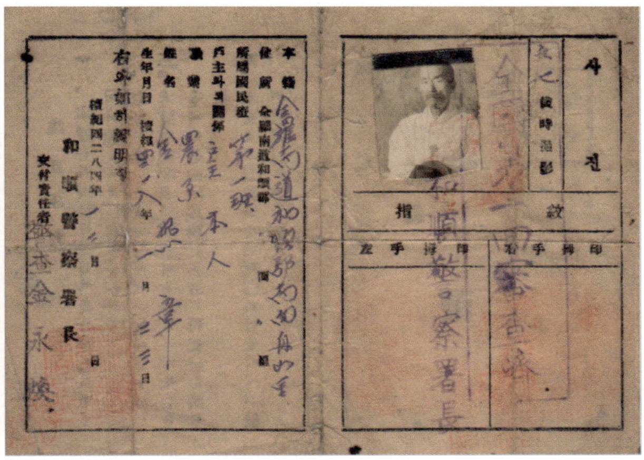

〈내 친정 아버지와 도민증, 1951년〉

〈가족이나 마을 행사에 사용된 내 친정 아버지께서 그린 병풍〉

2017. 10. 9 월요일 (100세 – 55일)

봄 볕에는 며느리를, 가을 볕에는 딸내미를

추석에서 한글날인 오늘까지 유사 이래 최장 연휴의 마지막 날이다.
복지관에 안 가고 집에만 있으니 심심해서 죽겠다.
어디 바람 좀 쐬면 했는데 넷째는 몸살기가 있다고 어제 오후부터 이불 속에서 취한을 하고 있다.
아침밥을 먹고난 다음 티비를 보고 있는데 넷째가 목욕을 하자고 한다.
안 한다고 복지관에 가서 한다고 우겼으나 기어이 하자고 해서 할 수 없이 했다.
목욕은 나를 화장실 좌변기에 앉혀 놓고 한다.
샤워실에 목욕의자 놓고 하면 좁아서 불편하고 내가 샤워실 안으로 더 많이 들어가야 하니 또 힘들다.
스스로 걷는다면 모르지만 못 걸으니 보듬아서 (안아서) 옮겨야 하기 때문이다.
그것도 물기가 있는 몸이라 들려면 더 힘이 든다.
일주일에 한 번 복지관에서 하는 목욕은 물만 끼얹는 식이다.
때를 좀 밀어달라고 하면 집에 가서 며느리한테 해달라 해라고 한다.
며느리가 씨름 장사도 아니고 어깨 관절병에다 고관절 수술까지 받은 준장애인인데 목욕을 시켜달라고, 말도 안 되는 소리를 한다.
샤워기 줄이 짧아 좌변기까지 못 오는 것은 넷째가 샤워기 줄을 2미터짜리로 바꿔서 넉넉하다.
또 샤워기 헤드를 헤드에 물을 켜고 끄는 스위치가 있는 것으로 바꿔서 샤워실 안으로 가서 물을 켜고 끄고 할 필요가 없게 했다.
넷째는 뭐가 조금만 불편해도 바로바로 해결을 하는 해결사다.
화장실 바닥이 낮아 보행기를 갖고 들락거리기 힘든 것도 바닥 전체를 원목마루로 높여서 거실 바닥과 같게 하여 들락거리는 게 엄청 편해졌고 문과 벽에는 안전봉을 달아 주었다.
또 내가 티비 소리를 잘 못 들으니 티비에 5미터 연장선을 연결하여 헤드폰으로 듣게 해놓았다.
넷째가 머리에서 발끝까지 두 번 세 번 씻겨 주었다.
처음에는 창피하기도 해서 안 한다고 했으나 발가락 사이까지 워낙 깔끔하게 잘 씻겨주니 때가 끼면 어쩔 수 없이 하게 된다.

오후에는 바람 좀 쐬자고 하여 내 시조 충장공 김덕령 할아버지를 모시는 무등산 충장사를 거쳐 광주호 생태공원에 갔다.
충장사는 주차장과 출입구가 평길로 연결되어 있지 않아 휠체어로만 움직일 수 있는 나는 들어가 볼 수가 없어 먼발치에서만 보고 나왔다.
한 삼십년 만에 온 것인데 입구에서 돌아서야 했다.
이어서 괴상하게 생긴 왕버드나무로 유명한 충효동 광주호 생태공원에 갔다.
호숫가 습지에 나무다리를 길게 놓아서 물과 나무와 푸른 하늘을 보며 걷기 좋게 만들어 놓았다.

햇볕도 너무 너무 좋았다.
어멈이 햇볕이 너무 강해서 얼굴을 가리라고 부채를 갖다 주었으나 괜찮다고 돌려주었다.
가을 햇볕은 보약과 같아서 일부러라도 쐐야하는 것이다.
옛말에 "봄 햇볕에는 며느리를 내보내고, 가을 햇볕에는 딸내미를 내 보낸다"는 말이 있다.
그런데 양산을 쓰는 사람이 많이 있었다.
뭘 모르는 사람들이다.
봄 볕은 쐬면 피부가 점점 까매지나 가을 햇볕을 쐬면 점점 하예진다 (하얗게 된다).
그냥 비춰주는 햇볕까지 차별할 정도로 옛날 사람들은 왜 그렇게 며느리를 미워했는지 모르겠다.
한 시간 반 정도 걸으니 6000보 가까이 나왔단다.
왕버드나무 그늘 아래에 동네 할머니들의 바가치 시장이 있어서 구경가자고 했다.
그 노점에는 집에서 가져온 호박 말린 것, 깐 마늘, 말린 토란대, 대추, 고추, 석류 등이 있었다.
한 집에서 말린 호박 5000원, 말린 토란대 5000원, 깐 마늘 10000원어치를 샀다.
한 집에서만 흥정도 안 하고 너무 많이 사버렸는데 사다보니 그렇게 되었다.
모처럼 바람도 쐬고 찬거리도 사니 정신도 맑아지고 마음 속도 든든해졌다.

〈충효동 (성안) 광주호 생태공원 산책길과 왕버드나무 옆 노점상〉

2017. 10. 10 화요일 (100세 - 54일)

세상에 늙는 것처럼 무서운 것은 없다

연휴가 끝나서 오랫만에 복지관에 갔다.
우리 차가 제일 늦게 도착하여 들어가니 모두 다 와 있었다.
반가워서 서로 악수를 하고 인사를 나누었다.
딸처럼 정이 들었던 관장이 바뀌어서 여러 가지가 예전과 같지 않다.
천하일품이던 점심 밥 맛도 다르고 반찬도 맛이 없다.
이전 성명심 관장은 직접 맛을 보고 맛이 없으면 퇴짜를 놓았다고 한다.
그리고 아침 저녁으로 우리들 손을 일일이 잡고 인사를 했다.
뒷방 찜질기에 누워 쉬다가 핸드폰을 하려는데 불이 들어오지 않는다.
이것저것 다 눌러 보아도 불이 들어오지 않았다.
고장 났다 싶어서 윤선생을 불러서 핸드폰이 고장 났다고 고쳐주라고 주었더니 밥이 없다고 한다.
어제 하루 괜찮겠지 하고 밥을 안 줬는데 죽은 것이다.
충전해준다고 가져가서 집에 올 때 받아 나왔다.
이 핸드폰은 내가 큰집에 있을 때 편하게 자주 연락하라고 막둥이가 아들 상후가 쓰던 것을 준 것이다.
오래 되어 간혹 고장이 난다.
귀가 어둡지만 그래도 핸드폰 소리는 들을 수 있고 단축 번호를 입력해주어 심심하면 전국 팔도로 내 전화 친구들한테 전화를 한다.

요즘은 서울 둘째 딸하고 많이 한다.
둘째딸은 어렸을 때 언니처럼 똑똑하지 못했고 동작도 무척 느렸는데 아들 딸 하나씩 낳아 "천당 밑에 분당"이라는 분당에서 아주 편하게 잘 산다.
그래서 전화를 하면 삼사십 분씩도 한다.
반면에 서울 큰딸과는 할 말만 간단히 하고 끊는다.
늘그막에 막내 딸 손자까지 키우느라 힘들기 때문이다.
광주에는 작은 오빠네 넷째 조카며느리가 단골이다.
어느 때 전화해도 싹싹하게 잘 받아주고 음식도 가끔 잘 해다 주어서 성가실 줄 알지만 자주 하게 된다.
부산에 사는 조카 감불이와 용인에 사는 연숙이는 간혹 연락하는데 이번 추석에는 연락이 없다.
특히 연숙이는 손아래 동생의 셋째 딸인데 고등학교 1-2학년을 남광주와 양림동 우리 집에서 다녔다.
이 때 애를 많이 먹였다.
오늘도 핸드폰으로 여기 저기 전화하고 싶었으나 핸드폰이 죽은 통에 할 수가 없었다.
핸드폰도 나처럼 늙어서 밥을 하루 안 주었다고 죽은 것이다.
"나이에 장사 없다"는 옛말처럼 세상에 늙는 것처럼 무서운 것은 없다.

2017. 10. 12 목요일 (100세 - 52일)

백의의 천사가 없어지고 있다

예방주사를 맞으러 갔다.
예전에는 넷째가 맞혀 줬는데 복지관 협력 병원에서 맞춰 준다고 해서 따라갔다.
나는 휠체어로 이동해야 해서 복지관 사람들 고생시키니까 안 가려고 했는데 넷째가 가서 맞으라고 한다.
복지관에서 멀지 않았다.
그런데 주사 하나 맞는데 복잡했다.
여러 가지 내용의 설문을 작성하고 혈압 재고 몸무게 재고.
나중에 넷째한테 물어봤더니 주사약을 병원에서 사오면 접수비도 내야하기 때문에 진료비가 3만원이 넘는다고 한다.
그냥 공짜로 가져오는 줄 알았더니 그게 아니었다.
병원은 좋은데 썰렁했다.
예방접종을 받으러 온 우리들 말고는 환자가 없었다.
이래서 어떻게 직원들 월급을 주는지 모르겠다.
다들 먹고는 살아야 할 텐데 걱정이 되었다.
환자는 없고 간호사와 직원 같은 사람만 왔다 갔다 했다.
그런데 간호사 같은데 검정 옷을 입었다.
요즘은 간호사도 흰 옷을 입지 않는 모양이다.
왜 흰 옷을 안 입고 색깔이 있는 유색 옷을 입는지 모르겠지만 그러면 백의의 천사라는 말은 할 수 없게 되는 것이 아닌가?
천사는 원래 흰 옷만 입기 때문이다.
나는 옛날 하얀 옷이 더 좋다.
그래서 간호사도 계속 백의의 천사로 부를 수 있으면 좋겠다.

2017. 10. 11 수요일 (100세 - 53일)

내가 진짜 기상청이다

어제 아침에 온몸이 아파서 넷째한테 비오냐고 했더니 저녁부터 온다고 했다고 한다.
그런데 아침부터 비가 왔다.
내 예보가 여지없이 맞은 것이다.
기상청 예보는 올 여름에도 번번이 어긋났다.
그래서 사람들은 기상 예보가 아니라 기상 중계라고 하기도 했다.
그러나 나는 하루 전에 비 올 것을 거의 다 알아 맞춘다.
온몸 뼈마디가 아프고 쑤시기 시작하면 비가 오는 것이다.
진통제를 먹어도 아파서 잠을 못 자고 밤을 새우기도 하지만 비만큼은 여지없이 알아 맞춘다.
슈퍼컴퓨터도 자주 틀린 다는데 나는 거의 안 틀린다.
기상청에서 나 같은 노인을 전국에서 몇 명만 갖다 쓰면 그렇게 욕먹지 않을 것인데 뭘 하고 있는지 모르겠다.
내가 진짜 기상청인데!

2017. 10. 13 금요일 (100세 - 51일)

죽음도 내림이니

비가 온 뒤에 기온이 급격히 떨어졌다.
엊그제까지도 더워서 반팔 옷도 입기 어려웠는데 벌써 겨울이 다 온 것 같다.
세월이 정말 쏜살같이 빠르다.
그래서 옷걸이에 걸린 여름옷들을 겨울옷으로 바꿨다.
그런데 못 본 옷이 있어 넷째한테 무슨 옷이냐고 물었다.
올 초에 산 것인데 안 입었던 옷이라고 한다.
나 죽으면 다 꼬시를 (태울) 것인데 뭐하려고 입느냐고 했다.
그런데 보니 괜찮다.
죽으면 꼬시를 지라도 입고 싶은 생각이 들어 입겠다고 했다.

나이 들어 내 한 가지 소원은 잠들 듯이 죽는 것이다.
죽음도 내림이기 때문에 나도 아버지와 어머니처럼 그렇게 잠들 듯이 죽을 것이라고 생각한다.
내 아버지는 한 달 정도 시름시름 앓으셨는데 돌아가시던 날 아침에 두 아들에게 "내가 오늘 낮 12시를 넘기기 힘들 것 같다. 문을 다 열어 놔라.
12시를 넘기면 좀 더 살겠지만 아무래도 못 넘길 것 같다"고 하셨는데 딱 12시에 조용히 잠들 듯이 돌아가셨다.
76세에 돌아가셨는데 당시로서는 적은 나이가 아니었다.
나도 그날 아침에 아버지한테 들렀는데 아래 샘에 가서 윗물은 퍼내 버리고 바가지를 깊이 넣어 물 좀 떠오라고 하셔서 떠다 드렸었다.
여러 모금을 드셔서 "아버지, 추우니 이제 그만 드시고 이따가 드셔"라고 했더니 그만 드시고는 오월(음력)이라 모내기 등으로 "지금이 최고 바쁜 시절이니 가서 일해라"고 하셔서 두 오빠에게 아버지 잘 보고 계시라고 하고 일을 나왔는데 당신 말처럼 12시에 돌아가신 것이다.
어머니도 80세에 편하게 돌아가셨다.
내가 오전에 가서 뵙고 옷을 전부 갈아 입혀드렸더니 깨끗해서 좋다고 하셨다.
귀가 어두우셨는데 그날은 말도 잘 알아들으셨다.
오후에는 뜨내기 보따리 장사가 와서 장사한테 머리를 잘라주고 작은 냄비 하나를 바꿔 놓으시기까지 하셨는데 저녁 드시고 요강에 대소변까지 다 보시고는 옆으로 누워 주무시듯이 돌아가셨다.

죽음도 내림이니 나도 그렇게 고통 안 받고 수월하게 죽을 것이라고 생각한다.
하지만 추운 겨울이나 더운 여름에는 죽고 싶지 않다.
나를 위해서가 아니라 자식들 고생시키고 싶지 않아서다.
그런데 봄과 가을은 날들이 너무 좋아 죽기가 참 아깝다.
겨울은 추워서 죽기 싫고, 여름은 더워서 싫고, 봄과 가을은 날이 너무 좋아 죽기가 아깝다.
그래서 지금까지 살고 있는지 모르겠다.
그래도 떠나야 한다면 봄이나 가을에 잠들듯이 떠나고 싶다, 어머니와 아버지처럼.

2017. 10. 14 토요일 (100세 – 50일)

내 몸에 아직도 나올 피가 있다니

수경이 아이들이 아침에 와서 저녁까지 놀다가 가서 자려고 누웠는데 생전에 안 나던 코피가 느닷없이 쏟아졌다.

3일전 수요일에 독감 예방주사를 맞고 감기에 걸린 듯 하게 몸이 좀 안 좋았는데 피가 마구 쏟아졌다.

양손은 물론 침대보와 방바닥에도 피가 묻었다.

소리를 쳤더니 넷째가 와서 나를 눕히고 콧등을 눌렀다.

누우니 피가 목으로 넘어왔다.

세 번이나 뱉고 십 분정도 지나니 좀 멈춘 것 같았다.

넷째가 물수건을 가져와서 손과 팔의 피를 닦고 방바닥도 닦고 혈압기를 가져와 혈압을 쟀다.

혈압이 168로 좀 높다고 했다.

네 번이나 반복해서 재더니 예전에 먹다가 여름동안에 중단했던 혈압 약 반 알을 줬다.

목이 이상했다.

피가 목으로 넘어가서 목안에서 말라 컬컬한 것이라고 한다.

입으로 피가 넘어가서 멈추지 않아 죽었다는 이야기를 들은 적이 있다.

어지럽고 막둥이 정일이가 보고 싶었다.

넷째한테 정일이를 불러달라고 했다.

이러다 죽을지 모른다는 생각이 들어 막둥이가 보고 싶었다.

넷째가 지금은 늦었으니 놔두고 어머니가 돌아가실 것 같으면 부를 테니 편히 주무시라고 한다.

어제는 넷째가 학회를 가서 없었는데 넷째가 왔을 때 코피가 나서 그나마 다행이다.

넷째가 티슈 한 장을 쪼개서 둥글게 말고 바셀린을 묻혀 코를 막아주었다.

자다가 다시 터질지 모른다고.

살다보니 별 희한한 일을 다 겪는다.

피가 다 보타서 (말라서) 나올 피가 없을 것이라고 생각했는데 코피가 나니 당황스러웠다.

그러나 한편으로는 아직도 내 몸에 나올 피가 있다는 생각에 흐뭇하기도 했다.

2017. 10. 15 일요일 (100세 - 49일)

아무리 빵이 맛있어도 나는 떡이 좋다

지난 추석 때는 셋째가 서울에서 유명하다는 달인 카스테라를 사와서 먹었다.

그런데 지난 주 목요일에는 손자 익준이가 순천 가롤로병원에 파견 근무를 마치고 오면서 순천에서 유명한 화월당 빵을 사와서 아직 덜 먹고 남아있는데 어제는 넷째가 또 서울 심장학회에 다녀오면서 친구가 사줬다고 삼송당 빵을 바리바리 싸서 종이가방으로 하나를 가져왔다.

우리 광주에 유명한 궁전제과의 팥빵과 나비파이, 카스테라도 먹어봤고 최근 이삼년 전부터 유명해진 베비에르 빵도 먹어봤다. 군산의 이성당, 전주의 풍년제과, 대구의 삼송당과 빵장수집 단팥빵, 경주 찰보리빵, 안흥 찐빵, 충무 꿀빵도 먹어봤다.

빵이 달고 부드러워 맛도 있고 먹기도 좋지만 실은 나는 떡을 더 좋아한다.

솔직히 말해서 떡을 보면 밥은 거들떠도 안 보고 떡만 먹는다.

원래는 찰떡을 좋아 했는데 잘 굳고 다시 찌면 늘어 빠지기 때문에 지금은 오래 놓고 먹기 좋은 메떡을 더 좋아한다.

메떡은 찹쌀이 아닌 밥하는 멥쌀을 빻아서 만든 멥쌀가루로 찐 떡이다.

메떡은 물기가 적어 좀 마른 듯하지만 방에 그냥 두어도 그 상태가 이삼일은 유지되고 냉장고 넣어 놓으면 2-3주까지도 먹을 수 있어서 좋다.

내 고향 화순 남면 사평에는 기정떡의 원조인 사평 기정떡집이 있어 젊어서부터 많이 먹어 보았기에 기정떡도 잘 먹는다.

우리나라에서 최고로 맛있다는 빵들이 냉장고에 가득하지만 나는 떡이 더 좋아 이 빵들을 언제 다 먹을지 모르겠다.

빵보다 어려서부터 먹은 떡을 더 좋아하는 것을 보면 기억은 머리만 아니고 혀나 위도 하는 것 같다.

〈내 고향 사평의 원조 기정떡집〉

2017. 10. 16 월요일 (100세 - 48일)

될성부른 나무는 떡잎부터 알아 본다

어제 화장실에서 보행기를 가지고 나오는데 문 밖에 서 있는 익준이를 봤다.
친구 만나러 나가면서 나한테 인사하려고 화장실 밖에 서 있었던 것이다.
내가 나가려고 하니 다가와서 보행기 앞 손잡이를 들어 화장실 문턱을 넘게 들어 주었다.
화장실 바닥에 마루판을 깔아 낙차가 1.5센티 정도밖에 안 되지만 이것도 보행기 바퀴를 들어야 넘을 수 있으니 그냥 되는 것은 아니다.
아무 것도 아니게 보이지만 혼자서 몸을 가누지 못하는 사람들에게는 큰 장애물이다.
그냥 나가지 않고 일부러 기다렸다가 보행기를 들어 쉽게 나오게 해준 것이 대견하고 고마워서 익준이한테 고맙다고 했다. 익준이는 손을 흔들며 다녀온다고 나갔다.
그런데 오늘 넷째로부터 서울 S대학병원 흉부외과에 있는 손자 양현이가 헬기를 타고 대학병원에 안 좋은 환자를 데리러 왔다고 한다.
셋째의 큰아들 양현이는 흉부외과를 한다고 했을 때 지 어머니가 반대를 많이 했는데 무시하고 기어코 흉부외과를 했다.
흉부외과 중에서도 가장 심한 중환자를 치료하는 일을 하고 있어 전국에서 사경을 헤매는 환자를 후송해서 살리기 위해 어렵고 힘들고 위험한 일을 자청해서 하고 있다.
양현이는 양림동 집에서 같이 살았고 흑석동이나 방배동에서 살 때에도 자주 갔었기에 잘 안다.
어려서부터 남 도와주기 좋아하는 착하디 착한 손자였다.
용돈을 주면 가난한 친구들 도와주는 데 쓰고 심지어는 친구에게 주려고 시계를 사서 일부러 약간 흠집을 내서 주운 것이라고 하여 주기도 했다.
지금 하고 있는 것을 보면 어려서 하던 그 모습 그대로이다.
옛말에 될성부른 나무는 떡잎부터 알아보고 어려서 굽은 나무는 커서도 곧게 자라지 못한다고 하는데 왜 이렇게 옛말은 하나도 틀린 것이 없을까!

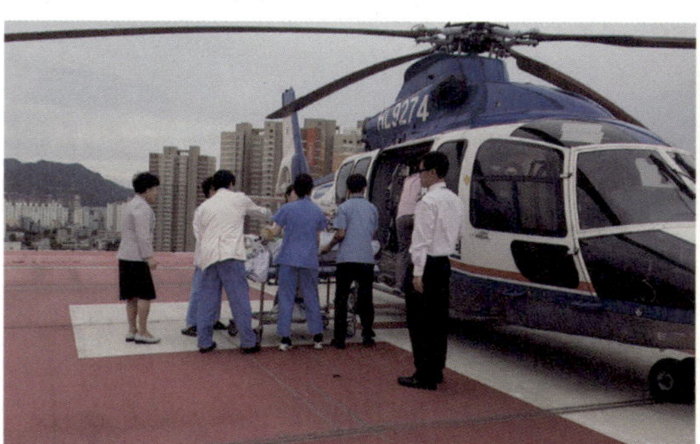

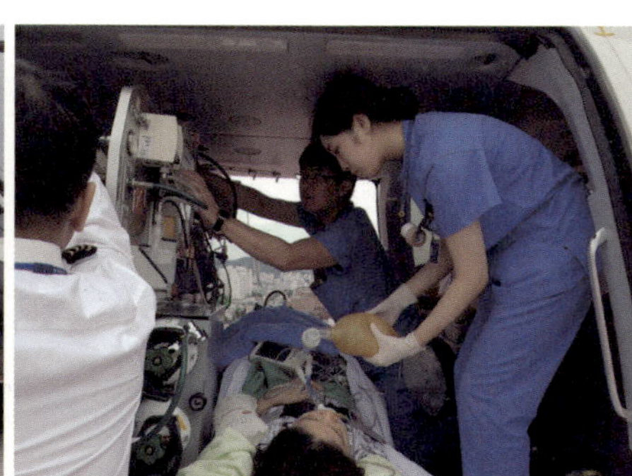

〈손자 조양현 교수가 헬기 후송을 위해 환자를 옮기고 있는 모습〉

2017. 10. 17 화요일 (100세 - 47일)

자식은 죽으면 가슴에 묻고

큰애가 이른 아침에 국과 반찬을 해왔다.
추석 성묘 때 봤는데, 내 생각이 많이 났는지 호박잎 된장국과 열무 물김치, 연근 조림 등 여러 가지 밑반찬을 해온 것이다.
큰애는 내 입맛에 꼭 맞게 국도 반찬도 참 잘 만든다.
큰애랑 같이 풍암동에서 살 때는 먹을 것을 어찌 잘 챙겨주든지 참 잘 먹었다.
그런데 작년에 남편이 갑자기 세상을 떠나 혼자가 되었다.
그런 큰애를 보면 짠하다.
그래도 나보다는 나을 것이다.
큰애는 남편을 잃었지만 나는 큰아들을 잃었기 때문이다.
부모는 죽으면 산에 묻고 자식은 죽으면 가슴에 묻는다는 말이 있지 않은가!
큰애는 부모도 자식도 아닌 남편을 잃었고 나는 부모보다 더한 자식을 잃었다.
그것도 제일 잘 나고 똑똑한 큰아들을.
한 사람의 고통을 어찌 비교할 수 있을까마는 말하자면 그렇다.

첫째는 정말로 영리하고 똑똑하고 빈틈없는 아들이었다.
당시 화순군에서 한두 명 들어갈까 말까 하는 광주사범학교에 들어가서 43살에 중학교 교장이 되었고 이어서 공업고등학교 교장이 되어서는 국제기능올림픽을 휩쓸어 훈장을 세 개나 탄 사람이다.
음식이나 건강관리도 철저했는데 79세로 세상을 떠났다.
투병 중에 정형외과에서 골절 예방을 위해 넓적다리뼈에 철심을 박는 수술을 하고 폐렴이 와서 인공호흡기를 달아야 했는데 연명치료를 거절하고 3일 만에 갔다.
의식이 가물가물한 상태에서도 병상 세례도 받고 필담으로 병원에 오갈 때 수고를 많이 한 막내 제수한테 고맙다는 말도 남기고 마지막에는 사랑한다는 영어 노래를 끝까지 불렀다고 한다.
어찌 보면 가장 멋지게 살다가 갔는데 첫째 생각이 나서 엉엉 울 때가 많다.
복지관에서는 남들이 볼까봐 화장실에 가서 운 적이 여러 번이다.
내가 먼저 가야하는데 쓸데없이 오래 살다보니 자식을 먼저 보내게 되었다.
큰애도 기가 많은 사람인데 남편을 먼저 보내고는 너무 풀이 죽어 있다.
그래서 가끔 전화하여 힘내라고 한다.

"그래도 니가 나보다는 더 나으니 힘내고 밥도 잘 챙겨 먹으라"고 한다.
그러면 큰애는 내가 무슨 낯으로 좀 더 살겠다고 밥을 챙겨 먹겠냐고 한다.
"그래도 산 사람은 살아야지 어떡 하냐, 따라 죽을 수도 없고"
나는 그렇게 반세기를 살았는데.
오늘 나를 위해 맛있는 호박잎 된장국도 끓이고 밑반찬도 만들었으니 큰애도 좀 맛있게 먹고 힘냈으면 좋겠다.

〈자랑스런 큰아들의 마지막 모습〉

〈큰아들과 함께 즐거운 서울 나들이, 1982년 5월 서울 어린이 대공원〉

2017. 10. 18 수요일 (100세 - 46일)

뱃속에서 배워 나온 사람은 없다

오늘은 일주일 전에 충효동 노점상에서 샀던 토란대를 베란다에서 바싹 말려서 넷째 어멈한테 주면서 교육을 좀 했다.

토란대는 벌레가 잘 먹기 때문에 잘 말려야 하고 보관하려면 신문지로 싸놔야 한다.

신문지가 습기를 먹기 때문에 신문지로 싸놓아야 습기가 안 차고 벌레도 안 먹는다.

그리고 요리를 할 때는 토란대를 끓는 물에 넣고 팍팍 삶은 후에 2-3일 정도 담가 두어야 한다.

그래야 독이 다 빠진다.

그리고 말린 호박은 따뜻한 물에 담궈서 조무락 조무락 주무른 다음에 냄비에 뚜껑을 열고 살짝 익을 정도만 볶아야 한다고 가르쳐 주었다.

이렇게 환갑이 지난 며느리를 교육시켰다.

나이가 들어도 배울 것은 죽을 때까지도 배워야 한다.

나는 손으로 못하는 것이 없었다.

어려서는 붓글씨를 쓰고 길쌈하고 수도 놓았는데 누구한테도 지지 않았다.

한 번만 보면 그냥 따라 하기 때문에 동네 언니들이 내가 가면 "야! 온다"고 하면서 하던 것을 멈추고 얼른 감추어 보여주지 않았다. 보여 주면 바로 따라하고 더 잘 해버리기 때문이다.

나는 바느질도 잘 해서 바느질로 돈도 많이 벌어 내 용돈은 내가 벌어서 썼고 논도 샀다.

손바느질은 처녀 때부터 했지만 재봉틀 바느질은 결혼해서 배웠다.

일제시대에 능주 한천에서 광주로 이사 나왔을 때 애 아빠가 무슨 생각이었는지 당시 100원이면 좋은 논을 한 마지기 사는데 200원을 주고 발틀 (발로 돌리는 재봉틀)을 사다 주었다.

그러면서 양복을 포함하여 여러 가지 옷의 견본도 함께 사다 주었다.

그래서 남녀 양복, 한복, 예복, 도복, 교복, 상복 등 못 만드는 것이 없었다.

애 아빠가 세상을 떴을 때에도 이틀 동안에 수의와 자식들 상복까지 내가 직접 만들어 입혔다.

내가 붓글씨, 길쌈, 바느질, 양잠, 농사, 요리 등 못하는 것이 없는 것은 내가 날 때부터 배우고 나와서 그런 것이 아니다.

살면서 끊임없이 배웠기 때문에 그런 것이다.

이 세상에 뱃속에서부터 배워서 나온 사람은 없다.

그러니 죽을 때까지 배워야 한다.

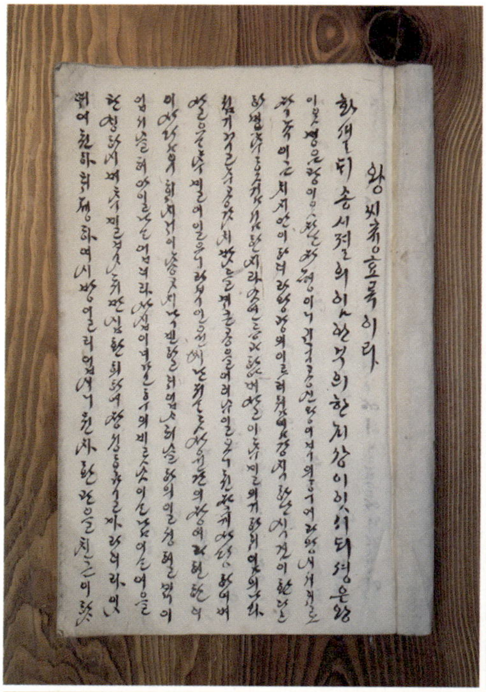

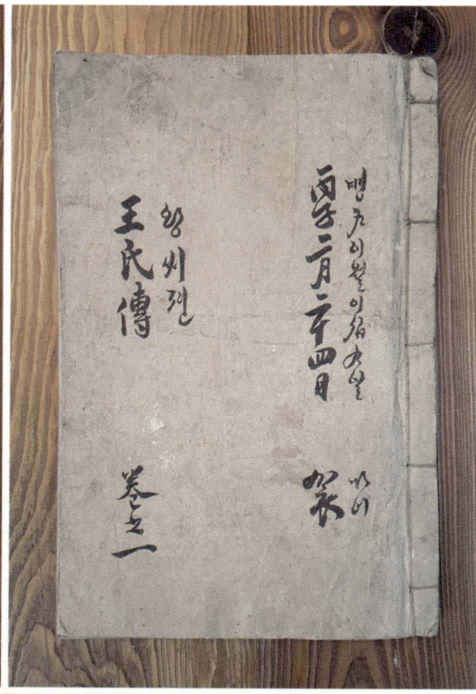

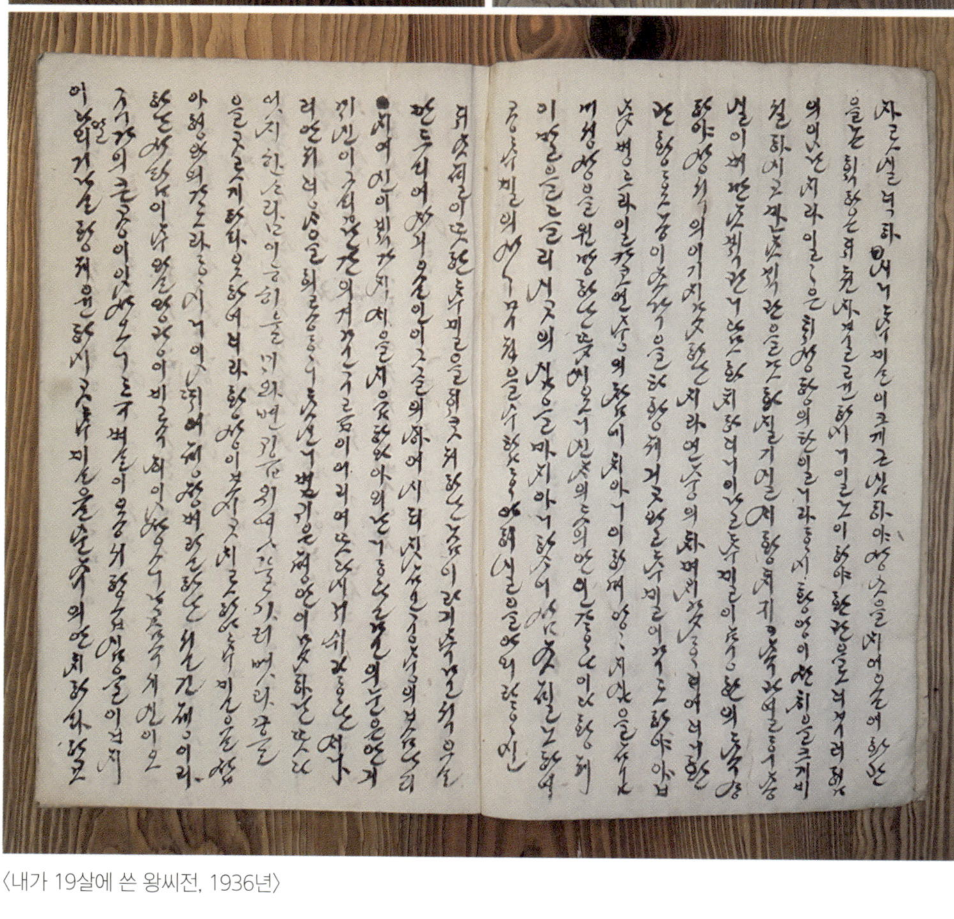

〈내가 19살에 쓴 왕씨전, 1936년〉

2017. 10. 19 목요일 (100세 - 45일)

잘 싸는 것이 잘 사는 것

변비가 왔다.
작년에 서울 셋째 집에 있을 때 변비가 와서 난리가 났던 일이 생각나서 두려웠다.
엊그제부터 대변 누기가 좀 힘들어서 매일 먹고 있던 변비약을 두 알로 늘렸는데도 대변보기가 힘들다.
대변 누기가 애 낳는 것보다 더 힘들어 땀을 뻘뻘 흘렸다.
작년에 서울에 있을 때 변비로 배가 부풀고 터질듯 아파서 죽을 것 같은 공포를 느꼈다.
그때 셋째 어멈이 약국에서 관장약을 사와 항문에 넣었다.
그러나 대변은 나오지 않고 똥물만 터져 나와 셋째 어멈이 똥물을 맞았다.
그래서 흉부외과 교수인 양현이를 불렀다.
양현이가 고무장갑을 끼고 내 항문에 손가락을 넣어 대변을 파내려고 했으나 무른 똥만 나오고 단단한 것은 나오지 않고 안으로 더 들어가 버렸다.
배는 아프고 터질듯해서 결국 병원으로 가서 관장을 하기로 했다.
잠실에 있는 근처 병원에 갔으나 세 곳에서나 거절을 당했다.
다리를 건너 강북의 어느 병원에 갔는데 문을 닫으려다가 받아줬다.
긴 관을 항문에 넣어 관장을 하니 옥수수같이 크고 단단한 변이 무수히 나왔다.
그러면서 부풀어 올라 터질듯하던 배가 꺼지고 통증도 가라앉았다.
드디어 살 것 같았다.

그런데 왜, 또 변비가 왔을까?
추석 때부터 고기를 많이 먹고 거섭 (채소류)은 적게 먹은 탓으로 생각된다.
원래는 거섭을 좋아하나 홍어 무침이 맛있어 계속 먹다 보니 거섭을 적게 먹게 된 것이다.
변비약을 두 알씩으로 해서 아침 저녁 먹으니 양은 많지 않으나 손가락만한 변이 나왔다.
그런데 그것을 보는 데 무려 두 시간이 걸렸다.
맛있다고 편식할 일이 아니다.
특히 채소는 몰라도 고기나 생선은 편식하면 안 된다.
변비가 오면 모든 게 끝이다.
변비로 고생해보니 잘 먹는 것보다 잘 싸는 것이 더 중요했다.
잘 먹는 것이 잘 사는 것이 아니고, 잘 싸는 것이 잘 사는 것이다.

2017. 10. 20 금요일 (100세 – 44일)

말은 해야 맛이고 고기는 씹어야 맛

오늘 아침에는 큰일을 냈다. 옷에 똥을 싼 것이다.
아침밥을 먹고나서 과일을 먹고 있는 중에 조금 이상한 느낌이 들어 바삐 화장실로 갔는데 가는 중에 똥이 나와 버렸다.
넷째가 화장실로 따라 들어와 아래 옷을 벗기고 겉바지와 속바지에서 똥을 싼 팬티를 분리해 냈다.
넷째가 팬티를 빨려는 눈치여서 "그 팬티, 그냥 버려라"고 했다.
넷째가 비닐봉지를 가져와 똥 싼 팬티를 넣고 입구를 묶어서 가져갔다.
넷째한테 똥 빨래까지 시킬 수 없어서 아깝지만 버리라고 했다.
나이를 많이 먹으니 별짓을 다 한다. 멀쩡하게 옷에다 똥을 다 싸다니!

복지관에 가서는 모두들 꿀 먹은 벙어리 같이 입을 다물고 있어서 내가 수수께끼를 냈다.
첫번째로, 갓은 뭘로 만든 줄 아느냐는 것이었다. 몇 명이 말총이라고 했다.
말총으로 만든다는 것은 옛날 일이고 지금은 대나무 살로 만든다. 내가 텔레비전에서 봤다.
그랬더니 맨날 죽겠다고 한 노인이 모르는 게 없다고들 한다.
두번째로, 나서는 발이 네 개고, 커서는 두 개, 늙어서는 세 개가 되는 것은 뭐냐는 거였다.
그런데 이것도 모르는 사람이 많았다.
마지막 세번째는 "잔 놈 깨 벳낀다는 말이 무슨 말이냐"였다.
잡곡의 하나인 조 (서숙)는 깨알같이 작은데 껍질이 있어 이를 벗겨야 한다.
그래서 작은 놈 (줄여서 잔 놈) 깨 벳긴다 (껍질 벗긴다의 사투리)는 말이 나왔다.
그런데 아는 사람이 하나도 없었다.
이 수수께끼는 빚에 쪼들려 잠 못 자고 빚쟁이에 시달리는 어머니를 위해 어린 아들이 낸 것이다.
빚쟁이들이 몰려오자 어머니를 피신시키고 아들이 혼자 있는데 빚쟁이들이 "어머니 어딧냐"고 물었다.
아들은 "잔 놈 깨 벳기러 갔다"고 알쏭달쏭한 말로 대답했다.
빚쟁이들이 무슨 뜻이냐고 물었으나 아들은 가르쳐 주지 않았다.
빚쟁이들이 이 이상야릇한 말에 안달이 나서 급기야 어머니 빚을 받지 않을 테니 알려달라고 했다.
그때야 아들은 서숙 (잔 놈) 껍질 (깨) 벗기려 가셨다고 가르쳐 주었다.
빚쟁이들은 무슨 불륜이라도 저지르고 있는가 하는 생각에 안달을 한 것을 이용한 것이다.
효성이 깊은 아들이 이 수수께끼로 어머니의 빚을 탕감 받게 해주었다는 이야기이다.
이 이야기를 복지관 사람들에게 해주었더니 모두들 배꼽을 잡고 웃었다.
다들 꿔온 보리자루처럼 우두커니 앉아 있어서 한 이야기인데 모두들 좋아해서 나도 실컷 웃었다.
입은 숭년 (흉년)에 죽 풀어 먹으라고만 있는 것이 아니고 말 하라는 입이다.
그리고 말은 해야 맛이고 고기는 씹어야 맛이다.

2017. 10. 21 토요일 (100세 - 43일)

삶은 사는 게 아니라 죽는 것

지난 주부터 피부에 빨간 반점이 하나 둘 생겼는데 무척 가렵고 따갑다.
처음에는 오른쪽 옆구리쪽 배에 하나가 생겼는데 왼쪽 어깨 근처 가슴에 4개, 왼쪽 젖가슴 아래에 2개가 생기더니 급기야 오른쪽 허벅지 앞쪽에도 3개가 생겼다.
먼저 생긴 것은 수그러드는 것 같지만 완전히 없어지지는 않고 새로 또 종을 달고 나오니 짜증이 난다.
나는 원래 뾰루지도 안 날 정도로 피부가 좋았는데 왜 그럴까?
처음에는 호랑이 연고를 발랐는데 계속 나오니 넷째가 연고를 새로 사왔다.
이틀을 발랐는데 효과가 별로다.
속옷도 면으로만 입고 홍어 외에는 특별한 음식도 먹은 것이 없다.
약도 예전부터 먹던 소염진통제, 디카 맥스디 (칼슘과 비타민디 복합제), 종합비타민, 마그밀, 판토록 등으로 똑같다.
그럼 뭐가 문제가 되었을까? 넷째가 디카 맥스디를 중단시켰다.
피부에 탈이 생기는 것을 보니 곧 죽을라고 그런 것 같은 생각이 들었다.
하루하루 산다는 것은 실은 사는 것이 아니라 죽어 가는 것이다.
죽음 앞으로 다가가는 것이다.
꿈이 이루어질 내일이 빨리 오기를 기다리는 것도 결국 죽음의 날이 빨리 오기를 기다리는 것과 같다.
넷째한테 자다가 깨면 와서 내 방문을 한 번씩 열어 보라고 했다.
내 소원처럼 자다가도 언제 조용히 갈지 모르니까.
오늘도 나는 죽음을 안고 잠을 잔다.

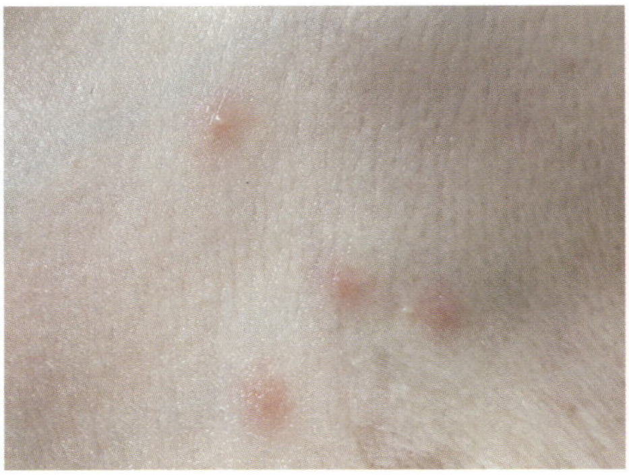
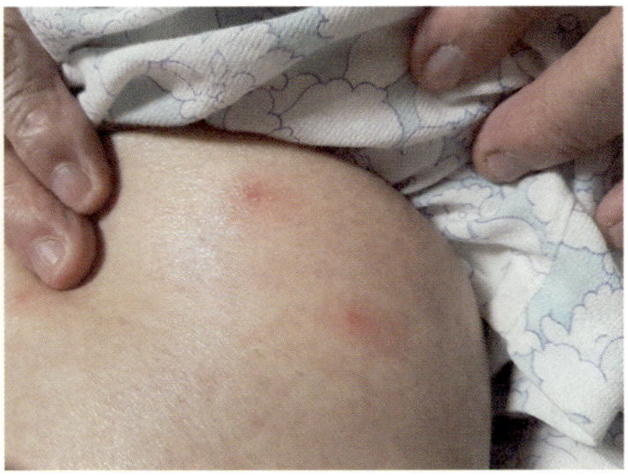

〈내 가슴과 허벅지에 난 피부병〉

2017. 10. 22 일요일 (100세 – 42일)

굼벵이도 궁글 재주는 있다

복지관 안 가는 날은 심심해서 안달이 난다.
그렇다고 낮에 잠을 자면 안 된다.
저녁에 못 자기 때문이다.
추야장장 긴긴 밤이라는 말처럼 가을밤은 얼마나 길고 길던가!
이 긴긴 밤을 뜬 눈으로 지샌다는 것은 정말 고통스럽다.
이쪽저쪽 뒤척이는 것도 서너 번이지 잠이 안 와 하루 밤에 수십 번도 넘게 뒤척이는 것은 정말 힘들다.
낮에 안 자고 버티기도 쉬운 일이 아니지만 그래도 말똥말똥 뜬 눈으로 밤을 지새는 것보다는 낫다.
그래서 낮에 잠을 자지 않으려고 별의별 궁리를 한다.
침대에 걸터 앉아 이런저런 옛날 생각도 해보고 자식 손자들에서부터 증손자까지 떠올리며 지금 뭘 하고 있을까 상상도 해본다.
공해가 심각한 북경에 있는 용성이, 작년에 결혼하고 아이를 가졌다는 현웅이, 엄마랑 살고 있는 인경이 등등.
친손자가 열다섯, 외손자가 다섯, 증손자가 스물셋이다.
다 세기가 어렵다.
내 밑의 5남2녀 중 5형제는 모두 의사 아들을 두고 있다.
의사가 큰 자랑거리는 아니지만 5형제 중에 하나라도 빠졌으면 서운할 것인데 모두 다 의사가 있어 천만 다행이다.
큰아들네 장손 창건이는 일산D대학병원 이비인후과 교수이고, 둘째네 큰아들 천영이는 개원 내과 원장이고, 셋째네 큰아들 양현이는 서울S대학병원 흉부외과 교수이고, 같은 집 막둥이 현웅이는 서울K대학병원 산부인과 전임의이고, 넷째네 큰딸 수경이는 K기독병원 내과 과장이고, 같은 집 아들 익준이는 C대학병원 인턴이고, 막둥이네 둘째 상후는 C의과대학 본과 3학년이다.
자랑스런 손자 손녀들을 하나 둘 생각하다보면 시간도 잘 가고 힘도 난다.
내가 지금까지 산 것도 이 자식들 힘이다.

심심하면 티비도 자주 본다.
소리가 잘 안 들리니 넷째가 5미터짜리 연장선으로 연결해 준 헤드폰을 끼고 본다.
자막 글씨는 알아보기 힘들고 사람들도 뭉뚱뭉뚱 덩어리로 보이지만 멍하니 앉아 멍 때리는 것보다는 낫다.
자주 보는 것은 최불암이가 나오는 "한국인의 밥상"과 "6시 내 고향"이다.
옛날에 수사반장을 연기했던 최불암씨는 늘그막에 좋은 프로를 붙들었다.
전국 방방곡곡을 돌아다니며 좋은 것 구경하고 맛있는 것 죄다 먹고 다니니 이보다 더 좋은 것이 있을까!
다음으로 좋아하는 것은 7시 뉴스다.
그런데 북한의 김정은이는 왜 핵무기를 개발해서 난리를 펴는지 모르겠다.
형제끼리 서로 도우며 사이좋게 살면 얼마든지 잘 살 수 있을 텐데 아쉽다.
박근혜 대통령도 참 안됐다.
그냥 정치하지 말고 조용히 살았으면 이 고생과 수모를 안 당했을 텐데 안타깝다.
그 쓸데없는 욕심이 병이다.

시간 보내기에 제일 좋은 것은 머니머니해도 수다떨기이다.
그래서 집 전화기와 핸드폰으로 돌아가면서 전화를 건다.
풍암동 큰애, 봉선동 둘째와 막둥이, 서울 큰딸과 셋째, 분당 둘째딸 등등.
그래도 하나도 안 걸릴 때가 있다.
집 전화번호를 외워서 아는 곳은 글자판이 큰 전화기로 전화하고 안 걸리면 핸드폰 단축번호를 눌러 전화한다.
1번 큰애, 2번은 둘째, 3번 셋째, 4번 넷째, 5번 막둥이, 6번 큰딸, 7번 작은딸이다.
핸드폰은 번호판 글씨가 작아 안 보이니까 넷째가 1번, 3번, 5번에 도드라진 스티커를 붙여 놓아서 이를 만져서 누른다. 1번과 3번 사이는 2번, 5번 왼쪽은 4번, 오른쪽은 6번이다.
오늘은 여기저기 전화하다가 부산 연옥이와 통화가 되었다.
요즘 연락이 없어 수첩에 큰 글씨로 써준 가족 전화부에서 연옥이를 찾아 번호 누르는 연습을 두 번 한 다음 수화기를 들고 번호를 눌렀는데 연옥이가 전화를 받았다. 어찌나 반갑던지.
굼벵이도 궁글 재주는 있다고 했는데 내가 장님 문고리 잡는 식으로 통화에 성공했다.
미리 두 번이나 연습을 했으니 완전 요행은 아니다.
그러고 보니 굼벵이의 궁글 (구르는) 재주도 절로 되는 것이 아니라 연습을 통해 얻은 기술일 거라는 생각이 들었다.

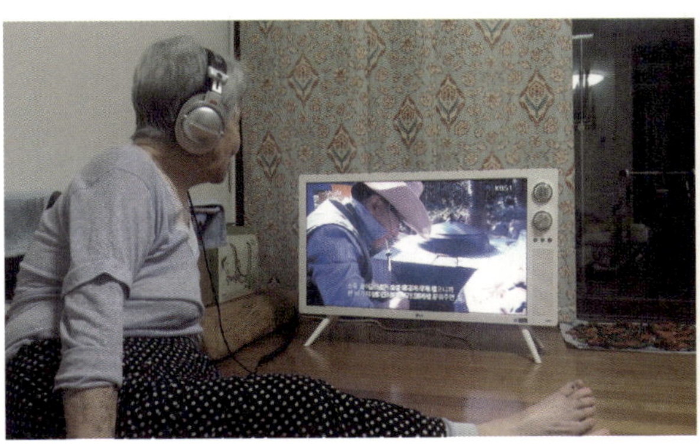

〈나의 심심풀이 도구들로 TV와 소리키워 듣는 헤드폰, 문자판에 스티커 붙인 핸드폰과 큰 글자판 전화기와 리모컨〉

2017. 10. 24 화요일 (100 - 40일)

나는 엄마를 기다리는 세 살배기 애기

오늘도 복지관에서 돌아와 넷째가 퇴근하기만을 기다리고 있었다.
넷째는 6시가 좀 넘어서 오는데 수요일을 빼면 6시 반을 넘기지 않는다.
내가 6시 반에 저녁을 먹기 때문이다.
나는 밥 재촉이 심해서 제때에 밥을 안 주면 참지 못한다.
먼저 먹으라고 해도 나 혼자 먹기는 싫다.
그리고 내가 눈이 어둡고 초점이 안 맞아 젓가락질을 잘 못하기 때문에 혼자 먹다가는 밥이랑 반찬을 흘려서 난장판을 만들기 때문에 도움도 필요하다.
그래서 식사 때는 넷째가 옆에 앉아 반찬을 숟가락 위에 얹어 주고 반찬 이름을 말해 준다.
그런데 오늘은 넷째가 6시 반이 지나도 오지 않았다.
핸드폰 전화를 세 번이나 걸어도 받지 않았다.
갑자기 불안해지기 시작했다.
병원에서 환자한테 무슨 일이 생겼을까? 오다가 교통사고가 났을까?
왜 이렇게 전화도 받지 않을까? 그런데 전화가 왔다.
응급 환자 시술이 이제 끝나서 7시 반까지는 들어온다고 조금만 기다리라고 한다.
그제야 마음이 놓였다.

넷째가 헐레벌떡 내 방으로 와서 다녀왔다고 손을 흔든다.
얼마나 반가운지 모른다.
내가 꼭 세 살배기 애기 같다.
나는 매일 밭일을 나간 어머니를 기다리듯 넷째의 퇴근을 기다린다.
조금만 늦어도 불안해지고 안달이 난다.
넷째가 반찬을 얹어주며 오늘 응급 환자는 연자 누나였다고 한다.
어제 응급실에 왔는데 호적 이름이 종옥으로 되어있어 모르고 있다가 오늘에야 알았다고 한다.
그런데 오늘은 외래 보는 날이어서 외래 마친 다음에 인공 심박동기를 시술하느라 늦었다고 한다.
생명에는 지장이 없냐고 했더니 박동기를 넣었으니 괜찮을 거라고 한다.
연자는 큰오빠네 셋째 딸이다.
어렸을 때 할아버지 할머니 구완을 정말 잘했다.
그래서 동네에 소문이 자자했고 어른들마다 복 받을 거라고 칭찬을 했다.
생명에는 지장이 없다니 다행이고 그 시술을 우리 넷째가 했다고 하니 자랑스럽다.

2017. 10. 25 수요일 (100세 - 39일)

시집살이는 달면 삼키고 쓰면 뱉는 거

옛날에는 왜 그리 시집살이가 심했는지 모르겠다.
그래서 시집의 '시'자는 가시 '시'자라고 했다.
시어머니는 눈에도 가시가 돋아 있고, 말에도 항상 가시가 박혀 있다고 했다.
이 가시는 워낙 독해서 한번 찔리면 깊이 상처가 나고 여간해서 낫지 않고 겉만 아물 뿐이다.
그런데 나는 시집살이를 하나도 안 했다.
시어머니와 시할머니 모두 홀로 되신 다음에 내가 시집을 갔는데 두 분이 같은 해에 돌아가실 때까지 12년 넘게 우리 집에서 함께 살았다.
두 분은 자주 다투셨고 시어머니는 시할머니 험담을 자주 하셨다.
내가 시어머니한테 "어머니가 할머니를 잘 모셔야 나도 본을 받아 어머니를 잘 모실 것 아니냐"고 해도 시어머니는 막무가내였다.
그러나 두 분은 모두 나를 예뻐해 주셨다.
나는 두 분 말씀을 잘 들어 드리고 두 분이 오해를 푸시도록 중간에서 노력을 많이 했다.
그래도 두 고부간의 묵은 감정은 해소되지 않았다.
시어머니께서 신혼 초에 시할머니한테 받은 상처 때문이었다.
그런데 그럴만한 이유가 있었다.
시어머니는 남면 절동의 유명한 광산 김씨 양반의 무남독녀 외동딸로 어려서부터 오냐오냐하며 너무 귀하게 커서 살림도 서툴고 털털했다.
그래서 꼼꼼하시고 뭐든지 잘 하시는 시할머니 눈에 시어머니가 들지 못 했다.
그래서 사소한 일에도 속상해 하시고 무심코 한 말에도 과민 반응을 하고 큰 소리로 다투셨다.
시어머니와 시할머니는 21살 차이였지만 5달 차이로 시어머니가 먼저 돌아가셨다.

나는 속에 담고는 못 사는 성격이다.
그래서 바로바로 속 시원히 뱉어 버리고는 잊어버린다.
그래서 감정이 상하는 일이 거의 없다.
그러나 내 며느리들은 그렇지 않다.
나의 툭툭 내뱉는 직설적인 말에 상처를 잘 받는다.
늙어서도 배울 것은 배워야 하기에 가르쳐 주려는 것인데 시엄씨 잔소리로 듣는다.
솔직히 나는 칭찬에 인색해서 자식들이 상을 타거나 큰 시험에 합격해도 당연한 듯 칭찬을 하지 않았다.
며느리들에게도 마찬가지였다.
내가 못하는 일이 없었기 때문에 며느리들이 하는 일이 항상 눈에 차지 않고 마음에 들지 않았기 때문이기도 하지만 원래 나는 칭찬을 잘 못 하는 사람이다.
그러니 나한테 시집살이를 했다고 생각할 것도 같다.
그러나 셋째 며느리는 나와 성격이 비슷하여 내가 억지소리를 좀 하거나 잘못 하면 가만히 있지 않고 "어머니 그게 아니예요, 그렇게 하시면 안 되요"라고 솔직히 바로 말한다.
속으로 꿍하지 않고 솔직하게 바로바로 말해주니 오해도 없고 감정도 쌓이지 않는다.
그래서 나는 셋째 며느리와 제일 잘 통하고 친딸보다 더 좋다.

요즘도 시집살이를 말하는데 옛날에 비하면 이건 시집살이가 아니다.
그야말로 조족지혈, 새 발의 피다.
옛날에 시집살이가 심했던 것은 남존여비 사상과 조혼 때문이라고 생각한다.
노소를 불문하고 여자를 업신여겨 종과 같이 하대를 하고 부려 먹었다.
그래서 여자들은 모두 한이 많아 홧병 환자나 다름이 없었다.
그 화는 어떻게든 풀어야 했는데 그 대상이 바로 그 집안에서 가장 약한 존재인 또 다른 여자, 며느리가 된 것이다.
한 많은 시어머니가 어리고 약한 며느리에게 화풀이를 하여 며느리를 홧병 환자로 만드는 것이다.
이것이 대물림되면서 지독한 시집살이가 생긴 것인데 당시 조혼 풍습도 시집살이에 한몫을 했다.
며느리는 대개 십대 중후반으로 당연히 어리고 시엄씨도 사십대 전후로 어렸다.
며느리도 시어머니도 인생 경험이 짧고 인격 수양도 미흡할 수밖에 없었다.
지금은 세상이 달라져도 너무 많이 달라졌다.
시부모와 같이 사는 신혼부부가 없고 시부모도 같이 살기를 원하지 않는 세상이다.
따라서 지금은 시집살이가 없고 있다면 고부갈등일 뿐이다.
고부갈등에서 피해나 상처는 일방적으로 며느리가 당하는 것으로 생각하지만 그렇지 않다.
특히 늙어서 아무 것도 할 수 없게 된 경우에는 시어머니의 스트레스도 절대 만만치 않다.
무엇보다도 자주 이야기하고 솔직하게 말하여 속에 묵은 감정이 쌓여서 상처가 생기지 않도록 해야 한다.
또한 달고 순한 말은 삼키고, 쓰고 독한 말은 바로 뱉어 버려야 한다.
속에 담아 두면 속이 상하고 상처가 남아 두고두고 덧이 나기 때문이다.
나는 그걸 잘했는데 내 며느리들도 나처럼 그렇게 했으면 좋겠다.
달면 삼키고 쓰면 뱉어야 한다.
성공적인 시집살이는 달면 삼키고 쓰면 뱉는 것이다.

2017. 10. 26 목요일 (100세 – 38일)

아낄 것은 아껴도 먹는 것은 아끼면 안 된다

어제 저녁 작은딸 분당 정자와 통화를 했다.
작은딸과는 심심하면 전화를 자주 한다.
내가 전화번호를 외우고 있어서 집 전화로 한다.
요즘 작은사위가 밥을 잘 안 먹는다고 해서 좀 어떤가 알아볼 겸 전화를 했다.
그런데 요즘도 밥맛이 없어 잘 안 먹는다고 한다.
그래서 요즘 조기가 맛있고 값도 싸니 좀 사 먹여라고 했다.
그랬더니 정자가 조기 먹어본지가 언제인지 모르겠다고 한다.
둘이 살면서 돈 아끼지 말고 맛있는 것 마음껏 사 먹어라고 했다.
작은딸은 아끼는 것이 완전히 습관이 되어 있다.
가난한 집으로 시집을 가서 젊어서부터 아끼고 또 아끼는 것이 습관이 된 것이다.
이제 좀 쓰고 살아도 되는데 못 그런다.
아낄 것은 아껴야 하지만 먹는 것은 아끼면 안 된다.
그러다가 병이 나면 손해가 더 나고 고생만 더 한다.

작은사위는 월남전에도 다녀 온 예비역 영관 장교인데 전국 방방곡곡 구경도 많이 시켜주고 나한테 살갑게 참 잘했다.
가끔 만나면 딸이 알면 뺏어간다고 작은딸 몰래 용돈도 내 손에 슬쩍 쥐어준 최고 일등 사위였다.
못하는 운동이 없었는데 정년한 후 나이 들어서는 탁구를 많이 쳤다.
분당의 아마추어 탁구 선수여서 전국 시합에서 상도 많이 탔다.
나이가 75세나 되어 늙느라고 그런 것으로 생각되지만 걱정이 된다.
그래서 넷째한테 돈은 내가 낼 테니 영광에 가서 맛있는 굴비 좀 사서 보내라고 했다.
복지관에서도 어제 오늘 점심 때 굴비가 나왔는데 맛있었다.
요즘은 소고기나 돼지고기보다 생선이 더 맛있다.
생선은 건강에도 좋으니 생선을 많이 먹어야 한다.
넷째가 굴비 사러 굳이 영광까지 가지 않아도 된다고 한다.
핸드폰으로 하면 된다고.
가만히 앉아서 인터넷으로 보낼 수 있다니 거참 좋은 세상이다.
나의 일등 사위가 굴비를 먹고 빨리 기력을 되찾았으면 좋겠다.

〈작은사위한테 핸드폰으로 보낸 선물〉

2017. 10. 27 금요일 (100세 – 37일)

나 같이 고생한 사람은 이 세상에 없다

나를 보고 고생 안 했다고 하는 사람은 뭘 잘 모르는 사람이다.
그런데 우리 딸들이 그런다, 어머니가 무슨 고생을 했냐고.
그래서 딸들한테 섭섭할 때가 있다.
일제시대에는 쌀 보리는 물론 밥그릇에 숟가락까지 다 뺏기고 굶기를 밥 먹듯 했고 심지어 소나무 껍대기까지 벗겨 먹었다.
우리가 논밭이 없어서가 아니었다.
제2차 대전 중이던 당시 일본 놈들이 공출이라고 해서 종이 쪽지 하나 써주고 곡식을 다 빼앗아갔기 때문이다.
제사 지낼 쌀까지도 가져가니 젯밥 쌀을 베개 속이나 된장독 안에 감춰 놓기도 했다.
쌀뿐만이 아니라 쇠붙이라는 쇠붙이는 죄다 가져갔다.
두들겨서 포탄 만들고 비행기 만든다고.
일본 놈들은 우리한테 무릎 꿇고 빌어도 한참을 빌어야 한다.

시집살이는 안 했지만 홀로 되신 시어머니와 시할머니를 동시에 12년 넘게 모셨고 치매에 걸려 3년 동안이나 온 방에 똥 싸서 바르고 오줌 누고 이불 찢고 벽지 뜯는 시할머니를 돌아가실 때까지 모셨다.
특히 시할머니는 내가 작은딸을 낳은 지 나흘 만인 그것도 정월 초하루에 돌아가셔서 산후조리는 커녕 피 찍찍 흘리며 그 추운 정월에 초상을 치렀다.
6·25동란 때 겪은 피난생활과 남편 잃고 혼자 농사짓던 일 등으로도 이루 말할 수 없는 고생을 했다.
1950년 6·25동란이 일어났을 때 나는 화순 동면 구암리 화순탄좌 사택에서 살았다.
동란이 터지자 당시 초등학교 5학년인 큰아들은 피난을 화순읍으로 가자고 했는데 3대 독자인 애 아빠는 처가 동네인 배수로 가자고 했다.
구암리에서 배수는 남쪽으로 이십리 정도로 거리도 가깝고 친정 아버지 (장인)의 권유로 일제시대 때부터 사놓은 논밭은 물론 집도 있었기 때문이다.
그래서 친정인 배수로 피난을 갔는데 이게 바로 고생 바가지의 시작이었다.
배수 인근에 있는 모후산이 백아산과 함께 빨치산 전남도당의 거점이어서 배수와 인근 마을이 빨치산 소굴이어서 낮에는 국군에게, 밤에는 빨치산에게 시달렸고 까딱했으면 개죽음을 당할 뻔했다.
6·25동란이 부산까지 밀리다가 인천상륙작전의 성공으로 연합군이 38선을 넘어 압록강에 이르렀을 때 후방에서는 빨치산의 토벌작전이 시행되었다.
빨치산은 도망을 가면서 공격을 피하기 위해 지역 주민을 인질로 삼아 입산이라는 이름으로 같이 이동하도록 했고 거부하면 현장에서 바로 죽였다.
그래서 주민들은 반란군을 따라 나서지 않을 수 없었고 우리 가족도 마찬가지였다.

서른 셋과 서른 두 살의 우리 부부, 13살의 큰아들 정량, 11살의 둘째 정웅, 8살의 큰딸 정남, 5살의 작은딸 정자, 6달 된 셋째 정문 등 5명의 아이들이 함께 피난을 다녔다.
큰아들이 5살 정자를 업고, 둘째는 정남이를 손잡아 걸리고, 6달 된 젖먹이 정문이는 내가 업고 애 아빠는 이불 등 가재도구를 메고 다녔다.
피난민 중에 우리 같은 대가족은 없었다.
그래서 우리는 피난 대열에서 항상 맨 뒤로 쳐졌고 다들 우리 가족이 제일 먼저 희생될 거라고 했다.

1951년 음력 1월 2일에 대규모 소탕작전이 시작되었다.
그날도 입산하라는 반란군의 지시로 우리 마을과 인근 마을 주민 모두가 보성 대내 안산 쪽으로 이동을 했는데 빨치산 반란군은 부락민들을 방패삼아 부락민 속에 숨어서 이동을 했다.
나는 가재도구를 좀 더 챙기려고 미쳐 집을 나서지 못하고 있었는데 쿠웅 쿵하며 국군의 포사격이 시작되었다.
도망하는 반란군을 향해 포를 쏜다고 하지만 반란군은 피난민 속에 섞여서 이동을 하므로 민간 피난 행렬에 쏘는 것이나 마찬가지여서 이날 발포로 많은 주민이 죽었다.
애 아빠도 아이들을 데리고 피난 대열에 섞여 가다가 궁개에서 포탄이 바로 앞에 떨어지는 바람에 흙을 뒤집어 썼고 아래 턱에 포탄 파편이 박혀 피를 쏟고 쓰러졌다.
뒤따라 온 국군이 빨치산 또는 부역자로 간주하고 "이 새끼 아직 덜 죽었네" 하며 총을 쏘려는데 같이 온 동료가 애 아빠를 알아 보고 "조형! 조형이 웬 일이시요?"하니 동료가 "이 새끼도 아는 사람이 있네"하며 총을 거두어 총살을 면했다.
애 아빠가 수건으로 턱을 감싸고 집으로 돌아 왔다.
그때 국군이 반란군의 거점을 없앤다고 마을 전체를 태우고 있었다.
애 아빠가 집으로 들어오자 국군이 애 아빠를 앞에 세우고 세 발을 뒤로 물러서더니 애 아빠한테 총을 겨누는 것이었다.
소위 입산자, 빨치산 협조자 또는 앞잡이라는 명목으로 즉결 처형을 하려는 거였다.
그래서 내가 셋째를 업은 채로 앞을 가로 막으며 말했다.
"왜, 남의 나라 사람도 아니고 같은 형제끼리 싸우면서 죄 없는 사람을 죽이려고 하시오. 이 사람은 신병이 있어 아무 것도 하지 못하고 방안에만 쳐박혀 있는 무능자요. 우리는 입산자가 아니고 반란군이 따라 나서지 않으면 반동이라고 그 자리에서 죽이기 때문에 따라간 것뿐이다"라고 따졌다.
그러자 이 군인이 하늘에다가 공포탄 3발을 쏘며 나한테 비키라고 했다.
그래도 내가 비키지 않고 "쏠 테면 쏘시오, 나도 이런 놈의 세상 더 살고 싶지 않소"라고 했다.
그러자 군인이 갓난 애기를 포함하여 세 사람을 한꺼번에 죽일 수는 없었는지 총을 세웠다.
그때 아랫집에서 즉결 처분하는 총 소리가 "따꿍"하며 들렸고 마을 전체가 불길에 휩싸이기 시작했다.
군인이 잠시 주춤하는 사이 애 아빠는 불길 속으로 뛰어 들어가 목숨을 구했다.
마을 전체가 불에 타서 주민들은 각자 친척이나 친지 집으로 소개되어 가고 마을은 텅 비게 되었다.
우리는 삼대독자 집안이라 갈 데가 없어 이웃 마을 샘재의 일가 언니인 금례 어머니 집으로 갔다.

그런데 국군의 2차 빨치산 잔당 소탕작전이 시작되었다.
음력 정월 대보름 전날이었다.
다시 산으로 피신을 하는데 나는 애 아빠 일행과 또 갈라지게 되었다.
그래서 애 아빠와 아이들은 대원사가 있는 강갓굴로 가고 나는 대내 안산으로 갔다.
두 능선 갈림길에서 엇갈린 것이다(사진 참조).
산에서 그 추운 겨울 밤을 새고 다음 날 아침에 피난 대열에서 이탈하여 되돌아오기로 마음을 먹었다.
되돌아서는데 반란군이 나를 보고 되돌아가면 죽는다고 했다.
그래서 "이런 놈의 인생, 더 살아서 뭐하냐! 나는 총알 한 방도 필요 없다.
반 방만 쏴도 죽을 것이니 쏘아 죽여라"고 하고 뒤돌아섰다.
그러나 쏘지 않았다.
되돌아오는데 보성강쪽 사면의 경사가 깍아자른 듯 심했다.
상당히 걸었는데 큰 바위가 앞을 가로 막았다. 눈바우였다.
앞은 바위가 가로막고 아래는 강이고 위로는 끝없는 급경사였다.
그래서 그냥 여기서 빠져 죽어 버리자하고 밥 냄비 들고 셋째를 보대기에 업은 채로 물속으로 뛰어들었다.
그런데 웬일인지 가라앉지 않았고 둥둥 떴다.
포대기 속 목화 솜 때문에 물에 뜬 것이다.
손으로 노를 저어 눈바우를 돌아 상류 쪽으로 거슬러 올라가 독다리 노디라는 징검다리로 나왔다.
며칠 동안 밥을 못 먹어 얼음을 깨서 강물을 손으로 떠서 두 모금 마시고 목을 축였다.
냄비 밥은 꽁꽁 얼어서 돌로 깨도 깨지지 않았다.
그래서 허기진 몸으로 물에 젖어 두 배나 무거워진 보대기를 끌다시피 하여 다시 샘재 금례 어머니 집으로 갔다.
금례 어머니가 반겨 맞아주고 숭늉을 끓여 주어 몸을 녹이고 간신히 원기를 회복했다.
다음 날 새벽에 남은 가족도 돌아와 눈물의 재회를 했다.
집은 타서 없어지고 도움을 받을 친척은 없어 알거지 동냥치 신세가 되었다.
그때 거지가 된 우리 가족을 받아 준 분이 장선리 강내과 할아버지이다.
그 집에는 이미 피난민으로 네 가족이나 기거하고 있었는데 우리를 받아 주었다.
한 가족이 먹고 나면 그 식기를 씻어 다음 가족이 먹고 또 먹었다.
잠은 남녀로 나눠서 일부는 앉아서 일부는 쪼그려 잤다.
그렇게 석 달을 살고 봄이 오자 다시 배수로 와서 잿더미 위에 움막을 짓고 새 삶을 시작하였다.

장선리 강내과 할아버지 댁에 피난민으로 소개를 갔을 때 당시 열여덟 살 된 큰 딸이 피난 가족들의 뒷바라지를 했는데 식기도 깨끗하게 다시 씻어 내오고 김치도 배추 뿌리까지 먹기 좋게 반듯반듯하게 썰어 주는 등 정말 알뜰살뜰 잘 챙겨주었다.
그런데 그 집 큰딸이 지금 우리 넷째 며느리이다.

그때의 인연으로 우리와 사돈이 된 것이다.
강내과 할아버지 큰 아들 강종남 원장은 애 아빠가 뇌출혈로 쓰러져 적십자병원에 입원했을 때 주치의를 맡아 주었고 셋째가 대학 때 폐결핵에 걸렸는데 빨리 진단하여 조기에 완치시켜 주는 등 우리 가족의 건강을 지켜주었다.
세상 인연이 참 묘하다.
아무튼 우리 일곱 식구는 그 아수라장 속에서도 한 명도 죽지 않고 기적적으로 다 살아나왔고 좋은 인연도 만났다.
다 천우신조이고 조상의 음덕 없이는 있을 수 없는 일이다.

내가 고생한 이야기는 이것 말고도 헤아릴 수 없이 많아 책으로 쓰면 백 권도 넘을 것이다.
하지만 고진감래라고 그때 그렇게 고생을 많이 했기에 내가 지금 이처럼 호강을 하는지 모르겠다.
이래도 나를 고생 안 한 사람이라고 말할 사람이 있을까!

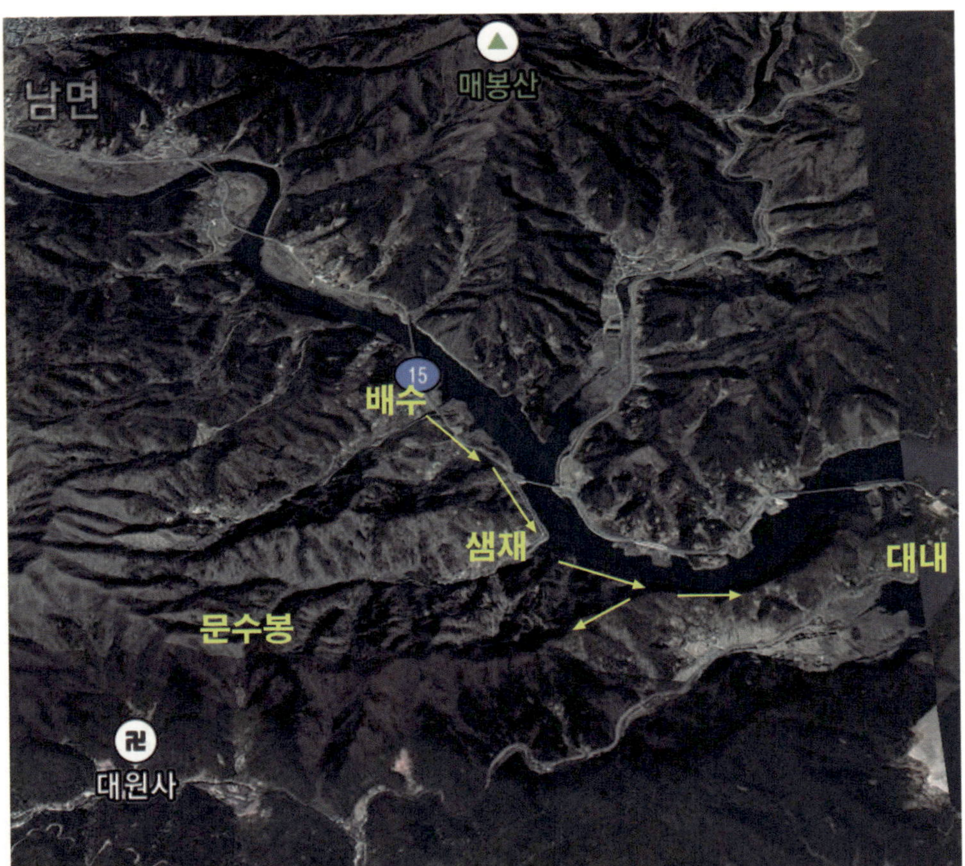

〈피난길, 배수에서 샘재를 거쳐 능선 삼거리에서 나는 대내 쪽으로 애 아빠는 대원사 쪽으로 엇갈렸다〉

2017. 10. 28 토요일 (100세 – 36일)

내 손 안에 돈이 돈이다

올해부터 용돈이 크게 줄었다.
아들들에게 용돈을 주지 말라고 했기 때문이다.
작년 말부터 노인복지관에 다니면서 장기요양 급여 본인 부담금 월 16만원 내외를 넷째와 막둥이가 교대로 부담하고 있고 노인정 다닐 때와 달리 돈 쓸 일도 별로 없어서 용돈을 주지 말라고 했다.
그런데 손에 돈이 없으니까 힘까지 없다.
이 나이에 무슨 돈이 필요하냐고 할지 모르지만 살아 있는 한 돈은 필수다.
죽어서 저승 갈 때도 노잣돈이 필요하다고 하지 않는가!
나는 원래 사기를 좋아하기 때문에 길 가다가도 사고 싶은 것이 있으면 바로 사야하기에 돈이 손에 있어야 한다.
그런데 돈이 없으면 마음이 허전하고 힘이 없다.
내가 뭘 사는 것은 꼭 나 혼자 먹고 쓰려는 것이 아니다.
사서 누구를 주고 싶어서 사는 경우도 많다.
지난 추석에도 복지관에서 나를 도와주는 한선생, 이선생, 윤군, 주방 여사님들에게 하다못해 속옷이나 양말이라도 사줬고 특별히 잘 해주는 사람에게는 또 따로 선물을 했었다.
그리고 나를 데리러 왔다가 데려다 주는 기사님에게는 달걀 한 판을 사줬다.
댓가를 바라고 하는 것이 아니고 그냥 정으로 한 것이다.
시골 장이나 노점에서 토란대 말린 거나 호박 말린 것 등을 사는 것도 나 혼자 먹으려는 것이 아니고 며느리나 딸한테 주고 싶어서 그러는 것이다.

사기를 좋아하기 때문에 나는 시골 장 구경하는 것을 좋아한다.
다양한 먹거리가 있고 시장 사람들로 북적거리는 모습이 좋다.
그런데 오늘이 화순 장날이다.
매 3일과 8일이 장날인데 오늘이 바로 28일이다.
넷째와 막둥이가 화순에 집이 있어 시골집 가는 주말이 화순 장날과 겹치면 장에 가끔 간다.
나는 자꾸 가자고 하는데 자주 못 가는 것은 내가 걷지를 못하기 때문이다.
한 사람도 다니기 힘든 장마당을 인파들 사이로 휠체어를 밀고 다니는 것은 쉬운 일이 아니다.
그래도 내가 조르면 막둥이는 가끔 들어주나 넷째는 안 들어준다.
사시고 싶은 것이 있으면 말하라고 해서 화순 장 옆에 있는 농협 하나로 마트에서 사다 준다.
그런데 나는 장 속으로 들어가서 내 눈으로 직접 보고 손으로 만져 보고 또 흥정도 하고 싶다.
이 마음을 아는지 모르는지 모르겠다.

아마 알면서도 남에게 피해 주기 싫어서 그럴지 모른다.
넷째는 자기가 손해를 보더라도 남에게 피해를 주거나 불편하게 하는 것을 극도로 싫어하는 사람이다.

그래서 정기적으로 매달 들어오는 용돈은 보내지 말라 해도 셋째가 보내주는 십 만원뿐이다.
가족행사로 모일 때 다른 아들, 딸, 사위나 손주들이 주는 것이 있어 그나마 돈백 정도는 유지하고 있다.
그런데 언제 동이 날까 싶어 불안하다.
그러면 넷째는 "광주은행 돈이 다 내 것이니 걱정하지 말라"고 한다.
필요하면 지가 다 사줄 거니 말씀만 하시라고, 그런데 그게 아니다.
은행에 있는 돈이나 땅에 묻어 둔 돈은 돈이 아니다.
내 손 안에 있어 언제든지 쓸 수 있어야 돈이다.
그렇게 해서 돌고 돌아야 진짜 돈이지 은행에서 잠자고 있는 돈은 돈이 아니다.
용돈 주지 말라는 말을 괜히 한 것 같기도 하다.
그래도 셋째가 조금이나마 보내주니 다행이다.

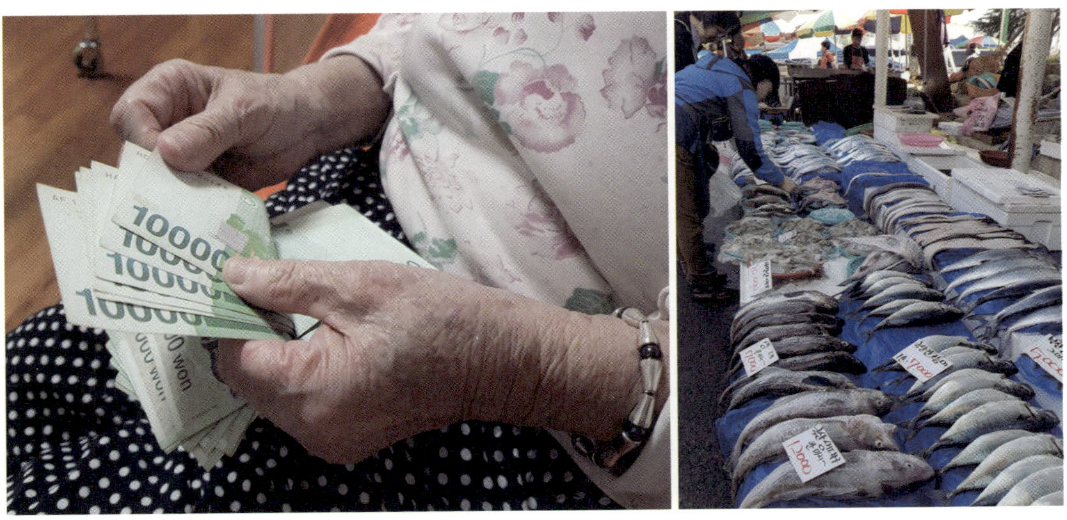

〈돈 세는 모습과 화순 장 모습〉

2017. 10. 29 일요일 (100세 – 35일)

형제가 가는 길은 호랑이도 비킨다

막둥이가 광주에 있는 네 가족 식사를 하자고 했는데 큰애가 결혼식에 가야해서 무산되었다.
그래서 수만리 넷째 집으로 갔는데 막둥이가 점심 때 탕을 사온다고 했다.
염소탕, 오리탕, 보신탕 중에 골라라고 해서 넷째 형수는 보신탕을 안 먹으니 오리탕을 사오라고 했다.
1시가 되니 오리탕을 사왔다.
작년에 첫째가 화순병원에 입원해 있을 때 외출을 나와 같이 갔던 유명한 오리탕집에서 사왔다.
먹어보니 국물은 좋은데 들어있는 토란대가 너무 질겼다.
말린 토란대는 절대로 찬물에 담가 불리면 안 되는데 그런 것 같다.
흔히 물에 불려놓고 파는 토란대는 찬물에 담가 놓기 때문에 대부분 이렇게 질기다.
내가 일전에 넷째 어멈한테도 교육을 했지만 말린 토란대는 팔팔 끓는 물에 넣어서 불려야 한다.
나는 토란대가 질겨서 국물 위주로 먹었는데 두 아들은 잘 먹어 기분이 좋았다.

밑으로 두 아들이 이렇게 가깝게 사이좋게 사는 모습을 보니 너무 좋다.
넷째와 막둥이는 세살 차이이다.
넷째는 내가 39살에 낳고 막둥이는 42살에 낳았다.
그리고 넷째와 셋째는 여섯 살 차이이다.
그 사이에 36살 차이로 나와 띠 동갑인 혜자가 있었다.
정말 예쁘고 총명한 딸이었는데 세살 때 홍역으로 먼저 갔다.
그래서 아래 두 형제는 위로 다섯 남매와 뚝 떨어졌고 어려서부터 쌍둥이처럼 컸다.
막둥이가 고등학생일 때 넷째는 대학생이어서 넷째가 과외도 해주고 대학 입학시험 볼 때는 전공과도 선택해주었다.
공대를 가려던 것을 미래에는 가공 식품의 시대가 될 거라고 식품가공학과를 가도록 하고
대학 입학시험을 볼 때에는 시험장 건물 밖에 대기하며 이것저것을 챙겨 주었다.

지금 사는 아파트에 살기 전에는 같은 아파트 같은 통로 15층과 18층에 살았다.
그때 내가 18층 넷째 집에서 살고 있었는데 형이 어머니 모시느라 고생한다고 자기가 좀 돕겠다고 같은 통로 15층으로 이사를 왔던 것이다.
첫째가 여수에서 정년하고 왔을 때 같은 아파트 단지에 세 가족이 같이 살고 싶었는데 그러지 못한 것이 지금도 못내 아쉽다.
지금은 넷째와 막둥이가 같은 아파트 단지 103동과 106동에 살고 있다.
지난번과 달리 동은 다르지만 두 동이 지하 주차장으로 연결되어 있어 같은 동이나 다름없다.
두 아들의 시골집도 같은 마을에 있어서 너무 좋다.

작년에 첫째가 먼저 간 다음에는 밑으로 두 형제가 번갈아 가면서 나를 돌봐주니 얼마나 고마운지 모른다.

옛말에 형제가 가는 길에는 호랑이도 비킨다고 했다.

내가 죽은 다음에도 지금까지 그랬던 것처럼 둘이 사이좋게 잘 지내면 좋겠다.

이것이 하나 남은 나의 소원이다.

〈내 아이들이 다닌 배수 앞 남면동초교 교정에서 둘째의 태권도 시범, 1963년경; 밑으로 2형제와 마라도, 1983년〉

2017. 10. 30 월요일 (100세 – 34일)

작은 돈도 잘 못 쓰면 쫌팽이!

나는 물건을 살 때 꼼꼼히 따지지 않고 덥석 사버리는 버릇이 있다.
그러다 보니 많이 둘린다 (속는다).
황토로 물들인 열무를 사기도 하고 구더기 가득한 호박을 사기도 했다.
그래도 "천하에 김서균을 둘려 먹지 못하면 누구를 둘려 먹겠는가!"라고 하며 금방 잊어버린다.
그런데 넷째도 그런다.
"세상에 조정관이를 둘려 먹지 못하면 누굴 둘려 먹느냐고!"하며.
이 점에서는 어쩜 나랑 똑 같은지 모르겠다.
그리고 넷째는 골목시장이나 영세 상점에서는 값을 주라는 대로 주고, 이것도 사라고 하면 사고 저것도 사라고 하면 산다.
내가 애들 증조부께서 일꾼에게 소를 팔아오라고 심부름 시키고 받은 돈을 세어 보지도 않고 받았다는 이야기, 아버지가 광업소 직원에게 십만원이라는 거금을 빌려주고 갚지 않아도 재촉도 하지 않아 목숨을 구했다는 이야기를 자주 해서 그런 것인지 내림으로 닮아서 그런 것인지 모르겠다.

6·25동란 때 애 아빠는 죽을 고비를 여러 번 넘겼는데 그 중 하나는 장선리 강내과 할아버지 집으로 소개를 갔을 때였다.
저녁에 자는데 바깥 분위기가 이상하더니 여럿이 담을 뛰어 넘는 소리가 나서 밖을 보니 마당에 빨치산 부대원들이 시커멓게 들이찼다.
화순탄광 노동자가 주축인 소위 화탄부대라는 빨치산이었다.
그 중 몇 명이 남자들이 자고 있는 방으로 들어가 수색을 했다.
애 아빠를 보고 반동분자로 끌고 나가려고 실갱이 벌이고 있었는데 빨치산 간부 김모씨가 애 아빠를 알아보고 부대원들에게 "내 형님이다. 내가 알아서 할 테니 너희들은 나가있으라"고 하여 살려줬다.
그 김모 간부는 내 넷째 며느리와 이름이 같은데 6·25동란 전에 애 아빠한테 십만원을 빌려갔는데 갚지 않고 있었다. 하도 오랫동안 갚지 않으니 내가 재촉이라도 좀 해보라고 하면 "언제든 형편이 되면 갚겠지"하며 절대 돈 꿔줬다는 말조차도 남에게 하지 말하고 했다.
그 빨치산 간부가 부대원을 물러가게 하고 둘이 따로 밀담을 나눴는데 목숨을 살려 주는 대신 빌려 준 돈은 받지 않기로 했다고 한다. 결국 빌려준 십 만원 때문에 목숨을 건진 것이다.
이전에 빚 독촉을 심하게 했거나 야속하게 굴었다면 그때 돈도 잃고 목숨도 잃었을 것이다.
돈에 인색하면 인심을 잃고 작은 돈도 잘 못 쓰면 쫌팽이가 된다.
반면 작은 돈에 후하면 덕을 쌓고 인생도 훨씬 더 풍족해진다.

2017. 10. 31. 화요일 (100세 - 33일)

싸울 때는 싸워야!

나는 사람을 무서워하지 않는다.

어려서부터 그랬다.

복지관에서 도우미 선생하고 싸웠다.

목욕할 때 핸드폰을 벗은 옷과 함께 보조 손잡이에 걸어 두었는데 도우미가 조심하지 않고 덜렁대다가 목욕탕 바닥에 떨어뜨려서 기분이 나쁘고 화가 났다.

그래서 "뭐가 바빠서 그렇게 서두르요. 목욕이라고 해도 두 사람밖에 하지 않고 바깥일은 밖에 있는 직원이 하는데 좀 차분하게 하면 안 되요. 핸드폰 고장나면 핸드폰 값 물어내시오"라고 했다.

그랬더니 "할머니가 참 힘들게 한다"고 했다.

그래서 내가 앞섶을 잡고 "내가 뭣을 힘들게 하요. 똥오줌 못 가리는 할머니에게는 아무 소리 안 하고 다 하던데 내가 옷에 똥을 싸요, 오줌을 싸요. 힘들게 할까봐 점심 먹고 양치질도 일부러 안 하고 물도 적게 먹어 화장실도 하루에 딱 한 번만 가는데 뭐가 힘드요. 그리고 우리 같은 사람이 안 오면 당신들 월급은 누가 주요. 좀 생각을 해보시요"라고 언성을 높였다.

"내가 죽었어도 다 죽은 것이 아니고 아직 반은 살아 있소. 나, 무서운 것 없는 사람이요"라고 했더니 "제가 잘못했습니다. 오해하시지 마세요"라고 한다.

이 선생은 작년에 내가 엉덩방아를 찧어 척추 압박골절을 당했을 때 그 직원이다.

화장실에 보행기로 오고 가는데 따라 다니며 도와주는 일을 했다.

그런데 화장실에서 나와 내가 아직 보행기 손잡이를 잡지 않았는데 나를 놔두고 화장실 문 닫는다고 가버리는 바람에 내가 균형을 잃고 넘어져서 뒤로 엉덩방아를 찧은 것이다.

그래도 전혀 탓하지 않고 2달을 입원하고 죽을 고생을 하며 1년간 매일 배에 뼈 붙는 주사를 맞고 간신히 회복했는데 또 그렇게 하니 야속한 생각이 들어서 소리를 낸 것이다.

젊었을 때는 누구와 싸워도 지지 않은 사람인데 늙었다고 나를 얕보고 함부로 하니 참을 수가 없었다.

화가 많이 났는데 원 없이 퍼붓어 버려서 속은 후련했다.

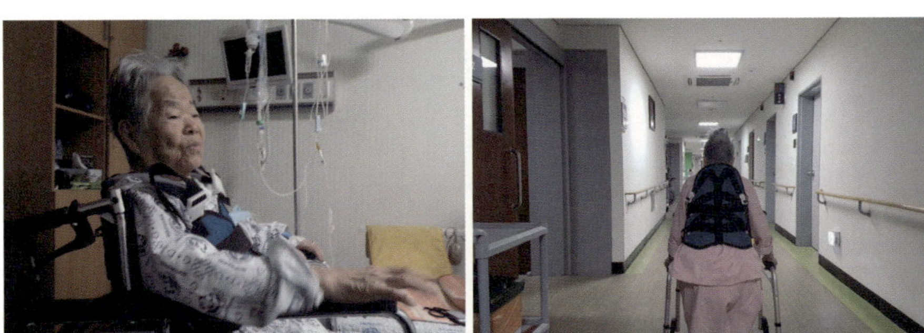

〈1년 전 요추 골절로 대학병원에 입원했다가 빛고을 노인요양병원으로 옮겨서 재활하는 모습〉

2017. 11. 1 수요일 (100세 - 32일)

내가 신문에 나겠다고?

내가 "카톡 선물하기"로 보낸 영광 굴비가 도착했다고 작은딸에게서 전화가 왔다.
핸드폰을 여러 번 했다는데 내가 안 받았다고 야단을 친다.
귀가 더 어두워져서 옆에 두어도 못 듣는데 다행히 핸드폰을 손에 쥐고 있어서 받았다고 했다.
핸드폰을 진동으로 해놔서 그나마 받은 것이다.
그래서 넷째는 전화 올 데가 있으면 핸드폰을 손에 쥐고 있으라고 한다.
그런데 그게 잘 안 된다.
아무튼 지난 주말 내내 배달 사고를 걱정을 했는데 굴비를 잘 받아서 저녁에 구워 맛있게 먹었다니 안심이 되었다.

작은딸은 백세 장모가 사위가 밥을 잘 못 먹는다고 굴비를 사서 보냈다고, 세상에 이런 일도 다 있냐고 신문에 날 일이라고 한다.
그래서 "입, 딱 봉해라. 다른 사람들 알면 서운해 한다. 서울에 셋째도 있고 큰사위도 있는데 알면 안 된다"고 주의를 주었다.
그리고 "내가 언제 또 하겠냐, 오늘 죽을지 내일 죽을지 모르는데.
생선은 배불러라고 먹는 게 아니고 맛으로 먹는 것이니 맛있게 잘 먹고 힘내라"고 했다.
하여튼 좋은 세상이다.
가만히 앉아서 전국 곳곳의 유명 식품을 보낼 수 있다니.
내가 신문에 날 일을 했다는데 작은딸에게 말이 새나가지 않도록 하라고 단단히 주의를 주었으므로 내가 신문에 날 일은 없을 것이다.

〈나를 미국에 데리고 간 작은딸, 뉴욕과 그랜드캐년에서 1992년〉

2017. 11. 2 목요일 (100세 - 31일)

큰 달이 뜨니 어머니가 보고 싶다

달이 밝다.
곧 보름이 되는가 보다.
나는 꽉 찬 보름달보다 덜 찬 상현달이 더 좋다.
지금이 바로 보름을 이틀 앞둔 2프로 부족한 상현달이다.
시집가서 달이 뜨면 달을 보며 어머니를 생각하며 많이 울었다.
저 달은 우리 어머니를 보는데 나는 못 보는구나.
어머니도 저 달을 보고 계실 테니 어머니께 내 말 좀 전해주라고 하면서 울었다.
나는 4남1녀 중 한 가운데로 무남독녀 외동딸보다 더 많은 사랑을 받고 자랐다.
부모의 사랑뿐만 아니라 두 오빠와 두 남동생의 사랑까지 받았다.
일은 안 하고 글 읽고 붓글씨 쓰고 수놓고 바느질만 했다.
글과 붓글씨는 아버지가, 수와 바느질은 어머니가 가르쳐 주었다.
아버지가 외출하실 때 나만 데리고 다니기도 많이 하셨다.
내가 걷다가 힘들어하면 업어 주셨다.
아버지와 어머니 모두 크셨는데 내가 작은 것은 어렸을 때 워낙 적게 먹었기 때문이라고 한다.
크신 아버지 등에 업히면 땅이 아스라해서 호수웠다.
나는 그렇게 금이야 옥이야 하며 자랐다.
당시 보통 16살, 17살이면 다 시집을 갔는데 나는 19살에 갔다.
어머니와 아버지가 나를 양념 딸이라고 너무 이뻐한 나머지 시집보낼 생각을 안 하신 것이었다.
이웃사람들이 저러다 혼기를 놓치면 어쩌냐고 걱정을 해준 덕에 19살인 1937년 음력 11월 25일에 시집을 갔다.

그때 결혼은 마을 사람 전체가 참여하는 축제였다.
그래서 결혼은 겨울 보리까지 파종을 하고 난 다음, 농사일을 다 끝내고 난 동짓달이나 섣달에 했다.
추워도 농사 일 때문에 다른 시간을 낼 수 없기 때문이다.
결혼식은 신랑이 신부 동네에 와서 한다.
혼례는 신랑이 장인 장모에게 두 자리 절을 하는 것으로 시작한다.
그 다음에 신부가 입장을 하는데 신랑이 신부를 못 보게 사회자가 "신랑 동행"하여 신랑이 고개를 동쪽으로 돌리도록 한다.
신랑이 고개를 동쪽으로 돌리면 "신부 출"하고 이 때 신부가 들어간다.
그때도 서로 얼굴을 볼 수 없다.
혼례가 끝나면 하루 밤을 자고 다음 날 가마를 타고 신랑 집 (시집)으로 간다.

가마 속에는 반짓고리와 가마요강을 넣어 간다.
워낙 시간이 많이 걸리므로 안에서 용변을 해결해야 하기 때문이다.
시댁은 우리 동네에서 삼십리가 넘게 떨어져 있는데 돗재라는 깔닥고개를 넘어야 한다.
가마는 2인교도 있고 4인교도 있는데 나는 4인교를 타고 갔다.
능주군 한천면과 화순군 남면 사이 돗재를 넘어 갈 때 가마꾼들이 고생을 많이 했다.
짚신 신고 돌 자갈길을 걸어야 해서 해질 무렵에야 산음 시댁에 도착했다.

남편은 나보다 한 살이 적은 18살이었고 할아버지가 한학 훈장님을 집에 모셔 마을 서당을 열어 동네 아이들과 함께 요새말로 입주 과외를 받아 한학에 능통하였다.
그런데 조선총독부 관립학교를 또 다녀서 신학문에도 조예가 많았다.
결혼해서 같이는 살았으나 일 년 동안은 거의 말을 안 하고 살았다.
어머니와 아들이 살림을 도맡아서 하고 남자하는 일에 여자는 일체 간섭하거나 끼어들면 안 된다고 해서 할 말도 없었다.
그래서 달이 뜨는 날이면 밖에 나와 달을 보며 울었고 달이 없으면 별을 보고 울었다.
아버지는 한 달에 두 번 정도 두루마리에 장문의 편지를 인편 (사람 편)에 보내셨고 어머니도 가끔 편지를 보내주셨다.
편지가 오면 그것을 꺼내 보며 또 울었다.
그래서 나중에는 애 아빠가 편지를 감추고 보여주지 않았다, 보면 또 운다고.
어머니는 순천 한실 출신의 옥천 조씨 양반집 딸이셨다.
너무 너무 인자하시고 효성이 지극하여 현부상도 타셨다.
나는 시집갈 때까지 어머니 방에서 어머니 치마폭을 손가락으로 꼭 감고 어머니랑 잤다.
그런 어머니가 생각나서 달이 뜨면 달을 보고 울고, 별이 뜨면 별을 보고 운 것이다.
오늘 아파트 창밖에 큰 달이 뜨니 한 없이 좋으셨던 내 어머니 생각이 난다.
어머니 어디 계세요? 어머니가 많이많이 보고 싶네.

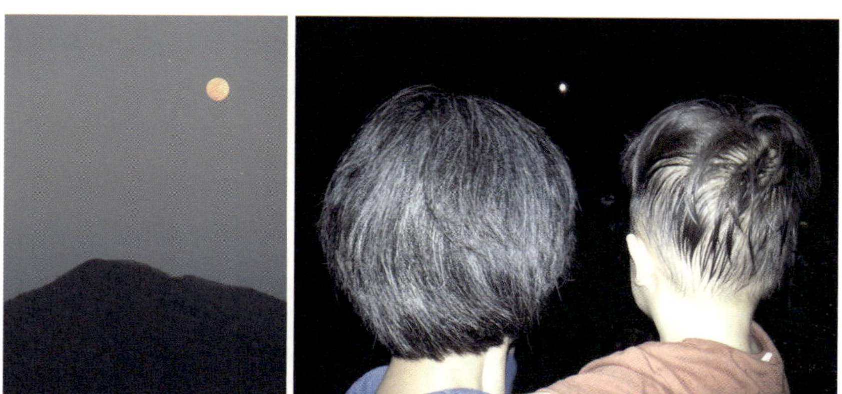

〈수만리 보름달 사진〉

2017. 11. 3 금요일 (100세 - 30일)

큰아들 생각에 가슴이 미어진다

내 첫째 큰아들이 먼저 세상을 뜬지 벌써 일 년이 되었다.
그러나 나는 전혀 실감이 안 난다.
지금도 어머니 하고 들어 올 것만 같다.
큰아들은 내가 시집가서 일 년 만에 낳은 아들이다.
결혼 다음 해에 추석을 쇠고 난 다음 날에 속이 안 좋고 머리가 빙빙 돌아 영문도 모른 채 누워 있었다.
거의 한 달을 누워 있었다.
밥만 보면 속이 뒤집어져서 매운 무우만 겨우 먹었다.
이렇게 거의 석 달을 제대로 먹지 못했다.
이렇게 가져서 다음 해에 낳았는데 석 달 유복자 아들이 첫 아들을 낳으니 다들 좋아서 어쩔 줄을 몰랐다.
그래서 큰아들은 할머니의 절대적인 사랑과 보호를 받으며 컸다.
애 아빠는 큰아들 돌을 쇠고 산음의 그 큰 살림을 다 정리하고 광주로 나왔다.
그러다가 연합군 공습이 심해지자 화순군 동면 구암리로 이사하여 큰아들은 화순 동면 초등학교를 다녔다.
그런데 1-2학년 때에는 시어머니가 업어서 등교를 시켰다.
귀한 손자 발에 흙 묻힐 수 없다고.
그러다가 6·25동란을 치르고 화순읍에 있는 화순중학교로 가서 우리와 떨어져 살았다.
중학교 후에는 광주사범학교에 들어가 또 떨어져 살았다.
그래서 초등학교 다닐 때까지만 함께 살고 이후에는 거의 떨어져 살았다.
그러다가 정년을 하여 10년 넘게 함께 살았는데 예기치 않는 병으로 진단 받은 지 1년 만에 먼저 가버렸다.
일차 수술 후 재발하여 이차 수술을 받기 전에 퇴원하여 잠깐 풍암동 집에 와있을 때 막둥이와 함께 가서 만났다.
내가 들어가니 내 방 침대에 누워 있다가 벌떡 일어나서 내 목을 껴안고 머리를 맞대고 얼굴을 비비며 "어머니, 어머니, 어머니 죄송합니다. 이런 불효자가 있을까요. 죄송합니다"라고 하며 큰 소리로 엉엉 울었다.
생전 한 번도 운 적이 없는 강하고 독한 아들인데 목메어 울었다.
나도 얼싸안고 함께 울었다.

타고난 운명은 어쩔 수 없다지만 내 엄지 손가락, 똑똑하기 이를 데 없는 누가 뭐라 해도 내가 처음 낳아서 키운 첫째 큰아들이라 가슴이 더욱 미어진다.

오늘도 복지관에서 울고 집에 와서도 또 울었다.
울다가 화장실에 갔다가 나오는데 가슴 가운데가 몹시 아파서 한참을 꼼짝 않고 서있어야 했다.
통증은 속이 아니라 겉으로 갈비뼈 부근에서 오는 것 같았다.
저녁 먹을 때 넷째한테 말했더니 협심증일 가능성이 있다며 아스피린 두 알과 콜레스테롤 약 한 알을 추가로 주었다.
약을 먹고 거실을 걸어보라고 해서 보행기를 밀고 베란다까지 나갔는데 통증은 생기지 않았다.
넷째가 그럼 큰형님 생각하며 마음이 아파서 가슴이 아팠을 수도 있겠다고 했다.
혈압과 맥박을 너댓 번 계속 재고, 청진기로 가슴도 들어 보고는 맥박이 좀 빨라지고 혈압이 약간 떨어졌으나 큰 이상은 없다고 한다.
그런데 내가 목에서 맥을 짚어 보니 좀 이상했다.
오늘 큰아들 생각에 많이 울고 가슴을 아파했기 때문인 것 같다는 생각이 들었다.
어찌 보면 나이 많이 먹어 나처럼 고생 안 하고 짧지만 멋있게 살다가 갔으니 복이라고 생각하며 위안을 삼아 보기도 했다.
그래도 그때가 마지막이었고 이제는 더 이상 볼 수 없으니 가슴이 너무 너무 아프다.
1년이 지났으니 좀 잊혀 지려나 했는데 오히려 더 생각이 난다.
그래서 자식은 죽으면 가슴에 묻는다고 하는가 보다.
그리고 그 묻은 자식 때문에 내 가슴이 이렇게 아픈가 보다.

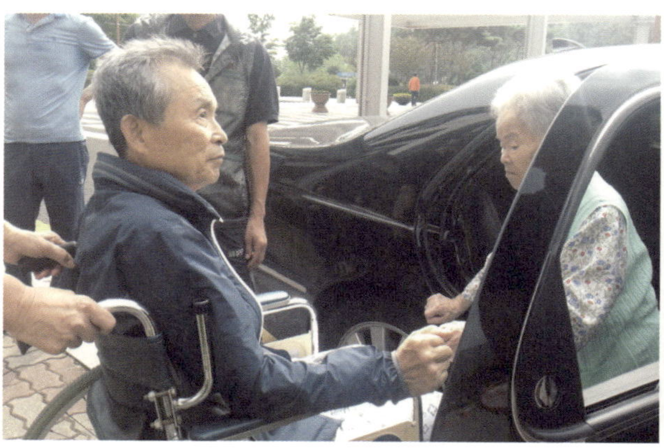
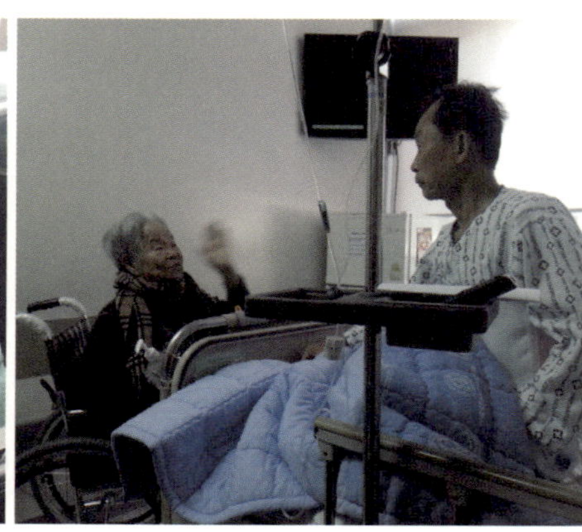

〈대학병원에 입원 중인 큰아들의 면회 장면〉

2017. 11. 4. 토요일 (100세 - 29일)

항상 지녀야 할 필수품 세 가지

사평 넷째 논에서 추수하여 택배로 쌀이 왔다고 한다.
열 가마니가 왔다고 한다.
사평 논은 내가 사평 동생의 부탁을 받아 소 판 돈으로 샀던 것인데 넷째 몫이 되었다.
원래 우리 집에는 논이 샘재 10마지기, 서남데기 7마지기, 동박골 5마지기, 걸치 3마지기, 진들 3마지기, 모랭이 3마지기, 사평 3마지기로 총 33마지기가 있었다.
둘째가 결혼하여 분가를 할 때 진들 논 3마지기와 안골 산을 팔아 주었고, 셋째가 서울로 대학을 갔을 때는 동박골 논 5마지기와 모랭이 논 3마지기를 팔아서 주었다.
주암댐 건설로 막둥이 몫인 서남데기 밭 300평과 넷째 몫인 사평 논 3마지기만 남고 모두 수용되었다.
사평 논은 어머니 선물이니 절대 팔지 말라고 해서 지금까지 넷째가 가지고 있다.
농사는 현지 영농회사에 맡겨서 추수를 하면 절반씩 나눈다.
지금은 기계화가 잘 되어 있어 베고 나면 바로 도정이 되어 택배로 보내준다.
서울로 4가마니를 보낸다.
처가, 셋째네, 둘째 딸네, 서울 선생님 이렇게 4군데에 보낸다.
서울 큰딸은 고향에 논이 있어서 빼고 나머지는 다 보내는 것이다.

풍암동 큰집에도 보냈었는데 올해부터는 보내지 말라고 해서 안 보낸다고 한다.
그래서 큰집에 보낼 한 가마니를 막둥이한테 주라고 했다.
어머니가 시켰다는 말은 하지 말라고 하면서.
막둥이도 화순 도웅리에 논이 있는데 올해는 농사를 안 지었다고 한다.
그래서 한 가마니를 주라고 한 것이다.
오늘 아침밥을 먹으면서 "막둥이한테 쌀 줬냐"고 물었다.
막둥이가 가져가기로 했다고 한다.
"어머니가 주라고 했다고 말했냐"고 물었더니 어머니가 주라고 말하지 말라는 말까지 했다고 한다.
"왜 말했냐! 그런 말을 안 해야 형한테 더 고마워 할 텐데, 왜 그랬냐"고 나무랐다.
그랬더니 "바른대로 말해야지 거짓말 하면 되요"라고 한다.
그래서 "그것은 나쁜 거짓말이 아니니 필요할 때는 거짓말도 해야 한다"고 말해 주었다.
"옛부터 돈 지갑, 하얀 거짓말, 우산 이 세 가지는 필수품으로 꼭 가지고 다녀야 한다"라고 했다.
새빨간 거짓말도 선의의 하얀 거짓말도 거짓말은 하면 안 된다고도 하지만 꼭 필요할 때는 해야 한다.
빨치산이 애 아빠 어딧냐고 할 때 바른대로 대청마루 밑에 숨었다고 말할 수는 없는 것이다.
형제간이나 친구사이에서 관계에 도움이 되지 않은 내용을 곧이곧대로 말해버리면 사이가 틀어지게 할 수도 있다.

따라서 험담을 들었어도 안 들은 척 해줘야 하는 것이다.

넷째가 곧이곧대로 내가 시켰다는 이야기까지 다 해버렸다고 해서 정색을 하고 나무랐더니 말 안 했다고 한다.

그러고 보니 넷째도 나한테 거짓말을 한 것이다.

엄마를 골려 먹으려고.

넷째와 막둥이는 가끔 나를 골려 먹으려고 거짓말하는 경우가 있다.

그래서 내가 한 말 때문에 내가 당하는 것이다.

그래도 나는 기분이 좋다.

〈배수 지명과 우리 논의 분포〉

2017. 11. 5 일요일 (100세 - 28일)

공부는 지들이 박사라도 농사는 내가 박사

막둥이가 수만리 밭에서 고구마를 캐다가 고구마 밑이 하나도 안 들었다고 전화를 했다.
공부는 지들이 박사라도 농사는 내가 박사인데 내가 말을 해도 귀담아 듣지 않더니 잘 되어 버렸다.
고구마는 한 줄로 골을 파고 거름을 넣은 다음 양 옆의 흙을 쌓아 올려 두둑을 만든 다음 씨 고구마 줄기를 세 매듭씩 잘라 가지 순이 거슬리지 않는 방향으로 두 매듭만 땅에 묻히도록 비스듬히 꽂아 넣어야 한다.
그러면 둘 중 한 매듭은 뿌리가 되고 다른 두 매듭에서 고구마가 달린다.
반대로 감자는 고구마와 달리 고랑에 심는다.
감자의 움푹 패인 씨 눈이 한 두개 들어가게 감자를 여러 개로 쪼개어 씨 눈이 하늘을 향하게 묻으면 된다.
씨 눈 두세 개가 가까이 있을 때는 한꺼번에 파내도 된다.
또 상추씨를 뿌릴 때는 편평하게 고른 땅 위에 적당히 뿌리고 손으로 문질러서 고루 펴지게 한다.
이때 씨를 너무 많이 뿌리면 나중에 솎아내느라 고생을 하니 성글 성글 뿌려야 한다.
호박을 심을 때는 구덩이를 지름이 40-50 센티미터 되게 크고 깊게 파서 밑거름을 많이 넣어야 한다.
호박씨는 둥근 부분을 위로 뾰족한 부분을 아래로 향하게 하여 세워서 꽂듯이 심는다.
한 구덩이에 서로 떨어지게 해서 호박씨 2-3개를 심는다.
막둥이가 올해 고구마 농사는 낙제라고 내년에는 나보고 심어달라고 한다.
혼자 서지도 못한 주제에게 고구마를 심어달라는 것은 농담이겠지만 싫지 않은 소리다.
이제 나를 농사 박사로 인정해주는 것 같기 때문이다.
내년까지 살아서 농사짓는 것을 현장에서 지도해주고 싶다.

〈아래 두 아들 부부와 함께 시골 텃밭 가꾸는 모습〉

2017. 11. 6 월요일 (100세 - 27일)

오뉴월 방천 말뚝은 해도 동생 노릇은 못한다는데

지난 주말에 손녀 수경이가 두 아들 연우와 현우를 데리고 와서 자고 갔다.
정서방이 학회 때문에 제주도에 갔기 때문이다.
연우는 다섯 살이고 현우는 세 살인데 애기가 아니라 어른 같다.
말도 별로 하지 않고 조용하게 잘 논다.
두 살 위인 연우는 형 노릇을 제대로 한다.
현우가 하는 일을 저지하거나 가지고 노는 것을 뺏기도 한다.
현우가 노는 일이나 가지고 노는 물건에 일일이 개입하여 방해한다.
뭐라고 큰 소리로 나무래기도 하고 하지 말라고 소리도 친다.
그러면 현우는 "네, 형아"라고 하며 형 말을 듣는다.
지가 가지고 노는 물건을 뺏어도 한두 번 저항하다가 그냥 포기한다.
울지도 않고 그냥 단념한다. 그리고는 새로운 놀 거리를 찾아서 논다.
오뉴월 방천 말뚝은 해도 동생 노릇은 하지 못한다는 말이 있는데 형을 깍듯이 대하는 현우가 기특하다.
현우는 올해 초만 해도 나를 무서워했다.
그러나 이제는 내 방에 들어와 배꼽 인사를 하고 악수도 잘 한다.

나는 원래 아이들을 좋아해서 아이를 9명이나 낳아 7명을 키웠다.
삼대독자 석달 유복자한테 시집을 가서 5남 2녀를 낳아 대가 끊길 가문을 단번에 회복시켰다.
그래서 나는 시어머니와 시할머니한테 이쁨을 많이 받았다.
그런데 수경이가 또 임신을 했다고 한다.
두 아들이 있는데 셋째를 임신한 것이다.
아들 둘을 연속으로 낳아 또 임신하면 묻지마라 아들일 것이니 딸을 가지려면 5년 후에나 가지라는 주위의 경고에도 불구하고 또 아이를 가진 것이다.
요즘은 결혼해도 아이를 낳지 않는 사람도 있는데 셋째를 가졌다니 잘 했다고 치하해주었다.
"너 닮은 딸 하나 있으면 얼마나 좋겠냐"고 했다.
수경이도 지 엄마를 닮아서 애기 서는 것도 수월하고 애기 낳는 것도 수월하더니 셋 낳는 것까지도 지 엄마를 닮았다.
형한테 동생 노릇하느라 꼼짝 못하는 현우에게도 동생이 생겨서 참 잘 되었다.

2017. 11. 7 화요일 (100세 - 26일)

입동, 겨우살이의 시작

오늘이 입동이다.
벌써 또 한 해가 간다.
올해는 오월에 공달 (윤달)이 들어 음력으로는 구월인데 겨울이 시작된다는 입동이란다.
중부 지방에는 벌써 눈이 왔단다.
복지관 할머니들도 누비옷을 입었다.
나는 원래 추위를 안 탄다.
그래서 겨울에도 이불을 덮지 않는다.
그러나 나이를 많이 먹으니 예전과는 다르다.
그렇다고 이불을 덮고 자는 것은 아니다.
넷째가 방에 불을 넣어 방안 온도를 25도로 맞춰 놓아 밖에서 들어오면 후끈하다.
그래서 내의만 입어도 된다.
그러나 복지관 왔다갔다할 때는 예전과 같지 않음을 느낀다.

겨울 환절기에 제일 무서운 것이 감기이다.
이것이 폐렴으로 가면 죽을 수도 있다.
나는 편도선이 커서 감기에 걸리면 목이 잘 아프고 천식이 도지기도 (재발하기도) 한다.
이비인후과 교수인 장손 창건이가 내가 젊다면 수술할 정도라고 했다.
매년 독감 예방주사를 맞지만 감기에 안 걸리는 것은 아니다.
감기는 만병의 근원이고 노인 감기는 죽을 수도 있으니 예방이 상책이다.
손을 잘 씻고 골고루 잘 먹고 춥지 않게 자야 한다.
그리고 목이 조금이라도 이상하면 방을 뜨겁게 하고 물 많이 마시고 이불 덮고 땀을 빼야 한다.
소위 취한이다.
그런데 나는 이걸 잘 못한다, 이불 덮는 습관이 안 되어 있어서.
겨울에는 죽고 싶지 않는데 겨울 날 것이 걱정이 된다.
겨울나기는 겨우살이다.
겨우 살아내기만 하면 되기 때문이다.
앞으로 넉 달 겨울, 감기를 피하여 겨우 살기만 하자.
그래서 또 새 봄을 맞자.

2017. 11. 8 수요일 (100세 - 25일)

죽어도 소원은 통일

미국 대통령 트럼프가 우리나라에 왔다.
비싼 무기를 사라고 한다.
북한 김정은이 핵실험을 하고 미사일을 쏘니 세계가 난리다.
이에 대비하기 위해 트럼프가 비싼 무기를 사라고 한단다.
김정은이가 왜 이러는지 모르겠다.
동독과 서독처럼 하나로 통일하면 우리나라도 작은 나라가 아니고 잘 살 수 있을 텐데 말이다.
북한에는 밭이 많아 옥수수, 수수, 조, 귀리 등 잡곡이 많이 나고 남한에는 논이 많아 쌀이 많이 나니 서로 나눠 먹으면 좋을 것이다.
먹거리 말고도 북한에는 지하자원이 많고 남한은 기술이 있으니 이것도 서로 주고받으면 서로에게 도움이 될 것이다.

김정은이 지금 많은 문제를 일으키고 통일을 어렵게 하고 있지만 김정은이가 없어진다고 모든 문제가 해결되는 것은 아니다.
공산주의가 북한을 지배하고 있는 한 통일은 쉽지 않을 것이다.
이는 내가 6·25동란 때 겪어봐서 잘 안다.
김대중 대통령 때 김대통령이 북한에 가서 김정일과 만나고 금강산 관광도 할 수 있어 통일이 눈앞에 다가온 느낌이었다.
그러나 지금은 통일이 짙은 안개 속으로 숨어 버렸다.
통일이 어려운 일이기는 하나 그래도 나는 포기하지 않을 것이다.
살아서는 통일을 보기 힘들겠지만 죽은 다음에라도 우리나라의 통일을 꼭 보고 싶다.
우리나라가 통일이 되면 일본이나 중국도 우리를 얕보지 못할 것이다.
우리나라의 장래를 위해서는 꼭 통일을 해야 한다.
나도 우리나라의 통일을 위해 기도할 것이다.
하늘 나라에 가서도!

2017. 11. 9 목요일 (100세 - 24일)

나는 사고뭉치 어른 아이

눈이 잘 보이지 않는다.
단순한 노안이 아니라 황반변성이 와서 그런다.
2년 가까이 눈에 직접 주사하는 치료를 받았으나 더 나빠지지 않았을 뿐이다.
계속 주사를 맞아야 한다고 했는데 주사가 너무 아파서 그만 맞겠다고 했다.
한쪽 눈은 그냥 물체가 왔다갔다하는 것을 알 정도이고 다른 한쪽은 희미하게 보일 뿐이다.
그래서 짐작 꼴로 보고 다니고 티비도 사람도 물건도 음식도 대충 본다.
여러 가지 일 중에서도 밥 먹을 때가 제일 불편하다.
뭐가 뭔지 알기도 어렵고 알았다고 해도 젓가락으로 정확히 집기가 안 된다.
그래서 집적집적하게 되고 그렇게 해도 결국 못 집는 경우가 많다.
그래서 넷째나 막둥이가 옆에 앉아 숟가락에 반찬을 얹어주어서 먹고 아예 입어 넣어 주는 것을 먹을 때도 있다.
어린 아이라면 예쁘기도 하겠지만 늙은이한테 반찬 얹어주랴 무슨 반찬이냐고 물어 보면 큰소리로 귀에 대고 이름 말해주랴 얼마나 성가실까!

오늘 아침에는 이를 치약이 아닌 샴푸로 닦았다.
익준이가 세면대 위에 놓은 작은 샴푸를 치약인 줄 알고 칫솔에 짜서 닦은 것이다.
어째 거품이 많이 난다 싶었는데 닦다가 보니 맛이 이상했다.
칫솔질은 몇 번 하다가 말고 뱉어버리고 넷째를 불러 이거 치약이 맞냐고 했더니 샴푸라고 한다.
넷째가 "평소에 쓰던 것을 쓰지 왜 뭔지 모르는 것을 썼냐"고 한다.
"못 보던 새로운 것이 있길래 나도 새 것 한번 써보고 싶어서 써 봤다"고 했다.
다음부터는 쓰시던 것만 쓰라고 한다.
즈그들은 (자기들은) 이것저것 다 쓰면서 나는 쓰던 것만 쓰라고!
내가 사고를 칠까봐 하는 말인 줄은 알지만 그래도 좀 섭섭했다.
그리고 나이 들어 사고만 치는 내 처지가 불쌍했다.
저녁에는 샴푸가 치워져 있어 물어보니 넷째가 익준이한테 샴푸를 치우라고하고 나무랬다고 한다.
할머니가 눈이 어두워서 사물을 잘 구별하지 못하는데 샴푸를 할머니 손 닿는 곳에 두면 되냐고.
약이나 먹으면 안 되는 것은 어린이뿐만 아니라 노인도 닿지 않는 곳에 두라는 경고문을 붙여야 할 것 같다. 나 같은 사고뭉치 어른 아이 때문에.

2017. 11. 10 금요일 (100세 - 23일)

죽음만은 엿장수 맘대로

입동이 지나니 날씨가 많이 추워졌다.
우리 할머니들도 누비옷으로 중무장하고 온다.
나도 옷을 겨울옷으로 바꿔 입었지만 오바나 코트를 입은 것은 아니다.
겨울 티에 조끼를 입은 정도다.
도우미 선생들이 내가 입은 옷을 보고 걱정이다.
그러다 감기 걸리면 큰일인데 그렇게 옷을 얇게 입느냐고.
내가 추위를 잘 안 타기도 하지만 아파트 지하주차장에서 복지관 차를 타고 복지관에 도착하면 주차장에서 내려 바로 복지관 안으로 들어가니 바깥바람 쐬는 시간은 불과 2-3분에 불과하기 때문에 추울 시간이 없다.
복지관 도우미 선생들이 내 옷을 보고 걱정하길래 "나는 안 추우니 걱정마시오.
나는 겨울에는 안 죽을거여"라고 했다.
그랬더니 "엿장수 맘대로!"라고 한다.
"그래 내가 엿장수여. 그러니 나는 추운 겨울과 더운 여름에는 안 죽을거여, 자식들 고생하니까"라고 했다.
죽음이 엿장수 맘대로 될 수만 있다면 얼마나 좋겠는가!
더 오래 살려고 그러는 것이 아니라 자식들 고생 안 시키고 좋은 계절에 가고 싶어서 그러는 것이다.
죽음만은 정말로 엿장수 맘대로 하고 싶다.

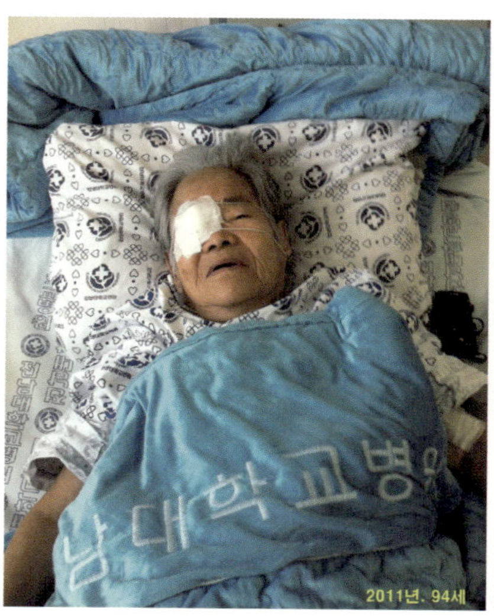

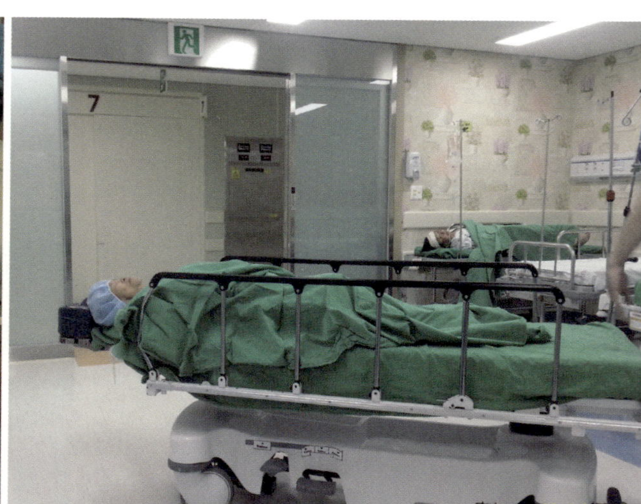

〈시력 저하로 2번의 백내장 수술(2011년)과 5번의 황반변성 치료(2015-6년)〉

2017. 11. 11 토요일 (100세 - 22일)

추위 안 타기는 내가 일등인데

나는 열이 많아 추위를 안 탄다.
그래서 잘 때 평생 이불을 덮어본 적이 없다, 아팠을 때 말고는.
고작 큰 수건 하나 배에 걸치고 잔다.
그런데 손자 익준이가 겨울인데도 트렁크 팬티만 입고 다닌다.
오늘 아침밥을 먹을 때도 팬티만 입고 왔다.
"너 안 춥냐?"고 했더니, 넷째가 "어머니 닮았어"라고 한다.
나를 닮은 게 맞다.
잠옷도 안 입고 속옷만 입고 자는 나를 닮은 게 맞다.

익준이가 서울에서 대학을 다닐 때 후암동 외갓집에서 다녔는데 1년을 좀 넘기고 외할아버지한테 쫓겨났다.
집에서 하던 버릇대로 트렁크 팬티만 입고 다니다가 호랑이 같은 외할아버지한테 몇 번 걸려 결국은 나가라는 불호령을 받은 것이다.
그래서 지 어머니가 부랴부랴 서울로 올라가서 지하철 숙대 입구역 근처 고시원을 잡아 주었다.
넷째가 얼마나 행실이 불량했기에 외할아버지한테 쫓겨 났을까 하여 사회 밑바닥 맛을 좀 봐야한다고 월 23만 원짜리 속칭 벌집방 고시원을 잡아 준 것이었다.
말이 고시원이지 고시 준비생이 사는 것이 아니고 가장 싼 거주 공간을 찾는 온갖 저소득 하류민들이 사는 공간이라고 한다.
공동 화장실에 공동 취사장을 쓰고 창가 방 몇 개만 창이 있다고 한다.
넷째가 방을 옮긴 뒤 몇 달 후에 보고 와서는 그것은 방이 아니고 "설 수 있는 관"이라고 했다.
죽은 사람이 들어가는 관은 설 수 없지만 고시원 방은 그나마 설 수는 있어서 그렇게 부른 것이다.
익준이는 고시원에서 육개월 넘게 살다가 휴학을 하고 공군에 자원입대를 하여 고시원 생활에서 빠져나왔다.
그래도 팬티 패션은 아직도 못 버리고 있다.
나도 눈에 거슬리지만 나를 닮았다니 할 말이 없다.
잘한 것은 지들 탓이고 잘못된 것은 죄다 내 탓이다.
그렇지만 내 피가 섞였다니 기분이 좋다.
추위 안 타기는 내가 일등인데 이제 손자한테 지게 생겼다.

2017. 11. 12 일요일 (100세 - 21일)

아이들은 열 번도 넘게 된다

아이들은 열 번 된다.

공부도 잘 못하고 의지가 약해서 전망이 없다고 생각되어도 아이들은 절대 포기하면 안 된다.

나한테 두 딸이 있는데 어려서 둘은 너무 달랐다.

큰딸은 아주 똑순이었다.

아주 영리하고 부지런하고 깔끔하고 완벽하고 못하는 것이 없었다.

초등학생 때 20-30명 되는 놉 (일꾼)에게 새꺼리 (새참)를 내고 저녁 식사 대접하는 것도 혼자서 거뜬히 해냈다.

손도 커서 일꾼들 밥을 퍼줄 때는 아주 듬뿍듬뿍 퍼주었다.

그래서 밥을 적게 하면 자기 양껏 못 퍼주니까 밥 담는 일을 거부했다.

그때에는 이 마을 저 마을로 구걸하러 다니는 사람들 (속된 말로 동냥치라고 했음)에게도 쌀을 한 줌이 아니라 한 바가지씩 퍼주었다.

그것도 모자라 내가 일을 나가면 몰래 반 바가지를 더 퍼주기도 했다.

그런데 작은딸은 정반대였다.

동작이 느리고 하라는 공부도 하지 않았다.

집안에 바쁜 일이 있으면 안 보이는 곳에 하루 종일 숨어서 나타나지 않을 때도 있었다.

그리고 꼽꼽해서 (인색해서) 동냥이 와도 잘 주지 않았다.

당시 공포의 대상이었던 상이군인이 절단된 손에 갈고리를 달고 와서 위협해도 주지 않고 끝까지 버텼다.

큰딸과는 너무나 달랐는데 결혼을 하고는 달라졌다.

다양한 사람들과 폭넓게 사귀고 앞을 내다보는 지혜가 있어 자산관리도 잘하여 지금은 천당 밑에 분당이라는 곳에서 아주 잘 살고 있다.

그러나 큰딸은 어려서부터 지금까지도 고생을 한다.

어렸을 때도 집안 살림 돕느라 고생을 많이 했는데 지금은 외손자를 키우느라 고생하고 있다.

아이들은 열 번 된다는 옛 말처럼 아이들의 미래는 정말 알 수 없다.

따라서 아이가 아무리 실망스러워도 막말을 하면 안 된다.

버린 바리데기가 효도하고 못난 소나무가 고향을 지킨다는 말처럼 어떤 자식이 잘 될지 어려서 하는 것만으로는 알 수 없다.

2017. 11. 13 월요일 (100세 - 20일)

무우 요리만 잘 해도 일등 주부

어제 저녁 때 무우 생짠지 (생채)를 먹었다.
넷째 어멈한테 "지난번 화순장에서 산 무우, 지금 남아있지?
그것으로 생짠지 좀 해주라"고 옆구리 쿡 찔러서 얻어 먹었다.
무우를 채를 쳐서 무쳤는데 비빔밥으로 비벼서 먹었더니 엄청 맛있었다.
별 다섯으로 최고 평점을 줄만 했다.
넷째 어멈도 반찬솜씨가 많이 좋아졌는데 잘 안 하는 것이 흠이다.
하면 잘하는데 잘 안 하니까 결국 못하는 것이 된다.

옛날 겨울 밤 3대 간식은 생 무우, 동치미, 홍시였다.
생 무우는 마당 가 양지 바른 곳에 흙구덩이를 파고 볏짚을 깐 다음에 무우를 넣고 짚 벼늘로 덮어서 보관하고 수시로 꺼내어 그냥도 먹고 요리를 해서도 먹었다.
겨울 무우는 인삼보다 더 낫다고 하여 기력이 쇠하거나 감기기가 있을 때에는 약으로도 먹었다.
시골에서 겨울 밤은 너무 길다.
해가 지는 다섯 시경에 저녁밥을 먹으면 자정까지도 여섯 시간이 넘게 남는다.
모여 앉아 이야기도 하고 길쌈도 하고 바깥어른들은 사랑에서 골패도 하고 일꾼들은 새끼를 꼬고 덕석을 짜면서 소일을 한다.
이때 속이 출출해지면 그냥은 못 자니까 야참을 먹어야 하는데 무우가 최고였다.
생 무우를 먹기도 하고 동치미를 꺼내 길이로 쪼개어 나눠 먹기도 했다.
상큼한 국물과 아사아삭 씹히는 무우가 환상적인 조화를 이룬다.

반면에 홍시는 주로 어르신용이다.
1950-1960년대까지는 어르신 가운데 치아가 온전한 사람이 거의 없었다.
옛날 사람 수명이 짧았던 이유 중 하나는 이가 없어 음식을 잘못 먹은 것 때문이다.
지금은 틀니를 하거나 임플란트를 해서 팔십 구십이 되어도 먹는 데 문제가 없지만 그때는 치솔 치약도 없고 기껏 소금으로 닦는 것이 전부여서 치아가 살아남아 있지 않았다.
그래서 이가 부실한 어른들은 무우를 그냥 먹기 어려워 숟가락으로 긁어 드리거나 홍시를 드렸다.
홍시는 생 감을 큰 광주리에 넣고 지붕 위에 올려놓아서 만든다.
수시로 사다리를 타고 올라가 홍시가 된 것을 추려서 내려와 드린다.

생 무우, 동치미, 홍시는 아무리 먹어도 탈나지 않은 그 시절 겨울 밤 3대 간식이었다.
이 세 가지 중에 두 개가 무우로 된 것이니 무우는 겨울 채소 중 최고다.

무우는 할 수 있는 요리가 12개가 넘는다.
생채, 깍두기, 총각김치, 무 나박김치, 무우나물, 무우국 (소고기, 오징어), 무우조림, 무우전, 무말랭이 무침, 동치미, 무우장아찌, 무우시래기국, 무우시래기 무침 등 무궁무진하다.
무우 요리만 잘 해도 일등 주부가 될 수 있는데 오늘 무우 생채 하는 것 보니 넷째 어멈도 싹수가 보인다.

〈무우 생채와 나박김치, 겨울밤 3대 간식 중 어르신용 홍시〉

2017. 11. 14 화요일 (100세 - 19일)

심근경색증으로 별 넷을 달다

어제 저녁 밥을 좋게 먹고 화장실에 가서 소변을 보고 나와 틀니를 빼서 씻고 양치질을 했다.
그런데 가슴이 딱 벌어지게 아팠다.
양치질을 대충 마치고 침대로 가서 앉아 있는데 엄청나게 아파서 아이고하며 큰 소리를 냈다.
넷째가 달려 와서 혀 밑에 니트로글리세린 스프레이를 두 번 뿌리고 나를 눕혔다.
약은 엄청나게 썼지만 서른 번 셀 정도 후에 가슴이 가라앉기 시작하더니 사르르 풀렸다.
어찌나 아프던지 식은땀이 날 정도였다.
혀 밑에 약을 뿌린 다음에 좀 어지럽기는 했어도 견딜만했다.
넷째가 혈압기를 가져와 혈압을 재고는 혈압은 괜찮다고 한다.
그래도 저녁에 병원에 가야겠다고 한다, 협심증 같다고.
혈관이 동맥경화로 막힐려고 하니 빨리 가서 뚫어야 한다고 한다.
십여 일 전부터 가슴 통증이 간간이 왔다가 2-3분 정도 지나면 저절로 괜찮아졌는데 오늘은 제일 심했다.
가슴이 딱 벌어지면서 숨이 막혀 죽을 것 같았다.
넷째가 병원에 전화를 해서 입원 준비를 시켜놓고는 병원에 가자고 한다.
"그냥 집에서 죽으면 안 되냐"고 하니 "죽지는 않고 아까같이 가슴이 또 아프면 어떻게 하려느냐"고 한다.
웬만하면 그냥 죽으려고 했는데 또 아플 수 있다고 하니 생각이 달라졌다.
넷째 말을 들으니 듣지 않을 수 없었다.
지금까지 나는 항상 다른 사람 말은 몰라도 넷째 말은 들었다.
나는 무척 고집이 센 사람인데 넷째가 조곤조곤 말하면 듣지 않을 수가 없다.

입원 살림 짐을 배낭에 넣어 넷째 어멈이 메고 넷째는 휠체어를 가져와 나를 싣고 집을 나왔다.
대학병원 응급센터 앞에 도착하니 넷째의 후배 안교수님이 연락을 받고 응급센터 앞에 나와 있었다.
어멈은 입원 수속을 하러 가고 나는 후배 교수의 안내를 받아 응급실로 들어 갔다.
그제서야 넷째는 차를 주차장에 주차하고 뒤따라 들어왔다.
병원에 왔으니 안심은 되나 별별 생각이 다 난다.
병실로 올라와서 심전도를 찍었는데 응급상황은 아니라고 한다.
전대병원만 해도 이번이 네번째 입원이다.
세 번은 척추 압박골절 때문이고 이번에는 심장 때문에 입원한 것이다.
임상 실습 중인 상후가 제일 먼저 병실에 오고 이어서 인턴 수련 중인 익준이가 왔다.
이 손자들을 보니 힘이 난다.

아침 7시 30분에 오늘 시술할 안교수님이 병실에 왔다.
8시에 관상동맥 조영술을 한다고 한다.
넷째가 같이 침대를 밀고 검사 대기실로 갔다.
넷째가 내 손을 꽉 잡고 "내가 같이 들어가니 걱정 말라"고 한다.
넷째가 옆에 있으니 든든하지만 걱정이 된다.
또 얼마나 아플까?
벌써 네번째 입원이다.
아픈 것에 진저리가 쳐진다.
드디어 검사대에 올랐다.
오른 팔목에 관을 넣는다.
엄청 아팠다.
소리를 질렀다.
참으려고 해도 안 참아진다.
간호사가 어깨 부근 팔을 주물러주니 좀 낫다.

심장동맥이 막혔단다.
하나는 완전히 막히고 나머지 두 개는 많이 막히고.
그럼, 백년을 썼는데 녹이 안 슬고 온전하겠는가!
스텐트는 위험할 수 있어 풍선으로 두 개만 살짝 넓히고 끝냈다.
풍선으로 넓히는 순간 가슴이 미어지게 아팠다.
스텐트로 완벽하게 넓히려다가 사람을 놓칠 수 있다고 안전한 차선을 선택한 것이란다.
맞다, 완벽을 고집하다가 가진 모든 것을 잃는 일이 많다.
앞으로 얼마를 더 살지 모르지만 별을 네 개나 달았으니 더 이상 별 달 일은 없었으면 좋겠다.
이로써 나는 인간이 겪는 통증 중에 가장 심하다는 협심통증과 척추 압박골절로 뼈가 깨지는 통증과 해산의 고통 모두를 다 겪어보았다.
정말 이제는 고통 없이 편히 잠자듯 죽고 싶은 게 소원이다.
넷째한테 "왜, 엄마 그냥 죽게 놔두지 또 살려 놨냐"고 하자 "어머니가 겨울에는 안 죽고 싶다고 하셔서요"라고 한다.
맞다, 정말 추운 겨울과 더운 여름은 싫다.
내년 봄이면 몰라도.

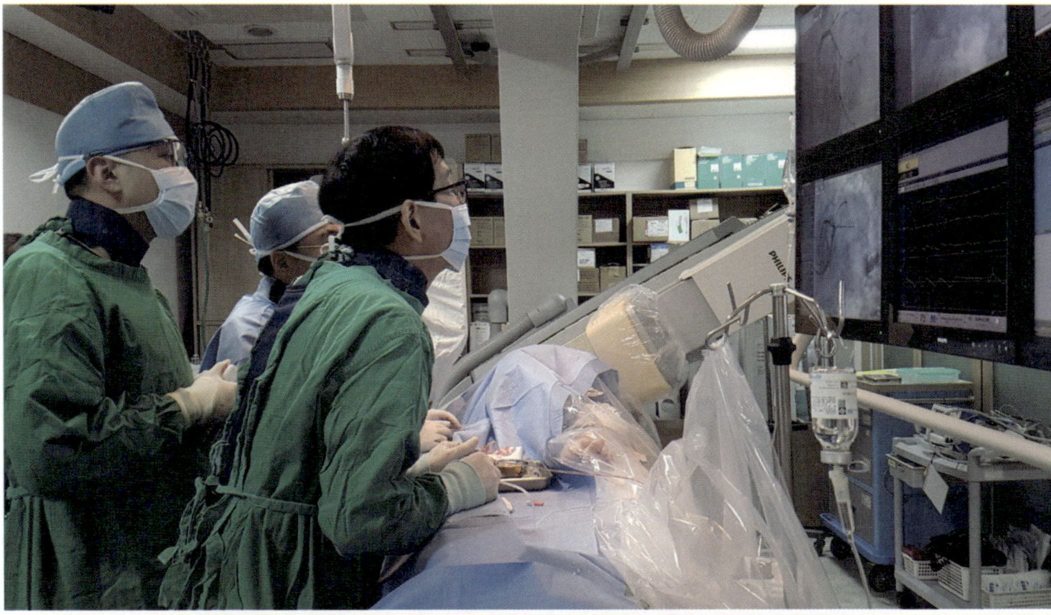

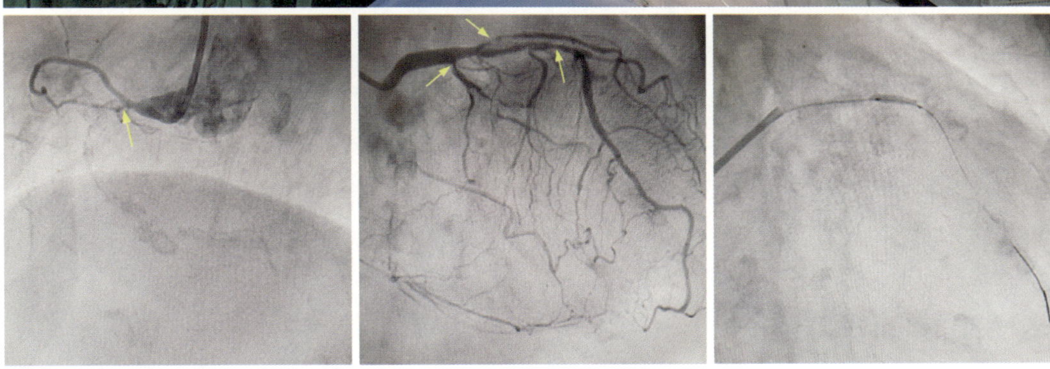

〈심장동맥이 좁아진 것을 확장시키는 장면〉

2017. 11. 15 수요일 (100세 - 18일)

우리 집 명당 이야기

우리 집에 명당이 셋이 있다.
그 중 첫째는 산음 몰똥바우 고조 묘이고 둘째는 천운산 한천휴양림 속 증조 묘이고 셋째는 이전에 살았던 농성동 집이다.
첫째와 둘째는 아직도 그대로 있으나 농성동 집은 큰아들이 여수에서 정년을 하고 광주로 오면서 팔고 지금의 풍암동 아파트로 이사를 해서 없다.
증조부모님은 가문을 일으키고 덕을 많이 베푸신 분으로 유명한데 그 분의 묘 또한 이름난 명당이다.
그래서 자주 찾아뵈어야 하나 선산이 있는 한천면 오음리에서도 2킬로 정도 더 들어가야 하고 경사가 급해서 성묘를 가려다가도 돌아서는 경우가 많았다.
그런데 그 증조 묘가 진짜 명당이 되었다.
묘가 있는 천운산에 자연휴양림이 생긴 것이다.
산이 정비되어 산막과 산책로, 운동장과 물썰매장 등이 들어서고 최근에는 자동차 캠핑장까지 생기고 산중턱까지 도로가 개설되어 승용차로 묘소에서 5분 거리까지 들어갈 수 있게 된 것이다.
아무리 명당이어도 자식들이 찾지 않으면 의미가 없을 텐데 이렇게 휴양림이 들어서니 성묘하기도 좋고 성묘하러 와서 산막에서 묵어가거나 놀이터에서 놀기도 좋게 되어 진짜 명당이 되었다.
이번에 내가 심장동맥이 그렇게 많이 막혔어도 죽지 않고 다시 목숨을 잇게 된 것도 하나님과 조상의 도우심이 컸다고 생각한다.

다음 명당은 농성동 옛 집이다.
이 집은 애 아빠가 광주에서 학교 다니는 아이들을 위해서 학동 애영약국 뒤에 첫째한테 사준 집에서 시작되었다.
이후 첫째가 집을 학동 삼거리로 옮겼고 다시 월세를 받아 동생들 학비에 보태야겠다고 남광주역 근처에 방이 11개인 (본채에 5개, 방 2개짜리 별채가 3개) 일본식 철도 관사 집으로 이사를 했고 중학교 교감으로 여수로 가면서 다시 양림동 서원전문대학 (현재 광주보건대학 전신) 뒤 한옥으로 옮겼다가 마지막으로 옮긴 집이 바로 농성동 집이다.
서석고등학교 앞 신흥 주택단지에 당시 유행하던 2층짜리 소위 이태리식 신식 주택이었다.
논이었던 곳을 약간 돋아서 만든 택지라 비만 오면 주변이 진흙탕이 되었던 집인데 이십년 넘게 살다가 아파트로 옮기기 위해 팔려고 내놓았다.
당시는 주택에 사는 사람들이 많이 아파트로 옮기는 때여서 주택의 인기가 시들 때였다.
그런데 모처럼 집을 보러 오는 사람이 있었다.
그래서 그 분한테 내가 "아저씨, 집이 어떠요? 집은 그저 그래도 이 집은 서울대를 줄줄이 세 명이나 들어간 명당입니다. 어디에 이런 집이 있겠소"라고 했다.

그랬더니 그 분이 "다 알고 왔습니다"라고 했다.

결국 그 분이 우리 집을 샀다.

이렇게 해서 농성동 집을 제 값을 받고 빨리 팔고 아파트로 옮길 수 있었다.

결과적으로 이 농성동 집은 내가 환갑을 맞고 넷째가 의대를 마치고 결혼을 하여 수경이를 낳고, 큰아들의 삼형제 모두가 서울대에 들어가고 마지막에는 수월하게 팔 수 있었으니 명당 중의 명당이 아닌가!

그 분에게도 좋은 일이 많았기를 바란다.

그런데 명당이 사람을 만드는지 사람이 명당을 만드는지는 아직도 잘 모르겠다.

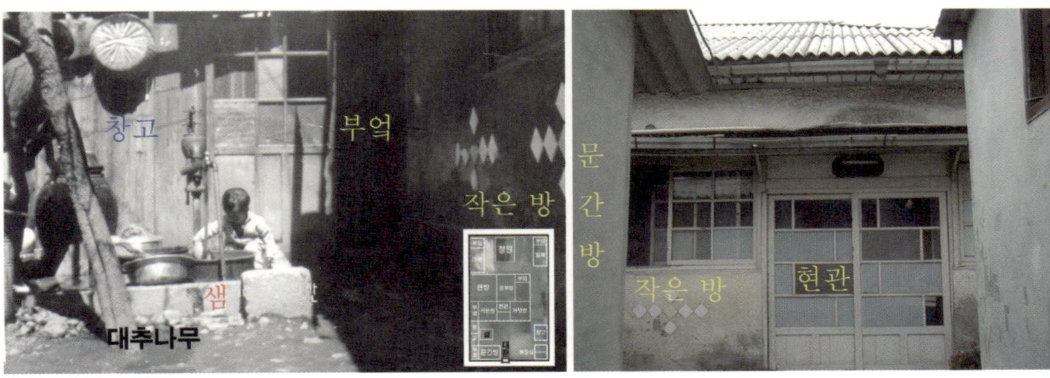

〈남광주 집, 넷째와 장손 창건이〉

〈농성동 명당 집에서 나와 막둥이, 담을 헐고 한옥 카페로 변신한 양림동 집 모습〉

2017. 11. 16 목요일 (100세 – 17일)

세상에 만만한 것은 하나도 없다

오늘 퇴원하려고 했던 계획이 취소되었다.
잘 자고 새벽 4시 반경에 일어나 넷째랑 이야기 좀 하다가 5시경에 넷째가 휠체어를 밀어 주어 화장실에 갔다.
소변을 보고 사각 통에 물을 담아 와서 손을 씻은 후 모처럼 내 손으로 세수를 했다.
그동안은 넷째가 물티슈로 얼굴을 닦아 주었는데 내가 손수 세수를 하고 목도 씻었다.
그런데 목 밑 등이 아팠다. 넷째가 등을 두드려주었는데 소용이 없고 상당히 힘들게 아팠다.
휠체어로 다시 침대로 와서 3–4분 정도 가만히 있으니 조금 가라앉았다.
넷째는 협심증이 재발한 것으로 생각하는 것 같았다.
그래서 혈액검사에서 심근 수치가 어제보다 떨어지기만 하면 퇴원하기로 한 계획이 취소된 것이다.
혈관 상태가 워낙 안 좋으니까 만약의 경우를 생각해서 2–3일 더 있자고 한다.
집도한 안교수도 다녀가고 담당의사 이누리 선생도 자주 왔다 갔다 하는 것으로 보아 내 상태가 심상치 않음을 짐작할 수 있었다.
넷째가 "어머니 심장 혈관 상태가 많이 안 좋아서 갑자기 돌아가실 수도 있는데 뭐 맘에 걸리는 거 없어"라고 묻는다.
그래서 "나는 하나도 마음에 걸린 것 없고 서운한 것도 없다.
아들 딸들 다 잘 살고 손자들도 다 잘하고 있으니 더 이상 바랄 것이 없다.
단 하나 큰아들을 먼저 보낸 것만 마음에 걸린다"라고 했다.
우리 자식들 잘되고, 건강하게 해달라고 기도할 것이며 마지막에는 형제 가족 간에 화목하고 건강하게 잘 살아라고 축복하며 떠날 것이다.

모든 일이 생각대로 계획대로 될 수만은 없다.
세상만사 가운데 어느 것 하나 만만한 것이 없다.
그래서 오늘 퇴원하려던 계획도 마음대로 되지 않은 것이다.
오후 5시경에 보행보조기를 밀고 화장실을 다녀오는데 또 등 뒤가 아팠다.
보행기에 바퀴가 없어 미는데 힘이 들기는 했지만 조금만 힘을 써도 가슴 통증이 생기는 것이다.
이전에는 등이 아프면 근육통이나 척추에서 온 통증이 아닌가 의심하기도 했는데 쭉 관찰해보니 협심증 증상이 분명하다.
그러고 보니 퇴원을 연기하기를 잘했다는 생각이 든다.
넷째가 내일 은사님 모시고 전라북도에 다녀오기로 한 것도 취소하고 일요일에 순환기 식구들 화순 집에 초대한 것도 취소했다고 한다.
나 하나 때문에 여럿이 고생을 한다.

2017. 11. 17 금요일 (100세 - 16일)

못난 엄씨가 온 자식 성가시게 한다

오늘은 새벽 1시 반에 화장실 다녀온 다음에 등이 한 번 아프고는 아프지 않았다.
그래도 좀 더 안전하게 병원에서 더 관찰하는 것이 좋겠다고 한다.
그래서 병실을 옮겼다.
그동안 신장내과 병동에 있어서 순환기내과 병동으로 이사를 했다.
기사가 와서 옮겨준다는 것을 넷째가 어멈이랑 둘이 휠체어로 옮겼다 8812호실에서 8712호실로.
층만 다르지 병실은 같으나 심장병 환자를 담당하는 병동이라 나를 보는 의사들도 좋고 나도 더 안심이 된다.
넷째가 나를 옮겨 놓고는 병실 바닥, 침상, 소파, 화장실 먼지를 손소독제와 물티슈로 닦고 또 닦고, 어멈은 냉장고와 옷장을 닦는다.
넷째는 집에서나 밖에서나 오나가나 청소만하는 청소부다.
왜 그렇게 청소하냐고 하면 자기만큼 깨끗하게 하는 사람이 없어서 자기가 하는 거라고 한다.

어제 저녁은 막둥이가 내 침대에서 같이 잤다.
내가 죽을까 걱정이 되었는지 내 옆에 꽉 붙어 잤다.
아침에는 막둥이 어멈이 와서 있었고, 오후에는 넷째 어멈이 왔고, 저녁에는 서울 셋째 어멈이 왔다.
내일은 큰딸이 온다고 했는데 큰딸은 오지 말라고 하려고 한다.
간병인도 안 쓰고 자식들이 돌아가면서 봐주니 너무 좋다.
작년에 복지관에서 뒤로 넘어져 허리뼈가 부러져 입원했을 때 10일간 간병인을 썼는데 잘 해주기는 했지만 그래도 내 자식만은 못했다.
여러 자식들이 엄마라고 와서 간호를 해주니 좋기는 하지만 못난 어멈이 온 동네 시끄럽게 하고 자식들 못살게 해서 미안한 마음뿐이다.

2017. 11. 18 토요일 (100세 - 15일)

딸보다 좋은 며느리도 있다

셋째 며느리가 어제 서울에서 내려와 나를 봐주고 있다.
셋째 며느리 신자는 내 두 딸보다 더 좋은 며느리다.
어쩌면 그렇게 싹싹하고 살뜰하게 나한테 잘하는지 너무 고맙다.
신자는 남광주역 근처 일본식 철도 관사에서 살 때 문간 집 상하방에 세 들어 자취하던 순천 출신 여대생이었다.
그때 딸처럼 지냈는데 고시 공부하던 셋째가 방학 때 집에 잠깐 내려왔는데 그때 보고 서로 좋아하게 되었다.
결국 둘이 결혼하겠다는 이야기까지 나오게 되자 나랑 첫째가 고시 마치고 난 다음에 하라고 결혼을 반대했다.
결혼을 못 하게 하려고 못할 말도 많이 해서 마음에 상처도 많이 받았을 것인데 전혀 흔적 없이 친딸은 저리 가라하게 잘 해주었다.
내가 입은 옷도 내가 신은 구두도 거의 다 셋째 며느리가 사준 것이다.
그리고 싸구려가 없다.
딸들은 싸구려가 많지만 셋째 며느리는 주로 고급 백화점 물건이다.
그 셋째 며느리가 와서 넷째 부부를 집으로 쫓아버렸다.
혼자 다 할 테니 집에 가서 쉬어라고.

셋째 며느리랑 병실에서 이런 저런 이야기를 하다 보니 지 아버지 모습을 제일 많이 닮은 셋째가 하는 일도 영락없이 지 아버지 같다는 것을 알게 되었다.
지 아버지는 잔소리 대왕이고 성질이 불 같이 급했다.
말이 끝나자마자 즉각 시행하지 않으면 혼이 났다.
눈이 앞뒤로 박혀 있어야 한다는 등, 공 걸음 (헛 걸음) 하지 말고 오며 가며 일하라는 등.
하도 잔소리가 많아 잔소리를 하면 나는 귀를 막고 듣지 않았다.
그래 할 테면 해라하고 대꾸도 안 했다.
셋째 며느리도 그런 불 같은 남편 때문에 고생을 많이 했을 것이나 내색을 안 했다.
어제 오늘을 딸보다 더 딸 같은 셋째 며느리와 지내면서 이런 저런 옛이야기를 나누니 그 옛날 젊었던 시절로 돌아간 듯 너무 좋았다.
월요일까지 이틀이나 더 있는다고 하니 너무 좋다.
주말에 온다던 서울 큰딸한테는 오지마라고 했다.
딸보다 더 좋은 셋째 며느리가 있으니까!

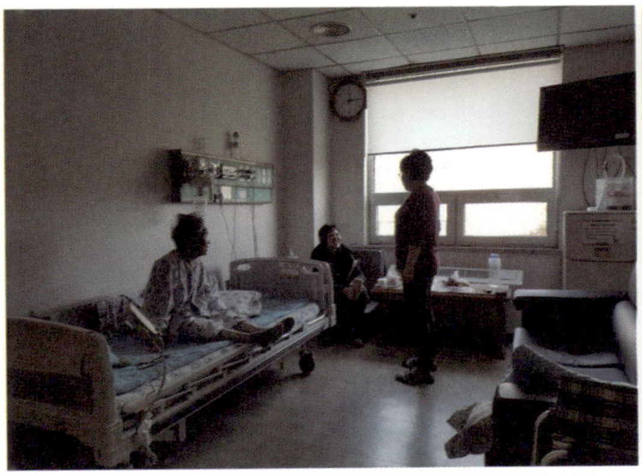
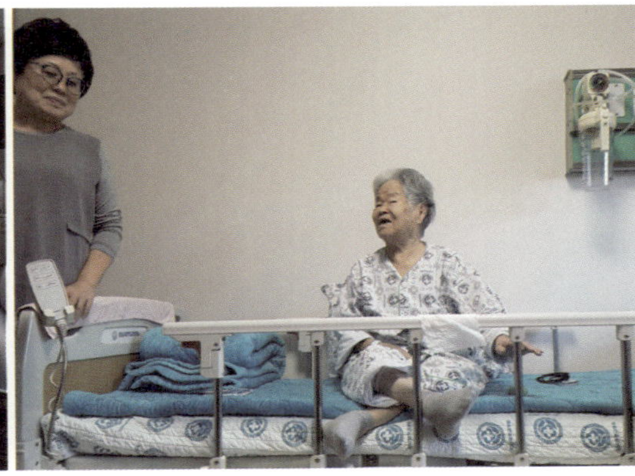

〈친딸보다 더 좋은 며느리와 병실에서〉

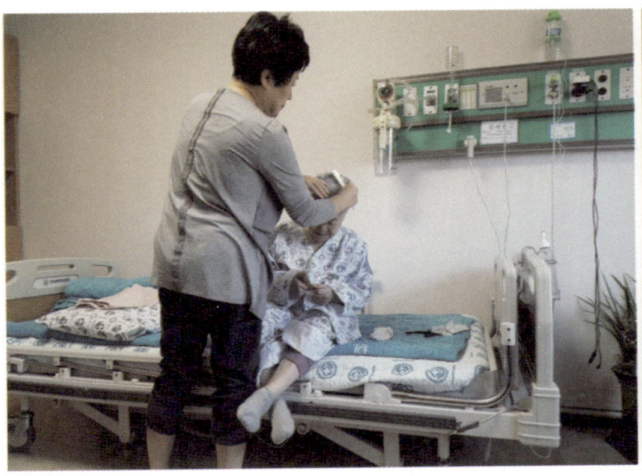
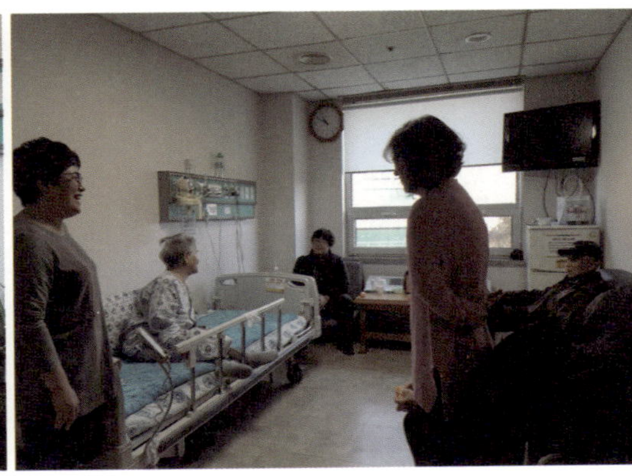

〈병 문안 온 둘째와 손자 천영이 내외〉

2017. 11. 19 일요일 (100세 - 14일)

가슴은 아파도 자식들을 보니 좋다

입원 1주일째를 맞았다.
딸보다 좋은 일등 며느리가 3일째 봐주니 너무 좋다.
내가 먹고 싶다고 하면 뭣이든 병원 앞 길 건너편에 있는 남광주 시장에서 사다주었다.
순대, 추어탕, 군고구마 등등.
이런 저런 옛날 이야기도 하며 참으로 행복한 둘만의 시간을 보내고 있었다.
그런데 오전에 둘째랑 손자 천영이 내외가 왔다.
익솔 가족밴드에 넷째가 올린 소식을 보고 주말을 이용하여 서울에서 내려왔다고 한다.
천영이는 둘째의 큰아들인데 서울 창동에서 내과를 개업하고 있는데 아까운 시간을 내서 할머니 병문안을 왔다니 고맙기 그지없다.
둘째도 더 건강하게 보여서 좋다.
내가 아파서 입원을 해 있으니 먼데 자식들까지 볼 수 있어서 너무 좋다.
자식들 덕에 내가 환자라는 것도 잠시 잊었다.

오늘은 어제 저녁 8시에 잠들어 11시 반에 깨서 화장실 다녀 온 뒤에 앞가슴이 한 번 아픈 것 외에는 가슴이 안 아팠다.
어제 저녁에 아팠을 때에는 셋째 며느리가 입에 니트로글리세린 스프레이를 뿌려줘서 좋아졌다.
그래서 오늘 낮에는 바퀴달린 보행기를 가져다가 복도에 조금 나가보았다.
병실 두 개 거리만큼 갔다 왔는데 등이 먹먹해지려고 했으나 많이 아프지는 않았다.
이런 정도면 퇴원해도 복지관에 가기는 어려울 것 같다.
괜히 직원들에게 피해를 줄 수 있기 때문이다.
그래도 심한 통증은 없어 그동안 못한 샤워를 하기로 했다.
넷째도 와 있으니 무슨 일이 생겨도 즉각 조치를 할 수 있을 것이니 좋은 기회다.
병실에 딸린 좁은 화장실에서 나를 변기에 앉혀 놓고 셋째 며느리가 머리도 감겨주고 지하 매점에서 사온 때밀이 수건으로 온몸을 깨끗하게 씻겨줬다.
들어붙은 때가 깜밥 (누룽지)처럼 오지게 떨어졌다.
침상으로 데리고 와서는 머리를 빗겨 주고 생전 바르지 않는 로션도 얼굴에 발라주었다.
너무너무 개운하고 가슴통증도 없어 기분이 좋았다.
이런 호강이 어디 있을까!
셋째 며느리 덕에 호강을 한다.

2017. 11. 20 월요일 (100세 – 13일)

눈이 앞뒤로 붙은 사람 봤나요?

오늘은 큰아들의 첫번째 기일이고 내일은 애 아빠의 52번째 기일이다.
큰아들은 아버지를 무척 좋아했는데 공교롭게도 작년 아버지 기일에 아버지 곁으로 가서 기일이 하루 전후가 되었다.
남편이 가고 난 다음 나는 남편이 보고 싶은 마음이나 슬픈 마음이 하나도 없었다.
19살에 결혼하여 48살까지 30년을 같이 살았지만 정이 별로 없었고 한 명도 결혼하지 않은 7남매를 어떻게 키울까하는 걱정이 앞섰기 때문이다.
그런데 나 혼자 백살이 다 되도록 호강하며 살고 있으니 조금 미안한 생각도 들고 먼저 간 애 아빠가 불쌍하다는 생각도 가끔 든다.

그 사람은 참 유별난 사람이었다.
한학 공부를 많이 해서인지 삼강오륜의 부부유별에 전통적인 남존여비 사상이 강하여 집안 일에 일절 참견하지 못하게 했고 여필종부로 남자가 하는 일에 무조건 따르도록 했다.
그러면서 자기는 내 일에 사사건건 간섭하고 지적했다.
신발이 제 자리에 있지 않거나 두 짝이 제대로 나란히 놓여 있지 않아도 나무래고 부엌에 부지깽이 제 자리에 있지 않다고 땔나무가 좀 어지러져 있다고 잔소리를 했다.
나는 큰일도 아니고 이렇게 자질구레한 일에 참견하는 것이 못마땅해서 대항을 했다.
"큰일을 가지고 뭐라 해라. 뭐 이런 작은 일에 참견하냐"고.
그 사람은 "눈은 앞에만 붙어 있어서는 안 되고 머리 앞뒤로 붙어 있어야 한다. 앞만 보면 안 되고 앞뒤를 다 보아야 한다"고도 자주 했다.
그러면 "조선 팔도에 그런 사람이 어디에 있냐. 그런 사람 있으면 한번 데려와 봐라"고 했다.
또 "공 걸음하지 마라. 일은 갈 때도 하고 올 때도 해야 한다. 빈 손으로 다니지 마라"는 등 수없이 잔소리를 하는 잔소리 대왕이었다.
정이 없어 별로 생각도 안 나는 사람이지만 간혹 티비에서 둘이 오래 동안 오손도손 사는 노부부를 보면 우리도 저렇게 알콩달콩 좀 살아봤으면 하는 생각이 든다.
큰아들의 첫 기일이자 애 아빠 기일 전날인 오늘은 큰아들과 함께 애 아빠 생각이 많이 났다.
세월도 많이 지나고 아파서 입원해 있으니 같이 살면서 힘들었던 생각은 없어지고 보고 싶은 생각만 난다.

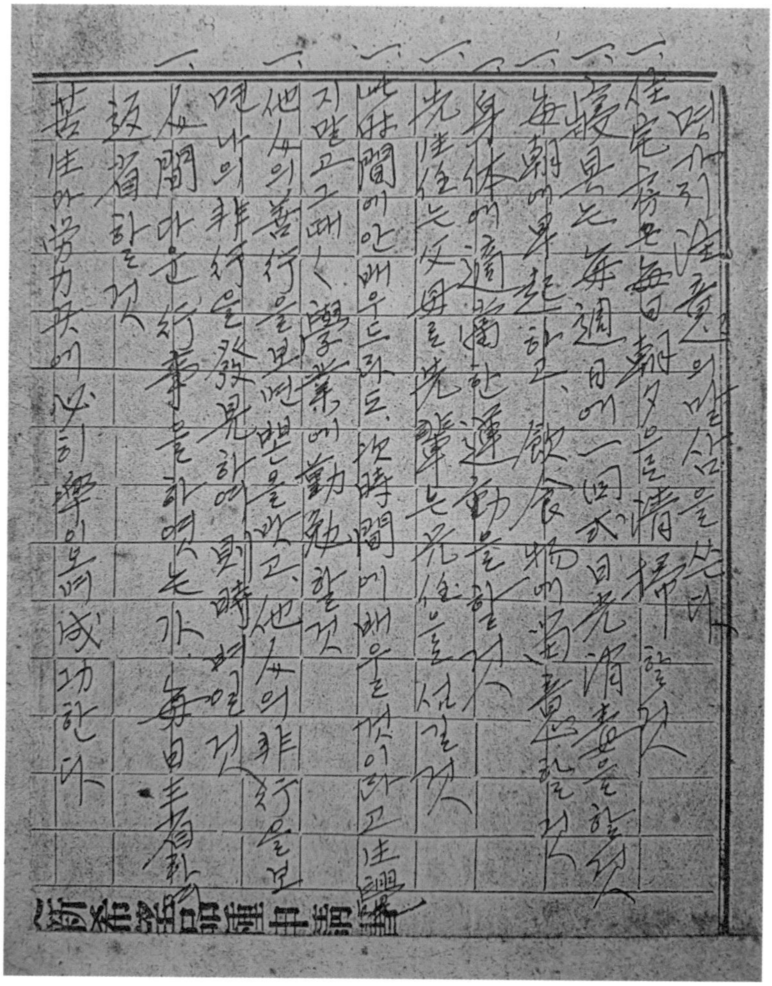

〈광주사범학교에 합격하여 광주로 유학가는 큰아들에게 준 애 아빠의 친필 글 (1956년)〉

몇 가지 주의할 말을 쓴다.

1. 방은 매일 아침 저녁으로 청소할 것
2. 침구는 매주 한 번 일광 소독할 것
3. 아침 일찍 일어나고 먹는 것에 주의할 것
4. 신체에 적당한 운동을 할 것
5. 선생님은 부모로, 선배는 형으로 섬길 것
6. 나중에 배울 것이라고 미루지 말고 학업에 근면할 것
7. 남의 선행을 보면 배우고 비행을 보면 나의 비행을 찾아 버릴 것
8. 인간다운 행동을 했는지 매일 세 번 반성할 것

고생과 노력 끝에 반드시 낙이 오고 성공한다.

2017. 11. 21 화요일 (100세 - 12일)

이젠 안녕, 대학병원!

오늘 드디어 퇴원한다.
급성 심근경색증으로 지난 월요일 저녁에 입원하여 다음 날 아침 8시에 시술을 받고 9일 만이다.
백세까지 살면서 별의별 경험을 하였는데 이번 경험은 전혀 새로운 것이었다.
월요일 저녁에 넷째와 같이 있지 않았다면 그렇게 '아, 아~'하다가 죽었을지도 모른다.
그때는 갑자기 가슴이 빠개지듯 하면서 조아 매고 숨이 턱까지 차올랐다.
한두 걸음도 더 옮길 수 없어 방문 앞 침대 모서리에 걸터앉아 숨을 죽이고 있었다.
거실에 있던 넷째가 내 신음소리를 들었는지 달려와 니트로글리세린 스프레이를 혀 밑에 뿌려주고 어지럽다고 하자 침대에 눕혀 주었다.
그러면서 통증이 차차 가라앉았다.
통증은 서서히 가라앉았으나 내 증상이 예전과 달리 심각하다고 생각했는지 넷째가 병원에 전화를 하고 부랴부랴 짐을 싸서 쏜살같이 응급실로 데리고 왔다.
예전과 달리 심한 통증과 함께 얼굴이 창백해지고 식은땀을 흘리며 몸도 차가워져서 심상치 않다고 생각했다고 한다.
결국 검사로 급성 심근경색증으로 확인되고 세 혈관 가운데 하나는 완전히 막히고 나머지 두 개도 팔구십 프로씩 좁아져 있어서 좁아진 두 혈관만 풍선으로 마사지하듯 조금만 확장했다고 한다.
그때 넷째가 없었다면 그리고 안이하게 생각해서 하루 밤을 집에서 보냈다면 죽을 수도 있었다.

나는 그동안 온갖 난리를 겪으면서 죽을 고비를 많이 넘겼다.
급기야 심장병까지 얻어 급사할 위험이 많았음에도 죽지 않고 살아났다.
다 선영의 도움이다.
그러나 누구든지 영원히 살 수는 없는 것이니 나도 언젠가는 갈 것이다.
그래도 나는 후회가 하나도 없다, 큰아들 먼저 보낸 것 말고는.
광주의 두 아들이 교대로 나를 마지막까지 최선을 다해 돌보아 주었고 여러 번의 죽을 고비를 넘겨주어서 너무너무 행복하다.
이번에 입원했을 때에도 첫날에는 손자 상후와 익준이가 와서 힘을 주었고 둘째 날에는 큰애, 막내 어멈과 막둥이가 왔다.
둘째 날 밤은 막내 어멈이 지켜주고 새벽에는 큰애가 또 오고 셋째 날에는 수경이와 정서방이 왔다.
서울 셋째와 두 딸들도 전화로 위로해주고 격려해주었다.
다섯째 날에는 서울에서 큰사위와 셋째 어멈이 왔다.
셋째 어멈은 3박4일 동안 내내 돌봐주었고, 칠일 째는 둘째와 천영이 내외가 왔고 팔일 째에는 셋째가 와서 나랑 자고 갔다.

오늘 퇴원 날에는 장손 창건이가 아버지 산소에 갔다가 와서 들렀다.
병원 가족들도 많이 격려해주었는데 병원장, 간호부장, 간호과장 및 심장센터 교수, 간호사, 방사선사 등 많은 선생님들이 찾아와 "정정하시다, 고우시다"며 좋은 말로 위로해주고 격려해주었다.
큰 병으로 입원하고 시술 때는 통증 때문에 소리도 질렀지만 잘 치료해준 의료진들에게 참으로 감사한 마음뿐이다.
하지만 이제는 그만 입원하고 싶다.

대학병원이여 이젠 안녕!
그동안 도와주신 모든 분들께 감사드립니다.
감사합니다.

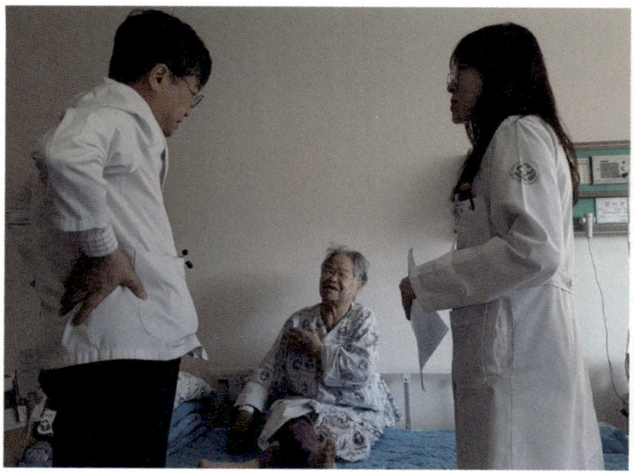

〈나를 치료해주고 격려해 준 대학병원 심장센터 선생님들〉

2017. 11. 22 수요일 (100세 - 11일)

살아서 천국 같은 내 집도

대학병원에 입원해 있다가 9일 만에 살아서 집으로 다시 돌아왔다.
돌아와 보니 내 집 내 방이 최고다.
병원에서 일인실을 썼지만 그래도 내 집 내 방만 못했다.
셋째가 병원에서 마지막 밤을 같이 자고 넷째 집으로 퇴원할 때 넷째 집으로 같이 왔다.
하룻밤 더 내 방에서 같이 자자고 했으나 오늘 약속들이 있어 가야 한다고 했다.
그래서 섭섭해서 울었다.
12일후 내 생일 때 와서 자고 가겠다고 나를 달랬지만 나는 오늘 죽을지 내일 죽을지 몰라 하루라도 더 보고 싶은데 그런 엄마 마음도 몰라주고 자기 일만 생각하는 것 같아 섭섭했다.
그래서 가라고 했다.
그리고 다시는 오지 말라고 했다.
잠깐 보고 헤어지면 마음만 아프니까.
넷째도 나를 달랬지만 말이 귀에 들어오지 않았다.
화장실에 가고 싶어 넷째가 끌어주는 보행기로 화장실을 다녀와 침대에 앉으니 가슴이 또 아파온다.
두렵다.
넷째한테 입에 니트로글리세린 스프레이를 뿌려달라고 했다.
약을 뿌리니 차츰 가라앉았다.
입원해 있을 때 새벽에 첫 화장실 다녀올 때만 아프고 최근 3일 동안은 괜찮아서 퇴원했는데 오후 6시인데도 아팠다.
퇴원하면서 차로 이동하고 집에 와서 셋째가 붙잡아도 간다고 해서 마음이 안 좋고 휠체어가 아니고 보행기로 화장실에 다녀온 것 때문에 무리가 되어 통증이 온 것으로 생각했다.
하지만 통증이 오면 무섭다.
통증이 안 풀리면 그대로 죽을 것만 같은 느낌이다.

조기를 구어서 저녁밥이 준비되었다고 했는데 안 먹었다.
먹고 싶은 마음도, 먹을 힘도 없었다.
오늘은 애 아빠의 기일이다.
그래서 넷째 어멈만 나 때문에 집에 남고 다 큰집으로 갔다가 9시 반이 넘어서 왔다.
왜, 이리 늦었냐고 했다.
제사를 7시에 시작하여 8시에 마치고 음복하고 음식 나누어 가지고 오니 늦었다고 한다.
저녁 9시면 제사를 시작할 시간도 아닌데 내가 아프니까 이런 말도 안 되는 소리를 하는 것이다.
넷째가 와서야 저녁 약을 먹었다.

협심증 약 두 가지, 고지혈증 약, 변비약 등 네 개다.
그런데 기운이 없고 팔 어깨 등 안 아픈 데가 없다.
넷째가 왼 어깨에 파스를 붙여주었다.
그리고 난 후 온 몸이 절절절 하면서 요상해서 죽을 것 같았다.
옆 동에 사는 막둥이를 오라고 해서 임종을 하라고 했다.
넷째가 팔을 주무르며 나를 지켜보고 있다가 혈압계를 가져와 혈압을 쟀는데 정상이란다.
심장 약 때문에 그러는 것이고 안 돌아가시니 걱정 말고 자라고 한다.
자기가 내 옆에서 잔다고.
좌변기를 침대 옆에 다시 설치하여 11시경에 소변을 보고나서 넷째 손을 잡고 어떻게 잠이 들었다.
새벽에 깨어보니 넷째가 방바닥에서 자고 있었다.
넷째가 일어나 혈압을 재고는 130이라고 좋다고 한다.
침대 옆 좌변기에서 소변을 봤다.
6시 반에 보행기를 밀고 식당 방으로 가서 아침을 먹고 다시 화장실에 가서 소변을 보고 이를 닦고 방으로 왔는데 가슴은 괜찮았다.
그런데 오후 5시경에 방이 더워 전기장판을 끄고 입고 있던 조끼도 벗고 있다가 바닥에 떨어진 핸드폰 충전기 줄을 주으려고 엎드리는데 오목가슴 쪽 앞가슴이 아파왔다.
그래서 넷째가 설치해 놓은 무선 호출 벨을 눌렀다.
그랬더니 넷째 어멈이 달려왔다.
니트로글리세린 스프레이를 뿌려달라고 했다.
한 번 뿌린 것에 반응이 시원찮아 한 번 더 뿌려달라고 했더니 가라앉았다.

아무래도 죽을 병에 걸린 것 같다.
안 아프고 죽는 사람이 어디 있겠는가!
이제 나는 막다른 골목에 들어 선 것 같다.
살아서 천국 같이 편하고 좋은 내 집도 이제 곧 떠날 수밖에 없는 것 같다.
그래도 여한은 없다.
통증 없이 그저 잠들 듯이 떠났으면 좋겠다.

2017. 11. 23 목요일 (100세 – 10일)

아무리 좋은 약이라도 먹어야 약

어제 오후 5시 이후로 24시간 이상 통증도 없고 기운도 더 생겼다.
넷째가 어제 저녁부터 바스 뭔가 하는 협심증 약 하나를 뺐는데 그 덕인 것 같다.
약을 먹고 나면 정신이 혼미하고 불안하고 어지럽고 힘이 없고 온 몸이 떨렸는데 그게 없어졌다.
내가 이런 증상을 말했더니 넷째가 약 때문에 그런 것 같다며 좀 지나면 적응이 될 것이라고 했는데 안 좋아져서 어제 저녁 때부터 뺐는데 그런 증상이 없어졌다.
그렇다고 통증이 더 심해진 것도 아니다.
그러고 보니 효과는 별로 없으면서 부작용으로 고생만 심하게 한 것이다.
심장동맥 검사할 때 팔목으로 했는데 이때도 많이 아팠다.
아파서 내가 소리를 지르며 나를 죽여주라고 했는데 무슨 뜻인지 잘 모르는 것 같았다.
죽여주라는 말은 (전신) 마취를 해서 하라는 뜻인데 말뜻을 못 알아듣는 것이다.
그런데 마취를 하면 못 깨어날 수 있기 때문에 전신 마취는 못 한다고 했다.
이는 의사들이 얼마나 아픈지 직접 겪어보지 않아서 하는 소리다.
의사들이 이런 극심한 통증을 겪어 봤다면 그렇게 말하지 않을 것이다.
내가 소리를 쳐도 꿈쩍도 않고 계속 관을 쑤셔 넣어 시술하는 것을 보고 의사들이 참 독하다는 생각을 했다.
생명을 살리려고 하는 일이지만 보통 사람은 할 수 없을 것 같았다.

약을 하나 빼고 오늘 낮에 화장실을 두 번 갔는데 한 번은 넷째 어멈이 와서 속옷을 내려주고 올려주고 했는데 두 번째는 내가 오지마라고 하고 나 혼자서 다 했다.
그래도 통증이 안 왔으니 크게 발전한 것이다.
저녁 6시경에는 막둥이 내외가 생과일 주스, 떠먹는 요구르트 등 맛있는 먹거리를 사왔다.
막둥이랑 얼굴을 비비며 “그제 밤에는 너 못 보고 죽을 것 같았는데 이렇게 안 죽고 살아서 또 보니 좋다”고 했다.
막둥이는 사람이 그렇게 쉽게 죽는 것이 아니라고 했다.
하지만 그렇지 않다.
죽을라면 촛불이 꺼지듯 그렇게 죽는다.
그래서 내 죽음도 언제 어떻게 올지 모른다.
금방까지 살았던 사람도 죽으면 하얀 포로 덮고 그러면 끝이다.
인생 참 허망한 것이다.
화요일에 퇴원하여 3일째인 오늘 비로소 정상 궤도에 접어든 것 같다.
저녁밥을 먹고는 거실 소파에 삼십분 정도 앉아 있어 봤다.

다음 주부터 복지관에 가려면 미리 시험을 해봐야 할 것 같아서 그랬다.
앉아 있을 만했다.
넷째가 원래의 80프로 정도 회복했다고 한다.
모처럼 티비에서 최불암이의 '한국인의 밥상'도 봤다.

이번에 아무리 효과가 좋은 약이라도 나한테 안 맞아 못 먹으면 약이 아니고 독이 될 수도 있다는 것을 알았다.
나를 힘들게 했던 약을 찾아 빼주고 이틀 밤 연속 내 침대 밑에 자면서 불침번을 서준 넷째가 고맙고 가까이 있어 언제든 한 걸음에 달려와 주는 막둥이가 옆에 살아서 너무 든든하다.

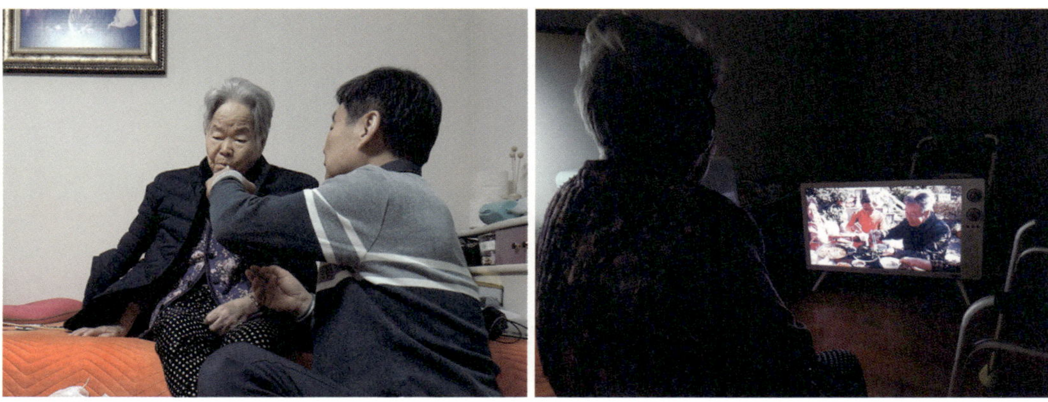

〈약을 조절하고 기운을 회복하여 티비를 시청하는 모습〉

2017. 11. 24 금요일 (100세 - 9일)

내 심장이 왜 이렇게 망가졌을까?

어제는 3시간 정도 가슴통증도 없고 기운도 좀 생겼는데 오늘은 새벽 1시경, 5시경, 8시경에 화장실 다녀 온 후에 통증이 계속 왔다.
아침 6시 15분경에 밥 먹고 약 먹고 넷째 출근한 것 보고 좀 있다가 8시경에 화장실에 가서 이 닦고, 손 씻고 침대로 돌아왔는데 가슴이 많이 아팠다.
호출기를 눌러 넷째 어멈을 불러 스프레이를 입에 뿌려 달라고 했다.
상당히 심하게 아팠는데 5분 정도 지나니 편해졌다.
넷째가 퇴근하여 왔을 때 말했더니 조금만 아파도 참지 말고 스프레이를 하라고 한다.
시초에 잡아야지 잡기 쉽고 늦으면 회복이 안 될 수도 있다고 한다.
약을 한 가지 줄여서인지 화장실을 너무 급하게 다녀와서인지 알 수 없으나 못 나을 병인 것은 확실하다.
넷째한테 "혈관을 뚫었다는데 왜 아프냐"고 물었다.
그랬더니 혈관이 너무 단단하여 충분히 넓히려고 압력을 높이면 혈관이 째지거나 갈라져서 위험하기 때문에 살짝만 넓혀 놓았기 때문이라고 한다.

"왜, 혈관이 좁아졌냐"고 물으니 나이를 많이 드셔서 오래 된 수도관이 녹이 슬어 좁아지거나 막히는 것과 같이 좁아진 것이라고 한다.
결국은 나이 탓이다.
백년을 썼으니 무쇠도 당해낼 수 있겠냐는 생각이 들었다.
그런데 피는 굉장히 빠르게 돈다.
젊었을 때 손가락 끝에 벌을 쏘인 적이 있었다.
쏘인 후 서너 발자국 걸어갔는데 얼굴이 달아오르고 숨이 차서 혼났다.
그때 피가 아주 빨리 돈다는 것을 알았다.
손가락 끝에서 얼굴까지 올라온 시간이 두세 발자국 뗄 정도였으니까 개울 물보다 더 빠른 것이다.
그렇게 빨리 도는 심장혈관이 좁아들고 막혔다니 가슴이 아플 만도 하다.
오늘 저녁에는 어제 뺀 협심증 약을 절반으로 추가하고 질산염 약의 용량을 20에서 40으로 올렸고 저녁 약 먹는 시간도 저녁 9시로 늦췄다.
부디 좋은 결과가 있기 바래본다.

2017. 11. 25 토요일 (100세 – 8일)

약인가, 독인가?

어제 저녁에는 또 보대꼈다.
머리가 안개 낀 것처럼 멍하고 온몸이 으스러지게 아팠다.
가슴통증이 다시 생겨 이틀 전에 뺐던 바스 뭔가 하는 협심증 약을 반으로 쪼개서 저녁에 다시 먹었는데 그 약 때문인 것 같다.
그 약을 먹고는 증상이 없어 협심증에는 좋은 것이 확실한데 이렇게 보대끼니 절반으로도 먹을 수가 없을 것 같다.
약은 곧 독이 될 수가 있고 양 날을 가진 칼과 같다더니 그 말이 딱 맞다.
오늘 아침에는 혈압이 낮다고 반알짜리 혈압약은 빼고 온알짜리 혈압약은 절반만 주었다.
보통 의사들은 약을 처방해주고 환자가 먹고 어디가 안 좋다고 이야기를 하면 별로 관심이 없다.
여러 가지 생각해서 좋은 약 처방해 주었으니 잘 먹으면 되지 무슨 불평인가라고 생각하는 것 같다.
그러나 부작용 때문에 환자가 약을 안 먹어버리면 무용지물이 된다.
그래서 환자 말을 잘 들어줘야 한다.
넷째는 나한테 증상을 자주 물어보고 혈압도 수시로 재면서 약을 넣었다 뺐다 늘렸다 줄였다 한다.

오늘 오후에는 기운이 좀 나서 넷째가 수만리에서 가져온 토란대를 손질했다.
그래도 통증이 없었다.
저녁에는 막둥이가 사온 다슬기국을 한 그릇 다 먹었다.
6·25동란 후에 동네마다 염병 (장티푸스)가 돌았는데 우리 마을은 안 했다.
그 이유가 우리 마을은 마을 앞 냇가에서 잡은 다슬기로 국을 자주 끓여 먹었기 때문이라고 했다.
저녁밥은 6시 반에 먹고 약은 8시경에 먹었다.
혈압이 100–110대여서 40밀리짜리 질산염 약은 절반으로 줄이고 아침에 절반만 먹은 베타차단제 약은 반의반으로 추가해 먹었다.
그런데도 8시반경에 화장실 다녀온 후에 가슴이 또 아파서 스프레이를 했다.
오늘 밤은 얼마나 힘들지 걱정이 된다.
제발 고통 없이 가고 싶다.
나는 마음을 비웠고 죽을 만반의 준비가 다 되어 있는데.

〈내가 먹고 있는 심장약과 사평 다슬기국〉

〈뭔가를 해야 하는 내가 손이 심심해서 토란대를 다듬고 있는 모습〉

2017. 11. 26 일요일 (100세 - 7일)

서울에서 위문품이 왔다

오늘은 통증도 없고 기운도 더 있어 기분이 좋았다.
오후에는 목욕도 했다.
넷째가 가슴통증을 예방하기 위해 미리 스프레이를 뿌리고 하자고 했는데 내가 그냥 하자고 했다.
좌변기에 앉아 넷째 어멈이 샤워기로 물을 뿌리고 넷째는 머리를 감기고 몸을 씻겨 주었다.
오늘은 많이 춥지 않아서였는지 통증 없이 무사히 목욕이 끝났다.
좀 쉬고 6시에 저녁밥을 먹었는데 전복이 나왔다.
넷째와 친하게 지내는 서울 A대학병원 김교수님이 어제 보낸 것이란다.
새파란 비취빛이 도는 껍질에 알이 아주 큰 전복이었다.
어떻게 내가 많이 아프다는 것을 알았는지 몸보신하라고 보냈다고 한다.
그 성의와 마음이 너무 고맙다.
아마 나 같이 나이 든 부모가 있고 그 교수님 역시 효자일 것 같았다.
얼굴이라도 좀 보고 싶은 마음이 굴뚝같으나 언제 뵐 수 있을까 싶다.
그 전복을 오늘 저녁 때 데쳐서 초장에 찍어 먹도록 내왔다.
오늘은 맛뵈기이고 나중에 죽을 끓여 줄 거란다.
내 틀니가 오래되어 단단한 것을 씹다가 또 쪼개질까 봐 많이 먹을 수는 없었다.
하지만 서울에서 넷째가 존경하는 김교수님께서 일부러 보낸 것이니 감사하게 잘 먹었다.
통증도 없고 목욕도 해서 기분이 좋은데 특별한 전복도 맛봐서 정말 행복한 날이다.
이대로만 같으면 내일 하루 더 쉬고 모레에는 복지관에도 갈 수 있을 것 같다.

〈서울에서 온 위문 전복〉

2017. 11. 27 월요일 (100세 – 6일)

나를 무지개에 태워준 큰딸

오늘 전화기를 돌려 큰딸과 통화를 했는데 알고 보니 그동안 많이 아팠다고 한다.
목욕탕에서 넘어져서 오른 팔이 부러졌다고 한다.
그런데 내가 걱정할까봐 비밀로 했단다.
고추 꼬타리를 (꼭지) 왼 손과 오른 발로 따서 김치를 담그고 그랬단다.
나도 나지만 큰딸이 엄청 고생했다는 말을 듣고 마음이 아팠다.
큰딸은 부지런하고 깔끔하고 공부면 공부, 음식이면 음식, 살림이면 살림 못하는 게 없었는데 칠남매 중에서 고생을 제일 많이 해서 항상 마음에 걸린다.

큰딸은 태몽이 너무 좋았다.
찰방굴 (찰동)에 살 때였는데 안개가 자욱이 끼고 사방이 조용한데 무지개가 방문 앞에 탁 내려앉더니 나한테 타라고 했다.
그래서 탔는데 깨어 보니 꿈이었다.
꿈에서 깨어났는데도 너무 생생하고 하도 심상치 않아 시어머니한테 말했더니 태몽이라고 했다.
"영락없는 딸인데 보통 딸이 아니다. 높은 데서 생기니 잘 낳아서 잘 키워라"고 하셨다.
이렇게 큰딸이 생겨 구암리 구봉산 화순광업소 숙사로 이사한 후 1945년 동짓달 십오일에 해방둥이로 태어났다.
우리 집이 6·25동란을 만나 피난을 반란군 소굴로 가는 바람에 간신히 목숨은 건졌지만 난리 통에 꿔준 돈은 다 떼이고 묻어 놓은 돈은 화폐개혁으로 휴지가 되어 살림살이가 어려워졌다.
그래서 딸들은 제대로 못 가르쳤다.
애 아빠도 큰딸을 당시 여자로서 중앙대학교 총장이었던 임영신처럼 가르치겠다고 했는데 경제 사정 상 아들들 우선 가르치려는 생각에 희생이 되었다.
잘 가르쳐서 크게 되어 큰 무지개 꿈 땜을 했어야 했는데 그렇게 못 하니까 늘 아프고 고생하며 사는 것이다.
어려서 고생만 시킨 내 큰딸, 남은 인생이라도 안 아프고 편하게 살기를 기원한다.

〈수만리 집 앞 대동산에 내린 무지개, 2013년〉

2017. 11. 28 화요일 (100세 – 5일)

두 모녀의 꿈은 한이 되고

나는 오빠 둘, 남동생 둘 사이에서 양념 딸로 아버지와 어머니의 귀염을 독차지하며 컸다.
그래서인지 성격이 남자 같아서 무서운 것이 없고 직설적이고 호탕했다.
그러면서도 현실에 만족하지 못하여 늘 비판적이고 개혁적이어서 새로운 일 벌이기를 좋아했다.
우리나라 최초 여성 정치가이자 1965년에 야당 당수가 되었던 박순천 여사와 같은 국회의원이 되고도 싶었다.
박순천 여사는 야당 탄압이 심한 이승만의 자유당 시절부터 박정희의 공화당 정권까지 남장을 하고 다니면서 어떤 남자 국회의원보다 더 당차게 투쟁하였다.
그도 나 같이 7남매의 어머니였고 52세의 늦은 나이에 정치에 참여하였으니 나도 못할 바는 아니었다.
그러나 나는 여자는 가르치면 안 된다는 아버지의 유교적인 생각 때문에 배우지 못해 앞에 나설 수가 없었다.
그래서 마음 속에 나도 배웠으면 박순천 여사 못지않은 정치가가 되었을 텐데 라는 한이 있다.

큰딸 정남이는 어려서부터 아주 영리하고 부지런했다.
잠시도 가만히 있지 못해 할 일이 없으면 물을 길어 독에 채우거나 걸레라도 빨았다.
그리고 언제나 아침 동이 트기 전에 깨워야 했다.
아침에 일등으로 일어나 제일 먼저 큰샘에 가서 물동이로 물을 퍼 와서 밥을 해야 하기 때문이다.
집안일을 돕느라 결석을 밥 먹듯 하는 결석 대장이었지만 시험을 보면 성적이 남들보다 월등하여 일등을 주지 않을 수 없었다.
그래서 애 아빠도 정남이는 어떻게든 갈쳐서 임영신이처럼 키우겠다고 했다.
임영신은 박순천 여사보다 1살 적은 여성 교육자로 당시 중앙대학교 총장이었다.
그런데 큰아들이 사범학교를 졸업하고 대학에 들어가 둘째와 같이 대학을 다니고 큰딸은 중학을 다니는데 시골 농사로는 학비를 감당할 수 없었다.
밑에 아이들이 또 네 명이나 있어 애 아빠도 "깊은 샘도 계속 퍼내면 바닥이 드러나는데 이렇게 돈이 들어가니 이를 어떻게 할까"라고 한숨을 쉬었다.
그래서 결국 상급학교 진학을 포기하게 되어 임영신과 같이 키우고 싶었던 그나 박순천과 같이 되고 싶었던 나나 꿈은 현실이 되지 못하고 평생의 한이 되었다.
지금까지도 그 똑똑한 정남이를 제대로 못 가르친 게 가장 후회스럽고 어려서 너무 많이 부려 먹은 것이 정말 미안하고 또 미안하다.
다시 그 때로 돌아갈 수 있다면 원 없이 잘 해주고 끝까지 공부하게 해줄 텐데.
정남아, 엄마가 정말 미안해!

2017. 11. 29 수요일 (100세 – 4일)

무통증 무사고 목표는 달성했으나

어제부터 오늘까지 한 번도 통증이 없었다.
무사고로 하루를 넘겼는데 힘이 없어 기진맥진했다.
어제 저녁 8시 반쯤에 약 두 가지를 반 알씩 먹었는데 밤중에 화장실도 안 가고 아침 6시까지 잤다.
넷째가 깨워 일어났는데 비몽사몽으로 화장실을 다녀와 식당방으로 갔다.
밥은 안 먹고 병어, 사과 두 조각, 요구르트를 먹었다.
다시 방으로 돌아와서 또 자고 11시 반이 되어서야 겨우 정신을 차렸다.
넷째 어멈이 혈압을 쟀는데 120–130 정도로 정상이라 한다.
그래도 힘은 하나도 없다.
가슴통증이 사라지고 대신 힘이 없어졌다.
협심증 잡는 약이 힘도 뺀다고 하는데, 정말 힘이 없으니 죽을 것 같다.
통증 무사고 기록은 세웠으나 힘이 없으니 또 문제다.
한 고개를 넘으면 또 다른 고개가 나오니 그것이 문제다.

오늘 저녁에는 넷째가 퇴근하면서 내 옷과 모자를 사왔다.
언제 죽을지 모르는 사람한테 옷을 다 사오다니.
넷째한테 "야! 너 내가 안 죽을 것 같아서 옷을 다 사왔냐"고 호통을 치니 그렇단다.
복지관에서 다들 입는 누비옷을 나는 없어서 못 입었는데 자주색 누비옷을 사왔다.
색깔도 예쁘고 아주 딱 맞았다.
이 옷을 입고 복지관도 가고 외출도 해보고 싶다.
오늘 아침까지는 비몽사몽이었으나 점심 때 서울 김교수님이 보내 준 전복으로 쑨 전복죽을 한 그릇 다 먹고 나니 기운이 났다.
저녁에 넷째가 약 하나를 절반으로 줄여주었으니 내일은 힘이 좀 더 날 것이다.
내일이 기대된다.

〈위험한 밤 중 화장실 가기, 무슨 일이 생길지 몰라 문을 열어 놓는다〉

2017. 11. 30 목요일 (100세 - 3일)

나의 18번 애창곡, 클레멘타인

복지관에 못간지도 3주째가 되어 간다.
좀 멍청이가 되었는지 복지관에 안 가고 집에만 있어도 예전처럼 안달이 나지 않았다.
전에는 심심해서 견딜 수가 없었는데 그냥 방안에 혼자 뒹굴뒹굴하거나 앉았다 누었다 해도 별로 심심하지 않았다.
아무래도 바보 멍청이가 되어가는 것 같다.
내일이 금요일이니 3주째 안 가게 될 것 같다.
그렇다고 복지관 생각이 전혀 안 나는 것은 아니다.
딸 같이 잘 해준 성명심 관장과 한선생, 이선생, 그리고 키 큰 총각 윤선생, 따끈따끈한 점심밥 그리고 오락 시간이 생각난다.
복지관 오락 시간에 난생 처음 마이크를 잡고 노래도 불렀었다.
클레멘타인이라는 노래다.
큰딸의 막내 인경이 아들 범찬이가 부르는 것을 듣고 배운 것을 불렀는데 다들 놀랬다.
"넓고 넓은 바닷가에 오막살이 집 한 채 고기 잡는 아버지와 철모르는 딸 있다.
내 사랑아 내 사랑아 나의 사랑 클레멘타인. 늙은 아비 혼자 두고 영영 어딜 갔느냐?"는 노래다.

맨날 아파서 죽을 것 같다는 백살 다 된 노인이 미국 동요를 처음부터 끝까지 하나도 안 틀리고 다 부른다고 놀려대며 죽어라 박수를 쳤다.
백살이 다 되도록 정말로 나는 노래를 부른 적이 없었다.
친정 아버지가 고지식하고 보통 무서운 분이 아니셨다.
우리 동네 서당 훈장님에다가 화가이셨다.
그런데 유교사상에 너무 투철하고 워낙 성격이 불 같아서 집에서뿐만 아니라 온 동네 사람이 다 무서워했다.
"하늘의 벼락은 바가지라도 쓰고 바우는데 (피하는데) 중곡 아제 (아버지 댁 호) 벼락은 바가지도 못 쓴다"는 말이 있을 정도였다.
벼락보다 더 벼락같이 불호령을 내리니 피할 수가 없다는 말이다.
그 아버지는 "여자 목소리가 울안을 넘어가면 도장 안에 범이 든다"고 웃음도 크게 못 웃게 하셨다.
그러니 노래는 무슨 노래겠는가!
그런 아버지한테 "네 이놈"이라는 소리 한 번도 듣지 않았는데 둘째 형님 (올케) 때문에 혼난 적이 있었다.

둘째 오빠가 결혼해서 분가하기 전에 같이 살았는데 그 올케가 털털해서 깔끔하고 빈틈없는 아버지 눈에 거슬리는 것이 많았다.
밥에 뉘가 있거나 돌이 들어가기라도 하면 상을 가져와 내 앞에 엎어 버리셨다.
당신 며느리한테는 할 수 없어서 딸인 나한테 대신 화풀이를 하시어 며느리가 좀 알아차리라고 하신 것이다.
그래서 나는 노래라는 것을 배우지도 못했고 부를 생각도 여유도 없었는데 백살이 다 되어 복지관에 가고 거기서 얼떨결에 노래를 다 불렀던 것이다.
애라 나이 먹은 김에 뭘 못하겠느냐고 불렀는데 부르다 보니 끝까지 불러졌다.
그래서 클레멘타인이 내 십팔 번이 되었는데 언제 또 다시 노래를 부를 수 있을지 모르겠다.

〈복지관에서 나의 18번 클레멘타인을 부르고 있는 모습〉

2017. 12. 1 금요일 (100세 – 2일)

우리 집 왕 거짓말쟁이

우리 집에 왕 거짓말쟁이가 있다.

넷째다.

넷째는 지금까지 약속 시간을 제대로 지킨 적이 없다.

곧 간다고 해놓고 한참 있다 오고, 1시에 출발하자고 해놓고 십 분이 넘어도 감감 무소식일 때가 비일비재하다.

티비에서 한국 노동자들 월급이 많아 큰 공장들이 베트남으로 다 나가버린다고 해서 그러다가 나라가 망하면 어쩌냐고 걱정을 했더니 넷째가 우리나라 안 망하니 걱정하지 말라고 한다.

거기 가서 번 돈을 다 가져오니 나라가 안 망한단다.

"거기 노동자들한테 월급을 줘버려도 괜찮냐"고 했더니 월급으로 10원을 주면 1000원을 벌어오니 걱정하지 말란다.

그리고 "노란 조끼 입고 길거리 쓰레기만 주어도 나라가 몇 만씩 줘도 되냐, 일 안 하고 놀아도 보조비를 줘도 되냐?"고 했더니 "그렇게라도 나라가 없는 국민들 살게는 해줘야 된다"고 한다.

우리나라가 그 정도 돈은 가지고 있고 그래야 돈이 돌아 구멍가게 하는 가난한 사람들도 살 수 있다고 한다.

그래서 내가 넷째 볼을 꼬집으면서 "너나 문대통령이나 똑같은 사람이구나. 너는 하도 거짓말을 잘해서 믿을 수가 없다. 거짓말, 나한테는 해도 다른 사람한테는 하지 마라"고 했다.

노점상에서 물건을 살 때에도 별로 안 좋은 물건도 좋다고 사라고 하면 사고, 지가 사와 놓고도 내가 쓸데없이 돈 썼다고 뭐라 할까봐 선물로 받았다고 거짓말을 한다.

그래서 왕 거짓말쟁이다.

우리나라 공장이 외국으로 나가고 퍼주기를 해도 넷째 말대로 나라가 망하지 않고 자손만대로 계속 잘 살았으면 좋겠다.

이것이야말로 넷째 말이 거짓말이 아니었으면 좋겠다.

2017. 12. 2 토요일 (100세 – 1일)

큰딸과 함께 백세를 맞다

백세가 되는 99세 마지막 날에 큰딸이 와서 같이 자며 백세 생일날을 큰딸과 함께 맞았다.
정말 우여곡절 끝에 아슬아슬하게 백세 결승 테이프를 끊었다.
큰딸이 지난번 입원했을 때 온다고 했는데 셋째 며느리가 와서 오지 말라고 해서 안 오고 오늘 왔다.
내가 좋아하는 나물 세 가지 (도라지, 무우, 토란대), 조기조림과 찰밥을 해서 어제 택배로 부치고 오늘은 몸만 왔다.
옛날에는 쌀 푸대, 김치 통, 땔감으로 장작까지를 만원 버스에 싣고 다녔는데, 세상 참 많이 좋아졌다.
그때는 날아다니는 새를 부러워 했는데 지금은 날개 쭉지는 없어도 바퀴를 달고 날아다니니 다들 새나 다름없다.
내 큰딸 정남이는 나를 많이 닮았다.
정도 많고 부지런해서 쉴 새 없이 꼼지락거리는 것이나 욕심이 많은 것이나 매사에 솜씨가 좋은 것이나 사기를 좋아하는 것이나 다 나를 닮았다.
어제 부쳐서 오늘 도착한 찰밥과 나물로 점심을 먹고 큰딸이랑 넷째랑 라인광장 아파트에 살 때부터 단골이었던 모아라인 미용실에 가서 머리도 잘랐다.
그 미용사는 아직도 나를 알아봤다.
내가 배낭 메고 씩씩하게 다니던 70-80대 모습이 기억난다고 했다.
내가 풍암동으로 이사하고 또 복지관에 다니면서는 가지 않았는데 나를 알아봐줘서 기분이 좋았다.
딸이 둘이었는데 시집갔냐고 하니 아직 안 갔다고 하면서 그걸 지금도 기억하고 있냐고 한다.
아직도 나는 옛날 일들이 다 기억난다.

머리 자르고 와서 1시간 쉬고 5시에는 큰딸이랑 넷째가 목욕을 시켜줬다.
안 하겠다고 해도 기어코 하자고 해서 했는데 너무 개운하고 좋다.
큰딸은 어려서부터 감을 엄청 좋아했다.
그래서 애 아빠가 가낭굴에 큰 월하시와 무종시 감나무가 있는 산을 샀다.
감 좋아하는 큰딸 정남이한테 감 따준다고.
월하시는 크고 꿀같이 달고 무종시는 작지만 씨가 없고 산청같이 맛있어 감 중에 최고였다.
요즘에는 더 크고 맛있는 감이 많지만 그때는 그랬다.
가낭굴 산은 나중에 둘째가 결혼해서 분가할 때 팔아서 집값에 보태 쓰라고 줘버려서 이들 감나무도 없어졌다.

그나마 산도 새마을운동으로 가낭굴에 저수지를 만들면서 저수지에 들어가버려 지금은 형체도 없다.
그런데 큰딸을 보니 그 생각이 난다.
어려서 부려 먹기만 하고 결혼할 때도 많이 보태주지도 못하고 그 좋아하는 감 한 상자도 못 부쳐줘서 늘 마음에 걸렸다.
내가 살아있다면 내년부터는 감이라도 한 상자 부쳐줘야겠다.

〈큰딸이 서울에서 부쳐 온 먹거리〉

〈큰딸이 좋아하는 감이 무수히 열린 감나무, 수만리〉

2017. 12. 3 일요일 (100세)

살다보니 살아진 백세

오늘은 내 백세 생일이다.

1918년 음력 10월 16일 자시에 일제시대 전남 화순군 남면 주산리 배수에서 4남 1녀의 외동딸로 태어났다.

음력 시월은 일 년 중 가장 좋다는 시월 상달의 시월이고 16일은 보름 다음 날로 보름날보다 더 달이 밝아 좋은 날 중 최고 좋은 날이라고 들었다.

올해는 5월에 공달 (윤달)이 들어 음력이 양력보다 한 달 반이나 더 늦게 가서 생일이 더 늦어졌다.

그 사이에 급성 심근경색증이 와서 죽을 고비를 넘기고 간신히 결승선에 서게 되었다.

달리기나 마라톤에서는 결승선에서 반발 차이로도 승패가 갈리는데 백살이 되는 데 양력으로 한 달 반 정도 더 달려야 해서 힘도 들고 위기도 많았다.

넷째가 100세 생신이니 우리 집 식구와 외갓집 사촌들이라도 초대하여 식사 대접이라도 하자고 했는데 내가 하지 말라고 했다.

더더구나 급성 심근경색증으로 입원했다가 퇴원한지도 2주밖에 안 되고 소설도 10일이나 지난 한겨울이니 날도 추워서 하지마라고 했다.

작년 11월 15일이 99살 백수 (소위 흰 백자 백수, 한자로 일백 백자에서 하나 일을 뺀 것으로 99를 의미)였는데 첫째가 11월 3일에 세상을 떠나서 쇠지 못해서 진짜 100살인 올해 일백 백자 백수 잔치를 하고 싶은 것 같았다.

하지만 내가 단호하게 거절을 했다.

큰아들도 먼저 간 마당에 나이 먹은 것이 무슨 벼슬이라고 잔치를 하겠는가!

백세를 사는 것은 나 혼자 힘으로 되는 것이 아니었다.

마라톤과 같이 함께 달려 주는 사람, 옆에서 도와주고 정리해주는 사람이 있기 때문에 가능했다.

칠남매가 있어서 이 자식들 힘과 도움으로 여기까지 온 것이다.

5남 2녀 가운데 큰아들만 시집갔던 화순 한천 오음리 (산음)에서 낳고 둘째는 광주 학동, 큰딸, 작은딸, 셋째는 화순 구암리, 넷째와 막둥이는 친정 마을인 화순 남면 주산리 (배수)에서 낳았다.

위로 두 아들은 일제시대에, 큰딸은 해방되는 해에 해방둥이로, 셋째는 6·25동란이 일어난 해에 낳았다.

오늘 생일 모임은 화순의 한 한정식 집에서 했다.

나는 넷째 집에서 큰딸이랑 같이 갔고 막둥이는 큰애랑 둘째를 데리고 왔다.

날도 봄처럼 포근해서 좋았다.

음식이 나오고 수경이가 케익을 가지고 들어오자 애들이 모두 '어머니 마음'이라는 노래를 불러주었다.
귀가 어두워 잘 못 들었지만 울까봐 자제하는 모습들이 보였다.
내 행사 때마다 오는 수경이와 호석이가 가져온 케익에 촛불을 켜고 케익을 잘랐다.
모두에게 고맙다고 인사를 했다.
심근경색으로 죽는 줄 알았는데 살아서 이렇게 자식들 축하를 받으니 원이 없다.
오늘 점심식사는 막둥이가 내려고 사전 계획을 세우고 추진을 했다.
그런데 작은딸 정자가 내겠다고 했는데 결국은 둘째가 자기가 제일 어른이니 다들 가만히 있으라고 해서 둘째가 냈다.
형제 남매들이 서로 내겠다고 싸우듯 하니 이것도 또한 보기가 좋다.

생일 행사를 무사히 마치고 막둥이 집으로 왔다.
막둥이는 내 나이 마흔에 생겼는데 뗄려고 온갖 방법을 다써봤으나 떨어지지 않았다.
밑에 동생이 없으니 젖을 다섯 살까지 먹었다.
밥을 하거나 일을 하면 거기까지 따라와 젖 달라고 떼를 써서 젖을 먹었다.
누나들이 뭐라 하고 놀려도 소용이 없었다.
결국 말라리아 약인 금계랍을 까서 젖꼭지에 묻혀 놓아 쓴맛에 놀라 젖을 떼게 되었다.
대학에 교수로 임용된 후 실험실 벤처 '코리아 바이오텍'을 만들어 주말도 없이 일을 하며 박사학위 과정 중에 만난 다섯째 어멈과 열심히 살고 있다.
뗄려고 했던 늦둥이 막둥이가 매년 가족여행을 주관하고 오늘 내 백세 생일도 준비해줘서 고맙고 오늘 밥값을 내 준 둘째도 고마웠다.

백세 기념으로 자식들에게 줄 말로 "꿈, 사랑, 용기"를 휘호로 써 주었다.
사랑과 용기로 꿈을 이루라는 말이고 내가 살아온 삶을 대표하는 말이다.

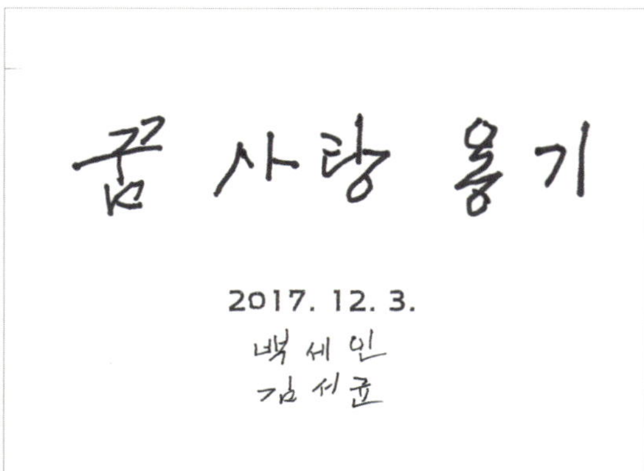

〈백수 기념 가족 모임에서 축가로 어머니 마음을 부르는 모습과 백세 기념 휘호〉

2017. 12. 4 월요일 (100세 + 1일)

왔다 갔다 하는 탁구공 신세

막둥이 주최로 어제 백세 생일 가족 모임을 하고 막둥이 집으로 왔다.
나한테는 넷째 집이 더 편하지만 막둥이가 형이랑 형수가 너무 고생이 많다고 넉 달 한도로 모신다고 해서 왔다.
내 방에 있던 냉장고, 티비, 전화기, 무선 호출기 등을 모두 옮겨오고 평수만 다른 같은 아파트 옆옆동(103동과 106동)이어서 호수만 다른 같은 아파트라고 할 수 있다.
그래도 나는 옮겨 다니는 것이 싫다.
자기들은 번갈아 모시는 것이 힘이 덜 들고 한 번씩 모셔보니 좋을지 모르지만 나는 정말 싫다.
큰집에 있을 때도 여행이나 출장으로 큰집에서 넷째 집으로 와 있어야할 때 탁구공처럼 왔다 갔다 하는 게 정말 싫었다.
그러나 내가 혼자 살 수 없는 처지이니 자식들 말을 따를 수밖에 없다.
막둥이도 그동안 넷째처럼 화장실 바닥에 나무판을 깔아 거실 복도와 높이를 맞춰 턱을 없애 놓았다.

막둥이는 지금까지 바로 위에 형인 넷째를 계속 따라 다녔다.
아파트도 넷째가 살던 라인광장 아파트에서 살다가 넷째가 금호 2차로 옮기니 또 같은 동 같은 통로로 따라가고 지금 사는 아파트도 넷째가 먼저 옮겨 가니 또 따라간 것이다.
먼 데 있는 가족은 이웃만도 못한데 넷째와 막둥이는 계속 한 아파트에서 사니 보기에도 좋고 서로 의지할 수 있어서 더욱 좋다.
지금 사는 아파트는 모든 동이 지하 주차장으로 서로 연결이 되어 있어 눈이 오나 비가 오나 슬리퍼만 신고도 왔다 갔다 할 수 있어 언제든 부르면 오고 갈 수가 있어 너무 좋다.
가기 싫어하는 나에게 넷째가 겨울만 지내고 오라고 달랜다.
원래 추위를 안 타서 겨울이 두렵지 않았는데 아프고 보니 이제는 겨울이 두렵다.
이 겨울 잘 보내어 따뜻한 봄이 되면 봄꽃 구경도 하고 이제 내 집이 된 넷째 집으로 다시 가고 싶다.

2017. 12. 5 화요일 (100세 + 2일)

헌 집에도 새집증후군이!

막둥이 집으로 온 다음에 그날 저녁 먹고 아프고 다음 날 아침에 또 아팠는데 어제는 아프지 않았다.
그래서 오늘은 복지관에 갈 생각을 했는데 넷째가 오늘 전국이 영하로 추워진다고 집에 있으라고 해서 집에 있었다.
넷째 집에서는 괜찮았는데 막둥이 집으로 온 첫 24시간 동안에 자주 통증이 온 것은 뭣 때문일까?
다 좋아진 줄 알았는데 다시 아프니 실망이 크다.
넷째는 백세 생일 행사하고 막둥이 집이 더 커서 화장실 가는 것이나 식당 방에 가는 것이 더 멀기 때문이라고 한다.
일종의 새집증후군인 셈이다.
안 아플 때는 병이 다 나은 것 같은 생각이 드는데 아프면 또 죽을 것 같다.
살아서 천당과 지옥을 왔다 갔다 한다.

오늘 날씨가 올 겨울 들어 최고로 춥다고 난리들이다.
그러나 방에 있으면 밖이 추운지 안 추운지 알 수가 없다.
내가 추울까 봐서 어찌나 불을 때는지!
넷째와 막둥이가 서로 경쟁을 하듯 나에게 잘 한다.
넷째는 장난감을 사서 보냈다.
내가 복지관에 못 가니 심심할까 싶어서 샀다고 한다.
내가 잠시도 손을 놓고 있지 못하고 뭔가를 해야 한다는 것을 잘 알고 돌리고 문지르고 누르고 켰다 껐다 하는 피젯 큐브라고 하는 손 놀이 장난감이다.
"이제 나한테 애기들 장난감을 다 사주냐?"고 했더니 이것은 어른용 장난감이라고 한다.
이것 만지고 놀면 심장병도 좋아진단다.
옛날에는 (간염으로) 황달이 들면 붕어를 사다가 어항에 넣어 두고 보고 있으면 낫는다고 했다.
병은 놔두고 안정을 하면 낫는다는 말이다.
심심하다고 추운 날씨에도 복지관에 가자고 조를까 봐서 사줬을 것이다.
찬바람 쐬고 심장 발작하면 큰일 나니까.
아무튼 막둥이 집에도 빨리 적응하여 아프지 않고 무사히 겨울을 나면 좋겠다.

2017. 12. 6 수요일 (100세 + 3일)

꿈에 그리던 복지관에 다시 가다

오늘은 영하이기는 하지만 어제보다는 따뜻해져서 복지관에 갔다.
아침에 출발하기 전에 넷째 지시로 혀 밑에 니트로글리세린 한 알을 미리 넣고 갔다.
20분 넘게 차를 타고 복지관에 도착했는데 아무 문제가 없었다.
복지관에 가니 다들 반가와 했다.
한선생, 이선생, 윤선생 그리고 동료 원생들 모두가 반겨주었다.
그립던 점심밥도 한 그릇 다 먹었다.
기분이 좋았다.
집으로 올 때는 윤선생이 나만 싣고 집에 데려다 주었다.
얼마나 고마운지 모르겠다.
너무 고마워서 얼떨결에 고맙다는 인사도 못 하고 내렸다.
넷째한테 전화하여 다 너희들 덕에 다시는 못 갈 줄 알았던 복지관에 다시 가고 또 대접받았다고 했다.
넷째가 축하한다고 하면서 윤선생한테 고맙다는 인사를 하겠다고 한다.
너무 기분 좋은 날이다.

〈막둥이 부부랑 행복한 겨울 나들이〉

2017. 12. 8 금요일 (100세 + 5일)

나이가 많으면 목욕도 큰 일

매주 금요일은 복지관에서 목욕하는 날이다.
바로 오늘이다.
그런데 오늘은 날이 추워서 안 한다고 했다.
목욕실이 넓고 시설이 잘 되어 있어 목욕하기는 좋으나 겨울에는 좀 춥다.
그래서 심장에 무리가 될까 싶어 안 한다고 했다.
넷째한테 전화하여 말하니까 잘 했다고 한다.
추위가 심장에는 상극이라고 좀 더워서 땀이 날 정도로 옷도 따뜻하게 입고 모자랑 마스크도 쓰라고 한다.
그러고도 기온이 영하로 떨어지면 미리 니트로글리세린을 넣고 간다.
다 넷째의 지시사항이다.
약은 넷째가 이래저래 시험하여 정해준 것이니 어김없이 지켜서 먹고 있다.
그래서 막둥이 집에 온 날만 통증이 있었고 이후에는 없었다.
오늘은 오전에 눈발도 날려서 목욕을 하지 않은 것인데 넷째가 잘 한 것이라고 하니 기분이 좋다.

복지관에서 목욕을 할 때 도우미 선생이 목욕을 집에서 며느리한테 해달라고 해라 한다.
목욕과 미용이 봉사 항목에 포함되어있는 것 아니냐고 따졌지만 인공 관절하고 허약한 며느리가 목욕을 시켜주는 것은 불가능해서 한 말이다.
내가 몸을 가누지 못하니 물이 묻어 미끄러운 몸을 들어 옮기기란 불가능하고 자칫 둘이 넘어지면 큰 사고가 날 것이기 때문이다.
넷째 어멈은 원래 약한데 작년에 엉덩이 관절에 인공 관절 수술을 받아 아직도 통증에 시달리고 있고 어깨도 좋지 않다.
그래서 넷째 집에서는 넷째가 해줬다.
아주 손이 빠르면서도 시원시원하게 머리부터 발까지 어린 아기 씻기듯이 꼼꼼하게 씻겨주니 좋았다.
처음에는 아들이라서 안 한다고 했는데 하다 보니 적응이 되어 아무런 거리낌도 없어졌다.
오늘 복지관에서 목욕을 안 했으니 주말에 막둥이한테 부탁해야겠다.
안전이 제일이라고 하니 가장 안전한 따뜻한 집에서 아들한테 해달라고 해야겠다.
믿는 구석이 있으니 복지관에서 안 해줘도 아무 문제가 없다.

2017. 12. 9 토요일 (100세 + 6일)

돼지 꿈 꾼 것도 아닌데

오늘은 막둥이 집으로 와서 지낸지 일주일이 되는 날이다.
막둥이 집으로 와서 3주간 쉬었던 복지관에도 다시 가고 오늘은 화순 읍내에서 점심을 먹고 수만리도 다녀왔다.
추운 날씨였으나 큰재에서 잠깐 내려 막둥이 내외랑 얼굴을 맞대고 사진도 찍었다.
나는 원래 사진 찍는 것을 좋아하지 않으나 오늘은 막둥이가 하자는 대로 다 했다.
잠깐 수만리 막둥이 집에 들른 다음에 집에 와서 쉬고 있는데 넷째가 왔다.
넷째가 제주도에서 카페를 하는 지인이 줬다는 코지 롤케익과 화순에 사는 지인이 줬다는 파프리카와 무안 뻘낙지를 가져왔다.
얼마 있지 않아 또 친정 둘째 오빠네 조카 봉진이 부부가 김장 김치, 무우청 김치, 토란대 말린 것 등을 가져왔다. 먹을 것 대복이 터졌다.
봉진이 처는 친정 식구 중에서 유일한 말벗이다.
일주일에 서너 번은 전화하여 이런저런 이야기도 하고 반찬거리를 부탁하기도 한다.
자주 불쑥불쑥 전화해도 싫은 기색 없이 잘 받아준다.
나도 성가실 줄 알고 "고모라고 하나 있는 것이 되게 성가시게 하지? 그래도 어쩔 것인가.
나도 자네 말고는 친정에 전화할 사람이 없으니, 어쩔 수 없다고 생각하게"라고 하면
펄쩍펄쩍 뛰면서 절대 그러지 않는다고 언제든지 전화하라고 한다. 고마운 조카 며느리이다.

봉진이는 내 둘째 오빠를 빼닮았고 친정 조카들 중에서 자식 복이 제일 많은 조카다.
남매를 낳았는데 아들은 의사이고 딸은 간호사인데 둘 다 며느리 집과 사위 집에서 보쌈하듯 그냥 데려갔다.
아들 딸 다 여우고 이제는 둘만 남아 오손도손 살면서 이번 김장도 둘이 했다고 한다.
김치 통을 열고 즉석에서 김치 맛을 봤는데 역시 일품이다.
원래 손맛이 좋고 깔끔해서 가끔 반찬도 해달라고 부탁하는 것이다.
수고비를 좀 주려는데 극구 사양을 한다.
넷째가 어른이 주고 싶어서 그러니까 받으라고 하니 받았다.
주는 정 받는 정이라고 나도 주고 싶어서 주는 것인데 받아 주니 고맙고 기분이 좋다.
내년에도 부탁한다고 하니 그러시라고 한다.
"노인 정정한 것과 가을 날씨 좋은 것은 믿지 마라"는 말이 있지만 내가 내년 이맘때까지 살아서 봉진이댁 김치 맛을 또 볼 수 있을런지 모르겠다.
아무튼 오늘은 돼지 꿈을 꾼 것도 아닌데, 온갖 먹을 복이 터져 행복한 하루였다.

2017. 12. 10 일요일 (100세 + 7일)

정 떼기가 무우 자르듯 쉬운 줄 아느냐!

어제 넷째가 와서 복지관을 옮겨야 한다고 했는데 건성으로 듣고 그냥 넘겼다.
그런데 어제 밤과 오늘 낮에 곰곰이 생각해보니 여러 의문이 생겼다.
첫째는 정말 복지관에서 옮기라고 한 것인지, 그렇다면 이유가 뭔지 궁금했다.
그래서 넷째한테 전화를 해서 물어보니 복지관 관장이 바뀌어서 그렇단다.
예산 절감 차원에서 이동 차량을 줄이게 되어 거리가 먼 사람은 모실 수 없다고 한다.
그렇더라도 나와 같은 차를 타고 다니는 사람 중에는 나보다 더 높고 복잡한 골목에 사는 사람도 많은데 나를 못 오게 한다면 다른 사람들도 못 오게 할 것인지 의심스러웠다.
통원 거리 때문이 아니라 내가 성가시게 해서 나를 안 받는 거라고 하면 복지관이 나같이 불편한 사람 도와주라고 국가 세금을 지원받아 운영하는데 이 또한 이해가 되지 않았다.
넷째 말로는 직원들이 불편해서 그런 것이 아니고 복지관 정책이 바뀌어서 그런 것이니 내일 관장을 만나 확인하고 따지고 싶은 것은 따져 보라고 한다.

다들 당사자가 아니니 복지관을 옮기는 것이 그렇게 쉬운 일로 생각한다.
그동안 직원들을 물론 원생들과 쌓은 정을 단숨에 끊으라는 것인데 사람 정이 그렇게 무우 자르듯 쉽게 되는 일이냐!
넷째한테 수면제를 많이 사다주라고 했다.
수면제 먹고 안 깨어나고 싶다고.
새로 갈 곳은 집에서 십 분도 안 걸리는 가까운 곳이고 이전 성 관장님이 잘 말해줘서 잘 해줄 것이라고 하지만 그게 문제가 아니다.
그동안 정든 인연을 끊고 새로 얼굴을 익히고 사귀는 것이 얼마나 어려운 일인지 아는지 모르겠다.
나이가 들고 눈도 어둡고 잘 들리지도 않는데 말이다.
죽을 때까지 남구복지관에 다닌다고 했는데 이것도 뜻대로 되지 않아 살고 싶은 생각이 없다.
수면제 많이 먹고 그냥 푹 자버리고 싶은 생각뿐이다.

2017. 12. 11 월요일 (100세 + 8일)

설명을 들어도 왜 이해가 안 되지

오늘 복지관에 갔더니 윤선생이 나를 3층으로 데려가서 책임자라고 하는 여자를 만나게 해주었다.
"내가 무슨 잘못을 했길래 그만 나오라고 하요! 나보다 훨씬 멀고 차가 가기 어려운 데 사는 사람도 있는데 왜 나만 안 된다고 하느냐"고 따졌다.
그랬더니 복지관 운영기관이 다른 곳으로 바뀌게 되어 새로 운영을 맡은 기관이 경비 절감 차원에서 차량 운행을 줄이려고 하기 때문에 하는 수 없이 거리가 먼 사람부터 다른 기관으로 전원을 권하는 것이라고 한다.
이미 두 분은 옮겼고 앞으로도 두세 분 더 옮기도록 하려고 한다고 한다.
그래도 기어이 다니신다면 통원 시간이 50-60분이 걸릴 것이니 감수하라고 한다.
결국 결론은 옮기라는 말이었다.
넷째한테 전화하여 아무리 이해하려고 해도 분이 풀리지 않는다고 했다.

넷째가 오늘 넷째 어멈이랑 새로 옮기려고 하는 '꽃메 요양원'에 가봤다고 한다.
현재 시설은 남구복지관보다 덜 하지만 주간보호센터를 새로 짓고 있어 내년 사월 경에는 아주 좋은 새 시설이 될 거라고 한다.
거기 원장님이랑 직원들도 잘 모시겠다고 했으니 다음 주 월요일부터 다녀 보라고 한다.
어쩔 수 없다는 생각이 들기도 하지만 그만 나오라는 말이 쉽게 납득이 안 되고 포기가 안 된다.
나이 먹었다고 무시하는 것 같아서 더 그런다.
이 일에 신경을 쓰다 보니 가슴 아픈 것은 잊어 버렸다.
참 이상한 일이다.
오늘 많이 추웠는데도 안 아팠다.
그러니 내일 가서 또 따져야겠다.

2017. 12. 12 화요일 (100세 + 9일)

복지관에서 약을 뿌렸더니

오늘 복지관에서 점심 후 화장실을 다녀오는데 등이 좀 아프려고 해서 혀 밑에 약을 두 번 뿌렸더니 가셨다.

그런데 이것을 임선생이 보고 "워매, 간호사 둘 있는 곳으로 가야겠구만"이라고 한다.

아프면 약 먹는 것이 뭐가 어째서 간호사 둘 있는 곳으로 가야한다는 말인가!

생각할수록 괘씸했다.

이 나이까지 약 안 먹는 사람이 도대체 몇이나 될까 생각이나 해봤는지 모르겠다.

관장이 바뀌고 운영 기관이 바뀌니 직원들 태도까지 바뀌었다.

도대체 이 사람들이 사업을 하려는 것인지 안 하려는 것인지 알 수 없다는 생각이 들었다.

이미 원생 수가 많이 줄었다.

직원들도 우리도 언제 잘릴지 모른다고 웅성거린다.

넷째는 "어머니를 귀찮게 생각하고 자꾸 자르려고 하는 데를 뭐하러 더 다니려고 하세요"라고 하면서 포기하라고 한다.

그런데 나는 오기가 난다.

그래서 쫓아 낼 때까지 버텨볼 생각도 들었다.

내일 가서 내가 내 약 먹는 것이 뭐가 어째서 다른 데로 가라고 하느냐고 따져야겠다.

다 부질없는 일이지만 그 놈의 오기 때문에.

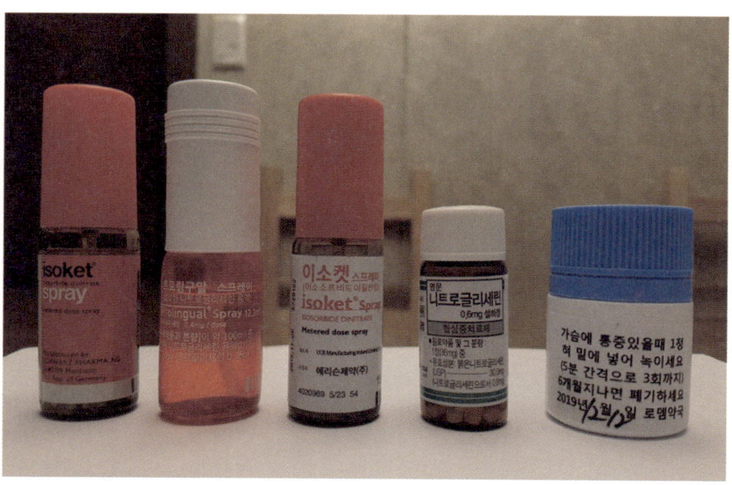

〈내가 사용한 협심증 응급약들, 분무제와 설하정〉

2017. 12. 13 수요일 (100세 + 10일)

나는 자식들 말 잘 듣는 착한 엄마

오늘은 복지관에 가서 아무 소리도 안 하고 그냥 조용히 있다가 왔다.
어제 생각으로는 임선생과 한번 붙을 판이었다.
내가 혀 밑에 스프레이를 뿌렸더니 나한테 간호사 둘 있는 요양병원으로 가야겠다고 해서 좀 따질 생각이었다.
그런데 넷째가 뭐하려고 그러느냐고 그냥 상관하지 말라고 해서 그냥 참았다.
오늘 복지관에 다녀와서 집에 있는데 넷째가 전화하여 복지관에서 증상이 어땠는지 물었다.
통증은 없었는지, 스프레이는 썼는지, 그리고 임선생하고는 어땠는지.
그래서 통증은 없었고 스프레이도 안 썼고 임선생한테 아무 말 안 했다고 했다.
"니 말 들으려고 그랬다"고 했더니 넷째가 "말 잘 듣는 착한 엄마"라고 한다.
내가 좀 싸나운 사람인데 아들이 착한 엄마라고 하니 기분이 참 좋다.
애들이 어렸을 때는 애들이 내 말을 들었어야 했는데 내가 나이가 많아 어른 아이가 되니 내가 자식들 말을 잘 듣지 않으면 안 되게 되었다.
그래 앞으로는 자식들 말 잘 듣는 진짜 착한 엄마가 되려고 한다.
그래서 복지관도 넷째가 정해준 '꽃메'로 새로 옮기고 거기서도 잘 지낼 것이다.
나는 착한 엄마니까!

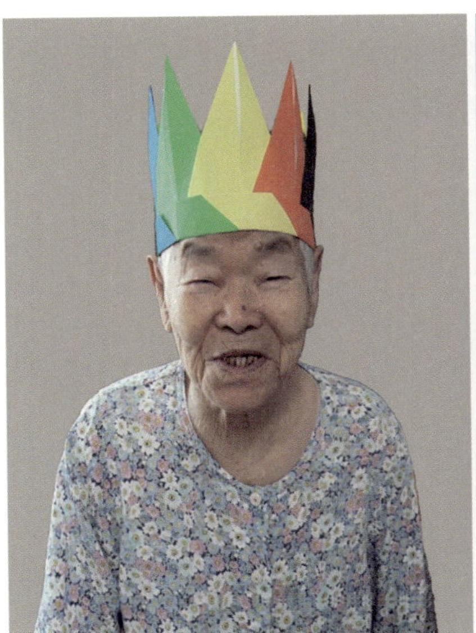

〈복지관에서는 종이 왕관 쓴 여왕이나 집에서는 유모차 대신 휠체어 타고 자식들 말 잘 들어야 하는 어른 아이〉

2017. 12. 14 목요일 (100세 + 11일)

포기할 것은 빨리 포기해야

어차피 안 될 것이나, 할 만큼 해보아도 안 되는 것은 빨리 포기하는 것이 상책이다.
계속 붙들고 매달리면 시간 낭비, 정력 낭비이고 결국 안 되었을 때는 마음의 상처도 크다.
나는 비교적 포기를 잘하는 축에 든다.
집요할 때는 집요하지만 포기도 잘 한다.
앞뒤가 잘 안 맞는 것 같지만 사실이다.
집요하다는 것은 포기하기 전까지를 말하는 것이고 해도 해도 아니다 싶으면 바로 포기한다.
주저하지 않고 미련없이 포기하고 깨끗이 잊어버린다.
이번 복지관 변경 문제도 일주일 정도 옮기지 않으려고 따지고 버티고 했지만 깨끗이 포기했다.
복지관 직원들조차도 언제 그만 두고 자리를 옮겨야 할 지 모른다고 하는 것을 보고 포기하기로 마음을 고쳐먹었다.
그래서 내일까지 남구복지관으로 가고 다음 주 월요일부터는 우리집에서 가까운 '꽃메요양원' 주간보호센터로 갈 생각이다.
지금까지는 내가 어디로 가든지 최고참이었는데 거기는 106세 언니가 있다고 하니 최고참 지위는 누리지 못할 것 같다.
하지만 23년간 요양원에 근무하다가 직접 요양원을 개설하여 10년째 운영하고 있다는 송영심 원장님을 비롯한 직원들이 어르신을 친 부모 이상으로 극진히 모시고 프로그램도 남구복지관과 비슷하게 다양하게 운영한다고 하니 한편 기대도 된다.
그동안 정들어 죽을 때까지 다니려고 했던 남구복지관도 내일이면 안녕이다.
친딸 같았던 성명심 관장님과 여러 선생님들께 진심으로 감사드린다.

2017. 12. 15 금요일 (100세 + 12일)

마지막 인사도 못 하고 이별이라니

오늘은 남구복지관 마지막 날이다.
다음 주 월요일부터는 '꽃메'로 간다.
그래서 오늘 복지관에 가서 그동안 싸우기도 많이 했으나 미운정 고운정 많이 든 임선생, 차분하고 얌전한 한선생, 주방에서 맛있고 따뜻하게 밥이랑 국이랑 요리해준 구선생, 내가 아파서 쉬었다 간 다음에는 나만 따로 집에 데려다준 윤선생 등 모든 직원에게 그동안 힘들게 해서 미안하고 많이 보살펴 주어서 감사했노라고 일일이 인사를 하려고 했다.
그런데 삼사일 전부터 기침으로 시작된 감기가 더 심해져서 복지관 가는 것을 포기해야 했다.
그래서 감사했다는 마지막 인사도 못 하고 작별을 하게 되었다.
너무 아쉽고 한편 미안하다.
1년이 넘는 기간 동안에 딸과 같이 잘 보살펴준 성 관장님과 정 많은 도우미 선생들 덕에 복지관이 쉬는 주말이 싫고 월요일이 기다려지는 참으로 행복한 시간을 보냈다.

눈짓만 해도 달려와서 내 불편을 들어주고 화장실 오고가는 것 도와주고 뒤처리까지 해주고 다양한 놀이와 볼거리로 심심찮게 해주었다.
살아서 천국이 이런 것인가 하는 생각까지 들었다.
그래서 집으로 돌아가는 5시가 너무 빨리 와서 한 삼십분이라도 더 있고 싶었고 죽을 때까지 다닐 것이라고 공언을 했었다.
그런데 세상에 영원한 것은 없어 이제 또 다시 옮긴다.
마지막 인사도 못하고 이별을 하고 이제 새로운 만남을 기대하고 있다.

퇴근길에 넷째가 약을 다섯 가지나 사가지고 왔다.
항생제, 기침 약, 천식 약, 해열제, 코막힘 약 등.
모든 경우에 대비한 약들을 사 온 것이다.
일단 항생제를 두 알 먹여줬다.
오늘 오후부터는 가래가 떨어져 나오기 시작하여 감기도 이제 마무리 단계로 접어든 것 같다.
넷째도 앞으로 3일 정도면 다 좋아질 거라고 용기를 준다.
빨리 나아서 다음 주 월요일에는 화산부락의 '꽃메' 주간보호센터에 갈 수 있기를 기대한다.

2017. 12. 16 토요일 (100세 + 13일)

고향이 그리워도 못 가는 마음

기침은 어제보다 좀 나아졌다.
넷째한테 전화를 했더니 산에 갔단다.
내가 있을 때는 꼼짝도 못했는데 내가 막둥이 집에 있어서 모처럼 산에 간 것이다.
그런데 무등산이 아니라 한천 휴양림이 있는 천운산에 갔단다.
과의 모든 직원이 송년 행사로 함께 하는 송년 등반이란다.
매년 송년회 대신 하는 등산인데 삼십년이 다 되어가는 과의 전통이라고 한다.
매년 등산로를 정하는 일을 넷째가 맡아 하고 있었는데 이번에는 특별히 고향 천운산으로 정했단다.
높이가 602미터로 그리 높은 산은 아니지만 호남정맥의 일부이고 자연휴양림이 있어 산막과 자동차 캠핑장도 잘 되어 있으나 과 직원 중에 모르는 사람이 많아 소개도 할 겸해서 정했다고 한다.

천운산은 화순군 한천면, 동면, 남면의 경계를 이루는 산이다.
시댁이 있는 한천면과 친정이 있는 남면 사이에는 돗재가 있고 그 돗재를 넘어 80년 전 이맘때 내가 한천으로 시집을 갔었다.
그런데 그 돗재에서 넷째가 등산을 시작했다고 한다.
가마 타고 넘었던 돗재, 꿈 많았던 젊은 시절이 주마등처럼 스쳐 지나간다.
엄청난 세월이 흘렀지만 어제와 같이 생생하다.
천운산 한천휴양림 안에 애들 증조부모님 산소도 있어 아흔 살 초반까지도 일 년에 한두 번은 들렀었는데 이제는 갈 수 없어 아쉬움만 더한다.
고향이 그리워도 못 가는 마음을 어떻게 달랠까!

〈내가 가마 타고 간 시집 길의 천운산 돗재(푸른 선 가운데)와 시댁 마을 산음〉

2017. 12. 17 일요일 (100세 + 14일)

아프니 아이처럼 괜한 투정만

감기기가 있은 지 일주일이 다 되어 가는데 여전히 힘이 없고 입맛도 없어 죽을 것만 같다.
넷째한테 전화를 했더니 바로 오겠다고 한다.
감기 옮기니 오지 말라고 했는데 왔다.
오지 말라고는 했지만 실은 넷째가 보고 싶었는데 그 엄마 마음을 어찌 알았는지 넷째가 와서 반갑고 고마웠다.
입맛이 없어 아무 것도 먹고 싶지 않다고 했는데, 딸기, 청포도, 드링크와 비타 500을 한 상자씩 사가지고 왔다.
딸기를 포크로 찍어 입어 넣어 주려는데 안 먹는다고 했다.
딸기를 입 가까이 들이대며 입에 그냥 넣고만 있으라고 입을 좀 벌려 보란다.
그래도 입을 열지 않고 들이대는 포크를 밀어 버렸다.
토라진 아이처럼 괜히 투정을 부린 것이다.
넷째가 포기하고 혈압을 재보고는 혈압도 괜찮고 맥박도 괜찮아 돌아가실 것 같지 않다고 한다.
힘이 없고 입맛도 없는 것은 감기 약 때문에 그런다고 한다.
기관지 약을 이제 끊으니 내일부터는 입맛도 괜찮아질 거라고 한다.
약 기운이 빠져나가는 시간이 필요하니 하루만 더 기다려보라고 한다.
넷째한테 내가 죽을 것 같으면 네 집으로 데려다 주라고 했다.
넷째가 그러겠다고 한다.

나는 넷째한테서 죽고 싶다.
원래는 큰아들 무릎을 베고 죽는 것이 소원이었는데 먼저 가버렸으니 어쩔 수 없다.
내가 심근경색으로 죽을 뻔했다가 넷째 덕에 살아났을 때 넷째한테 "이제 니가 큰아들 노릇해라"고 했더니 그런다고 했다.
그래서 이제 죽게 되면 넷째한테서 죽고 싶다.
지금은 막둥이가 형이랑 형수 고생 덜어준다고 해서 막내 집에 있지만 아파서 죽게 되면 언제든 넷째한테 갈 것이다.
협심증과 다르게 가슴이 아파서 혹시 유방암 걸린 것 아닌지 봐주라고 했더니 세밀히 진찰하고는 이상이 없다고 하니 안심이 되고 토라졌던 기분도 안정이 되었다.
괜히 넷째한테 투정을 부려서 미안한 마음이 들었다.
저녁 때는 좀 먹어 보려고 했으나 도저히 먹을 수가 없어 그만 두고 요구르트만 한 개 떠 먹었다.
그래도 내일은 나아진다고 했으니 넷째 말을 믿고 내일을 기대해 봐야겠다.

2017. 12. 18 월요일 (100세 + 15일)

꽃메 첫날, 너무 너무 좋다

감기가 덜 나아 새 복지관인 '꽃메요양원'에 갈까 말까 몹시 망설였는데 막둥이가 '꽃메' 첫날 기념으로 떡이랑 과일을 맞춰 놓았다고 해서 그냥 가기로 했다.
어찌나 미리 말을 잘 해놓았는지 원장이 친어머니처럼 생각하고 친딸처럼 모시겠다고 한다.
건물이 조금 오래 되기는 했지만 편리한 것이 많았다.
무엇보다도 화장실이 실내에 가깝게 있고 턱이 없어서 휠체어나 보행기로 쉽게 갈 수가 있었다.
샤워장이나 식당도 가깝고 시설도 좋아 내가 괜히 남구복지관을 고집했다는 생각도 들었다.
넷째가 다녀와서 시설이 조금 오래 되기는 했는데 괜찮다고 믿고 한번 가보고 마음에 안 들면 또 바꾸자고 해서 왔는데 괜찮다.
점심에 갈치 조림이 나왔는데 입맛이 써서 먹지 못했다.
원장이 내일은 내가 좋아하는 토란국을 끓여 준다고 한다.
내 입맛이 정상이 아니어서 오늘 갈치 조림은 못 먹었으나 내일 토란국은 먹을 수 있을 것 같다.

오늘이 새 복지관 가는 날이라 다들 걱정이 되어 여러 사람이 전화를 했다.
먼저 이전 복지관 관장인 성 관장이 '꽃메' 원장님한테 두 번이나 전화를 했고, 서울 셋째와 넷째가 또 전화를 했다.
다들 걱정해주고 부탁해줘서 새 복지관(요양원) 첫날을 기분 좋게 다녀왔다.
다녀와서는 모처럼 저녁밥도 제대로 먹었다.
저녁을 먹은 다음에는 막둥이랑 막내 어멈이 합작으로 나를 머리에 발끝까지 샅샅이 깨끗하게 씻어 주었다.
그리고 새로 산 두터운 내복을 입혀주었다.
참으로 행복하고 기분 좋은 하루다.
나 하나를 위해 여러 사람이 이렇게 애를 써줘서 지금까지 내가 살아 있는 것이다.
자식들이 말로 다 할 수 없을 만큼 고맙고 너무 너무 행복하다.

2017. 12. 19 화요일 (100세 + 16일)

오늘은 넷째 어멈이 시집온 특별한 날

오늘은 넷째 며느리가 우리 집에 시집온 날이다.
벌써 35년이나 되었다.
모든 만남에 신의 섭리와 인연이 있겠지만 우리 넷째 결혼에도 엄청난 비밀과 인연이 있었다.
넷째 어멈은 6·25동란 때 반란군 소탕작전을 위해 우리가 사는 마을을 다 태워버리고 마을을 떠나야 했을 때 3대 독자로 갈 데 없는 우리 일곱 식구를 받아 준 장선이 (장선리의 별칭) 곶감 양반의 외손녀이다.
모든 것이 부족한 전쟁의 와중에 일곱이나 되는 우리 가족을 받아 주었는데 그럴만한 사연이 있었다.

넷째 어멈의 외할아버지인 강자원 어른이 젊었을 때 우리 시할아버지 밑에서 집사 역할을 했었다.
그때 집에 많았던 감나무에서 딴 감으로 곶감을 많아 깎았기 때문에 곶감 양반이라는 별명이 붙여졌다.
몰똥바우에 계시는 시증조할머니 강씨께서 당신의 친정이 어렵게 되자 친정 조카의 아들인 곶감 양반을 불러 당신의 아들 (시할아버지)의 살림을 맡긴 것이다.
따라서 우리와 먼 친척이기도 하고 집안이 어려웠을 때 우리 시할아버지의 도움을 많이 받았기 때문에 어려운 상황에서도 우리 가족을 받아준 것이었다.
그때 이후로도 곶감 양반은 우리 집안 대소사를 챙겨 주고 큰 물건 팔고 살 때에도 여러모로 조언도 해주고 어려운 문제를 해결해 주셨다.
그래서 두 집안의 어른들은 어른들끼리 자식들은 자식들끼리 친하게 지냈다.
곶감 양반의 큰 아들인 강종남 박사는 적십자병원 내과과장으로 있을 때 뇌출혈로 쓰러진 애 아빠의 주치 의사였고 우리 가족이 아플 때마다 치료해주고 다른 병일 때는 좋은 의사를 소개해주고 치료비도 많이 감해주었다.
특히 셋째가 대학 때 폐결핵을 앓았는데 빨리 발견하여 조기에 완치할 수 있게 잘 치료해주었고, 넷째가 고3 때 장질부사에 걸렸는데 이 또한 잘 치료해주었다.
막둥이가 중학생 때 골수염에 걸렸는데 친구인 신승호 정형외과 원장에게 잘 부탁해줘서 수술도 잘 받고 수술비도 대폭 감해 주었다.

넷째가 그 집 외손녀와 결혼하게 된 것은 큰딸 정남이와 곶감 양반의 막내인 삼남이가 남광주시장에서 우연히 만나 이런저런 이야기를 하다가 우리들이 한번 만나게 해보자고 해서 넷째가 인턴일 때 서울에 살던 넷째 어멈이 광주로 내려와 선을 보게 되고 결국 결혼에까지 이른 것이다.

우리가 6·25전쟁의 소용돌이에 휘말려 거지꼴이 되었을 때 이미 여러 가족을 받아 복잡한 상황에서 우리 가족 7명을 받아준 장선이 곳감 양반 댁 큰딸의 큰딸이 우리 넷째 며느리가 되어 온 것이다.

인연도 보통 인연이 아니다.

피난 가정 다섯을 얼굴색 하나 변하지 않고 알뜰살뜰 돌봐주던 그때 규수가 나의 사돈이 된 것이다.

선을 보러 간다고 하길래 "그 집 엄마 닮았으면 틀림없을 것이다"라고 했다.

공부만 해서 음식이 서툴고 말이 없어 재미는 없지만 착하고 순하고 언제나 한결같은 것은 누구도 따라올 수 없다.

그리고 며느리 다섯 중에서 넷째 어멈이 나랑 가장 많이 살았다.

1982년 결혼해서 농성동 상하방에서 3년, 군대 갔다 온 후 1988년부터 1994년까지 라인광장 아파트에서 6년, 1996년에서 2004년까지 금호2차 아파트에서 8년 등 17년을 같이 살았고 첫째가 가고 난 작년부터 또 같이 살고 있다.

넷째가 아무리 잘 하려고 해도 안 사람이 받쳐주지 않으면 할 수 없는데 넷째 어멈이 군소리 하나 하지 않고 잘 받쳐주었으니까 가능한 일이다.

그래서 고맙다.

넷째 어멈이 아주 특별한 인연으로 우리 집 식구가 된 지 35년째 결혼기념일을 축하하면서 점심이라도 같이 하라고 5만원을 넣어 봉투를 하나 주었다.

그리고 앞으로 둘이 건강하고 행복하고 좋은 일만 많기를 기원했다.

〈넷째의 결혼식 사진과 넷째 어멈이 결혼 후 고향 배수 방문 시 지금은 수몰된 징검다리를 건너는 모습, 1982년〉

2017. 12. 20 수요일 (100세 + 17일)

감기도 양심이 있다면

이제 가래가 떨어져 나오기 시작한다.
지독한 감기가 이제 나가려는 모양이다.
입맛은 써도 먹고 싶은 생각이 되살아났다.
이제 슬슬 입맛도 돌아올 것 같다.
끝날 것 같지 않던 긴긴 터널을 빠져 나온 느낌이다.
나이가 드니 하찮은 감기도 힘들어 죽을 것 같은 생각이 들었다.
실은 노인들의 가장 흔한 사망 원인이 폐렴이라고 하는데 이 폐렴은 주로 감기에서 시작한다고 한다.
이놈의 감기는 독감 예방 주사를 맞아도 걸린다.
그나마 폐렴 예방 접종을 맞은 덕에 폐렴까지는 안 간 것 같다.
좋은 세상에 태어나 아파서 죽을라고 하면 살려놓고 하여 이렇게 오래 산다.
죽고 싶어도 죽을 수 없고 죽을라고 하면 살려버리니 도대체 나는 언제 죽을 것인가?
가래가 나오기 시작하니 이제 좀 살 것 같다.
심한 감기를 치렀으니 이제 올 겨울 감기는 더 이상 걸리지 않으면 좋겠다.
감기도 양심이 있다면 백세 늙은이한테 또 다시 오지 않을 것이다.
제발 그러기를 바란다.
나는 목숨밖에는 줄 것이 없기 때문이다.

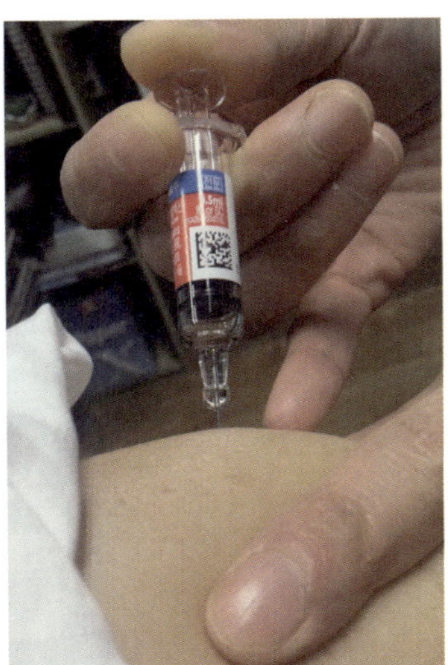

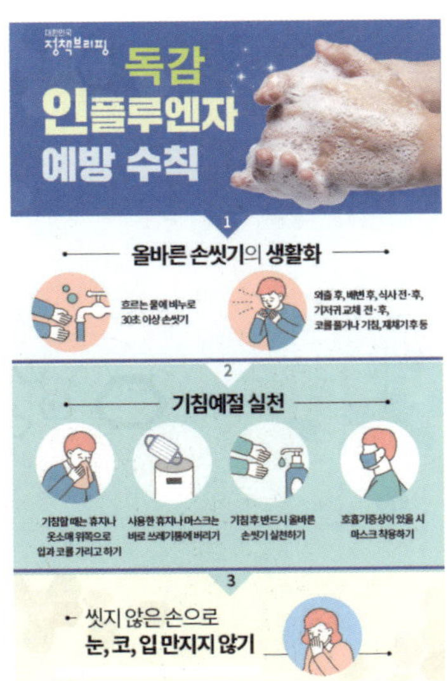

〈독감 예방 접종과 독감 예방 수칙〉

2017. 12. 23. 토요일 (100세 + 20일)

괜히 아이처럼 앵짜를 내다

새로 다니는 '꽃메'에서는 일요일만 빼고 토요일에도 공휴일에도 운영을 한다.
그래서 오늘이 토요일인데 꽃메 주간보호센터(줄여서 센터로 함)에 가라고 한다.
그래서 "나 보기가 싫어서 쫓아내려고 그러느냐"고 큰 소리를 냈다.
화가 나서 막내한테 화를 내고 넷째한테도 전화를 해서 화를 마구 냈다.
이전 복지관은 재단에서 운영을 하니 원생 숫자에 신경을 덜 쓰고 쉬는 날은 다 쉬었으나 '꽃메'는 개인이 하는 것이어서 하나라도 더 보고 하루라도 더 하려는 것 같다.
이전에는 "왜, 토요일에 쉬는지 모르겠다. 토요일에도 했으면 좋겠다고 하셨으면서 그러시냐. 한 번 가 보시고 싫으면 다음에는 안 가시면 되세요"라고 한다.

내가 보기 싫어서 쫓아내는 것으로 괜히 오해하고 앵짜를 냈으나 센터에 갔더니 마침 날도 풀어져서 바깥 구경을 시켜 주었다.
우리들을 10인승 미니버스에 태워 화순 고인돌공원을 거쳐 화순읍 만연사까지 바람을 쐬어 주었다.
집에 있는 것보다 좋아 기분이 풀어졌다.
저녁에는 넷째가 수만리를 다녀오면서 아랫집 의자매 동생네 셋째 아들이 잡아준 토종닭에 엄나무와 오가피를 넣어 끓인 백숙과 15년 먹은 더덕과 옆집 아주머니가 줬다는 보리빵과 식혜를 가져와서 기분이 더더욱 좋아졌다.
그러고 보니 내가 완전히 애기가 다 된 것 같다.
괜히 떼나 쓰는 어른 애기!

〈백살 어린 증손보다 더 애기같을 때가 있다〉

2017. 12. 24 일요일 (100세 + 21일)

감기가 나가려다 또 다시 시작하네

가래가 나오기 시작하면서 나을 것으로 생각된 감기가 다시 시작하려는 것 같다.
가래가 멈추지 않고 계속 나오고 머리도 아프고 힘이 없어 죽을 것 같다.
감기 조심하라고 하면 "무슨 감기를 다 걸린다냐"고 했는데 감기에 걸렸다.
감기에 걸려도 1-2주 지나면 그냥 나았는데 한 달이 다 되어도 좋아지지 않으니 이제 다 된 것이다.
몸이 하루하루 달라진다.
센터가 크리스마스인 내일도 쉬지 않고 문을 연다고 하지만 안 가야겠다.
넷째도 가지 말고 집에서 쉬라고 하고 중단했던 항생제도 다시 먹으라고 한다.
뭣이든 재발이 더 위험하고 감기도 재탕이 더 무섭다.
넷째가 입원하자고 하는데 내가 안 한다고 했다.
오늘 비가 와서 날씨 탓도 있을 수 있으니 하루 더 쉬어보고 결정해야겠다.

〈한 줌이 다 되는 내가 먹는 각종 약들〉

2017. 12. 25 월요일 (100세 + 22일)

크리스마스에 최고의 선물은

크리스마스다.

내가 걸을 수 있으면 성당에 가서 미사도 보고 선물도 받을 텐데 집안에 꼼짝도 못하고 있으니 안타깝다.

넷째가 센터도 못 가게 해서 집에 있으면서 감기를 몰아내기 위해 나름 노력을 했다.

평소에 덮지 않던 이불도 덮어 취한도 하고 음식도 주는 것은 억지로라도 다 먹으려고 애를 썼다.

그랬더니 좀 더 나은 것 같다.

잘 안 먹으면 코에 줄을 넣어 억지로 먹인다고 넷째가 겁을 주었는데 넷째 말에 겁이 나서 그런 것은 아니다.

산타 할아버지가 크리스마스 선물을 준다면 가장 받고 싶은 것은 건강이다.

첫째도 둘째도 건강이다.

내 건강이 아니고 자식들 건강이다.

나는 시간 나는 대로 자식들 건강을 빌고 또 빈다.

안 나가고 버티던 감기가 오늘은 좀 좋아져서 백세 크리스마스에 최고의 선물을 받은 셈이다.

내가 매일 시간 나는 대로 기도했으니 나에게처럼 자식들 모두에게도 건강 선물을 듬뿍 내려주실 것이라고 믿는다.

하느님, 오늘 크리스마스에 건강 회복을 선물해 주셔서 감사합니다.

〈2014년 97세로 풍암동 성당에서 세례받는 모습과 기념 사진〉

2017. 12. 26 화요일 (100세 + 23일)

아무리 늙었어도 사람은 사람인데

새 센터에서 처음으로 목욕을 했다.
집에서 해도 되는데 새로 옮겨서 어떻게 하는지 볼 겸 목욕을 하기로 했다.
엘리베이터를 타고 이층 목욕실로 갔다.
먼저 두 사람이 하고 내 차례가 되었다.
그런데 너무 건성으로 해주었다.
이전 복지관에서도 그래서 싸운 적이 있었는데 마찬가지였다.
여기서는 둘이서 나를 의자에 앉혀 놓고 했다.
파란 물통에 물을 받아 놓고 끼얹었다.
머리에도 물이 거의 안 가고 발도 적신 것 같지 않았다.
"이게 목욕이냐, 개한테 물 찌크르는 (끼얹는) 것이냐"고 했으나 그냥 그렇게 끝났다.
매우 불쾌했다.
그리고 옷을 입히는데 겹치기로 입히는 것이었다.
"죽은 사람에게나 옷을 겹쳐서 입히는 것인데 산 사람한테 옷을 겹쳐 입히냐"고 하고 내가 하나씩 입고 일층으로 내려왔는데 분이 가라앉지 않았다.
죄가 있다면 나이 먹은 것밖에 없는데 나이 좀 먹었다고 대항할 수 없는 늙은이라고 이런 대접을 받다니! 화가 났다.
아무리 인간 폐물이라도 사람은 사람인데.

점심을 먹고 소파에 앉아 있는데 마침 직원이 옆에서 빨래를 접고 있었다.
그래서 말문을 열었다. "나, 한 마디 하고 싶은 말이 있는데 해도 되요?"라고 했더니 하라고 한다.
"오늘 목욕시켜 준 사람이 직원이요, 봉사하러 온 사람이요?"라고 물으니 직원이란다.
그래서 "어떻게 그렇게 목욕을 시키느냐, 파란 물통의 물을 앞에 두 사람 시키고 또 나를 시키고도 3분의 1이나 남게, 발에 물도 안 가게 목욕을 시키냐, 이런 것도 목욕이냐"고 따졌다.
"아침부터 화가 나서 내가 참을 수가 없다"고 하니 "화 풀으시라, 다음부터는 잘 해드리겠다"고 한다.
이렇게라도 쏘아부쳐서 화는 좀 풀렸다.
그런데 다른 사람들은 목욕을 그렇게 시켜줘도 꿀 먹은 벙어리처럼 아무 말도 안 한다.
참 이상한 일이다.
아무튼 내가 한 소리했으니 다음부터는 좀 나아지기를, 사람 대접 받을 수 있기를 기대해본다.

2017. 12. 29 금요일 (100세 + 26일)

가슴통증이 또 다시 재발하다

어제는 센터에서 집으로 오기 전에 화장실을 보행기로 직접 다녀왔는데 통증이 와서 니트로글리세린 알약을 혀 밑에 넣었다.
그런데 오늘 저녁밥을 먹고 내 방으로 바로 가지 않고 화장실을 먼저 다녀오려고 혼자 화장실에 갔는데 통증이 또 나왔다.
소변을 보고 이를 닦고 목을 헹구고 보행기를 밀고 나오는데 가슴이 아파서 복도에서 막내 어멈을 불러 스프레이를 하고 방으로 왔는데 미진하여 다시 또 했다.
가슴이 아프고 나니 힘도 빠지고 마음도 불안하여 넷째한테 전화를 해서 "넷째야, 와서 나 좀 보고 가라"고 했다.
넷째가 쏜살같이 왔다.
넷째가 화장실은 공기가 차가우니 속옷만 입고 가지마시라고 하고 저녁에 먹는 협심증 약을 반알에서 온알로 올려 주었다.
맥도 만져 보고 혈압도 재보고 괜찮다고 감기로 몸이 약해졌는데 속옷만 입고 화장실에 가서 그런 거라며 따뜻하게 입어라고 한다.

다 나은 줄 알았는데 통증이 다시 생기니 몹시 실망이 되었다.
넷째가 혈관에 녹이 슬어서 치료를 해도 새 것같이 낫지는 않으니 계속 조심해야 한다고 한다.
그래도 특효약인 니트로글리세린이 있어서 안심이 된다.
어떻게 이런 약이 다 있을까 싶을 만큼 즉방이다.
무섭지 않았던 계절 겨울이 이제는 가장 무섭고 힘든 계절이 되었다.
동지도 지났으니 이제 해는 점점 길어지겠지만 겨울에서 벗어나려면 적어도 두 달은 더 잘 버텨야 한다.
쉽지 않는 일이다.

2017. 12. 30 토요일 (100세 + 27일)

의사 중에 의사는 내과 의사

오늘 아침에는 통증이 없고 밥도 잘 먹고 힘도 나서 센터에 가기로 했다.
이전 복지관에서는 토요일과 공휴일은 안 했는데 '꽃메'는 일요일만 제외하고 다 한다.
그래서 오늘은 토요일인데 가보기로 했다.
오늘까지 두 번 가보고 토요일도 계속 다닐 것인지 정하려고 했다.
그런데 괜찮았다.
대부분 다 나오기 때문에 사람들도 많아 심심하지 않아서 좋았다.
가슴통증도 없었다.
막둥이가 수만리에서 오는 길에 센터로 나를 데리러 와서 막둥이 차로 집에 오니 편하고 기분도 좋았다.
그런데 저녁 먹고 화장실을 다녀오는데 이번에는 등 쪽이 아팠다.
그래서 약 안 먹고 그냥 견뎌보려고 누워 있는데 마침 넷째가 전화를 했다.
넷째가 어쩌냐고 해서 등이 아파 누워있다고 하니 약을 넣으라고 한다.
통증이 이제 좀 가라앉으려고 한다고 해도 그냥 넣으란다.
그래서 약을 넣고 누워서 잠을 청했다.

어제 오늘 연이틀 저녁 먹고 화장실 다녀오면 가슴통증이 와서 맥이 빠진다.
이놈의 병은 낫는 병이 아니라고 하지만 계속 재발해서 아프니 여간 밉지 않다.
병이 더 심해지는 것인지 약발이 떨어지는 것인지 궁금하다.
내일부터는 점심 때 먹는 협심증 약도 반알에서 온알로 올린다니 좀
좋아지리라고 기대한다.
그래도 넷째가 심장 전문의여서 다행이다.
시시때때로 약을 조절해주니 말이다.
요즘 내과의 인기가 별로라는데 의사 중에 의사는 내과 의사다.
특히 나이 먹으면 안 아플 수가 없는데 대부분 내과 질환이다.
그래서 가족의 입장에서 보면 최고 의사는 내과 의사이다.
내가 선전을 좀 해서 내과하는 의사가 많아지게 해야겠다.
그래야 나를 포함해서 우리 국민이 안심하고 잘 살 수 있기에.

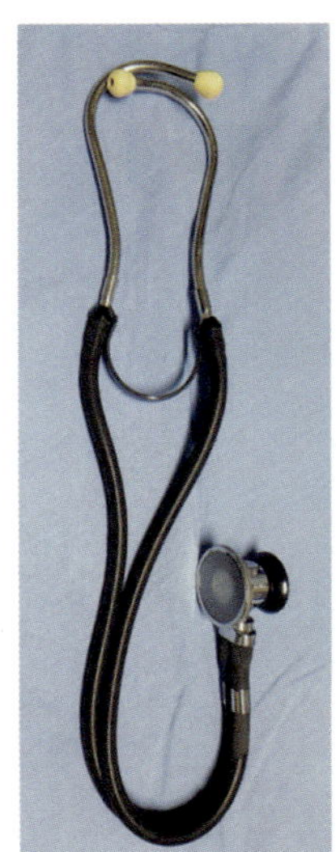

〈넷째의 청진기〉

2017. 12. 31 일요일 (100세 + 28일)

이렇게 또 한 해가 간다

백세 해 2017년 송년 파티를 넷째랑 막둥이 집에서 했다.
원래 저녁 8시에 하기로 했으나 저녁을 일찍 먹어 7시 반에 했다.
넷째가 케익, 딸기, 바나나, 육포, 구론산과 비타민 음료 등을 사왔다.
케익에 촛불을 켜고 "내가 백살을 먹도록 너희 둘이 잘 보살펴 줘서 고맙고, 내가 죽고 없더라도 둘이 지금처럼 우애하고 잘 지내라"고 잔소리를 좀 하고 촛불을 끄고 케익을 잘라 나눠 먹었다.
밑으로 두 형제가 어려서부터 사이좋게 지내고 같은 아파트에 살면서 서로 왔다 갔다 하며 나를 이렇게 잘 봐주니 너무 좋다.
그리고 오늘 둘이서 특별히 송년 파티를 해주니 너무 기분이 좋다.

2017년은 내가 뜻밖에 심근경색증에 걸려 죽을 뻔했으나 때마침 넷째 집에 있을 때여서 신속하게 조치를 취해 살아날 수 있었다.
작년에 복지관에서 넘어져 요추 압박골절을 당할 때도 넷째 집에 있을 때였는데 내가 크게 아플 때마다 넷째 집에 있을 때여서 살아나고 또 살아나고 했다.
아무튼 지금도 간간히 가슴통증이 오기는 하지만 심근경색증에서 살아나서 백세 생일도 쇠어 우리 자식들의 오랜 바램이었던 백수의 꿈을 이루게 해준 기념할만한 좋은 한 해였다.
사람이 태어나서 환갑만 쇠도 기본은 한 것인데 나는 77살 희수, 88살 미수, 99살 백수를 거쳐 100세 상수까지 누렸으니 더 이상 바랄 것이 뭐가 있겠는가!
기분 좋은 날, 두 형제가 송년 파티를 열어 주어 너무너무 행복하고 오늘 죽어도 원이 없다.

〈막둥이 집에서 넷째 부부랑 백세 해 송년 파티〉

성안댁 김서균 2018

2018년 1월 1일 월요일 – 2018년 12월 23일 일요일

2018. 1. 1 월요일 (100세 + 29일)

2018년 새해 첫날부터 울다

2018년 무술년 개띠 해가 밝았다.
오늘은 신정 휴일이지만 센터가 문을 여는데 안 가기로 해서 집에 있었다.
아침에는 힘이 없고 정신이 가물가물해서 뭐가 뭔인지도 잘 모를 지경이었다.
열 시경에 화장실을 다녀오는데 또 가슴이 아팠는데 막둥이가 그냥 참아보라고 해서 쉬었더니 가라앉았다.
언제 죽을지 모르겠다고 하니 막둥이가 겨울은 돌아가실 때가 아니지만 가시더라도 서운해 하지 말라고 한다, 누구나 다 가는 길이니 서운해 하지 말라고.
"그래 서운해 하지 않을게"라고 말하는데 나도 모르게 눈물이 나왔다.
막둥이도 따라서 울고 그래서 둘이 울었다.
내가 아플 때는 어서 빨리 죽고 싶은데 이 좋은 아들들을 더 못 보게 될 것을 생각하면 가슴이 미어지게 아프다.
한참동안 울다가 눈물을 닦아내고 나서야 간신히 마음을 추스렸다.

새해 첫날 아침에 우리 모자는 눈물로 새해를 맞이했다.
오늘 다 울었으니 더 이상 울 일이 없었으면 좋겠다.
가슴도 마음도 진정이 되어 어제 하려 했던 목욕을 했다.
막둥이 내외가 어찌 칼칼이 (깨끗이) 잘 씻어주는지 뭐라 말할 수가 없다.
씻고 난 다음에는 막내 어멈이 새 옷을 갈아 입혀주었다.
막내 어멈은 힘도 세고 여러 가지 재주가 많다.
막둥이가 고대에서 박사 과정을 밟고 있을 때 같은 실험실에 들어온 석사 학생이었다.
서로 실험을 도와주면서 자연스레 가까워져서 결혼까지 하게 되었다.
그런데 공부만이 아니라 그림과 글씨와 목공 등 못하는 것이 없다.
내가 막둥이 집으로 오기 전에 화장실 바닥을 원목 마루로 높여 놓아 보행기를 들고 나는 데 불편하지 않게 한 것은 물론 의자, 책장, 콘솔, 탁자, 아기 침대 등 못 만드는 것이 없다.
새해 첫날 울어서 마음을 청소하고 목욕으로 몸도 깨끗이 씻어 새 몸과 새 마음으로 새 출발을 하게 되었다.
어제 송년 파티를 하면서 2018년에 또 송년파티를 하자고 했는데 가능할지 모르겠다.
2018년은 100년 전 내가 태어난 해이니 우리 자식들이나 나에게 특별히 많은 경사가 있기를 바래본다.

2018. 1. 2 화요일 (100세 + 30일)

새해 첫 새벽 기도는

넷째가 아침 일찍 3박 4일로 학회를 간다고 한다.
그래서 새벽 2시에 일어나 4시까지 무사히 잘 다녀오라고 기도를 했다.
그러고 나서 4시에 넷째한테 전화를 걸어 잘 다녀오라고 했다.
집에서 5시 반에 나가 무안에서 비행기를 타고 베트남으로 간단다.
학회로 매년 두 번 정도 해외를 나갔는데 최근 3년 동안은 나 때문에 안 나갔다.
그리고 거의 모든 저녁 행사도 가지 않았다.
2016년이 넷째의 회갑 년이었는데도 큰형이 항암치료 중이고 내가 또 아파서 다들 가는 회갑여행도 못 갔다.
이번에 모처럼 기회가 되어 다녀온다고 하니 잘 다녀오라고, 나 걱정하지 말고 잘 다녀오라고 했다.
어머니가 잘 계셔야 제가 잘 다녀오는 거라고 아프지 말고 잘 계시라고 한다.
세 밤만 자고 오니 금방 지나 갈 것이라고 한다.
그래 세 밤만 자면 되니까 무사히 잘 다녀오라고 했다.
그리고 새벽만이 아니라 시간이 날 때마다 생각이 날 때마다 기도할 것이다.
넷째가 무사히 잘 다녀오기를.
그리고 나도 무사하여 갑자기 넷째한테 전화할 일이 없기를 기도할 것이다.

〈새벽 동이 트는 광주 시가지〉

2018. 1. 3 수요일 (100세 + 31일)

우리나라보다 더 효도 나라

베트남에서 넷째가 전화를 했다.

국제전화라서 비쌀 텐데 전화를 해서 "나 잘 있는데 뭐 하러 전화를 했냐"고 하며 걱정하지 말고 잘 있다가 오라고 했다.

베트남은 지도의 모양이 날씬해진 우리나라와 매우 비슷하게 생겼을 뿐만 아니라 풍습도 같은 것이 많다고 한다.

그들도 제사를 지내는데 우리나라는 일 년에 한 번 지내지만 그들은 매달 음력 첫날과 보름으로 두 번씩 지낸다고 한다.

제사를 그냥 습관적으로 지낼지라도 조상들 생각을 잠시나마 할 것이니 우리나라보다 더 효도 나라라고 해야 할 것 같다.

베트남은 우리나라가 월남전쟁에 참전하여 월맹과 싸우면서 민간인에게도 피해를 주었으나 김대중 정부 때부터 진심어린 사과와 사죄를 구하고 초등학교 짓기나 대규모 기업 투자를 비롯한 많은 지원 사업으로 형제 나라로 인정받아 우리나라 국민은 무비자로 입국 할 수 있게 되었다고 한다.

근래에는 베트남이 외국인 신부 감으로 1등을 차지하여 우리나라와 사돈 나라가 되었다고 한다.

넷째가 베트남에 간다고 할 때 가슴이 아프면 어떠나하는 불안감이 있었으나 아프지 않고 잘 지내고 있어 병도 오랫만에 밖에 나간 넷째의 사정을 봐주는 것 같다.

넷째가 맛있는 거 많이 사갈 테니 두 밤만 더 기다리라고 한다.

맨날 노는 것이 일인데 그까짓 두 밤을 더 못자겠는가!

엄마 걱정하지 말고 잘 지내다 무사히 돌아오기를 오늘도 기도했다.

〈베트남 도로 풍경과 다낭 숙소 앞 바닷가 풍경〉

2018. 1. 5 금요일 (100세 + 33일)

이제는 두 발 쭉 뻗고 잠을

넷째가 없는 동안에는 왠지 허전하고 힘이 없었는데 넷째가 무사히 다녀와서 마음이 든든하다.
사흘밖에 안 되었지만 한 달이나 된 것 같다.
오늘 바로 보고 싶지만 오늘은 너무 늦어 내일 온다고 한다.
얼굴도 보고 싶고 사가지고 온 선물도 기대된다.
넷째는 어디 다녀오면 건강식품이든지 특산품이든지 뭣이든 사가지고 온다.
요즘에는 우리나라 것이 더 좋아서 사와도 별게 아닐 때가 많지만 그래도 선물은 선물이다.
하찮은 것일지라도 기대가 된다.
오늘은 두 발 쭉 뻗고 자고 내일을 기다리자!

2018. 1. 6 토요일 (100세 + 34일)

선물 중에 제일 좋은 선물은?

넷째가 아침밥을 먹고 왔다.
막둥이와 막내 어멈한테 줄 선물과 나한테 줄 선물을 가지고 왔다.
베트남에서 유명하다는 망고, 파파야, 코코넛 말린 것, 장어 육포, 젤리, 계피 가루, 실크 스카프 등.
이것저것 많이도 사왔는데 제일 좋은 선물은 뭐니뭐니 해도 넷째다.
넷째가 무사히 돌아온 것 자체가 나에게는 제일 크고 좋은 선물이다.
한 달이 다 되게 기침 가래가 나갔다 들어 왔다를 반복하며 지금도 안 낫아 죽을 것 같은 생각이 수시로 들었는데 넷째가 왔으니 이제는 안심이 된다.
지금까지 많은 고비가 있었으나 넷째가 다 막아주었다.
또 무슨 일이 생기더라도 넷째가 옆에 있으면 안심이다.
넷째는 나에게 언제나 선물이다.

2018. 1. 8 월요일 (100세 + 36일)

나는 까다롭고 불만이 많은 사람

주말을 기침 감기로 보대끼다가 월요일이라 센터에 갔다.
센터에서는 일부러 기침을 하지 않으려고 애를 쓰는데 기침이 멈추질 않아 참느라 혼이 났다.
그래도 오후에는 기침이 나오지 않아 다행이었다.
점심 시간이 되어 맛있는 점심을 기대했는데 국도 식어서 두어 숟갈 떠먹고는 먹지 않았다.
오후에 간식이 나왔으나 그것도 먹지 않았다.
점심 후 자는 낮잠시간에 젊은 직원이 와서 반찬 투정을 했다.
"반찬이 너무 안 좋아, 국도 식어서 먹을 수가 없어, 반찬 좀 신경 써"라고.
여러 사람 있는 데서 말하면 기분 나쁠 수 있어서 조용히 둘이 있는 곳에서 말했다.

이 노인이 얼마나 더 잘 먹겠다고 그러는 것이 아니다.
나이 먹었다고 대충 해도 뭐라고 말 못 하겠지 라는 식으로 취급하지 말라는 뜻이다.
조금 있었더니 원장이 와서 오늘 특별히 국산 추어탕을 끓여 드렸는데 그러셨느냐고 한다.
다음에는 더 신경 쓰겠다고 한다.
원래 나는 국이 뜨겁지 않으면 먹지 않는다.
그런데 식사하는 사람이 많다 보니 배식하다보면 국도 밥도 식어 버리는 것이다.
백세 노인이 반찬 투정했다고 흉볼지 모르지만 그래도 할 말은 해야 하고 그래야 센터도 더 발전할 것이다.
입맛 까다로운 시어머니 덕에 요리 명인이 되고 불만 많은 손님 덕에 최고 맛집이 된다는 말처럼!

〈내 인생 후반세기의 모습, 51세부터 101세까지〉

2018. 1. 9 화요일 (100세 + 37일)

그 놈이나 이 놈이나 막상막하

넷째가 어제 기침 약과 가래 약을 새로 지어 와서 어제 저녁부터 먹었다.
기침은 좀 줄었으나 입맛 없기는 마찬가지이다.
넷째가 오죽 신경을 써서 약을 새로 지었겠지만 기침에는 효과가 있는데 입맛이 없으니 결국 그 놈이나 이 놈이나 마찬가지다.
내가 까다로운 것인지 병이 그런 것인지 알 수가 없다.
이래서 사람들이 약을 먹다가 안 먹어버리는지도 모르겠다.

꽃메 송 원장이 안동찜닭, 피 꼬막, 나물 등을 해서 나만 따로 점심을 주었다.
그래도 조금밖에 못 먹었다.
성의를 생각해서라도 잘 먹으려고 했는데, 입맛이 없으니 미안하지만 어찌 할 수가 없었다.
그래도 송편은 먹을 만해서 조금 먹었다.
어제 반찬 투정을 좀 했더니 음식을 따로 해서 점심을 먹게 하다니 참 고마운 분이다.
늙은 나 하나를 위해서 여러 사람이 애를 쓰니 빨리 힘을 차려야겠다.
내일부터 기침 약은 끊고 가래 약은 다른 것으로 바꿔서 준다고 한다.
또 내일을 기대해보자.
감기가 이기는지 내가 이기는지 한번 붙어보자.
이 썩을 놈의 감기가 한 달을 다 채울 모양이다.

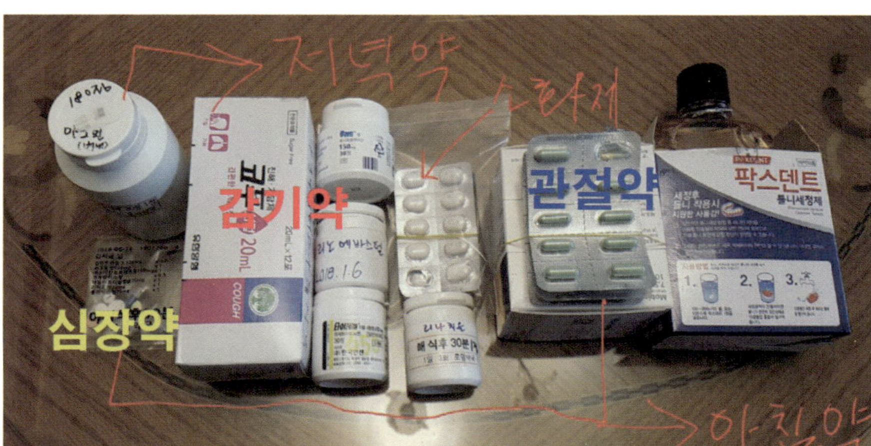

〈내가 먹은 온갖 약들〉

2018. 1. 14 일요일 (100세 + 42일)

백 살을 먹어도 쉽지 않은 이별 연습

식욕은 조금 돌아왔으나 아직도 모든 것이 써서 입맛은 아직 아니다.
왼쪽 귀는 완전 먹쟁이가 되어 소리마저 안 들리니 집중이 안 되고 머리가 멍하다.
보이는 것도 무장 (점점) 심해져서 대충 대충 보인다.
그 좋던 기억력마저 많이 희미해져서 이제는 아침이나 점심에 먹은 음식도 잘 생각나지 않을 때가 있다.
남들은 건강하다고들 하는데 나는 무장 못써진다 (나빠진다).
백 살 넘게 먹었는데 더 말해서 뭐하겠는가!

막둥이가 어머니 이제 사실 날이 많이 안 남았으니 늘 좋은 생각만 하시고 자식들에게 복 빌어주고 돌아가셔서도 좋은 데에 가셔서 또 한세상 행복하게 사실 생각만 하시라고 한다.
오늘 넷째 부부도 잣죽과 약을 가지고 왔는데 넷째도 서로 통했는지 같은 이야기를 한다.
"내가 힘들어서 빨리 죽고 싶다"고 하니 넷째가 "어머니 연세가 지금 백한 살인데 사셔도 얼마나 더 사시겠어요. 하루하루가 주어지는 것은 어머니한테 여한이 없이 행복하게 마무리할 기회를 주는 거예요"라고 한다.
그러니 "아프더라도 힘들더라도 빨리 죽고 싶다는 말 하지 말고 자식들 복 더 빌어주고 서운한 것 없도록 마무리 잘 하세요"라고 한다.
마무리 못하고 가는 사람이 얼마나 많냐고 이렇게 시간이 주어지는 것이 얼마나 감사한 일이냐고 한다. 맞다, 다 맞는 말이다.
지금까지도 하루하루를 이생의 마지막 날로 생각하며 우리 자식들에게 건강과 행복을 비는 기도를 해왔지만 부쩍 달라지는 내 몸 상태를 보니 이별 연습을 더 잘해야겠다.
백 살을 먹어도 쉽지 않는 이별 연습!

〈막둥이 집에 있는 내 방과 이별도 머지않은 듯하다〉

2018. 1. 15 월요일 (100세 + 43일)

잘 해주는 이유가 궁금하다

새로 옮긴 요양원에서 내가 이렇게 후한 대접을 받는 이유가 궁금해졌다.
나를 따로 미리서 점심을 먹게 해서 내가 감기에 걸려 다른 사람들에게 전염되어 피해를 주지 않으려고 그런가 보다고 생각했는데 계속 그런다.
어제도 송 원장이 직접 나를 휠체어로 식탁으로 데려가서 나 혼자 밥을 차려 주고 가위를 들고 앉아 반찬을 일일이 잘게 잘라주며 반찬을 설명해주었다.
그래서 어제는 원장한테 "원장님이 거기 계시니 내가 부끄러워서 밥을 못 먹겄소. 자리 좀 비켜주시오"라고 했다.
원장이 "내가 있으니 불편하세요"라고 해서 그런다고 했더니 송 원장이 잠시 자리를 비켜 주었다.
밥을 먹으면서 내가 도대체 뭔데 이렇게 신경을 써서 잘 해주는지 너무 너무 궁금해졌다.
밥을 다 먹을 즈음에 원장이 와서 나를 화장실로 데려가 치약을 짜서 양치를 하고 소변을 누게 한 다음 뒤처리까지 해주고 낮잠 침대로 데려와 눕혀주고 좀 쉬시라고 하고 갔다.
딸도 이런 딸이 있을까 싶다.
어제 오후에는 방송국에서 많은 사람이 와서 어르신들 오래 살으시라고 큰 절도 하고 재밌는 공연도 해줘서 시간 가는 줄 모르게 보냈다.
공연이 끝난 후에 단체 사진도 찍었다.
나는 안 찍는다고 했는데 원장이 와서 나를 한 가운데 자기 옆자리로 데려가서 같이 사진을 찍었다.

저녁에 집에 와서도 왜 이렇게 나한테 잘해줄까라는 생각을 계속했다.
그래서 막둥이한테도 이야기했다. 그랬더니 어머니가 직접 물어보라고 한다.
맞다, 그러면 그냥 알 수 있을 것이다.
그러나 지금은 직접 물어볼 수가 없어 넷째한테 전화해서 물어봤다.
넷째는 어머니가 훌륭하시기 때문이라고 한다.
어머니가 백세가 넘었는데도 정정하시고 허튼 말씀 안 하시고 늘 고맙다 대단하다고 칭찬해주시니까 그러는 것이라고 한다.
그리고 그 원장님은 원래 어르신들 잘 모시기로 소문난 분이라고 한다.
듣고 보니 이해가 되었다.
그런데 내가 잘 나거나 훌륭해서는 아니다. 그 말은 틀렸다.
내 자식들이 훌륭해서 그러는 것이다.
내일 가서 원장한테 직접 물어보겠지만 내가 복이 있어 좋은 원장을 만나고 자식들 덕에 또 더 특별한 대접을 받는 것이다.
물으나 마나다!

2018. 1. 19 금요일 (100세 + 47일)

참을 때는 참아야 어른이다

매일 아침 저녁으로 두세 번씩 넷째한테 전화를 했는데 오늘은 참았다.
그랬더니 넷째가 전화를 해서 왜 요즘은 전화를 안 하시냐고 한다.
그래서 그동안 내가 감기로 아파서 전화를 자주 했는데 미안해서 좀 참고 있다고 했다.
내가 아플 때는 할 수 없이 전화를 자주 할 수밖에 없지만 이제 거의 다 낫고 입맛도 돌아와 먹기도 잘 하니 내가 좀 참아야겠다고 생각한 것이다.
참을 때는 참아야 어른이 아니겠는가!

송 원장한테도 이제 감기도 낫고 했으니 점심을 다른 원생들과 그냥 같이 먹게 해달라고 했다.
내가 너무 너무 미안하다고.
그랬더니 어머님이 최고 어르신이어서 점심 따뜻하게 드리려고 그런 것이니 미안한 생각하지 마시고 그냥 편하게 잡수시라고 한다.
그래도 그렇지 원장님이 직접 옆에 앉아 가시를 발라주고 가위로 잘게 잘라주고 일일이 음식 설명을 해주니 너무 미안하여 그냥 다른 사람들과 같이 먹게 해달라고 했다.
나야 편하고 대접받아 기분도 좋지만 할 일 많은 원장이 계속 나만 챙길 수 없는 일이 아닌가!
그래서 그만하라고 했다.
참을 때는 참을 수 있어야 어른이다.
몸도 조금 회복되었으니 애기 노릇 그만하고 어른스러워져야겠다.
그래야 어른이니까!
나이만 많이 먹었다고 다 어른이 아니니까 나도 이제 어른다워지도록 노력할 것이다.
그래야 나이 먹은 늙은이가 아닌 어른이니까!

2018. 1. 25 목요일 (100세 + 53일)

약 다 끊고 죽으려고 했다가

지금 다니는 요양원에 106살 노인이 있다.
이층 입원실에 사시는데 낮에는 일층으로 내려와서 같이 생활한다.
그런데 보호자가 없어서 요양원에서 그냥 모시고 있다고 한다.
이 얼마나 슬픈 일이냐!
가족이 어머니를 내다 버린 것이 아닌가?
이것을 보니 더 살아서는 안 되겠다는 생각이 들어서 어제는 약을 다 끊고 그냥 죽어야겠다고 마음을 먹었다.
그래서 어제 점심 약이랑 저녁 약을 먹지 않았다.
막둥이가 "왜 그러느냐 약을 안 먹는다고 죽는 것이 아니고 고생만 더 한다. 그러니 먹어라"고 해도 먹지 않았다.

그러고는 넷째한테 전화를 했다.
"내가 더 나이 먹어 못 쓰게 되어도 나를 내다 버리지 말고, 그냥 방에 가만히 두라"고.
그랬더니 "그런다고, 걱정하지 마시라"고 한다.
그런데 전화 받은 사람이 넷째가 아니고 넷째 어멈이었다.
귀가 어두우니 넷째와 넷째 어멈을 분간하지 못했던 것이다.
어쨌든 내다버리지 않는다고 하니 마음이 놓였고 그래서 오늘 아침에는 약을 먹었다.
굳게 마음먹고 단행한 거사가 단 하루 만에 수포로 돌아갔다.
괜히 약 먹는 일로 자식들하고 싸워봤자 얻을 것이 없을 것 같았다.
바로 죽지도 않고 협심증으로 가슴이 아프거나 변비로 똥을 못 싸면 또 병원 신세를 지게 되고 그러면 또 애들만 고생시키게 되니 그냥 먹었다.
약을 끊고 빨리 죽어서 자식들 고생 좀 덜어 주려다 오히려 더 고생시키게 되겠다 싶어서다.
참으로 이러지도 저러지도 못하고 오도가도 못 하는 신세가 되었다.
어떻게 이 지경에까지 오게 되었는지, 무슨 죄가 많아서인지 알 수가 없다.

2018. 1. 28 일요일 (100세 + 56일)

화는 바로 심장으로 간다

심심할 때는 분당 둘째딸 홍실이와 전화를 많이 하는데 오늘은 화를 좀 냈다.
“엄마가 감기로 한 달이 넘게 고생을 했는데 찾아와 보기는커녕 강릉으로 놀러를 갔으면서도 명태 한 마리도 못 보내냐”고 화를 냈다.
넷째 부부가 바나나랑 군고구마를 사가지고 와서 홍실이한테 화낸 이야기를 하면서 또 열을 냈다.
한참을 열을 냈더니 넷째가 그렇게 열 내지 마시라. 작은 누나가 지금 몇 살인지 아시냐.
지금 72살로 할머니다. 할머니가 된 딸한테 뭘 그렇게 화를 내시냐고 한다.
그래서 진정을 했는데 저녁 먹기 전에 가슴이 좀 아프더니 저녁밥을 먹고 화장실을 다녀오는데 가슴이 많이 아팠다.
등까지 빠개지듯이 아팠다.
스프레이를 여러 번 하고서야 간신히 가라앉았다.
스프레이가 불 끄는 소화기같다.
이참에 화를 내면 화가 바로 심장으로 가는 것을 알았다.
심장병은 낫지 않으니 조심하라고 했는데 내 성질이 못 되서 화가 잘 나고 화가 나면 못 참는다.
이번에 화 좀 내고 어찌나 가슴이 아프던지 이제는 화도 좀 잘 참아봐야겠다고 다짐해 본다.
화를 내면 상대방도 당하고 나도 당하는 것이니 나를 위해서라도 그러려니 하며 삭혀야겠다.
넷째가 화를 내면 우리 몸에서 화로처럼 뜨겁게 타고 있는 심장에 기름을 붓는 것과 같다고 한다.
그러니 심장에 불이 번지지 않도록 화를 잘 다스려야겠다.

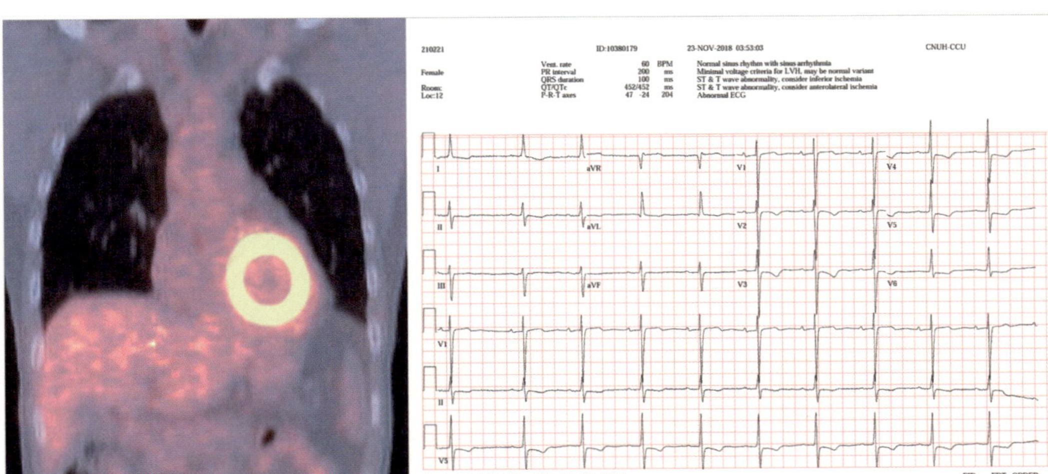

〈우리 몸에서 가장 뜨거운 심장 펫 사진과 100살 때 심전도〉

2018. 1. 31 수요일 (100세 + 59일)

뭐든 마음대로 되는 세상

명태가 좀 먹고 싶어서 여기저기에다 말을 많이 했는데 오늘 드디어 명태 코다리 조림이 나왔다.
어떻게 내 맘을 알고 명태 요리를 했을까?
무척 궁금했는데 103동에서 보냈다고 한다.
103동은 넷째가 사는 동인데 넷째가 반찬집에 주문을 해서 배달을 시킨 것이다.
명태 코다리 무우 조림 2개에다 홍어 무침, 매생이굴 전, 메추리알 조림을 같이 보냈단다.
핵심은 명태 조림과 홍어 무침인데 25,000원 이상이 되어야 배송료 4,000원이 면제된다고 하여 내가 좋아하는 굴 전과 메추리알 조림을 추가했다고 한다.
정말 좋은 세상이다.
요리에 '요'자도 몰라도 얼마든지 팔도 음식을 시켜 먹을 수 있으니 말이다.
요리나 반찬만 아니다.
청과와 해산물도 그렇다.
따라서 할 줄 몰라서 못 한다는 말은 이제 할 수 없게 되었다.
생각만 있으면 뭐든지 할 수 있는 세상이니까!
생각대로 다 되는 세상이니까 생각이 문제이고 마음이 문제다.

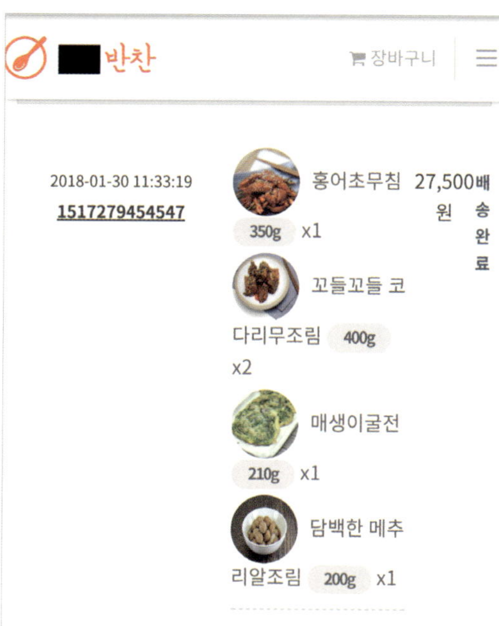

2018. 2. 13 화요일 (100세 + 72일)

복지관에서 SOS를

요즘 통증이 자주 온다.
그래도 혀 밑에 약을 넣으면 사르르 가라앉으니 걱정이 안 되었다.
그런데 하나로 조절이 안 되는 경우도 있다.
저녁밥을 먹은 다음에도 오고 화장실을 다녀 온 다음에도 왔다.
요즘 감기기가 있기는 하지만 너무 자주 나온다.
어제는 기침이 심해서 센터를 쉬고 오늘 아침에 혀 밑에 약을 넣고 센터에 가서 점심 식사를 하는 둥 마는 둥 했는데 아팠다.
그래서 약을 하나 넣었는데 가라앉지 않았다.
그래서 넷째한테 전화를 했다.
넷째가 약 하나 더 넣으라고 하면서 곧바로 센터로 온다고 한다.
하나 더 넣고 조금 더 있으니 가라앉아 넷째한테 오지 말라고 전화를 했는데 이미 출발했다고 한다.
그리고 입원 준비를 시켜 놨으니 입원하자고 한다.
그래서 입원은 절대 안 할 것이니 오지 말라고 했는데 아무튼 들러 보겠다고 한다.
이십 분도 안 되어 넷째가 왔다.
넷째를 보니 불안했던 마음이 가라앉고 통증도 거의 없어졌다.
입원은 안 하고 센터 침대에 그냥 누워 있다가 막둥이 집으로 가겠다고 했다.
오늘 오후에 외래가 있으니 가서 빨리 점심 먹어라고 했다.
넷째가 아무래도 심장동맥에 문제가 생긴 것 같다고 한다.
그래서 입원을 해서 다시 시술을 받아야겠다고 한다.
그러나 나는 절대 시술을 받지 않을 것이다.
통증이 겁나기는 하지만 시술까지 받으며 더 살기는 정말 싫다.
너무 너무 많이 살았기 때문에.

2018. 2. 15 목요일 (100세 + 74일)

섣달 그믐 날에 죽어서야

요즘 몸이 부쩍 안 좋아진다.
기침 감기가 다시 시작하면서 가슴통증이 자주 오더니 오늘은 코피가 났다.
코가 간지럽기도 하고 갑갑하기도 해서 코를 좀 풀었는데 피가 났다.
그런데 코피가 멈추지 않는다.
화장지로 한참을 닦아내도 멈추지 않아 막둥이한테 넷째를 불러달라고 했다.
왕진료를 주지 않아도 되니 불러라고 했는데 불러주지 않는다.
막둥이가 "왜, 형을 자꾸 성가시게 하느냐"고.
그래도 나는 보고 싶고 넷째가 옆에 있으면 걱정이 없어지기 때문에 보고 싶다.

막둥이가 불러주지 않아 내가 전화를 했다, 코피가 안 멈춰서 죽겠다고.
넷째가 바로 온다고 한다.
넷째가 한 걸음에 달려왔다.
바셀린, 거즈, 약솜, 핀셋 등을 가지고 왔다.
막둥이가 막아준 솜을 빼내고 바셀린을 묻힌 솜으로 코를 다시 막아 주었다.
피는 이미 멎었다고 한다.
혈압을 재보고는 140 정도로 괜찮다고 한다.
오늘은 음력 섣달 그믐이고 내일이 설날이다.
그런데 오늘 죽어서야 되겠는가!
그래서 오늘은 죽으면 안 된다고 하니 넷째가 죽지 않을 거라고 한다.
돌아가시더라도 꽃피는 봄에 돌아가셔야 하니 마음을 느긋하게 먹으라고 한다.
이것저것 신경 쓰지 말고 자식들 잘 되라고 좋은 세상으로 가게 해달라고 기도하면서 차분하게 지내라고 한다.
그래야 심장에 부담이 덜 가서 올 겨울을 지낼 수 있다고.
나도 그러려고 하지만 알고 싶고 하고 싶어서 안달이 난다.
넷째가 신신 당부하니 노력을 해봐야겠다.
오늘 밤은 넷째가 죽지 않겠다고 했으니 편안한 마음으로 자야겠다.
설날인 내일에 우리 자식들 다시 볼 수 있기를 기도하면서 자야겠다.

2018. 2. 16 금요일 (100세 + 75일)

백한 살 설날

어제 안 죽고 살아서 드디어 백한 살 설날을 맞았다.
우리나라 선수들이 강원도 평창 동계 올림픽에서 금메달을 따려고 애쓰고 있는데 나도 금메달감이다.
쓰러져 가는 3대 독자 가문에 시집 와서 칠남매를 낳아 손주까지 해서 의사가 10명, 교수가 6명, 교장이 2명이나 되는 큰 집안을 일으켰다.
누가 인정하든 안 하든 나 스스로 내가 장하다고 생각한다.
아직도 하고 싶은 것이 많고 내 양에 차지 않는 것이 있으나 다 비우고 접고 가야겠다.
어제 그믐날은 코피가 나서 혼쭐이 났는데 다행히 아침에는 멎어서 세배를 받을 수 있었다.
큰집에서는 큰 며느리, 종손 창건이 부부와 두 남매 성정이와 준형이, 둘째 은범이 부부와 소윤이가 왔다.
둘째 네에서는 둘째와 천영이 부부가, 넷째 네는 네째 부부와 윤경이가 왔고 막둥이 네는 막둥이 부부와 두 아들 상혁이와 상후가 왔다.

큰아들이 없어 마음 한 자리가 텅 빈 것 같고 왠지 허전하지만 내색은 못했다.
"일 년 내내 개짓머리 (감기) 하나 걸리지 않고 발 딛는 곳마다 복을 받아 만사형통하기 바란다"라고 덕담을 해주었다.
시집 온 손자 며느리들에게는 "잘 모이고, 찾아오면 따뜻한 밥 대접하고 어떻든지 화목하라"고 특별히 당부했다.
마지막이라는 생각에 아들들만 빼고 모두에게 따로 봉투를 만들어 복 돈을 주었다.
총 52만원이 나갔다.
내년에 세배 받을 일이 또 있을지 알 수 없어 통 크게 썼다.
내가 지금까지 크게 대접받고 산 것은 다 자식들 덕이고 손주들 힘이다.
그래서 하나도 아깝지 않고 더 못 줘서 아쉬울 뿐이다.

〈막둥이 집에서 맞은 백한 살 설날, 덕담과 함께 큰집 증손자 준형이한테 특별히 당부하는 모습〉

2018. 2. 17 토요일 (100세 + 76일)

설 선물은 똥이다

어제 식구들 모두 모여 기분 좋게 설을 쇠고 자려고 마지막 화장실에 가는데 기침이 나오면서 똥이 오줌처럼 나와 버렸다.
자식들한테 똥 빨래 안 시키고 죽을라고 했는데 이 지경이 되었다.
막둥이가 팬티를 벗기고 새 것을 찾아와서 입혀 주었다.
자식한테 살을 보이는 것도 이제는 피할 수가 없게 되었다.
목욕도 옷 갈아입는 것도 자식들 도움을 안 받을 수가 없게 되었으니 내 인생 갈 때까지 간 것이다.
옷 갈아입고 하는 통에 가슴에 통증이 왔으나 니트로글리세린을 혀 밑에 넣고 조절되었다.
그러고 나서 자려는데 정신도 이상하고 몸도 쳐져서 밤 1시부터 일어나 침대에 앉아 있었다.
가슴이 아픈 것도 아니고 어디가 어떻게 아픈지 모르게 몸이 물속에 잠기듯 가라앉았다.
그렇다고 자는 막둥이를 깨울 수가 없어 아침 운동가면서 내 방에 들릴 때를 기다렸다.
새벽 4시가 되니 막둥이가 왔다.
대변이 마려와 방안 좌변기에서 또 똥을 누고 새벽이지만 넷째한테 전화를 했다.
넷째는 병원에서 온 응급 전화를 많이 받아서 오밤중에 전화해도 바로 받는다.
넷째가 설사를 했으니 물을 좀 마시라고 하고 막둥이한테 혈압을 재주라고 한다.
혈압이 150 정도라고 하니 혈압도 괜찮고 가슴 아픈 것도 아니니 차차 좋아질 거라고 한다.
넷째 말을 듣고 안심이 되었는지 조금씩 나아져서 아침을 맞았다.

이렇게 2018 무술년 설 선물로 막둥이한테 똥을 선물했다, (루이비 똥이 아니고) 내 똥을!
아무 소리 안 하고 엄마 똥을 치워줘서 고맙지만 똥 싼 옷과 좌변기를 가지고 나가는 막둥이한테 "막둥아, 미안하다. 내가 어쩔 수가 없다"고 했다.
상태가 좀 더 나아지고 막둥이가 아침 운동을 가고 없어 혼자 화장실을 다녀왔는데도 괜찮았다.
7시 넘어 넷째한테 다시 전화를 했다.
넷째가 배탈이 난 것 같다고 했는데 내가 뭐 먹은 것도 없으니 배탈 날 것이 없다고 했다.
아침에 변비약 하나를 빼기로 하고 안 좋아지면 입원하자고 한다.
막둥이랑 넷째가 어머니한테 최악의 상태가 오더라도 각오하고 있으니 염려 말라고 한다.
어머니는 자식들 똥을 이십년이나 치웠는데 어머니 똥 몇 년 치우는 것이 무슨 큰일이냐고 한다.
그래 고마운 말이다.
자식 똥 안 치워본 부모가 어찌 부모이겠으며, 부모 똥 안 치워본 자식이 어찌 자식이랄 수 있겠냐!
내가 이 나이까지 기 안 죽고 자부심 하나 가지고 살아왔던 것이 다 너희들 덕이다.
오늘 설 선물로 똥을 주었으나 똥이 아니라 황금 복덩어리라고 생각하고 평생 간직해라.

2018. 2. 19 월요일 (100세 + 78일)

왜 하필이면 한밤중에 아픈지?

연이틀 저녁 한밤중에 뭔지 모르게 온몸을 테이프로 감아놓은 것처럼 답답했다.
어제 저녁도 11시 반경에 잠에서 깨어 2시 반경까지 앉아 있었다.
가슴이 가래로 가득찬 듯 답답해서 휴지 한 통을 다 쓸 정도로 가래를 뱉었으나 가래는 별로 나오지도 않으면서 답답했다.
막둥이를 부를까도 생각했는데 둘이나 다 깨울 수도 없고 넷째한테 전화하기도 그래서 그냥 이렇게 혼자 죽자하고 버텼다.
그러다가 대변을 보고 싶어 방안에 둔 좌변기에 앉아 대변을 봤는데 가슴이 툭 터지듯 편해졌다.
그래서 어떻게 잠이 들어 잠을 좀 잤다.
아침에 일어나 6시가 좀 지나 넷째한테 이런 내용을 전화로 말했더니 이것 저것을 물어보더니 힘들면 센터에 가지 말고 집에 있으라고 한다.
좀 지켜보다가 안 좋아지면 입원해서 치료를 받아 보자고 한다.

특별히 더 나빠지지 않아 센터에 갔다.
오전 내내 졸려서 자울자울하다가 점심을 좀 먹고 화장실에 다녀와서 또 잤다.
잘 자고 2시경에 전화가 와서 깼는데 넷째다.
넷째가 어렵게 일인실을 잡아놨으니 입원하자고 한다.
내가 안 하겠다고 했다.
오늘 낮에는 괜찮고 입원을 하면 간병하느라 온 식구가 다 힘들어 지니 내가 정말 안 되겠다 싶으면 말할 것이니 그때 하자고 했다.
넷째는 더 나빠지기 전에 미리 검사를 해서 막힌 혈관을 뚫을 계획이라고 한다.
하지만 좀 더 견뎌 볼란다고 우겼다.
저녁에는 혈압이 140대로 유지되고 자다가 호흡곤란 증세가 생긴다고 코자프 뭔가 하는 약을 4분의 1쪽으로 쪼개서 저녁에 추가하고 자다가 가슴이 답답하면 니트로글리세린을 한 알 넣어라고 한다.
아무튼 넷째가 그때 그때 처방을 해주니 안심이 된다.
입원을 안 하겠다고 우기기는 했지만 오늘 밤은 또 어떨는지 몹시 걱정이 된다.
밤이 무섭다.

2018. 2. 20 화요일 (100세 + 79일)

이렇게까지 살려고는 안 했는데

어제 저녁에는 코자프 뭔가 하는 약 1/4 쪽을 추가하고 잠자기 전에 미리서 니트로글리세린을 넣고 자서 그랬는지 잠은 잘 잤다.
그런데 무른 똥이 기침만 해도 나와 버려 옷을 또 버렸다.
막둥이가 옷을 벗겨 빨아서 방에 널어 놨다.
막둥이가 새벽 운동도 안 가고 방에 와 있는데 소변 누다가 또 설사를 했다.
변비약 마그밀을 하루 중단하고 하루에 한 알씩만 먹는데도 그런다.
먹는 것도 없는데 물똥으로 나와 버려 막둥이한테 또 똥 빨래를 시켰다.
이렇게까지 살려고는 안 했는데 죽어지지 않으니 어쩔 수가 없다.
자식들한테 미안해서 얼굴을 못 들겠다.

넷째가 퇴근하는 길에 들렀다.
청진기를 가져와 가슴을 앞뒤로 여기 저기 다 들어보더니 폐에 물이 좀 찼다고 한다.
심장에 피가 잘 안 가니까 힘이 약해져서 그런다고 한다.
그래서 숨도 차단다.
아무래도 막힌 혈관을 뚫어야겠단다.
내가 입원 안 하고 그냥 죽을란다고 하니 죽는 것이 문제가 아니라 하루 하루 힘든 것이 문제란다.
저녁내 잠도 못 자고 뜬 눈으로 날을 새야하는데 어쩔라냐고 한다.
더 심해지면 어쩔 수 없이 119로 응급실에 가야하는데 그러기 전에 다음 주 월요일에 미리 입원해서 뚫어 보자고 한다.
불이 번져서 끌 수 없게 되기 전에 미리 끄자고 한다.
그래서 "막둥이랑 두 형제가 상의해서 결정하라"고 반승낙을 했다.
지난번에는 팔목으로 하면서 많이 아팠는데 이번에는 사타구니 동맥으로 할 거란다.
늘 속지만 또 한번 속는 셈치고 어쩔 수 없이 입원해서 시술을 받아야 할 것 같다.
그리고 오늘 약을 또 조정한다고 한다.
설사 나오는 것이 아무래도 지난 번 1/4 쪽을 1/2 쪽으로 올렸던 네비 뭔가 하는 약 때문일 가능성이 있다고 이것을 1/4 쪽으로 줄이고 대신 어제 추가하여 효과를 본 코자프 뭔가하는 약은 1/4 쪽에서 1/2 쪽으로 올린다고 한다.
이렇게 해서 좋아져 시술도 안 받게 되면 얼마나 좋을까!

2018. 2. 21 수요일 (100세 + 80일)

귀신이 곡할 노릇

어제 밤은 감쪽같이 푹 잘 잤다.
설사도 안 했다.
귀신이 곡할 노릇이다.
그렇게 밤중에 힘들었는데 어제는 아무 일 없이 잘 잤으니.
어제 넷째가 진찰을 해보고 저녁 약을 조절해 주었는데 그 약 발로 그러는지 아니면 귀신한테 홀린 것인지 알 수가 없다.
새벽에는 혼자 화장실에도 다녀왔는데 통증도 없고 가슴도 안 아팠다.
그런데 대변은 나오지 않아 못 눴다.
다음 주 월요일에 입원해서 시술하자고 했는데 이런 정도라면 안 해도 될 것 같은 생각이 든다.

새벽 5시가 넘었길래 넷째한테 전화해서 잘 잤으니 오늘 일은 다 끝난 셈이라고 했다.
내가 설사도 안 하고 숨도 안 차고 잘 잤으니 오늘 일과는 다 마친 셈이라는 이야기다.
아침에 혼자 화장실을 두 번이나 다녀왔는데도 가슴통증이 없었다.
센터에 가서도 통증 없이 잘 지냈고 대변도 좀 눴다.
이렇게만 유지되어도 원이 없겠다.
요양원 송 원장과 내 담당 도우미가 하도 잘 해주어서 막둥이한테 부탁해서 막둥이 회사에서 만든 것을 조금 가져갔는데 출장 중이어서 못 주고 냉장고에 보관시켜 놓고 왔다.
집에 와 있으니 넷째가 전화를 해서 "오늘 센터에서 어쨌냐"고 묻기에 "오늘은 무사고다"고 했다.
그랬더니 무사고 축하한다고 한다.
"네끼, 뭐시 축하냐!"고 했다.
죽어야 하는데 다시 살아나는 것이 무슨 축하할 일이냐고 했다.
마음대로 죽지도 못하는 인생.
안 아프고 빨리 죽어야 할 텐데.

2018. 2. 22 목요일 (100세 + 81일)

오늘의 목표는 오늘도 무사히

어제 밤도 무사히 잘 자서 오늘의 목표는 '오늘도 무사히'이다.

아침에 혼자 화장실을 두 번 다녀온 뒤에 통증이 왔는데 막둥이 어멈이 약을 넣어 주어 가라앉았다.

그런데 센터에서는 괜찮았다.

센터에서 점심 때 따끈한 아구탕을 끓여 줬는데 맛있게 잘 먹었다.

따끈따끈하기도 하고 깔끔하고 감칠 맛이 있어서 밥은 안 먹고 국만 한 그릇을 다 먹었다.

낮잠 좀 자고 오후에 놀다가 아무 이상 없이 오늘도 무사히 잘 다녀왔다.

그런데 집에 와서 사고를 쳤다.

집에 돌아와서 침대에 누워있는데 기침이 나와서 일어나 앉았는데 기침을 하면서 물똥이 또 나와 버린 것이다.

그래서 침대 요를 다 적셔 버렸다.

가지가지 다 한다는 생각에 얼척이 없어 웃음조차 나오지 않았다.

7시가 다 되어 막둥이가 와서 침대 요를 벗기고 나를 목욕탕으로 데려가 머리를 감기고 몸 전체를 씻겨 주었다.

'오늘도 무사히' 입구에서 대형 사고를 쳐서 '오늘도 무사히'가 깨졌다.

너무도 당연하던 '오늘도 무사히'가 이렇게 힘든 줄을 이제야 알았다.

〈조슈아 레이놀즈의 어린 사무엘(1776년 작)과 조슈아 레이놀즈의 자화상〉

2018. 2. 25 일요일 (100세 + 84일)

속는 줄 알면서 또 속는다

삼 일째 통증 없이 잘 지냈는데 넷째가 기어코 입원하자고 한다.
안 한다고 했더니 그냥 검사만 하는 거라고 입원하자고 한다.
검사를 해서 약을 어떻게 조정할 것인지만 보려는 거라고 한다.
내일 월요일에 입원해서 화요일에 검사하고 퇴원하는 것이라고 한다.
입원비를 걱정했더니 이미 다 내놨다고 한다.
간병인 걱정을 했더니 간병인 안 쓰고 자기가 다 할 거라고 한다.
지난번에도 검사만 하는 것이라고 해서 속았는데 이번에도 속는 것 같다.
넷째도 나처럼 집요해서 한번 하려고 마음을 먹으면 좀체 포기하지 않는다.
온갖 감언이설로 꼬시는 통에 속는 줄 알면서도 속아 넘어간다.
내가 아프면 자기들은 몰론 온 나라에 비상이 걸리니 미리 예방하자는 거라고, 검사만 하는 거라고,
지난번 같이 팔목으로 안 하고 사타구니로 해서 안 아프게 한다고 집요하게 설득을 한다.
이렇게 하자고 바람을 넣는데 어떻게 안 한다고 버틸 수 있을까!
그래서 또 속아 볼 수밖에 없다.
계속 바람을 넣으니 내 마음도 바람 풍선처럼 부풀고 바람개비처럼 돌 수밖에 없다.

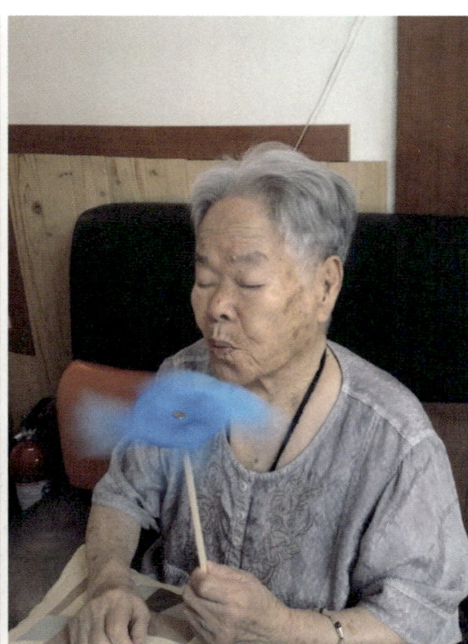

〈바람을 넣으니 내 마음도 풍선처럼 부풀고 바람개비처럼 돌아간다〉

2018. 2. 26 월요일 (100세 + 85일)

급기야 별 다섯을

넷째가 나를 입원시키기 위해 센터로 차를 가지고 왔다.
어제 넷째랑 막둥이가 어찌나 권해서 아들 말이라 안 들어줄 수가 없어 마음은 먹고 있었다.
센터에서 집으로 갔다가 입원하자고 하면 또 마음이 바뀔까 봐 아예 센터로 온 것이다.
도주할 위험이 있는 범인을 체포하러 오듯 나를 체포하러 온 것이다.
송 원장이 내가 입원한다고 하니 내가 떡보인 줄 알고 뜨끈뜨끈한 떡을 두 덩이나 가방에 넣어주며 잘 치료받고 꼭 다시 오시라고 한다.
너무 너무 잘 해줘서 말로 다 할 수 없는 원장님이 잘 치료받고 오면 봄에 꽃구경 가자고 한다.
흔들어 배웅하는 모습을 뒤로 하고 용산동을 거쳐 지원동, 학동 삼거리를 통해 대학병원 동산 주차장에 주차하고 휠체어로 이동하여 8동 7층 병동으로 입원했다.

병실에는 넷째가 아침에 출근하면서 배낭에 넣어 가지고 온 입원 생활용품이 이미 다 배치되어있었다.
좀 있으니 작년 11월에 시술해주신 안교수님이 와서 그동안 경과를 물어보고 진찰을 했다.
이야기를 많이 들었는지 내일 안 아프게 해준다고 한다.
심장초음파검사를 했는데 크게 나쁘지는 않고 심전도에도 큰 변화는 없다고 한다.
최근 3일 동안에는 통증이 없었기에 내일 큰 문제가 없기를 바라지만 그래도 생살을 뚫고 하는 검사라서 얼마나 또 고통을 참아야 할지 걱정이 되었다.
사는 것이 죽는 것보다 더 힘들다.
죽어서 산에 있으면 고통도 없고 우리 자식들도 해방이 되어 새처럼 훨훨 다니면서 잘 살텐데.
넷째가 물수건으로 얼굴과 목, 손과 발을 다 닦아 주어 개운했다.
내일 검사 잘 받고 빨리 퇴원할 수 있으면 좋겠다.
그래서 이것이 제발 마지막 입원이 되기를 빌었다.
아무리 별이 좋다지만 5개를 단 이상 더 달기는 싫고 더 달 별도 없다.

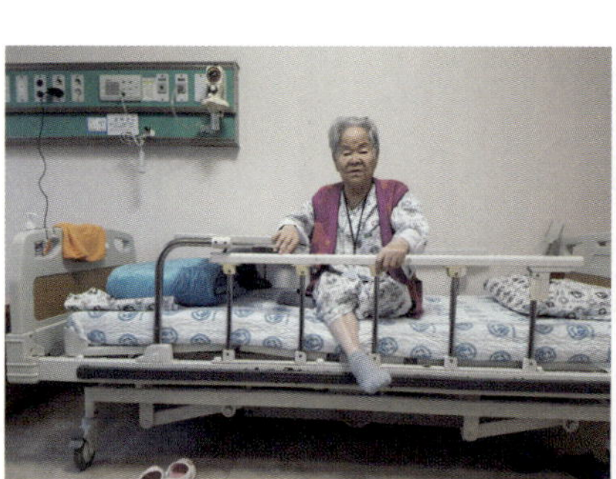

〈심근경색증으로 2번째 입원하여 별 다섯을 단 모습과 나의 별자리〉

2018. 2. 27 화요일 (100세 + 86일)

한 시간 동안에 천당과 지옥을 오가다

입원 첫째 날 넷째랑 잘 자고 8시 반경에 혈관촬영실로 내려갔다.
초면이 아닌 선생님들이 인사를 했다.
지난번 팔목으로 했을 때 내가 많이 아프다고 했고 이번에 시술하다가 예기치 않는 일이 생기면 심장기능 보조장치도 신속히 설치해야 해서 팔목이 아닌 사타구니 혈관으로 했다.
그래서인지 처음 국소마취제 주입할 때만 좀 아프고 시술하는 동안에는 예전같이 아프지 않아 참을 만했다.
지난번 검사 때 꽉 막혀 있었던 오른쪽 심장동맥을 뚫는다고 한다.
어차피 완전 막혀 있었던 것이니 실패해도 본전이고 뚫리면 거의 다 막힌 왼쪽 혈관 지역에도 피를 공급해주어 증상이 크게 개선될 수 있을 것이라고 한다.
이미 시술대 위에 누워서 팔다리가 묶여 있으니 하자는 대로 안 할 도리가 없었다.
그런데 워낙 오래 막혀 있었던 것이라 이리저리 애를 써도 뚫리지 않은 것 같았다.
넷째가 옆에서 이렇게 해보자 저렇게 해보자 하여 포기 일보 직전에 결국 뚫었다.
시간이 많이 걸려 불안하기도 하고 힘들기도 했지만 뚫렸다고 하니 기분이 좋았고 실제로 안개 속에 있는 것 같은 가슴이 뻥 뚫린 느낌이 들었다.
시술을 위해 넣었던 기구를 제거하고 기구가 들어갔다 나온 사타구니 혈관을 꿰매고 시술이 끝났다.
9시에 시작하여 11시에 끝났다.
예상보다 1시간 이상 더 걸렸다고 한다.
힘들기는 했지만 예전보다는 덜 했고 잘 되어 고생한 보람이 있었다.
병실에 올라와서 기분 좋게 넷째 부부랑 점심도 먹었다.
넷째는 오후 진료 때문에 두 시 무렵에 외래로 내려갔다.

막둥이 어멈이 상후랑 같이 와서 이야기하고 노는데 3시경에 가슴이 아프고 답답해 왔다.
숨 쉬기가 힘들어 숨이 곧 넘어갈 것 같았고 머리도 깨지게 아파 왔다.
식은땀이 나고 정신이 흐려지고 변이 마려 왔다.
넷째한테 전화하여 넷째가 3시 15분경에 병실로 뛰어 오고 간호사들도 구급카트를 끌고 왔다.
혈압이 70대로 잡힐 듯 말 듯하고 맥박은 100이 넘고 나는 거의 아사 상태에 빠졌다.
시술 후 너무 편하고 기분도 좋았는데 이게 무슨 날벼락인가!
심전도를 했으나 뚫은 혈관이 다시 막힌 것은 아니라는데 내가 갑자기 쇼크에 빠져서 넷째도 무척 당황스러워했다.

시술 교수한테 연락을 했는데 모두 회의 중이어서 연락은 안 되고.

심장초음파기를 병실로 가져와 심장을 보니 심장을 싸고 있는 주머니 (심낭)에 피가 고여 심장을 누르고 있다고 한다.

막힌 혈관을 뚫는 과정에서 가는 철선이 혈관 일부를 터트려서 피가 샌 것이었다.

급히 다시 혈관촬영실로 나를 끌고 가서 심장에 주사침을 박고 관을 넣어 고인 피를 빼냈다.

그러니 가슴이 편해졌다.

한 시간 동안에 지옥과 천당을 왔다 갔다 했다.

그래도 두통은 계속되어 뇌출혈 여부를 확인하고자 뇌시티를 또 찍고 5시 반경에 병실로 돌아왔다.

담당교수가 심장 중환자실 (CCU)로 갈 것을 권했으나 넷째가 제자들 힘들게 하지 않고 본인이 직접 병실에서 밤샘을 하며 나를 지키겠다고 해서 병실로 왔다.

정말 죽기도 어렵고 살기도 어려운 게 인생인가 보다.

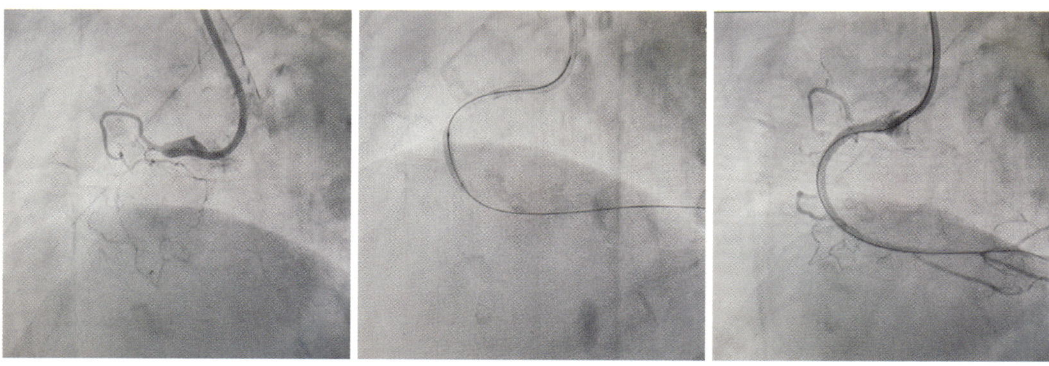

〈꽉 막힌 오른쪽 심장동맥을 가는 철선으로 뚫은 모습〉

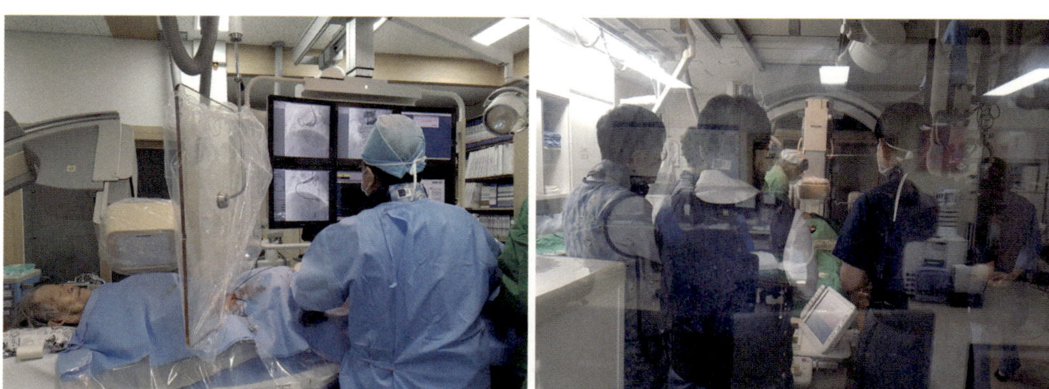

〈막힌 심장동맥을 뚫고 있는 모습과 심낭에 고인 피를 뽑아 내는 모습〉

2018. 2. 28 수요일 (100세 + 87일)

또 살아났다, 이게 몇 번째?

힘이 없기는 했지만 조아 매는 가슴통증은 없어 그래도 편했다.
코에는 산소 콧줄, 앞가슴에는 심전도 줄, 오목가슴에는 심낭에서 피를 뽑아내는 배액관 줄, 팔에는 자동혈압측정기와 수액 줄, 손가락에는 산소포화도 측정기, 그리고 밑에 오줌 줄까지 달고 자다 깨다하며 밤을 샜다.
넷째가 혈압, 산소포화도, 소변 양을 계속 확인하며 혈압 상승제의 용량을 조절하고 산소 투입 양도 조절했다.
새벽으로 가면서 상태가 점점 안정화되어 넷째도 밤샘을 하느라 지쳐서 잠깐 졸았다.
그때가 새벽 5시경인데 내가 사고를 쳤다.
오목가슴에 뭐가 붙어 있어 뭐 이런 것이 있는가 싶어 반창고와 거즈를 하나하나 떼어 내다가 무슨 줄이 잡히니 이것마저 잡아 당겨 뽑아버린 것이다.
다름 아닌 심낭에 고인 피를 뽑아내는 배액관을!
그것 때문에 소생했는데 그것을 뽑아 버린 것이다.
넷째가 잠결에 무슨 부스럭 부스럭 소리가 나서 깨어 보니 내가 사고를 친 것이다.
넷째가 망연자실, 할 말을 잃고 어머니 이 줄 때문에 살아나셨는데 이것을 빼버리면 어떡하냐고 한다.
2-3일은 더 놔두고 봐야 하는데.
그런데 자기가 조는 사이에 일어난 일이라 자신도 책임이 있으니 더 이상 말하지 못 하고 유구무언 침묵 상태로 들어갔다.
그런데 나는 별 이상이 없었다.
의사들이 출근하자 심초음파기를 가져다가 봤는데 심낭에 고인 피가 다 빠졌다고 한다.
그래서 관을 다시 넣을 필요가 없다고 한다.
넷째가 “어쩌면 그렇게 미리 알고 관을 뽑아 버리셨냐? 어머니, 정말 대단하시네”라고 비난 겸 칭찬을 했다.
심낭에 찼던 피도 다 빠지고 심장 기능도 회복되어 이제 또 살 수 있겠다는 말을 들으니 기분이 좋았다.

급성 혈심낭으로 쇼크에 빠져서 일부는 기억이 나지 않을 정도로 비몽사몽에 빠졌는데 신속한 대처로 살아나게 된 것이다.
그리고 이번 시술은 이전에 팔목으로 할 때와 달리 아프지도 않았다.
의사들이 참 인정머리가 없이 독하다고 생각했는데 독하지 않으면 생명을 구하는 일을 할 수 없게 생겼다.
아프다고 소리친다고 하던 시술을 멈추면 환자는 죽게 될 수도 있기 때문에 환자가 아프다고 해도 무시하고 인정사정없이 하던 시술을 계속해야 하는 것이 좀 이해가 되었다.

이번에 또 시술을 받고 보니 안 보이는 살 속을 유리 속을 들여다보듯 샅샅이 들여다보고 막힌 곳은 뚫고 터진 곳은 막고 꿰매고 쓸데 없는 것은 잘라낸다 것을 알게 되었다.
참으로 대단하다.
바로 이런 의술 덕에 나도 몇 번이나 죽을 고비에서 살아난 것이다.
이번 일로 의사들이 또 달리 보였고 참 나는 운이 좋은 사람이다는 생각이 들었다.

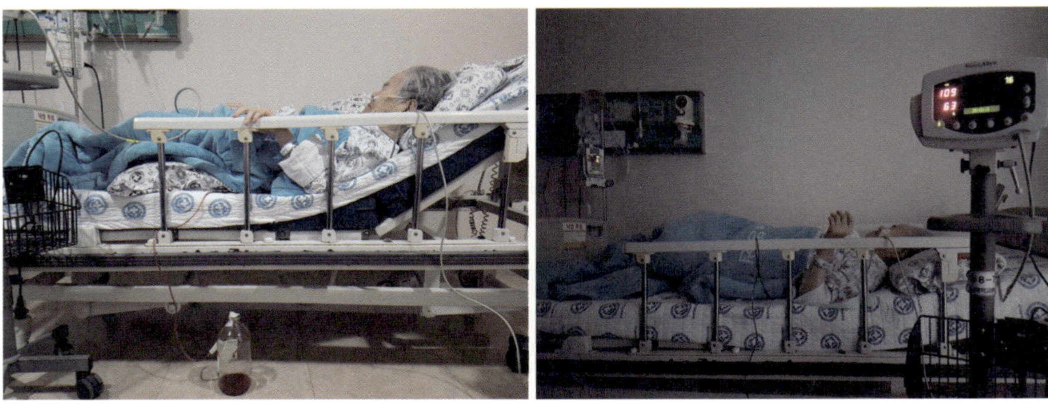

〈성공적인 시술 후에 생긴 급성 혈심낭으로 천당에서 지옥으로 떨어진 모습〉

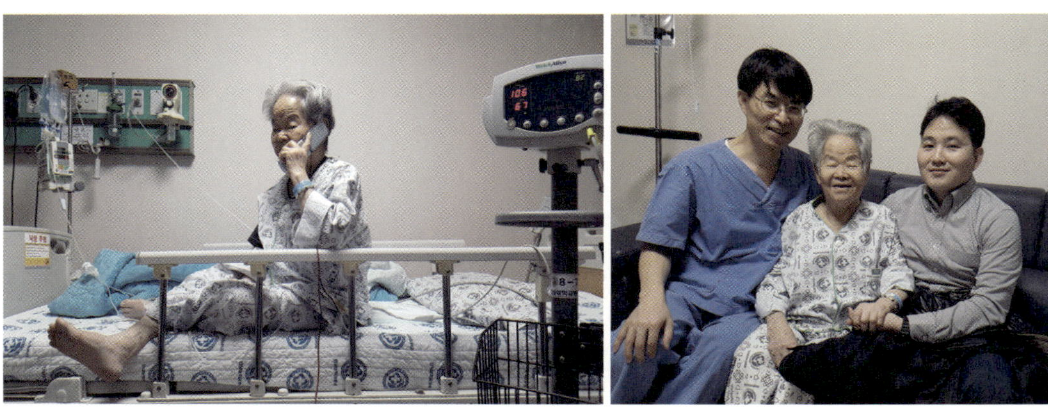

〈하루 만에 완전 회복하여 넷째랑 손자 익준이랑 찍은 기념 사진〉

2018. 3. 1 목요일 (100세 + 88일)

대한 독립 만세, 건강 독립 만세!

지난 밤 잘 자고 새벽 4시 반에 화장실에 다녀와서 마지막 수액 주사도 뺐다.
산소 콧줄, 심전도 줄, 혈압 줄을 차례로 하나씩 떼어냈는데 오늘 새벽에 마지막 수액 공급 줄까지 떼어냈다.
이제는 나를 구속하는 모든 줄로부터 해방이 되었다.
이 줄들은 내가 안 좋았을 때는 내 목숨을 지켜주는 생명줄이었으나 내가 나아지니 나를 옴짝달싹 못하게 구속하는 억제대가 되었다.
내가 시술 후 생긴 급성 혈심낭으로 쇼크에 빠졌을 때는 오른팔에 혈압 감시 줄, 왼 팔과 오른 발등에 수액 줄, 코에 산소 줄, 앞가슴에 심전도 줄, 오목가슴에 심낭 배액관 줄에 소변 줄까지 7가지 줄을 달고 있었다.
상태가 좋아지면서 이 줄을 하나 둘 떼어내다가 이제 마지막 줄도 떼게 되어 기쁘지 않을 수 없다.
몸에 붙인 모든 선과 줄을 떼고는 넷째가 머리를 감겨 주고 따뜻한 물수건으로 몸도 닦아 주었다.
그리고 새 환자복으로 갈아 입혔다.
기분이 너무 좋고 다시 태어난 느낌이다.

퇴원 가능 여부를 확인하기 위해 심장초음과 검사를 받았는데 퇴원할 수도 있다고 한다.
오늘이 마침 대한 독립만세를 외친 삼일절이어서 건강 독립을 되찾은 광복의 기쁨을 안고 퇴원할 수 있다는 것이 감개무량했다.
퇴원하여 99주년 삼일독립운동보다 한 해 더 많은 성안댁 건강백세 독립만세를 힘차게 부르겠다.
점심 때는 막둥이 어멈이 쒀온 녹두죽 남은 것을 처치하고 큰애가 가져온 용성이 결혼 이바지도 맛보았다.
1시가 되니 넷째 어멈이 왔다.
시원한 동태국이 먹고 싶어 남광주시장에 가서 동태 두 마리를 사오라고 했다.
동태를 바로 사와서 퇴원 수속을 밟고 퇴원을 했다.
오전까지도 비가 왔는데 오후에는 맑게 갰다.
바람은 차지만 햇빛은 참 좋았다.
하늘도 나의 퇴원을 축하해주는 것 같았다.
어렵게 다시 살아났으니 좋은 세상 좀 더 살면서 고마웠던 사람들에게 은혜를 조금씩이라도 갚으며 살아야겠다.

2018. 3. 2 금요일 (100세 + 89일)

정월 대보름 더위 장사를 잘 해야 하는데

어제 밤 대학병원에서 막둥이 집으로 퇴원하여 저녁도 잘 먹고 잠도 잘 잤다.
방 안에 두었던 좌변기도 치워버리고 저녁에 화장실을 혼자서 3번이나 다녀왔다.
그런데도 아무 이상이 없었다.
넷째가 검사만 한다고 해서 따라갔는데 시술까지 해서 이렇게 마음대로 다닐 수 있으니 정말 잘했다는 생각이 든다.
또 한번 속아 보기로 한 것인데 잘 속았다는 생각이 든다.

오늘은 정월 대보름이다.
대보름에는 한 해의 건강을 기원하는 뜻에서 부럼으로 밤, 잣, 호두 등 껍질이 단단한 견과류를 깨먹는다.
요즘에는 부럼으로 땅콩과 은행도 먹는다.
센터에서는 대보름 특식으로 부럼을 넣은 영양 찰밥을 만들어 주었다.
원래 나는 열이 많아 추위는 안 타지만 더위를 잘 탄다.
그래서 대보름에 더위를 잘 팔아야 하는데 팔 사람이 없다.
요즘 더위는 너무 더워서 당할 사람을 생각하면 팔기가 미안해서다.
그래서 팔지 못 하고 그저 덜 더워서 폭염 주의보 같은 것은 없기를 보름달에게 빌어야겠다.
보름달님, 보름달님! 올해는 특별히 선처해주시어 여름이 그저 여름답게만 해주십시오.
열대지방도 아닌데 열대야로 푹푹 삶거나 폭군도 아닌데 폭염으로 열불나게 굴지 마십소서.

〈수만리 보름달 사진〉

2018. 3. 6 화요일 (100세 + 93일)

나에게도 새 봄이 왔다

1주일 전에 관상동맥 뚫는 시술을 받고 심장 주머니에 피가 차서 쇼크에 빠져 한때 정신도 잃는 위험한 고비가 있었지만 지금은 완전히 회복되었다.

춥고 어두운 겨울을 이긴 씨앗들이 새싹을 틔우듯 겨울 같던 내 건강도 새 봄이 왔다.

힘없고 어지럽고 조금만 움직여도 가슴 아픈 증상들이 모두 다 사라졌다.

밥맛도 돌아오고 힘도 생겨서 화장실도 혼자 다니고 세수 양치 틀니 청소 등을 내가 다 해도 전혀 부담스럽지 않다.

검사만 한다고 속여서 입원시켜 시술을 하게 한 넷째한테 속기를 잘 했다는 생각이 든다.

이런 효과를 기대했기에 그렇게 설득하고 복지관으로 와서 보쌈하듯 나를 데려다가 입원시킨 것이겠다.

시술에 성공하면 이렇게 좋은 것을 더 일찍 안 하고 2월 말로 일정을 잡은 것에는 이유가 있었단다.

시술하다가 잘못되면 죽을 수도 있어서 어머니가 시술 받다 돌아가시더라도 봄에 죽고 싶다는 엄마의 소원을 들어주기 위해 3월이 시작하는 2월 마지막 주로 날을 잡았다고 한다.

넷째가 어머니를 놓칠 각오로 시술을 시켰지만 모든 것이 바램대로 잘 되어서 너무 기쁘고 또한 고맙다.

다리만 성하다면 들로 산으로 나물을 캐러 가고 싶다.

그러고 보니 80살 때 고관절 수술을 하자고 권하던 넷째한테 "내가 얼마나 더 산다고 수술을 하냐"고 일언지하로 거절했던 것이 후회스럽기도 하다.

이렇게 오래 살 줄 그때 알았다면 수술을 했을 것 같다.

걷지는 잘 못 해도 내 건강에도 봄이 왔으니 더욱 밝고 기쁘게 행복을 나누며 살아야겠다.

〈봄의 전령, 매화와 수선화〉

2018. 3. 11 일요일 (100세 + 98일)

새 구두 신고 머리도 자르고!

완연한 봄이다.
지난 주에 심장동맥 스텐트 시술을 받고 퇴원한 지 일주일 동안 완전히 새로운 세상을 맛보았다.
조금만 움직여도 가슴이 아프고 자다가도 가슴이 답답하여 두세 시간씩 앉아서 버티다가 간신히 잠을 자곤 하고 입맛도 없고 온몸이 아프고 했는데 이 모든 증상이 감쪽같이 다 사라진 것이다.
안경을 새로 맞췄을 때 달리 보이던 세상처럼 완전히 새롭게 된 세상을 경험했다.
그래서 봄이니 나가서 바람도 쐬고 나물도 캐고 싶어졌다.
마침 어제는 토요일이라 막둥이가 노대동에 유명한 장어집에서 저녁을 사줬다.
오며 가며 화사한 봄볕과 물오른 나무들을 보았다.
저녁 먹고 들어오는 길에 머리를 자르려고 했지만 7시 반이 넘은 늦은 시간이라 미용실 문들이 닫혀 있어 자르지 못했다.
벼르고 벼렸던 머리를 자르지 못해 마음이 개운하지 못했다.
저녁에 넷째한테 전화하여 머리가 너무 길어서 성이 가신다고 미장원에 좀 데려다 주라고 했다.
내일 해준다고 한다.

넷째가 교회 다녀오는 길에 구두를 사가지고 막둥이 집에 들렀다.
"뭘라고 구두를 샀냐? 나 안 신는다"고 해도 들은 체도 안 하고 신긴다.
너무 잘 맞고 신고 서 보니 발도 편하여 더 이상 아무 말도 나오지 않았다.
그리고 20년 넘게 단골이었던 '모아라인' 미용실로 나를 데리고 갔다.
미용실에 들어 갔더니 초등학생이 머리를 자르고 있었다.
20분 정도 기다리니 머리를 잘라 주었다.
너무 시원했다.
머리도 자르고 새 구두도 신으니 날아 갈 기분이다.
몸이 많이 좋아지고 보니 틀니도 다시 하고 보청기 다는 것도 좀 고려해보려고 한다.
좋은 세상 좀 더 제대로 맛보고 가고 싶어졌다.

2018. 3. 13 화요일 (100세 + 100일)

그래도 남는 것이 있어야

요즘 입맛이 살아나서 주는 밥도 남기지 않고 다 먹는다.
원래 밥을 많이 먹지 않기 때문에 많은 양은 아니지만 꼬박꼬박 다 먹고 있다.
어제 센터 점심에는 홍어 초무침 반찬에 국으로 추어탕이 나왔다.
그제 저녁에 장어 구이를 먹고 어제 아침에는 장어탕을 먹었는데 점심에 또 고기가 나온 것이다.
이전 같으면 입맛만 다시고 말았을 것인데 다 먹었다.
지난번에 시술받고 출혈이 있어서 빈혈이 생겼는데 그 피를 보충하려는지 음식이 마구 땡긴다.
그런데 지금 다니는 꽃메에서는 고기 반찬을 자주 준다.

오늘 점심에도 또 고기가 나왔다.
소고기 무우국이다.
그래서 송 원장한테 말했다.
고기 사먹이다가 일판 나겠다고,
이렇게 고기를 자주 주면 요양원에 뭐가 남느냐고,
그래도 남는 것이 있어야 한다고 걱정 어린 충고를 했다.
그랬더니 어르신들이 고기도 잘 드셔야 힘도 있고 병에 대한 저항력도 생긴다고 한다.
송 원장은 어려서 학교 다닐 때 할머니가 돌봐주었단다.
커서도 친할머니 생각에 할머니들을 좋아했고 그래서 자연스럽게 요양원 일을 하게 되었단다.
크게 남는 것이 없어도 도와줄 사람 없는 할머니를 모셔다가 친할머니처럼 돌봐드릴 수 있는 그 자체로 행복하다고 한다.
기독교 신자인데 요즘 보기 드문 진짜 진실한 신자이다.
천당이 있다면 신자라고 다 가는 것이 아니고 송 원장 같은 사람이나 갈 수 있을 것이다.
헌신적으로 봉사하는 것도 좋지만 인생이든 사업이든 그래도 남는 것이 있어야 하는데 마구 퍼주는 송 원장이 걱정이다.

2018. 3. 15 목요일 (100세 + 102일)

운동을 시작하다

지난 겨울은 아주 혹독했다.
모스크바보다 더 추운 영하 십 몇 도의 추위가 몇 주씩 계속 되었다.
그래서 설 전후로 열린 평창 겨울올림픽 개회식 때는 방한 6종 세트로 방한복, 털 모자, 방석, 손발용 핫팩, 무릎 담요를 지급해야 했다고 한다.
뿐만 아니라 몹시 가물어서 제한 급수를 해야 하는 곳이 많았다.
그런데 오늘은 봄비가 새벽부터 주룩주룩 내리니 마음이 흡족하다.
이전에는 기상청보다 더 먼저 내 몸이 일기예보를 했는데 비가 와도 몸이 그렇게 아프지 않다.
하루도 빼지 않고 계속 먹고 있었던 소염진통제를 어쩌다가 한 번씩 먹는데도 참을 만하다.
가슴도 안 아프고 관절통증도 덜해서 센터에서 운동을 시작했다.
뛰고 달리는 운동은 아니지만 기구를 이용해서 도우미의 도움을 받아 운동을 시작했다.
밥 먹으러 식당에 가거나 화장실 가기도 어려웠는데 이렇게 회복되어 운동까지 하게 되어서 너무 기분이 좋다.

센터에서 운동을 하고 있는데 넷째가 전화를 했다.
왜, 요즘 전화도 안 하시냐고.
맨날 하루에도 몇 번씩 새벽부터 어디 어디가 아프다, 이제 죽을 것 같다고 어린양하듯 하소연하듯 전화를 해댔는데 "네 목소리가 듣고 싶어도 너 성가시게 하지 않으려고 내가 참고 있다"고 했다.
이제 좋아졌으니 운동도 해서 스스로 해결할 수 있는 것은 내가 해결하여 조금이라도 자식들 부담을 줄여 주고 싶다.
내가 운동을 하니 저 늙은이가 얼마나 더 살려고 하는가 싶지 모르지만 더 살라고 하는 것이 아니다.
자식들 고생을 좀 덜 하게 하려는 것이다.

〈센터에서 볼링을 하는 모습〉

2018. 3. 18 일요일 (100세 + 105일)

심장을 고치니 생각도 달라졌다

요즘 틀니가 문제다.
사실 어제 오늘의 문제가 아니었다.
틀니가 오래되어 딱딱한 것을 씹으면 가운데에 금이 가서 고친 것이 몇 십 번은 되었다.
이안희 치과에서 했는데 삼십 년 이상 썼다.
틀니가 고장나면 무상으로 수리를 해줬는데 내가 직접 못 가니 막내 어멈이 그 심부름을 다 했다.
이제 입맛도 돌아와서 다 잘 먹는데 윗니 틀니 가운데에 금이 가서 삐걱거린다.
윗 틀니뿐 아니라 아래 틀니도 헐덕거리다가 저절로 빠져 버리기도 한다.
한두 달 전에 막둥이가 틀니를 새로 하자고 했는데 내가 반대를 했다.
항상 하는 말대로 얼마나 더 산다고 틀니를 새로 하냐는 것이었다.
그런데 그게 아니다.
막상 먹고 싶어도 못 먹으니 단 하루를 살더라도 먹고 싶은 것이나 좀 먹어야겠다는 생각이 들었다.
아래 틀니 헐거워진 것은 넷째한테 고쳐주라고 하고 윗 틀니라도 새로 해야겠다.
마침 틀니가 보험이 되어 본인 부담은 30%라고 한다.
그런데 문제는 내가 걸을 수 없어서 치과가 휠체어로 갈 수 있느냐이다.

많은 치과가 2층 또는 3층에 있는데 엘리베이터가 없는 경우가 많다.
그리고 주차장에서 건물까지 진입하는 데 턱이 있어서 휠체어로 접근이 어려운 경우도 많다.
아래 틀니가 헐거운 것은 넷째가 와서 펜치로 고쳐주었다.
넷째는 지 외할아버지를 탁해서 (닮아서) 손재주가 좋아 웬만한 것은 다 고친다.
깨진 윗 틀니를 보여주고 새로 하기로 했다고 하니 잘 했다고 한다.
지난번에 막둥이가 하자고 할 때 하시지 그랬냐고 하면서 비싸게 금으로 오십 년짜리는 하지 말고 한 십년짜리 정도로 하라고 한다.
그래서 뭔 소리냐, 한 이 년 정도 적당히 쓸 것으로 할 거라고 했다.
지금 다니는 요양원에는 나보다 6살이나 많은 언니가 있다.
물론 치매가 심해서 대화는 할 수 없지만 그래도 잘 살아있으니 나도 그만큼 못살 법은 없을 것 같다.
그러니 지금부터라도 고작 일이 년 살고 말거라고 생각하면 안 될 것 같다.
다만 일이 년을 살더라도 할 수만 있으면 최대한 고치고 다듬어서 편하게 살다가 가야겠다.
심장을 고치고 나니 생각도 달라졌다.

2018. 3. 21 수요일 (100세 + 108일)

노세 노세 젊어서 노세

오늘은 센터에서 못하는 노래를 했다.

전체 오락 시간에 원장님이 노래를 한번 하라고 마이크를 줘서 애라 이 나이에 내가 못할게 뭐 있냐는 배짱 아닌 배짱으로 못하는 노래를 한 곡 불렀다.

"노세 노세 젊어서 노세 늙어지면 못 노나니 화무는 십일홍이요 달도 차면 기우나니 얼씨구 절씨구 차차차 지화자 좋구나 차차차 만화방창 호시절에 아니 노지는 못하리라 차차차"

가사가 다 생각이 날까 걱정을 했는데 부르다 보니 생각이 나고 또 원장님이 옆에서 같이 불러주니 끝까지 부를 수 있었다.

그런데 시간은 정말 빠르게 지나 나의 백년이라는 긴 세월도 순식간에 지나갔다.

이렇게 나이를 먹으면 아무 것도 할 수 없으니 조금이라도 젊었을 때 하고 싶은 것 다 하고 놀 때는 놀아야 한다.

젊어서 나는 못 놀고 일만 했지만 나이 먹어서라도 센터에서 이렇게 함께 노니까 그나마 다행이다.

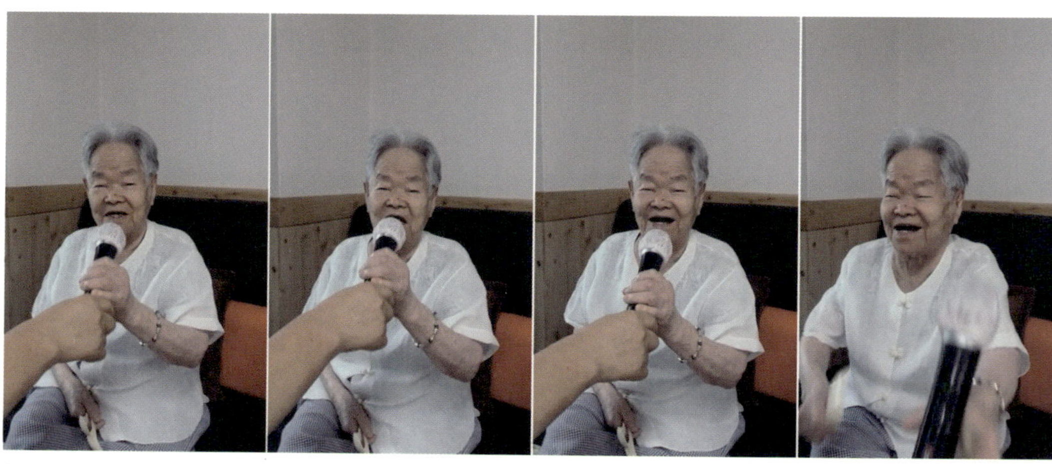

〈노세 노세 젊어서 노세를 열창하고 있는 모습〉

2018. 3. 31 토요일 (100세 + 118일)

돌아가지 못하고 다시 돌아왔다

넷째 집으로 돌아왔다.
봄이 되었으니 꽃 피는 산으로 돌아가야 할 사람이 다시 넷째 집으로 돌아왔다.
막둥이 집에 있었던 지난 겨울은 정말 힘들었다.
심근경색을 앓고 난 다음에 협심증에 심부전까지 와서 몹시 힘들었다.
꼼짝도 못하게 쥐어짜는 가슴통증과 잠도 못 자게 하는 숨가쁨 때문에 힘들었고 이들을 치료하기 위해 먹은 약 때문에 또 힘들었다.
힘도 없고 입맛도 없고 설사하고 어지러워서 정말 죽지 못해 사는 삶이었다.
한 달 전에 이판사판 죽기살기로 시행한 혈관 시술이 잘 되어 마지막 한 달은 그래도 편하게 지냈지만 참 어렵고 힘든 시간들이었다.
그 어려운 시간들을 잘 보필해주고 보호해 준 막둥이 내외한테 감사하다.
정들었는데 또 헤어진다니 섭섭하기 그지없으나 다시 또 보자고 하며 집을 나섰다.
그동안 고생 많이 했으니 푹 좀 쉬고 그동안 꼼짝 못했으니 어디 다닐 데도 원 없이 다니라고 했다.
고맙다 막둥아, 수고했다 어멈아!

2018. 4. 1 일요일 (100세 + 119일)

여우하고는 살아도 소하고는 못 살아

넷째 집으로 왔는데 같이 사는 손자 익준이 얼굴 보기가 어렵다.
결혼도 해야 하는데 아직 소식이 없다.
지난 설에는 양가 부모에게는 선물도 주고 받았다는데 아범은 아들 여자 친구 얼굴도 못 봤다고 한다.
사귄 지도 일 년이 다되었고 집에 선물까지 주고 받았다면 결혼해도 될 것 같은데 미적거리는 것 같다.
그런데 손주 며느리 후보가 좀 상냥한지 궁금했다.
"여우하고는 살아도 소하고는 못 산다"는 말이 있는 것처럼 여자는 좀 상냥해야 한다.
우리 집 넷째와 다섯째 며느리를 봐도 말이 너무 없으면 재미가 없다.
그래서 꼭 상냥한 손주 며느리가 들어 왔으면 좋겠다.
얼굴 보기가 힘들지만 보게 되면 할머니한테 인사 좀 시켜달라고 해서 상냥한지 안 한지 좀 봐야겠다.

2018. 4. 2 월요일 (100세 + 120일)

절로 핀 꽃도 부담스러울 때가 있다

오늘은 넷째 집에서 센터에 가는 첫날이다.
넷째가 센터에서 나누어 먹으라고 빵을 두 상자 사줘서 가지고 갔다.
가는 길에 벚꽃이 만개한 것을 보았다.
겨울이 많이 추웠는데 언제 그랬냐는 듯이 20도가 되는 여름 같은 봄 날씨가 계속되고 있다.
그래서 개나리와 목련이 필 시기인데 벚꽃이 함께 피었다.
이게 어찌 속도위반한 벚꽃의 탓이겠는가!
너무 빨리 달아오른 지구 탓이다.
준비되지 않은 상태에서 벚꽃이 일찍 피니 반갑기보다는 당황스럽다.
센터에 도착하여 원장님한테 빵을 전해주며 원생들한테는 공표하지 말아 달라고 했다.
괜히 돈 있다 자랑하는 것이 되고 자기들도 해야 되냐는 부담을 줄 수 있기 때문이다.
그러면 주고도 욕 먹는다.
직원들은 알아도 되겠지만 같은 원생들한테까지 공표하는 것은 원하지 않는다고 했더니 "어르신 최고"라고 내게 엄지를 치켜 올려 보인다.
절로 핀 꽃도 부담스러울 때가 있는데 빵 하나로 부담을 주면 어찌 되겠는가!

〈고향 배수 인근 대원사 벚꽃 길 풍경〉

2018. 4. 3 화요일 (100세 + 121일)

마지막 벚꽃 구경

오늘 요양원에서 단체로 꽃구경을 갔다.
원장님이 어르신도 같이 가자고 권했다.
내년에는 못 갈지도 모르니 마지막이라고 생각하고 가겠다고 했다.
봉고차를 타고 갔는데 가 보니 화순읍 만연사 절이었다.
올해 날이 따뜻하여 벚꽃이 10일이나 빨리 피어 이미 절정기를 지나고 있었다.
벚꽃은 모여서 함께 피고 함께 진다.
벚꽃은 더 먼저 피는 매화와 생김새가 비슷하나 벚꽃은 꽃잎 중간이 패여 있고 주름도 있고 좀 더 크고 여러 개가 뭉쳐서 피기 때문에 더 화려하다.
벚꽃이 매화가 지기 전에 같이 피어 어떤 것이 매화이고 어떤 것이 벚꽃인지 얼른 구별이 안 된다.
일반적으로 벚꽃 나무는 가로수로 많이 심어져 있고 매화는 농원이나 정원에 주로 심어져 있다.
따라서 거리에서 흔히 보는 꽃은 십중팔구는 벚꽃이다.
그러나 벚꽃과 매화가 나란히 피어 있으면 구별이 쉽지 않다.
만연사 가는 길과 만연사 경내의 벚꽃은 만개를 했다.
날도 화창하고 기온도 20도를 넘어 꽃구경하기에 최고의 날이다.
더군다나 내일은 비가 온다니 오늘이 최고의 마지막 날이다.
비가 오면 그렇게 화려한 벚꽃들도 화무십일홍을 외치며 우수수 떨어질 것이다.
내년에는 볼 수 없을 것 같은 풍경, 가슴에 깊이 담아 하늘나라에서도 두고두고 꺼내 봐야겠다.

〈봄비에 화무십일홍을 외치는 만연사 벚꽃 길〉

2018. 4. 4 수요일 (100세 + 122일)

살다 보면 살아진다

눈이 더 잘 안 보여서 전화하기도 힘들다.
넷째가 수첩에 대문짝만 크기로 써준 전화번호부도 어른거려서 잘 안 보인다.
그래도 외운 번호는 전화번호부를 안 봐도 되니 할 수 있어 서울 두 딸한테 전화를 했다.
작은딸은 놀러갔는지 받지 않고 큰딸은 집에 있어 통화를 했다.
요즘도 여기저기가 다 아프다고 한다.
어려서는 정말 못 하는 것이 없이 다 잘 하고 건강했던 딸이다.
농번기에는 밥하고 청소하고 새꺼리 내는 등 집안 일을 도맡아 하느라 결석을 밥 먹듯 하는 결석 대장이었다.
그래도 시험을 보면 항상 전교 일등을 했다.
그래서 선생님들이 아무리 결석 대장이어도 일등을 안 줄 수 없다고 했다.
유관순 열사라는 연극으로 7개 부락 순회공연을 할 때에는 시작 전에 인사말을 했는데 어찌나 똑 부러지게 잘 했던지 다들 누구 딸이냐고 물어 볼 정도였다.
그런 딸이 결혼 후로는 맨날 아프고 잘 살지도 못 해서 마음이 걸린다.
큰딸에게 "자주 아픈 것은 오래 살라고 그런 것이니 좀 아파도 참고 오래 오래 살아라"고 했다.

큰며느리도 집에 있어서 통화가 되었다.
어떻게 사냐고 했더니 잘 살고 있다고 한다.
그래 산 사람은 어떻게 하든 살다 보면 살아진다.
사람도 만나고 운동도 하면서 잘 지낸다고 한다.
목소리만 들어도 예전보다 많이 좋아졌다.
장남 창건이가 매일 아침 저녁으로 전화를 하고 큰며느리도 시부 돌아간 이후로는 달라져서 일주일에도 몇 번씩 전화를 한다고 한다.
나도 일찍 혼자되어 남편 없이 혼자 살아 봤기 때문에 큰애의 마음을 알 것 같다.
그래도 산 사람은 산다.
하루하루 살다보면 살아진다.
그렇게 백 살도!

2018. 4. 7 토요일 (100세 + 125일)

꽃보다 더 이쁜 진짜 꽃 구경

여름인가 했더니 때아닌 눈이 오락가락한다.
그래도 지난 주에 다음 주말에 꽃구경 가자는 약속을 해서 집을 나섰다.
보고 싶었던 수경이도 아이들을 데리고 같이 가기로 해서 더욱 즐겁다.
꽃보다 더 예쁜 증손자들을 보게 된다니 이 얼마나 즐거운 일이냐!
대원사 벚꽃 길로 가기로 했는데 눈발이 더 세지고 바람도 심하게 불어 목적지를 수만리로 바꿨다.
화순읍에 들렀더니 모종이 나와서 고추, 상추, 치커리 모종을 사고 토란과 고구마도 샀다.
넷째 어멈이 모종을 사는 동안 수경이가 티비에도 나왔다는 '봉순이 팥죽' 집에서 바지락 칼국수와 팥죽을 사왔다.

수만리 가는 길은 벚꽃과 철쭉 꽃길로 유명하다.
비바람에 이은 눈보라에 꽃이 많이 떨어져 나무 위 꽃은 볼품이 없었다.
하지만 큰재 오르막길은 떨어진 꽃으로 꽃길이 되어 있었다.
그 꽃길로 오랜만에 수만리 넷째 집에 다시 오게 되어 감개무량했다.
아직 춥지만 전기장판에 히터를 틀어 주어 춥지는 않았다.
바지락 칼국수로 점심을 때우고 아랫집 의동생에게 놀러 오라해서 두 시간 이상 그간 못다 한 이야기와 혈관 시술 받고 죽었다가 살아난 무용담을 이야기하며 놀았다.
날씨가 좋아질 기미가 없어서 네 시경에 돌아왔다.
날씨가 도와주지 않아 꽃구경은 제대로 못했지만 꽃보다 더 이쁜 증손자를 봐서 너무 좋았다.
꽃보다 더 이쁜 진짜 꽃 구경을 한 것이다.

〈남도의 알프스라는 수만리 계곡과 안양산 철쭉〉

2018. 4. 10 화요일 (100세 + 128일)

유언을 하려는데

지난 밤에 온갖 삭신이 다 아파서 잠을 잘 못 자고 새벽 네 시에 일어났다.
화장실도 다녀오고 시간이 가기를 기다리는데 시간이 가지를 않았다.
하도 시간이 안 가서 벽시계도 방 주인 나를 닮아서 죽은 줄 알았다.
죽을 것 같은 생각에 넷째를 불러 유언을 하려는데 너무 일러서 깨우기가 미안했다.
다섯 시가 되기를 기다리는데 시간이 별라게 더디 간 것이었다.
그래도 참고 기다려 다섯 시가 되자 무선 호출 벨을 눌렀다.
넷째가 놀래서 달려왔다.
그래서 "넷째야, 아무래도 내가 죽을 것 같다. 온몸이 안 아픈 데가 없이 다 아파서 꼼지락도 못하겠다"고 했다.
그랬더니 넷째가 "내일 비 올려고 그런가 보네"라고 한다.
어깨와 팔을 주물러 주면서 "어머니, 삭신이 아파서는 안 돌아가셔, 심장이 멎어야 죽는 거여"라고 한다.
내가 "아파서 꼼지락도 못 하것는디야"라고 하니, 넷째가 "팔다리 전혀 못 움직여도 사는 식물인간도 있잖아요"라고 한다.
그래서 하려던 유언은 못 하고 이놈의 비 예보 통증은 죽어야 없어지는 것인가 하고 한탄만 하고 말았다.

센터에 가서는 거짓말같이 통증이 없었다.
점심에 동태탕과 내가 좋아하는 칠게 조림이 나와서 잘 먹었다.
오늘은 원장님이 안 왔지만 점심 식사 때마다 와서 음식을 설명해주고 뭐 드시고 싶냐고 물어서 내가 먹고 싶다는 것은 다 해주었다.
오늘 나온 칠게 조림도 내가 먹고 싶다고 해서 나온 것이다.
새벽에는 죽을 것 같았는데 센터에 가서 살아서 돌아왔다.
센터가 약인가!

2018. 4. 20 금요일 (100세 + 138일)

넷째가 화를 다 내다

오늘은 넷째한테 목욕을 시켜달라고 했다.
그동안 목욕시켜준다고 여러 번 말했는데 거절했었다.
매주 월요일에 센터에서 시켜주니 놔두라고 한 것이다.
그런데 몸이 너무 끕끕해서 넷째한테 부탁을 했다.
저녁밥을 먹고 목욕을 했다.
목욕을 하려면 화장실과 거실의 높이 차를 없애려고 화장실 바닥 전체에 깔아 놓은 목재 발판을 모두 다 들어내야 한다.
그 후 보행기를 밀고 들어 가야하는데 단차가 있으므로 도와줘야 한다.
상체를 씻을 때는 좌변기에 앉아서 하고 엉덩이나 허벅지를 씻을 때는 좌변기에 설치된 안전 손잡이를 잡고 일어서야 한다.
그런데 몸에 물이 있으니 바닥도 손잡이도 미끄러워서 잘 잡아줘야 한다.

본격적으로 목욕을 했다.
먼저 머리를 감기고 나서 헹구고 다시 감겨줬다.
몸이 좀 불으니 때가 벗겨지기 시작했다.
가슴과 겨드랑이에서 특히 많이 나왔다.
때밀이 수건을 가져와서 박박 문질러 주었다.
남자라서 힘이 있어 시원시원했다.
등도 밀고 배도 밀고 허벅지도 장딴지도 밀고 돌아서서 엉덩이도 밀어 주었다.
마지막에는 발도 씻겨주었다.
발가락 사이사이에 손가락을 넣어 씻겨 주었다.
팬티만 새 것으로 갈아입고 윗몸은 수건으로 싸고 나와 내 방으로 왔다.
새 옷을 입으면서 목욕해서 너무 시원하다고 목욕 깨끗이 시켜줘서 고맙다고 했다.
그러면서 남들은 다 며느리가 해준다고 하고 센터에서도 며느리한테 시켜주라고 한다고 했다.
그랬더니 넷째가 화난 목소리로 며느리가 목욕시켜 줄 형편이 못 돼서 못해 드리는 것인데 그러시냐고 한다.
내가 며느리 대신 더 잘 씻겨 드리는데 왜 자꾸 며느리 이야기를 하시는 거냐고 언짢아한다.
내가 "못해 줄 형편이 뭐냐"고 하니 "엉덩이 관절에 인공 관절을 했어도 많이 아프고 반대쪽 관절도 안 좋고 허리도 안 좋고 어깨도 아프다"고 한다.

"아프고 허약한 며느리가 혼자 서지도 못하시는 어머니 목욕시키다가 같이 넘어지기나 하면 어떡하냐"고 한다.

"그 센터 사람들은 왜 남의 집 사정도 모르면서 자꾸 며느리한테 해달라고 하는지 모르겠다"고 하면서 "그렇게 말한 사람 이름 좀 알아 오라"고 한다.

직접 따져 보겠다고.

넷째가 이렇게 화내는 것은 처음 봤다.

앞으로는 센터에서 뭐라고 또 말해도 다시는 며느리 이야기는 안 해야겠다.

지 마누라 이야기를 하니 기분이 안 좋은 것 같다.

〈화장실 문과 좌변기 옆 안전 손잡이, 거실바닥과 단차를 없애기 위해 화장실 바닥에 깐 마루판〉

2018. 4. 21 토요일 (100세 + 139일)

자주 만나야 가족인데

철쭉으로 유명한 수만리로 꽃구경을 왔다.
지난번에는 벚꽃 구경을 왔으나 이번에는 철쭉을 구경하러 왔다.
큰재 오르는 길 초입에는 철쭉이 만개했으나 중간쯤부터는 아직 머금은 상태였다.
그래도 사람들은 많았다.
큰재를 넘어 넷째 집으로 갔다.
넷째가 휠체어로 집 여기저기를 보여주었다.
작년 겨울부터 올 초까지 틈틈이 공사한 것을 보여주고 한창 꽃을 피우고 있는 철쭉을 보여주었다.
흙으로 되어 있던 빈터에 판석을 깔아 깔끔하게 해놓고 돌계단 틈새도 시멘트로 메꾸어 놓았다.
풀이 무성하여 뱀까지 나와서 그랬다고 한다.
작년에 아팠을 때는 다시는 못 올 것 같았던 넷째 집과 수만리 철쭉을 보게 되어 기뻤다.

저녁 식사는 막둥이 집에서 오골계 백숙으로 먹었다.
큰애랑 익준이까지 와서 같이 먹었다.
아주 담백하고 쫄깃쫄깃해서 일반 닭과는 다른 맛이 있었다.
광주에서 이렇게 가족 모임을 해도 몇 명이 안 된다.
칠남매 중 삼남매는 서울에 있고 둘째는 광주에 있지만 잘 안 오고 큰애는 혼자니 그렇다.
그래도 내가 살아있으니 몇이라도 모이는데 나마저 죽으면 가족 모임이 이어질까 싶다.
자주 만나야 가족이고 자주 안 만나면 이웃사촌만도 못한 것이 가족이다.
천지가 꽃이지만 못 온 자식들 때문에 가슴 한켠이 쓸쓸하다.

〈수만리 큰재 원경과 수만리 철쭉길〉

2018. 4. 23 월요일 (100세 + 141일)

빌어먹더라도 전쟁은 안 해야

요즘은 티비 뉴스가 볼만하다.
전에는 볼거리가 없었는데 남북 정상회담이 열린다니 반가워서 7시 뉴스를 계속 보게 되었다.
오늘은 남한이 휴전선에서 대북 확성기 방송을 중단하고 사흘 후에는 판문점에서 북한의 김정은과 남한의 문재인 대통령이 만나서 서로 전쟁하지 않고 평화롭게 지내기로 약속을 한다고 한다.
나는 6·25전쟁을 겪었기 때문에 빌어먹더라도 전쟁은 하면 안 된다고 생각한다.
전쟁은 이겨도 이긴 것이 아니고 이긴 쪽도 진 쪽도 너나없이 거지가 되는 것이다.
그래서 내 생전에 다시는 전쟁이 없기를 바랬는데 그렇게 된다고 하니 너무 반갑다.

김정은이가 어떻게 핵무기를 포기하려고 했는지 궁금해서 넷째한테 물어봤다.
그랬더니 북한의 경제 발전을 위해서 핵을 포기한다고 한다.
세계 모든 나라가 무역 상대를 안 해줘서 돈줄을 막아버리니 핵을 포기한 대신 경제를 발전시키는 데 좀 도와주라고 그러는 것이란다.
여하튼 북한 김정은이가 잘 생각한 것 같다.
서로 죽을 일을 버리고 서로 살 생각을 했으니까.
우리는 쌀이 남아도니 북한에 도와주고 또 북한에는 명태나 청어가 많고 수수와 같은 잡곡이 많으니 서로 주고 받고 하면 얼마나 좋겠는가!
문대통령이 북한에 우리 세금을 다 퍼준다는 말도 있는데 전쟁 안 하고 우리 동포 도와줘서 좀 살게 해주는 것이 뭐가 나쁜지 모르겠다.
동네 상점도 마찬가지다.
장사하는 사람이 우리 동네에 상점을 냈을 때는 동네 사람을 보고 하는 것이니 좀 도와줘야 하는데 좀 싸다고 다들 마트에 가서 사면 어떻게 되겠냐!
북한도 우리 동포니까 평화롭게 왕래도 하고 도와줘서 같이 잘 살 수 있으면 좋겠다.

2018. 4. 24 화요일 (100세 + 142일)

내가 귀엽고 이쁘다니!

내가 귀엽다고 이 사람 저 사람 내 볼에 얼굴을 비비니 영문을 모르겠다.
나이 먹어 쭈글쭈글한 바가지 같은 내가 귀엽고 예쁘다니 말이 되는 소린가!
나를 도와주는 직원들은 물론 자원봉사하러 온 사람이나 공연하러 온 사람이 나한테 와서 얼굴을 비비고 예쁘다고 하니 이 사람들이 도대체 왜 이럴까 무슨 꿍꿍이가 있는 것은 아닌지 하는 이상한 생각이 들기도 한다.
내가 오래 살아서 경험도 많으니 이런저런 이야기를 하면 어쩌면 그렇게 아는 것이 많냐고 엄지를 치켜 올려 보인다.
그래도 나를 보고 귀엽다거나 예쁘다는 말은 이해가 잘 안 된다.
그래서 내 볼에 대고 얼굴을 비비고 그러면 "이 천하에 고물 늙은이, 뭐가 예쁘다고, 그러요"라고 정색을 하고 면박을 주기도 했다.

어제도 생전 처음 보는 공연 팀이 왔는데 12명이었다.
남자는 둘이고 나머지는 여자들이었다.
여섯 명씩 두 조로 나누어 무용을 했는데 그 중 한 사람이 와서 또 얼굴을 비비면서 어르신 참 고우시다고 한다.
별 소리 않고 그냥 듣고 말았는데 집에 와서 넷째한테 오늘도 또 그런 일이 있었다고 참 이상하다고 했다.
넷째가 어머니가 예쁘고 귀엽다는 것은 백세가 넘었는데도 정신이 또렷하고 이상한 행동으로 사고도 치지 않으니까 하는 말이라고 한다.
얼굴이 이쁘다는 것도 있겠지만 그 보다는 어머니의 건강 상태와 행동이 이쁘다는 말이라고 한다.
그렇다면 조금 이해가 된다.
"백세가 넘었어도 그렇게 정정하시니 다들 부러워서 자기들도 닮고 싶어서 그러는 거니까, 이 늙은이 예쁘게 봐줘서 고맙습니다"라고 하란다.

잘 될지는 모르겠지만 뭔 말인지는 알았으니 면박을 주는 것이라도 안 해야겠다.

2018. 4. 27 금요일 (100세 + 145일)

오래 사니 이런 날도 오는구나

우리나라 문재인 대통령과 북한의 김정은이가 판문점에서 만나서 전쟁 없는 나라를 만들겠다고 한다. 6·25난리를 겪어 본 나로서는 정말 전쟁은 하면 안 된다고 생각하는데 핵무기도 버리고 휴전선에 무장도 안 하고 평화롭게 살자고 하니 너무 너무 좋다.
오래 사니 이런 날도 오는구나 싶었다.
나야 다 살았지만 우리 자식과 후손들이 전쟁 없이 평화롭게 살 수 있다고 하니 정말 마음이 놓인다.
이제는 자식 가진 사람들도 군대에 편히 보낼 수 있어서 좋아할 것 같다.
김정은이가 아무것도 모르는 철부지라고 하던데 틀린 말 같다.
이번에 하는 것을 보니까 생각을 제대로 할 줄 아는 사람 같다.
전쟁을 하면 이긴 사람도 진 사람도 다 지는 것이고 망하는 것인데, 그런 전쟁을 안 하겠다고 하니 생각을 제대로 할 줄 아는 것이다.
그래서 지금부터는 철부지라는 말은 안 써야 할 것 같다.

센터에 다녀와서 계속 뉴스를 봤는데 정말 꿈인가 생시인가 싶었다.
남북이 싸우지 않고 서로 돕고 살면 서로에게 도움이 되고 우리나라도 작지 않은 나라가 되어 미국이나 중국, 일본도 무시를 못 하게 될 것이다.
남의 나라 물건 대신 북한 것 사주고 너도 나도 해외여행에 돈을 팍팍 쓰는데 북한으로 구경 가서 좀 써주면 얼마나 좋겠는가!
아무튼 전쟁 없이 평화롭게 서로 도우며 살겠다고 하니 너무 좋다.
오늘은 흥분이 되어 저녁에 잠을 잘 못 잘 것 같다.
그래도 너무 좋다.

〈남북 정상 회담 뉴스를 보고 있는 나와 두 정상이 군사분계선을 넘는 모습〉

2018. 4. 29 일요일 (100세 + 147일)

내 친한 전화 친구, 오순옥

오순옥이는 내 친정 조카 며느리다.
둘째 오빠의 다섯째 봉진이 안사람으로 나하고 40살 차이가 난다.
동복 오씨로 아주 똑똑하고 부지런하고 추진력이 좋다.
내가 심심하면 전국적으로 전화를 돌리는데 가장 잘 받아주고 삼사십 분 넘게 한없이 이야기해도 잘 들어주는 내 친한 전화 친구이자 절친 말벗이다.
오늘도 일요일이어서 혼자 심심해서 여기저기 전화를 돌렸는데 다 안 받았고 마지막으로 돌린 이 조카 며느리가 받아 주었다.
아들 딸 하나씩을 두어 아들은 의사이고 딸은 간호사이다.
내 친정에서 유일한 의사 집안이다.
둘 다 출가 시키고 두 부부만 남아 최고로 편하게 지내고 있다.

오늘은 친정 산일을 했다는 소식을 전해주었다.
조부모님, 부모님과 큰오빠와 작은오빠 부부 묘를 모두 파서 배수 대동산 큰오빠네 밤나무 밭으로 이장을 했다고 한다.
파서 보니 할머니 유골은 없고 아버지와 어머니 유골은 상태가 아주 좋았다고 한다.
특히 어머니 유골 상태가 좋다고 해서 기분이 좋았다.
할머니 유골은 하나도 없었다고 하는데 나는 친할머니에 대한 기억이 없다.
그래도 내 급한 성격이 내 친할머니를 닮았다고 해서 할머니 이야기를 많이 들었다.
할머니는 성질이 어찌 급했던지 샘으로 물 뜨러간 며느리가 조금만 늦어도 물을 바가지로 퍼부었다고 한다.
돌아가실 때에는 내가 이제 돌아가야 할 것 같으니 손주들 오라해서 두 오빠가 할머니 방문을 열고 문턱을 막 넘으니 "이제 나는 파란 두루마기를 입고 하늘로 올라간다"고 하시며 돌아가셨다고 한다.
그래서 유골이 없는가 싶기도 하다.
새로 잡은 가족묘지 터도 땅을 파보니 흙이 계피 고물처럼 고실고실하고 초콜렛 색으로 빛이 나서 지관도 이렇게 좋은 흙은 처음 봤다고 한다.
산일을 하자고 해도 다들 나서지 않고 차일피일하여 둘째 작은집의 다섯째 며느리임에도 자기 혼자라도 할 것이니 그리 알아라고 하며 일을 시작했다고 한다.
그렇게 밀어 부쳐서 일이 진행되고 좋은 자리에 잘 모셨다고 해서 "내가 오순옥이 대단하다. 정말 똑똑하다. 복 많이 많이 받소"라고 칭찬해주었다.
내 단골 전화 친구이자 친절한 말벗 오순옥이가 정말 대단하고 고맙고 자랑스럽다.

2018. 5. 1 화요일 (100세 + 149일)

살고 보니 백년도 일장춘몽

백년을 살았어도 많이 산 것 같지가 않다.
내가 태어난 이듬해 (1919년)에 고종이 죽고 내가 아홉 살 때 (1926년)에는 조선의 마지막 왕인 순종이 죽었다.
일제 치하이기는 했지만 조선시대 대한제국으로부터 일제시대를 거쳐 21세기 대한민국에 이르기까지 살았으니 무척 오래 산 것이다.
그래도 많이 산 것 같지 않다.
백년의 세월도 이렇게 덧없다.
요즘은 꿈에 죽은 사람들을 많이 만난다.
주로 산에서 만나는데 나무는 별로 없다.
내가 어렸을 때 산이 그랬던 것처럼 민둥산이다.
죽으면 정말로 죽은 사람을 만날 수 있을 것인가?
넷째는 우리가 한국에 있으면 미국 사람을 못 보지만 미국으로 가면 볼 수 있듯이 죽어서 저 세상으로 가면 먼저 가 있는 저 세상 사람들을 다 볼 수 있다고 한다.
그러니 큰형도 아버지도 이제 곧 보게 될 거라고 한다.
"죽으면 끝이지 뭐가 그런다냐"고 하니 "죽으면 곧 알게 될 것이니 일단 믿어 보시라" 고 한다.
밑져야 본전이라고.

나는 원시시대를 살았다.
목화를 따서 씨앗이로 씨를 빼고 물레로 실을 자아 베틀에서 베를 짜서 옷을 직접 해 입었고 짚신을 신고 다녔으니 말이다.
나는 오남매 외동딸인데다 못 하는 것이 없고 얌전하고 글도 잘 써서 소문이 나 능주 한천에서 유명한 집안으로 시집을 간 것이다.
내 머리 하나 보고 부잣집에서 데려간 것이다.
한천면사무소 서기로 있던 우리 마을 일가 희균이 오빠와 한천면 출신 구서기가 중신을 서서 시어머니 되실 분이 그의 친정 어머니인 절동 허씨 할머니를 모시고 우리집에 와서 다짜고짜로 "네가 쓴 책이 있다는데 어디 보자"고 해서 보여드렸더니 두 말 하지 않고 돌아간 후에 사성을 보내와서 결혼을 하였다.

그런데 절동 허씨 할머니는 동네의 모든 서간문을 대신 써주셨던 당시는 매우 드문 여류 문필가였다.
배수에서 결혼식을 올리고 다음 날 가마를 타고 시댁으로 갔는데 밤이 다 되어 도착했다.
3대 독자 유복자로 태어나 너무 오냐오냐하며 자란 남편은 성질이 급하고 잔소리가 많고 화를 잘 내서 대화를 할 수가 없었다.
한두 마디 하면 화부터 냈다.
그래서 다정히 앉아 이야기를 나눠본 적이 없었다.
또한 담배 골초여서 담배 연기 때문에도 같이 잘 수가 없었다.
큰아들을 낳고 돌 지나서 그 큰 살림을 다 팔고 광주로 나와 전매청에 다니다가 일제 말에 연합군 공습이 무서워 구암리 화순탄좌 회계 서기로 가서 잘 살았는데 6·25동란을 만나 재산을 거의 다 잃고 죽을 고생을 하고 간신히 목숨만 건졌다.

6·25동란을 피해 친정 마을에서 살다가 친정 아버지 첫 제사인 오월 십삼일에 남편이 장인 제사 지방문을 써 놓고 뇌출혈로 쓰러졌다.
내 나이 마흔 여덟에 남편이 뇌출혈로 입원해서 생전 해본 적 없는 농사를 짓게 되었다.
한창 농번기여서 그 큰 농사를 큰딸과 일꾼에게만 맡길 수 없어 직접 농사를 짓고 벼 추수까지 마치고서야 추석 때 처음으로 남편한테 병문안을 갔다.
그랬더니 나를 보고 "물꼬도 모르는 사람한테 농사 맡겨서 미안하다, 정말 미안하다. 나아서 퇴원하면 잘 해주겠다"고 했다.
이때 한 "미안하다"는 말은 그가 나한테 처음이자 마지막으로 한 말이다.
홀로 되었지만 결혼도 하지 않은 칠남매 키울 생각하느라 남편 없다는 생각도 못 하고 살았는데 나이를 많이 먹은 지금에는 혼자 있다 보면 보고 싶을 때가 있고 같이 사는 부부를 보면 부럽기도 한다.
늙어 보니 제일 힘든 것이 외로움이다.
그래도 자식들과 같이 살면서 자식들이 말동무를 해주어 덜 외롭지만 어떻게 하든 부부가 함께 오래 사는 것이 최고의 복이다.

부부 금슬이 좋다면 더할 나위가 없지만 그렇지 못해도 백년해로하는 것만큼 큰 복은 없다.
요즘 부부들은 끄떡하면 싸우고 헤어져 버리는데 역지사지로 이해하고 살다 보면 살아지고 그러다 보면 나중에는 닮게도 된다.
그리고 백년해로하는 것이야 말로 가정 경제를 지키는 데에도 최고이다.
따라서 부부가 가정 경제와 평생 행복을 위해서 투자를 한다면 제일 먼저 부부 금슬에 투자하라고 권하고 싶다.
나는 그렇게 못 살았기에 더욱 절절하다.

2018. 5. 3 목요일 (100세 + 151일)

넷째는 도깨비 방망이를 가졌나

오늘 저녁에는 때아닌 수박을 먹었다.
내가 오늘 아침밥 먹은 후에 후식으로 딸기를 먹으면서 과일 중에는 수박이 제일 맛있다고 했더니 저녁에 수박을 준 것이다.
그저께는 떡이 먹고 싶다고 했더니 쑥설기와 백설기를 세 덩어리나 사주었고 또 황실이 조림이 먹고 싶다고 했더니 이틀간 아침 저녁으로 황실이 고사리 조림을 해주었다.
그 다음에는 나박김치가 먹고 싶다고 했더니 지금 계속 나오고 있다.
내가 그냥 말만 하면 바로바로 대령하니 금 나와라 뚝딱하면 금 나오고, 은 나와라 뚝딱하면 은 나오는 또깨비 방망이를 가지고 있는 것 같다.
요즘은 입맛도 좋고 먹고 싶다고 하면 바로바로 해주어 체중도 줄지 않고 그대로 유지되고 있다.
살이 빠져야 죽을 텐데 체중이 줄지 않으니 오래 살까 걱정이다.
또, 많이 먹고 화장실에 가면 가슴통증이 약하게 올 때가 있어서 먹는 것을 최대한 절제하려고 한다.

2018. 5. 4 금요일 (100세 + 152일)

집에는 손님이 끊이지 않아야

서울에서 셋째가 왔다.
밤 9시에 왔다.
어버이날도 돌아오고 해서 내일 나랑 광주 동생들 밥 사주려고 왔다고 한다.
좀 더 일찍 와서 저녁도 같이 먹었으면 했는데 제수씨한테 폐 안 끼치려고 일부러 늦게 온 것 같다.
밥 한 끼 먹는 것이 무슨 큰일이라고 그런지 모르겠다.
집에는 손님이 끊이지 않아야 하는 법이다.
그래야 복을 받아 잘 살게 되는데 요즘 사람들 사는 것을 보면 이해가 안 되는 게 너무 많다.
오랜만에 셋째가 와서 한 방에서 같이 자니 너무 좋다.
어제는 찬 수박을 먹고 가슴도 불편하고 밤새 소변보러 다니느라 잠을 제대로 못 잤는데 오늘은 셋째가 와서 밤 늦게까지 이야기하느라 늦게 잤다.
늦게 잤어도 셋째가 있어 든든하여 푹 잘 잤다.

2018. 5. 5 토요일 (100세 + 153일)

백세 노인도 어린이날이 설렌다

오늘은 어린이날이다.
나이를 먹으면 아이가 된다고 하는데 그래서 그런지 오늘 무척 설렌다.
어제 셋째가 와서 같이 자고 저녁에는 광주 식구들과 저녁 식사가 예정되어 있기도 하지만 더더욱 설레게 하는 것은 오래 전부터 맘먹고 있었던 친정 배수에 가기로 했기 때문이다.
친정 배수에는 장조카인 봉주가 광주 생활을 청산하고 귀향을 해서 옛집에서 살고 있고 형제 간에 유일한 생존자인 막둥이 동생의 댁이 살고 있다.
막둥이 동생의 댁은 내가 혼자되어 농사를 지을 때 많이 도와준 너무너무 고마운 사람이다.
셋째가 어버이날이라고 준 돈으로 사평에서 생닭, 계란, 기정떡 등을 사 가지고 갔다.
내가 죽기 전에 꼭 다시 보고 감사의 마음을 전하고 싶어서 조금 준비한 것이다.

둘 다 작년에 많이 아팠으나 이제 회복하여 다시 만나게 되어 너무 반가웠다.
허나 둘 다 똑같이 귀가 어두워 대화하기가 힘들었다.
넷째가 곁에서 통역하듯이 귓속말로 전해준 말이나 조금 알아들을 수 있을 뿐이어서 안타까웠다.
친정 큰조카 부부가 집에서 점심을 먹고 가라고 해서 휠체어에 탄 채로 나를 들고 토방 계단을 올라가 거실로 들어갔다.
백살이 되어 나의 탯자리 옛집에 다시 간 것이다.
어린 시절이 주마등처럼 스쳐 지나갔다.
어려운 시절이었지만 부모님 사랑을 독차지하며 오손도손 살았던 어린 시절의 추억이 떠올랐다.
마침 막둥이 동생의 큰아들 봉룡이 부부가 와서 따순 (따뜻한) 밥에 쭈꾸미 된장국과 새로 담은 열무김치 등으로 점심을 같이 먹었다.
따순 밥에 친정 조카들과 같이 점심을 먹으니 더욱 맛있었다.
오는 길에 두 조카한테 촌지도 받고 내가 좋아하는 상추, 머위대, 말린 토란대, 감주 등을 받아 왔다.
이것이 마지막일 것 같아 헤어질 때는 서로 손을 잡고 같이 울었다.
설레며 갔던 고향을 시집갈 때처럼 울고 나왔다.
언제 또 다시 갈 수 있을까 하고.
저녁에는 셋째 주최로 광주 형제들이 모여 식사를 하고 셋째는 서울로 올라갔다.
만나면 좋아도 헤어지면 또 마음이 아프다.
모든 것이 다 마지막만 같아 더욱 더 가슴이 미어진다.
설레임으로 맞이한 어린이날을 안타까움과 아쉬움 속에 보냈다.

〈마지막 배수 사람들과 나의 탯자리 옛 집에서 큰오빠 부부, 화살표가 우리 집 위치〉

〈친정 막둥이 동생의 댁을 만나 어렵게 대화하다 머위대를 같이 손질하는 모습〉

2018. 5. 6 일요일 (100세 + 154일)

늙었어도 아이들이 좋다

나는 아이를 좋아한다.
원래 그랬다.
아마 내가 혼자되어 정 붙일 곳이 없어서 그랬는지 모르겠다.
그래서 어렸을 때 내가 키운 손자 손녀도 많다.
큰아들네 창건이, 은범이, 큰딸네 미경이, 형순이, 셋째네 양현이, 넷째네 수경이, 익준이, 윤경이, 막둥이네 상후 등등.
물론 다 키운 것은 아니다.
같이 살면서 봐준 것이다.
그래서 이번 어린이날 연휴에 수경이네 아이들이 오면 하고 내심 기다렸다.
얼마나 착하고 나를 잘 따르는지 그 예쁜 증손자들이 보고 싶었다.
그런데 나의 텔레파시가 통했는지 저녁에 왔다.
애들이 밖에서 식사를 하자고 했다는데 집에서 먹자고 했다고 한다.
손녀사위인 정서방이 장어구이를 사 가지고 와서 나, 넷째, 넷째 어멈, 익준이, 윤경이, 수경이, 정서방, 연우, 현우 이렇게 9명이 함께 먹었다.
나는 이렇게 사람들로 북적북적한 모습을 좋아한다.
장어구이가 맛있어서 이렇게 저렇게 먹고 또 먹고 나중에는 장어탕까지 먹었다.
밥 먹고 나서는 수경이가 가져온 쌀 케익으로 어버이날 축하 파티도 했다.
외증손자들이 와서 너무 기분 좋은 시간이었고 내가 주인공 어린이가 된 기분이었다.

〈넷째 가족과 함께 한 어버이날을 겸한 어린이날 행사〉

2018. 5. 8 화요일 (100세 + 156일)

싱거운 어버이날

오늘은 어버이날이다.
어제는 월요일이었어도 어린이날 대체 휴일이어서 연휴가 되었는데 오늘은 어버이날이지만 쉬지 않고 출근하는 날이어서 어버이날 기분이 나지 않는다.
더군다나 우리는 일요일에 수경이가 아이들을 데려오고 익준이, 윤경이도 와서 저녁을 같이 먹고 어버이날 축하 파티까지 미리 해서 김이 새버렸다.
센터에 갔는데 요양원에서 보호자 초청 간담회를 열어 넷째 어멈이 참석했다.
어버이날이라고 요양원 직원이 한복을 입고 큰 절도 해주고 점심 때는 홍어무침 등 특식도 내주어 그나마 어버이날 기분이 좀 났다.

문재인 대통령이 효도 정부가 되겠다고 하고 치매를 국가에서 담당하고 어버이날도 공휴일로 지정하겠다고 했는데 아직 되지 않았다.
쉬는 날이 많아지기는 하지만 어버이날도 공휴일이 되면 좋겠다.
요즘 사회가 부모보다는 자식들에게 더 신경을 쓰는 분위기여서 어른들은 점점 소외되고 버려지는 느낌이다.
그래서 더 더욱 어버이날도 공휴일이 되면 좋겠다.

〈100세 어버이날 기념 사진, 2017년〉

2018. 5. 9 수요일 (100세 + 157일)

귀가 먹어 좋은 것도 있다

요양원이 주간보호센터를 새로 지어 나와 같이 주간보호를 받는 사람들이 새 건물로 이사를 했다.
주간보호센터는 남향에 이층이어서 훤하고 앞이 탁 트여서 산이 요양원이 있는 화산부락을 바가지처럼 둘러싸고 있는 것이 다 보여서 좋다.
그런데 이사를 하면서 자리 변동이 있었다.
나를 안쪽 구석지로 자리를 잡아 주었는데 옆에 배정된 사람이 장애가 심해서 나를 좀 도와줄 수 있는 사람으로 짝지어 주면 좋겠다고 했다.
내가 눈도 어둡고 귀도 잘 들리지 않으니 대신 듣고 말을 좀 전해줄 수 있는 사람을 옆에 앉혀주라고 한 것이다.
그랬더니 내 자리를 베란다 남쪽 창측 첫 자리로 옮겨주고 내 옆 자리에는 영암이 고향이고 계림동에서 다니는 나이가 나보다 8살 적은 분을 앉혀 주었다.
말이 없지만 그래도 내가 궁금해서 물어보면 잘 알려주었다.
그런데 오늘은 그 분이 안 와서 내 옆 자리가 비어 다른 사람이 앉으려고 해서 내가 못 앉게 했다.
이 자리는 주인이 따로 있으니 다른 데 앉으라고 하고 왼 손을 뻗어 자리를 지켰다.
그랬더니 앉으려던 사람이 뭐라고 했는데 내 귀에는 들리지 않았다.
무슨 소리가 들려야 듣고 싸우기라도 할 텐데 들리지 않으니 나한테 무슨 소리를 하든 상관이 없다.
그래서 귀를 먹은 것이 이렇게 좋을 수도 있구나 하는 생각이 들었다.
그런데 한참 있다가 내 짝꿍인 옆자리 임자가 왔다.
그래서 "내가 당신 자리 지키느라 얼마나 욕 먹은 줄 아느냐"고 했다.

이전에는 바깥 창도 없고 일층이어서 낮에도 불을 켜지 않으면 캄캄했는데 이제는 이층이고 앞쪽 전체가 창으로 되어 있어 아주 훤하다.
오늘은 날도 맑으니 엄청 훤했다.
그런데도 천장에 불을 다 켜 놨다.
그래서 직원 선생한테 "우리가 일하는 것도 아니고 그냥 멍청하게 노는데 석유 한 방울 안 나오는 나라에서 이렇게 훤한 대낮에 불을 다 켜 놀 필요가 있소"라고 했다.
"세 줄 가운데 한 줄만 켜시오"라고 했다.
직원이 불은 끄지 않고 뭐라고 대꾸를 했으나 알아 들을 수가 없었다.
내 잔소리가 언짢아 뭐라 했을 것 같은데 내 귀에 들리지 않으니 기분 나쁠 일도 없다.
귀가 먹으니 이렇게 막캥이가 되어 다툴 일도 싸울 일도 없고 기분 나쁠 것도 없어서 좋다.
이런 것도 불행 중 다행이라고 할 수 있을까?

2018. 5. 10 목요일 (100세 + 158일)

먹는 것도 가진 것도 다 과유불급

어제 저녁에 밥을 먹는데 가슴이 아팠다.
장어탕을 먹는데 밥이 식도를 타고 내려가는 것이 느껴지더니 명치 부근에서 상처를 훑고 지나가는 듯이 아팠다.
협심증 통증은 앞가슴 위쪽이 아팠는데 이것은 아래쪽 명치 부근이 아팠다.
넷째가 위나 식도에 상처가 난 것 같다고 한다.
당분간 매운 음식은 먹지마라고 하고 약 중에서 소염진통제도 당분간 빼겠다고 한다.
저녁에는 위궤양 약을 추가해주었다.
진통제를 빼겠으니 관절이 좀 더 아파도 당분간은 참아라고 한다.

약을 여러 가지로 많이 오래 먹었으니 뱃속인들 견딜 수 있겠는가! 그럴만하다.
그리고 내가 매운 것을 좋아해서 요즘 매운 음식을 많이 먹었으니 이제 좀 참아야겠다.
뭐든지 과하면 안 된다.
부족한 것이 차라리 낫다.
먹는 것도 가진 것도 다 과유불급이다.
꽃메 송 원장도 요즘 이사하면서 많이 힘들어해서 "뭘라고 그렇게 사서 고생을 하냐"고 했다.
"부자라고 밥 두 그릇 먹는 것도 아닌데 좀 적게 벌고 좀 덜 먹으면 되는데 왜 그리 고생을 하냐"고.
송 관장은 이것도 팔자라고 한다.
어르신 돌보며 살아라는 팔자.
누구도 타고 난 팔자를 어길 수는 없지만 노력하면 어느 정도는 가능하다.
나도 좀 덜 먹는 노력을 해야겠다.
목욕할 때 도우미 선생들이 할머니는 살이 정말 단단하다고 한다.
어깨나 등이나 허벅지나 아직 탄탄하다고 놀랜다.
그런데 나는 걱정이다, 이 살이 다 빠져야 죽을 건데 언제 다 빠질 것인가 하고.
그래서 먹고 싶은 대로 먹지 않고 좀 절제를 해야겠다.
오늘부터 당장.
과유불급이고 소탐대실이니!

2018. 5. 11 금요일 (100세 + 159일)

생명은 살아라는 명령이니

호주의 백 살이 넘은 구달 박사가 안락사로 생을 마감했다고 한다.
얼마나 더 산다고 그냥 살다가 죽으면 되지 안락사를 위해 호주에서 스위스까지 가서 1,200만원이나 들여가며 죽었어야 했을까라고 생각하기 쉬울 것이다.
그런데 백 살이 넘게 산 나는 충분히 이해가 된다.
잘 보이지도 않고 듣지도 못 하고 온 몸이 다 아프니 더 살고 싶은 생각은 눈꼽만큼도 없다.
스스로 죽을 힘도 없고 호주에서는 안락사가 불법이니 할 수 없이 스위스로 간 것이다.
심정은 이해가 되지만 그렇다고 사람이 스스로 목숨을 끊을 수는 없다.
사오 년 전에는 나도 죽어버리고 싶은 때가 있었지만 자식들 생각해서도 죽을 수는 없었다.
생명이란 자기 맘대로 이렇게 저렇게 할 수 있는 것이 아니다.
생명이란 허락하는 날까지는 살아라는 명령이라고 한다.
따라서 아무리 힘들더라도 살아라고 할 때까지는 살아야 하는 것이다.
그렇게 살다 보면 살아져서 팔순도 되고 미수도 되고 백수도 하는 게 인생이다.
어차피 때가 되면 갈 것인데 일부러 먼저 갈 것까지는 없다고 생각한다.

〈나를 치료해 준 대학병원에 있는 생명존중 비〉

2018. 5. 12 토요일 (100세 + 160일)

나의 며느리들한테 축복을!

얼마 전에 속이 아파서 진통제를 끊었는데 오늘 비가 오니 온몸 통증이 심해 센터에 못 갔다.
다행히 오늘 아침 약에 진통제를 넣어 주어 통증이 사르르 풀려서 어제 못 잔 잠을 잤다.
8시에 아침밥을 먹고 다시 자고 일어나니 12시였다.
통증은 없는데 머리가 맑지 않았다.
수면제를 넣었냐고 하니 안 넣었다고 한다.
오전에 잠을 많이 자고 일어 나서 그럴 거라고 한다.
자고 일어 나니 갑자기 큰딸 생각이 났다.
전화를 했더니 마침 받았다.
그래서 다짜고짜 "큰딸이냐? 나 엄만디 아프지 말고 건강하게 오래오래 살아라"고 했다.
나를 빼닮고 늘 마음에 걸린 큰딸에게 내가 곧 죽을 것 같은 생각이 들어 다른 자식들은 몰라도 어려서부터 여태까지 고생만하고 있는 큰딸한테는 이 말을 꼭 하고 죽어야겠기에 유언처럼 말했다.
큰딸이 "어머니, 왜 그래" 하는데 더 이상 할 말이 없어 전화를 끊었다.

오후 네 시 좀 넘어 막둥이 내외가 왔다.
호박떡이랑 백설기랑 사와서 같이 먹으며 한참 이야기를 하고 놀았다.
내가 너무 오래 살아 밑으로 두 아들은 물론 며느리들한테도 못할 일을 많이 시켜서 미안하다고 했다.
내가 죽으면 너희 둘한테 복 많이 줄란다고 했다.
아들이야 자기 엄마니까 그렇다고 하더라도 피 한 방울 섞이지 않은 시어머니가 뭐가 좋아서 이렇게 모시겠냐, 다 의무로 하는 것이지!
미우나 고우나 밥 해주고 옷 빨아 주고 심부름 다 해주는 며느리한테 고마워 축복을 빈다.
죽어서도 잊지 않을 것이다.
며늘아, 고맙다!

2018. 5. 15 화요일 (100세 + 163일)

별 희한한 병도 다 있다

어제 저녁은 한숨도 못 잤다.
오른 발목 부근이 아파서다.
바늘로 쿡쿡 쑤시듯 하기도 하고 애리기도 하고 가렵기도 했다.
저녁을 먹고 쉬고 있는데 느닷없이 그랬다.
어제는 넷째가 스승의날로 동문회에서 저녁 식사를 대접한다고 미리 집에 와서 저녁밥 먹는 것을 도와주고 갔는데 10시가 넘어도 안 들어와서 전화를 했더니 바로 들어왔다.
아프다는 발목을 보고는 드러난 게 없고 관절도 이상 없다고 그냥 진통 스프레이를 뿌린 다음 양말을 신겨 주고 갔다.
그런데 별 효과가 없어 밤새 잠을 못 잤다.
또 무슨 죽을 병을 붙들었나 싶어 불안한 생각마저 들었다.
동전 파스를 4개나 덕지덕지 붙였는데도 효과가 없었다.
저녁에 호출 벨을 눌렀는데도 반응이 없었는데 5시에는 소리를 듣고 왔다.
보고는 아무래도 대상포진 초기 증상 같다고 한다.
그러고는 하도 아프다고 하니 진통제 세미 울트라셋을 주었다.
그것을 먹고 삼십 분 정도 있으니 극심한 통증이 사르르 사그라들었다.
약이 이렇게도 효과가 있구나 하는 생각이 들었다.

센터에서도 견딜만했는데 점심 무렵에 넷째 어멈이 왔다.
대상포진 약을 가지고 왔다.
원래는 세 번을 먹는 것이지만 연세와 몸무게 등을 감안하여 하루 한 번만 먹어도 된다는데 최대한 빨리 시작하도록 점심에 버스도 없고 택시도 잘 안 다니는 센터로 가지고 온 것이다.
그 약을 먹었더니 다 나은 것 같은 기분이 들었다.
살다보니 별 희한한 병도 다 걸려서 또 괜한 사람 성가시게 했다.
요양원 간호사가 넷째 어멈을 자기 차로 집에 데려다 주고 왔다고 한다.
그렇지 않아도 어떻게 갈까 걱정했는데 부탁하지도 않은 것을 해줘서 너무 고맙다고 했다.
조금만 아프다고 하면 즉각 즉각 살펴봐주고 약 지어주는 아들도, 교통편도 불편한 곳까지 일부러 약을 가져다 준 어멈도 고맙다.
이렇게까지 신경을 써주니 곧 나을 것이라는 생각에 안심이 된다.

2018. 5. 16 수요일 (100세 + 164일)

삼킬 것인가 뱉을 것인가!

나는 잘 뱉는다.
틀니도 금이 가 있고 잇몸도 부실해서 씹다가 좀 퍽퍽하거나 딱딱한 게 있으면 먹다가도 바로 뱉는다.
특별히 내놓은 고기 반찬이나 국도 퍽퍽하면 물만 빨아 먹고 뱉어서 화장지에 싸서 버린다.
식구들이 대충 씹다가 삼켜버리라고 해도 나는 듣지 않고 그냥 뱉어 버린다.
식사 후에 입안에 반찬 찌꺼기나 과일 껍질 같은 작은 부스러기가 있으면 아무데나 툭 뱉어 버린다.
우리집 청소부인 넷째가 아무데나 뱉지 말라고 해도 아랑곳없다.
조금 걸어가서 세면대에 뱉거나 양치하면 되는 것인데도 나는 못 참는다.
아니 안 참는다.
성격이 못 됐는지 모르겠다.
그래서 내 방에는 부스러기가 많다.
넷째가 수시로 닦고 진공청소기로 빨아낸다.

삼켜도 되는 것을 뱉어 버리는 사람이 바로 나다.
삼켜서 도움이 안 되는 것을 삼킬 필요가 있을까 싶다.
퍽퍽한 것을 삼켜서 소화가 안 되어 고생하는 것보다 뱉어서 고생 안 하는 것이 더 좋지 않을까!
음식뿐만 아니라 마음에 담아서 기분 좋지 않을 말도 마찬가지다.
기분 나쁘면 그 자리에서 뱉어 버리고 잊어버리는 것이 백배 낫다.
두고 두고 마음에 담아 곱씹으면 속이 상하고 정신도 흐트러진다.
내가 오래 산 것도 바로 바로 뱉고 퍼부어 버리는 성격 때문인지도 모르겠다.
오래 사는 것이 꼭 좋은 것은 아니지만 바로 바로 뱉어 버리는 것이 몸이나 마음 건강에는 도움이 된다.
그런데 옆 사람은 조금 불편할 수 있으니 너무 불편하지 않게 조금 지혜롭게 뱉으며 사세요.

2018. 5. 20 일요일 (100세 + 168일)

말로 받았으니 되로라도 갚아야

수경이 식구들이랑 수만리에 한 차로 갔다.
수경이와 두 아들, 뱃속에 딸, 나, 넷째 부부해서 7명에, 휠체어, 수경이 애들 짐 가방에 먹을거리를 싣고 갔다.
수경이 식구가 어제 우리 집에 와서 증손자들과 같이 자고 오늘 바람 쐬러 같이 나오니 너무 좋다.
넷째가 고향 배수가 수몰이 되어 향수를 달래기 위해 수만리 시골에 집을 짓는다고 했을 때 나무랬는데 이럴 때를 생각하면 잘 했다는 생각도 든다.
점심 때는 메밀 비빔국수와 콩물 국수를 먹었는데 아주 맛있었다.
나는 원래 밀가루 음식도 좋아하여 아주 잘 먹었다.
수만리에 와서 아래 집 의자매 동생한테 줄 것도 있고 보고도 싶어 전화를 했더니 오후에 왔다.
그런데 닭죽을 가지고 왔다.
동생네도 아들딸들이 손주들을 데리고 와서 닭죽을 쒀서 점심을 같이 먹었다고 한다.
닭죽은 직접 기른 토종닭에 오가피 잎, 엄나무 가지, 산양 삼, 녹두 등 갖은 약초를 넣어 끓였단다.
그런데 나는 점심 때 국수를 너무 잘 먹어서 먹지 않았다.

오늘 아래 집 의자매 동생을 보고자 했던 이유는 또 있었다.
동생한테 주려고 가져온 바지를 주고 싶어서였다.
많이 입지 않아 새 것 같은 바지 두 개를 밭일할 때 입으라고 가져왔다.
내가 받은 것이 너무 많아서 새 옷을 한 벌 사주고 싶었는데 넷째가 지난 어버이날 때 내 옷을 사면서 내 것과 똑같은 티와 바지를 사서 드렸다고 해서 내가 입던 옷을 가져 온 것이다.
깨끗이 다시 빨고 다려서 가져 왔다.
말로 받았으니 되로라도 갚아야겠기에.

〈말과 되, 한 말(18리터)은 열 되(1.8리터)〉

2018. 5. 22 화요일 (100세 + 170일)

아들한테 꾸중을 다 듣고

오늘은 초파일 부처님 나신 날로 쉬는 날이다.
그러니까 우리나라는 예수님 나신 날도 쉬고 부처님 나신 날도 쉬는 것이다.
어린이날도 쉬니 그렇다면 어버이날도 쉬어야 한다.
그런데 어버이날은 안 쉬니 좀 이상하다.
하기야 쉬는 날이 너무 많기는 하다.

공휴일이기는 하지만 센터에 다녀와서 전화 친구인 친정 조카 며느리한테 모처럼 전화를 했다.
다름이 아니라 요즘이 조기 철이어서 고흥에 사는 사돈한테 부탁해서 조기를 좀 사달라고 하기 위해서이다.
그런데 전화를 돌리면 자꾸 없는 번호라고 했다.
뭘 잘못 눌렀나 하고 봤더니 681을 981로 6을 9로 눌렀던 것이다.
제대로 눌렀더니 신호는 가는데 받지를 않는다.
몇 번을 해도 받지 않는다.

그때 넷째가 왔다.
어디다 전화하셨냐고 해서 봉진이집에 했다고 하니 뭐 하러 하셨냐고 해서 "고흥 사돈이 고기 좀 보내주면 나한테도 몇 마리 주라 하려고 그랬다"고 했다.
그랬더니 잡수시고 싶으면 저한테 말하면 다 해줄 것인데 왜 남을 성가시게 하시냐고 한다.
그래서 "조카 며느리가 왜 남이냐, 내가 하나밖에 없는 고모인데"라고 했다.
그리고 "그냥 주라는 것도 아니고 돈 주고 사려는 것이다"라고 했다.
지금은 전화로 주문하면 다 배달해주는 세상이니 굳이 남한테 부탁 안 해도 된다고 한다.
남이 생각하면 우리집에서 생선도 한 마리 안 해줘서 저러시나 하고 오해할 수도 있다고 한다.
모처럼 전화를 했는데 초파일이라 놀러를 갔는지 통화가 안 되어 생선 부탁도 못하고 넷째한테 꾸중만 들었다.

2018. 5. 24 목요일 (100세 + 172일)

우리나라나 미국이나 막상막하

오늘 오전에는 대학생들이 봉사를 왔다.
열댓 명 정도 왔는데 모두 키들이 천정을 닿을 정도로 컸다.
요즘 아이들은 뭣을 먹어서인지 미국 놈들처럼 크다.
엄마들이 아이를 젖을 안 주고 우유로 키워서 그러는지 모르겠다.
넷째 말에 의하면 아시아에서 이스라엘 빼고는 우리나라 사람이 제일 크다고 한다.
내가 작아서 그러는지 모르겠지만 너무 커도 보기가 싫으니 적당히 컸으면 좋겠다.
나와 같이 나이를 먹어 도우미 신세를 질 것을 생각해서라고 아이들을 너무 크지 않게 키워야 한다.

오후에는 단체로 광주시청으로 장미꽃 구경을 갔다.
원래 계림동에 있었던 광주시청은 태봉산을 허물어 그 흙으로 경양방죽을 메워서 지었다.
시청은 상무대가 나가고 상무지구가 생기면서 이사를 갔다.
상무지구에 새로 지은 시청은 아주 으리으리하고 바닥도 모두 돌을 깔아 번들번들했다.
장미꽃밭도 아주 잘 가꾸어졌고 바닥에 작은 깨진 돌을 깔아서 풀이 하나도 없었다.
장미가 빨간 것도 있고 노란 것도 있고 하얀 것도 있었다.
사진을 많이 찍었는데 나 혼자 독사진도 좀 찍어 달라고 했다.
그리고 돈을 줄 테니 사진을 보내달라고 했다.
원래는 사진을 안 찍는데 오늘은 장미가 예뻐서 장미꽃이랑 함께 찍고 싶었다.
꽃구경을 하고 나서 시청 안으로 들어가 쉬는데 요구르트를 하나씩 주었다.
그런데 나는 안 먹겠다고 했다.
다른 음료수를 드실거냐고 해서 아무 것도 안 먹는다고 했다.
먹으면 나오는데 그래서 화장실을 가게 되면 도우미를 성가시게 하기 때문이다.

오늘 봉사 온 학생들 등치나 난생 처음 구경한 장미꽃 예쁘게 핀 시청의 으리으리한 모습은 미국 어디에 내놓아도 뒤지지 않을 것이다.
정말 많이 발전했다.
내가 1992년에 미국에 가서 봤던 것과 다른 게 없다.
이제 우리나라도 미국과 막상막하다.

〈시청 장미꽃밭에서, 일부러 찍어 달라고 해서 찍은 독 사진〉

〈미국 여행: 나이아가라, 요세미테, 샌프란시스코, 백악관. 1992년〉

2018. 5. 25 금요일 (100세 + 173일)

소련 사람 속지 말고 미국 사람 믿지 마소

북한과 미국의 정상회담이 무산되었단다.
어제 밤중에 미국 대통령이 취소시켰단다.
어제 저녁밥을 먹고 넷째한테 "미국은 북한과 협상할 생각이 별로 없을 것 같다"고 했다.
왜냐면 미국이 얻을 이익이 별로 없기 때문이다.
미국은 한국이 북한과 전쟁을 해야 무기도 팔고 해서 더 이익이 나기 때문이다.
그런데 내가 예상했던 대로 트럼프가 회담 취소를 선언해버린 것이다.
넷째는 잘 될 것이라고 완전히 믿던데 북한 사람들은 거짓말을 밥 먹듯 해서 정말 믿기 어렵다.
그런데 미국도 믿을 것이 아니다.
내가 어렸을 때 불렀던 노래가 생각난다.
"소련 사람 속지 말고 미국 사람 믿지 말고 조선 사람 조심하소, 일본 사람 일어나네."
세상에 믿을 놈이 하나 없고 이놈이나 저놈이나 보통 강적들이 아니니 문대통령이 참 힘들겠다.
잘 되게 하려고 그렇게 노력했는데 안 되어서 문대통령이 짠하다.
그래도 평화는 포기할 수 없는 일이니 어떻게든 잘 돼야 하는데 얼쩔랑가 (어떨런지) 모르것다.

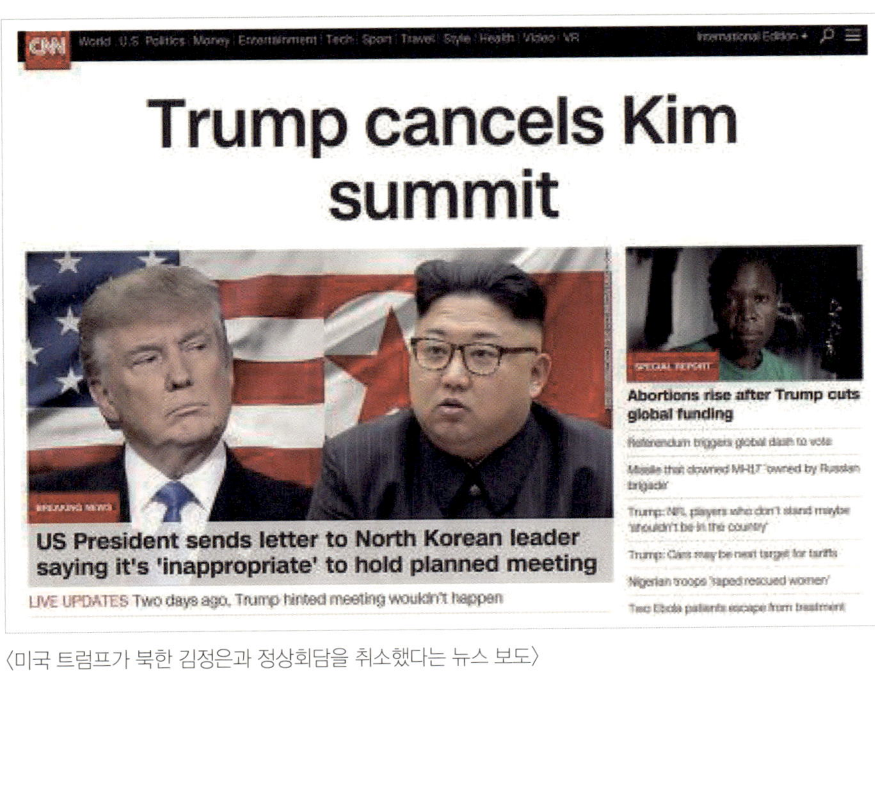

〈미국 트럼프가 북한 김정은과 정상회담을 취소했다는 뉴스 보도〉

2018. 5. 26 토요일 (100세 + 174일)

5월의 어느 운수 좋은 날

오늘은 피곤해서 센터에 안 가고 집에서 쉬었다.
수만리도 안 따라가고 혼자 집에 있었다.
수만리에 머위대가 많이 컸을 텐데, 좀 베어오라고 해도 다른 일이 많다고 베어 오지 않았다.
집에 울타리도 없어 남들이 다 베어 가겠다고 해도 누가 그걸 베어 간다냐며 꿈쩍도 않는다.
나는 머위대 호랭이다.
풀 종류 중에서는 머위대를 제일 좋아한다.
초장에 묻혀도 좋고 들깨가루 넣어 볶아도 좋고 국을 끓여도 좋고 생선찜에 넣어도 좋다.
요즘도 계속 머위대 반찬을 먹고 있었는데 연하고 부드러워 씹기도 좋고 삼키기도 좋다.
또한 변보는 데도 좋아 즐겨 먹는다.

생선류로는 황실이를 좋아한다.
몸에 누런 빛이 나고 머리에 단단한 돌 같은 뼈가 있어 황석어라고도 부른다.
약한 불에 오래 졸이면 뼈도 연해져서 뼈째 먹을 수 있다.
아가미 근처 가시가 조금 센 경우가 있는데 대개는 괜찮다.
넷째가 수만리에 다녀오면서 모처럼 머위대를 몽땅 삶아서 가져왔다.
푹 삶아야 껍질 벗기기가 좋은데 큰 솥이 없어 작은 솥에 나누어 삶다 보니 시간이 많이 걸려 대충 삶아 왔단다.
껍질 벗기기가 좀 힘들었지만 내가 원체 (워낙) 좋아하는 것이라 힘 드는 줄 모르고 벗겼다.
그런데 저녁에 막둥이 어멈이 또 황실이찜을 해서 한 냄비 가져 왔다.
제일 좋아하는 채소와 제일 좋아하는 생선이 한꺼번에 굴러 들어와 정말 오늘은 쌍복이 터진 운수 좋은 날이다.
매일 이런 날만 있으면 좋겠다.

〈넷째가 가져 온 머위대와 막둥이 어멈이 해 온 황실이찜〉

〈삶은 머위대를 손질하는 모습〉

2018. 5. 27 일요일 (100세 + 175일)

기정떡의 발상지 내 고향 사평

오늘은 기정떡을 사러 내 고향 사평에 갔다.
사평은 기정떡의 원조 발상지로서 전남 화순군 남면 면사무소가 있는 곳이다.
내 고향 배수는 보성강 줄기를 따라 4킬로를 더 내려가야 하는데 장을 보거나 솜을 타거나 약을 지으러 늘 다녔던 곳이고 내 아래 동생이 논을 좀 사달라고 해서 사준 논도 있는 곳으로 내 고향이나 다름없다.
광주에서 50리가 넘는 그곳까지 가서 기정떡을 사려고 한 것은 나를 너무 잘 보살펴 준 요양원 원장님과 직원들에게 고마움을 표시하고 싶어서였다.
지금은 기정떡을 여기저기에서 만들지만 원조는 사평이다.

냉장고가 없던 60-70년대에는 여름에 음식이 너무 잘 쉬는 것이 문제였다.
술떡이라고도 했던 기정떡은 막걸리로 발효시켜 만들기 때문에 여름에 오래 두어도 잘 쉬지 않아서 우리 지역에서는 여름 잔치 때 자주 해먹었다.
그때는 쌀이 귀한 시절이어서 주로 묵은 냄새나는 오래된 쌀이나 물에 잠겨 조금 상한 쌀로 해먹었다.
타지 사람은 잘 모르고 쌀도 비싸 떡을 해먹기 어려운 시절에는 사평기정떡집이 근근히 명맥을 유지할 정도였다.
그런데 쌀이 남아돌면서 쌀 값이 싸져서 기정떡 한 상자를 단돈 만원이라는 싼 값에 공급 할 수 있게 되고 잘 쉬거나 굳지 않기 때문에 며칠을 두고 먹을 수 있어서 점차로 유명해졌다.
기정떡 집이 화순읍에도 있고 구암리에도 있지만 사평기정떡집에 여전히 손님이 많았다.
보통 두세 상자를 사고 너댓 상자를 사는 사람도 꽤 있었다.
우리는 개별 포장된 24개 들이 보통으로 3상자, 32개 들이 대형으로 1상자를 샀다.
내가 3상자를 사라고 했는데 넷째가 원생들 간식용으로 대형 상자를 하나 더 샀다.
조금 부족할지 모르겠다는 생각을 했는데 넷째가 어찌 알고 큰 것 하나를 더 사서 잘 되었다.
나온 김에 사평 들판도 둘러 봤는데 겨울 보리가 누렇게 피어 있어 마음이 흡족했다.

〈사평기정떡과 보리가 누렇게 핀 내 고향 사평 들판〉

2018. 6. 4 월요일 (100세 + 183일)

산 효자는 없어도

오늘 아침에 황실이 조림이 나왔다.
내가 좋아하는 황실이를 수만리 가는 길에 화순 하나로 마트에서 킬로에 만 원씩 주고 2킬로를 샀었다.
그동안 해주지 않아서 언제 해주나 했는데 오늘 아침에야 나왔다.
그런데 맛이 하나도 없었다.
황실이를 샀던 그 날 바로 했더라면 맛있었을 텐데 이틀이나 지나서 했으니 맛있을리가 없다.
그동안 내가 황실이 노래를 불러서 황실이를 샀기는 샀는데 토요일에 만삭인 수경이가 두 아들을 데리고 와서 일박이일로 왔다 가는 바람에 황실이 요리 시간이 없었던 것 같다.
그런데 황실이 손질을 누가 했냐고 물어보니 넷째가 했다고 한다.
어두육미라고 하지만 황실이는 황석어라고도 하는 것처럼 머리에 돌처럼 단단한 게 들어있어서 머리를 떼어 내야 한다.
또한 아가미 옆에 있는 낫과 같이 생긴 단단하고 뾰족한 가시도 제거해야 뼈 채로 먹을 수 있다.
아가미 아래에 있는 아래 지느러미도 가시가 단단하니 제거하는 것이 좋다.
넷째가 어찌 깔끔하게 제거했는지 가시는 없었으나 맛이 없었다.
죽순을 넣었는데 집 뒤 대밭에서 넷째 어멈이 손수 끊었다고 한다.
내가 대밭에 좀 들어가 보라고 자꾸 자꾸 이야기했더니 그 말 대접으로 몇 개 끊은 것 같다.
손자들 볼라 시어머니 말 대접하랴 힘들기는 하겠지만 서운할 때가 많다.
어멈은 아이들과 노는데 나는 들리지 않아 끼어들지 못해서 소외당한 느낌이 들 때가 많다.

과일이나 생선이나 제철에 난 것이 최고이고 싱싱할 때 먹어야 제 맛이다.
오늘 황실이 조림이 맛이 없는 것은 황실이 철이 약간 지난 것에다 싱싱할 때 바로 요리하지 않는 것 때문이다.
아니, 이것도 저것도 아니고 먼저 간 큰아들 때문일지 모른다.
누구에게도 내색은 안 했지만 지난 토요일이 큰아들 생일이었다.
지 아버지보다 생일은 하루가 늦고 기일은 하루가 빠르다.
우연 치고는 기막힌 우연이다.
큰아들 첫째와는 싸우기도 많이 싸웠으나 서운하고 섭섭한 생각은 하나도 없다.
세상 떠나기 며칠 전에 내 목을 껴안고 울면서 어머니 세상에 이런 불효자식이 어디 있냐고 하면서 죄송하다고 했던 마지막 모습과 언제나 잘나고 똑똑한 모습만 눈에 선하다.
산 효자는 없어도 죽은 효자는 있다더니.
큰아들 생각에 뭘 준들 맛이 있겠는가!

2018. 6. 5 화요일 (100세 + 184일)

건망증은 심해져도 치매는 아니길

요즘 부쩍 건망증이 심해진다.
생각이 나지 않았어도 나중에 생각이 나면 건망증이고 계속 생각이 안 나면 치매라고 들었다.
그런데 나는 생각을 하면 나중에 생각이 나니 치매는 아니다.
요양원에서 보면 치매 안 걸린 사람이 거의 없다.
그런데 나는 치매가 아니니 직원들이 나를 보고 건강하다고 한다.
대화가 되니까 그렇게 말하는 것 같다.
오늘도 화장실 갈 때 도와 준 양선생이 어르신 참 건강하다고 했다.
양선생은 제주 양씨인데 화순 이양이 고향이라고 했다.
저녁밥 먹고 넷째와 이야기하다가 양선생 고향이 이양이라고 말하려고 하는데 갑자기 생각이 안 나버렸다.
내가 "능주 바로 아래"라고 하니 넷째가 큰 형수 고향 "춘양이요?"한다.
아니라고 하고 생각을 하니 결국 생각이 나서 "이양"이라고 하니 넷째가 자기보다 낫다고 한다.

센터에서 보니 정말 오래 살아도 치매는 안 걸려야겠다는 생각이 들었다.
자기는 생각이 없으니 괜찮을지 모르지만 자식들이나 돌보는 사람은 얼마나 마음이 안 좋고 힘이 들겠는가!
그래서 나는 건망증은 좀 심해지더라도 치매는 절대 안 걸리고 곱게 죽고 싶다.
내가 나이는 많아도 치매에 안 걸린 것은 한시도 가만히 있지 않고 꼼지락 거리고 아니면 이런 저런 생각들을 계속하기 때문인 것 같지만 유전도 있는 것 같다.
내 친정 아버지, 어머니가 모두 오래 살으셨지만 치매 없이 좋게 가셨다.
나도 늘 눈만 감으면 기도하고 있으니 치매로 자식들 고생 안 시키고 어머니 아버지처럼 잠들 듯이 갈 것이라고 굳게 믿고 있다.
작년에 찍은 내 머리 시티에서도 내 머리는 아주 건강해서 치매를 걱정 안 해도 된다고 했으니 정말 그러면 좋겠다.

2018. 6. 8 금요일 (100세 + 187일)

이빨이 없으면 잇몸이

넷째가 학회 때문에 일박이일로 서울에 갔다.
딱 하루 자고 오는 것이지만 걱정이 되었다.
틀니 닦는 것이야 혼자 한다고 하지만 화장실 가서 옷 내리고 올리는 것은 혼자 할 수 없어 내심 걱정이 되었다.
다른 교수들은 이박삼일로 가는데 줄여서 일박이일로 가는 것을 못 가게 할 수도 없었다.
자다가 화장실을 두 번씩 가는데 참으려 해도 할 수 없어 1시와 5시경에 화장실에 갔다.
내가 변기에 앉으려고 하면 언제 왔는지 넷째 어멈이 와서 옷을 내려주고 또 용무를 마치고 일어나면 또 옷을 올려 주었다.
오밤중에 어찌 알고 일어나서 이렇게 도와줄까, 너무 너무 고마웠다.
그러면서 한편으로는 넷째가 학회에 가면서 얼마나 부탁을 했을까 하는 생각도 들었다.
그런데 나중에 넷째한테 말했더니 부탁하고는 싶었는데 차마 미안해서 부탁하지 못했다고 한다.
이빨이 없으면 잇몸이 대신한다더니.
넷째 없는 사이에 넷째 어멈이 대신해줘서 무사하게 일박이일을 보내고 넷째도 다시 보게 되었다.
참 고마운 일이다.

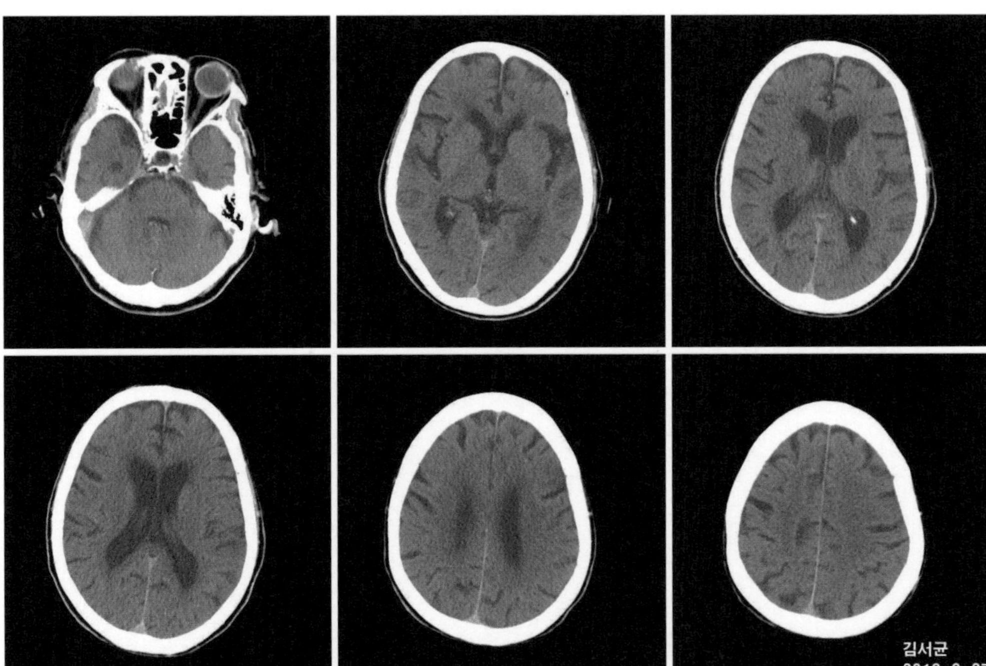

〈100살 때 찍은 건강한 내 머리 시티 사진, 2017년〉

2018. 6. 9 토요일 (100세 + 188일)

엄마 흉을 보더라도

오늘 저녁에 막둥이 집에서 광주 식구들이 모두 모였다.
칠남매 중 광주에 사는 사형제가 모여도 실은 얼마 되지 않는다.
큰애와 둘째, 넷째 부부와 막둥이 부부에 나까지 해도 일곱뿐이다.
더군다나 넷째는 서울 학회에 다녀오느라 여섯 시 반에 왔고 둘째는 다섯 시 반에 와서 저녁 먹고 먼저 가버려서 실제는 여섯이 모인 셈이다.
모인 이유는 막둥이가 생일 턱을 냈기 때문이다.
막둥이도 올해 60이 되었다.
칠남매 막둥이까지 60살을 먹다니 믿기지 않는다.

막둥이 어멈이 준비한 갖은 요리에 생일 케익까지 먹고 나니 큰애가 중국에 사는 막내 며느리가 주었다는 중국 국수와 직접 담은 열무 김치, 방게장을 주었다.
큰애가 만든 음식은 무엇이든 내 입맛에 딱 맞는다.
같이 살 때는 먹는 것만큼은 정말 참 잘 먹었다.
그런데 큰아들이 먼저 가고 넷째와 막둥이 집에 살게 되면서 큰애 반찬 생각이 자주 났다.
그런데 오늘 내가 좋아하는 반찬을 해 와서 너무 좋았다.
광주 자식들이 모두 모여 함께 저녁을 먹는 모습을 보니 또한 보기가 너무 좋아서 내가 없더라도 자주 만나라고 했다.
엄마 흉을 보더라도 좋으니 적어도 한 달에 한 번은 모여서 추어탕이라도 같이 먹으라고 했다.
형제 간 우애는 여자들 하기 나름이니 여자들이 나서서 서로 자주 만나는 기회를 만들라고 당부했다.

2018. 6. 12 화요일 (100세 + 191일)

북한과 미국이 만나다니

북한의 김정은이와 미국 대통령이 싱가포르에서 만났다고 한다.
만난다 안 만난다 하더니 결국 만났다고 한다.
두 철천지 원수가 만났다니 정말 믿기지 않는 일이다.
이전에 문대통령이 판문점에서 김정은이를 만나서 말을 잘했던 것 같다.
핵무기를 없애고 서로 침략하지 않고 평화롭게 지내기로 했다고 하니 정말 잘된 일이다.
전쟁을 겪어보지 않은 사람들은 전쟁을 대수롭지 않게 생각한다.
그런데 전쟁을 하면 너나없이 다 손해다.
우리 집도 6·25전쟁 통에 그 많은 재산을 잃고 손 탈탈 털고 그나마 선영의 덕으로 간신히 목숨만 건지고 거지가 되다시피 했다.
그런데 공산주의자들은 거짓말을 잘하니까 속지 않도록 해야 한다.
6·25동란 때 반란군들은 국군에 포위당해 다 죽게 생겼는데도 중국군이 피리좃대를 불고 지금 곧 내려온다고 선전을 하고 하늘에 갈가마귀처럼 시커멓게 뜬 미군 전투기를 중국 전투기라고 거짓 선전을 했었다.

김정은이도 숨어서 살 수 없으니 제 살 길을 찾아 하는 일이지만 그래도 마지막까지 둘리지 않도록 정신을 바짝 차려야 한다.
핵 무기를 어디다 숨겨 놓고 없다고 할 수도 있으므로 잘 확인해야 할 것이다.
그런데 전 세계를 향해 평화를 하겠다고 했고 전 세계가 지켜보고 있었으니 이제는 거짓말하기도 쉽지는 않을 것이다.
이제 둘이 만났으니 서로 왔다 갔다 하면서 더 친해지고 가까워져서 전쟁 없는 세상이 오면 좋겠다.

〈미국의 트럼프 대통령과 북한의 김정은 위원장의 싱가포르 정상회담 장면, 연합뉴스〉

2018. 6. 14 목요일 (100세 + 193일)

손가락질을 다 당하다니

요양원 주간보호센터가 새로 지은 이층으로 완전히 이사를 했다.
이층이고 남향이어서 훤하고 둘러싸고 있는 산들도 다 보여서 아주 좋다.
그런데 대낮에도 천장 불을 다 켜놓고 있어서 내가 또 지적질을 했다.
5개씩 네 줄을 켜놓고 있는데 절반만 켜라고.
일하는 것도 아니고 그냥 서로 멍하니 바라만 보고 앉아 있는데 무슨 불이 필요하냐고!
우리나라 발전소가 영광하고 성류굴이 있는 울진하고 두 개밖에 없는 것으로 알고 있는데 그렇게 전기를 쓰면 되겠냐고 한 줄씩 꺼라고 했다 (주: 직접 가보신 발전소가 이 두 곳이어서 두 개밖에 없는 것으로 알고 계심).
그랬더니 몇 사람 건너 앉은 어떤 사람이 나한테 손가락질을 했다.
나는 귀가 어두워 소리는 못 들었지만 저 늙은이가 또 잔소리한다고 했을 것이다.
그러나 나는 안 들리니 상관없다 그래 욕할라면 해라.
내 집도 아니고 원장과 친인척 관계도 아니지만 쓸데없는 낭비는 줄여야 하기에 한 말이었다.

오후에는 원장이 와서 옆에 앉아 불편한 것이 없냐고 물었다.
그래서 대낮에 무슨 불을 다 쓸 필요가 있나 싶어서 절반을 끄라고 했다고 했다.
그랬더니 원장이 어르신 고맙습니다 하고 일어나서 불을 직접 껐다.
역시 원장이라 달랐다.
다른 직원들은 아무리 말해도 듣지 않더니 원장은 달랐다.
그래서 덧붙여 몇 마디를 더 했다.
화장실이 좁아 휠체어가 못 들어가는 문제, 남자 소변기와 여자 화장실이 나란히 있는 문제를 지적했다.
새로 지은 집이 다 좋은데 불편한 노인들 상황을 전혀 생각하지 않은 것 같아서 지적을 했다.
집에 와서 넷째한테 불 끄라고 하다가 손가락질을 당했다고 했다.
그랬더니 넷째가 이제 그만 하시라고 한다.
그래서 나도 다시는 안 하려고 맘을 먹었다고 했다.
넷째가 아무리 좋은 이야기도 자꾸 반복해서 하면 짜증이 나고 요즘 전등은 옛날 전등의 십분의 일밖에 전기를 먹지 않는다고 한다.
열 개를 켜도 전기는 하나 켜는 것밖에 들지 않아 낮에도 불 켜놓는 것이 버릇이 되어 있다고 한다.
어떻든 다시는 불 끄라는 말은 하지 않을 것이다.
손가락질을 당해서가 아니라 주인인 원장한테 직접 말했으니까.
이제 주인이 알아서 할 것이다.

2018. 6. 18 월요일 (100세 + 197일)

오랜만에 인간다운 목욕을

월요일은 목욕날이다.
그런데 지금까지는 목욕이 물 한 바가지 끼얹고 마는 식이었다.
그래서 항의도 했다.
개도 이런 식으로는 하지 않는다고.
그러면 이것은 목욕이 아니고 샤워라고 하며 목욕은 집에서 해달라고 하라고 했다.
정말 자존심 상하는 목욕이었다.
아무래도 직원이 아니고 자원봉사자가 해주는 것 같았다.
새로 이사해서 2주째인데 오늘 목욕은 과장이라는 직원과 다른 직원하고 둘이서 해줬다.
물도 많이 찌클어 (끼얹어) 주고 칼칼이 (깨끗이) 씻겨 주었다.
몇 번이고 깨끗이 해줘서 고맙다고 했다.

오후에 원장이 와서 옆자리에 앉았다.
그래서 내가 새 건물로 이사해서 안 좋다고 했다.
왜 그러시냐고 해서 "원장님 얼굴 보기 힘들어서"라고 했다.
그랬더니 원장도 "나도 어르신이 안 오시면 허전하다"고 하면서 자기 어머니가 빨리 돌아가셨는데 그 어머니가 어르신을 보내준 것 같다고 무슨 인연이 있는 것 같다고 한다.
그리고 "이전에는 어떤 사람이 요양원에 가는지 궁금했는데 여기 와서 보니 여기라면 누구든 자기 부모를 맡겨 놓고 한 번씩 와서 보면 기분이 좋을 것 같다"고 했다.
산으로 둘러싸인 공기 좋은 환경에서 집에서 자식들이 해주는 것 이상으로 극진한 대접을 받고 있는 것을 보면 기분이 좋을 것 같다고 했다.
그랬더니 원장이 그러시냐고 하며 웃는다.
오늘은 목욕도 인간답게 하고 친딸같이 좋은 원장도 봐서 참 기분 좋은 날이다.

2018. 6. 19 화요일 (100세 + 198일)

수경이가 셋째를 낳아 너무 좋은 날

결혼도 안 하고 결혼해도 아이를 낳지 않는 세상에 수경이가 셋째를 낳았다.
연속 아들 둘을 낳고는 다시 또 딸을 갖고 싶다고 했더니 산후조리원 간호사들이 5년 이내에는 절대 갖지마라고 했다고 한다. 다시 또 가지면 묻지마라 아들이라고.
그런데 용감하게 또 가져서 딸을 낳았으니 얼마나 잘 했는가!
이틀 전 일요일에 정서방 생일 축하 겸해서 수경이가 분만 휴가 시작 전에 같이 저녁 먹자고 해서 만났는데 보니 남산만한 배가 아래로 축 쳐져 있어서 곧 낳겠다 싶었다.
그런데 오늘 아침에 입원해서 오후 4시 19분에 낳았다고 한다.
6월 19일 4시 19분에 3.5 킬로로 이목구비가 뚜렷하고 기골이 장대하여 여걸이 될 인상이라고 한다.
수경이 시할머니가 그랬다고 한다.

수경이는 지 엄마 닮아서 애도 수월하게 서고 낳기도 수월하게 낳는다.
얼마나 큰 복둥이인지 모르겠다.
나라에서도 큰 상을 주어야 한다.
수경이 덕분에 나는 학동에서 제일 맛있다는 현대 김밥을 먹었다.
넷째 어멈이 수경이 수발하러 산후조리원으로 가버리는 바람에 넷째가 학교 앞 김밥집에서 저녁에 먹을 김밥 세 줄을 사온 것이다.
얼마 전에 풍암동 금호 노인정 근처 김밥이 먹고 싶다고 했는데 거기까지는 못가고 대신 학동에서 제일 맛있다는 김밥을 사온 것이다.
소문대로 간이 잘 맞아 맛이 있었는데 한 줄에 이천 원이나 한다고 했다.
수경이는 고대하던 딸을 낳고 나는 덕분에 증손이 하나 늘었고 또 학동에서 제일가는 김밥도 먹었다.
굶어도 배가 부를 텐데, 먹고 싶었던 김밥도 먹게 되어 너무 기분 좋은 날이다.

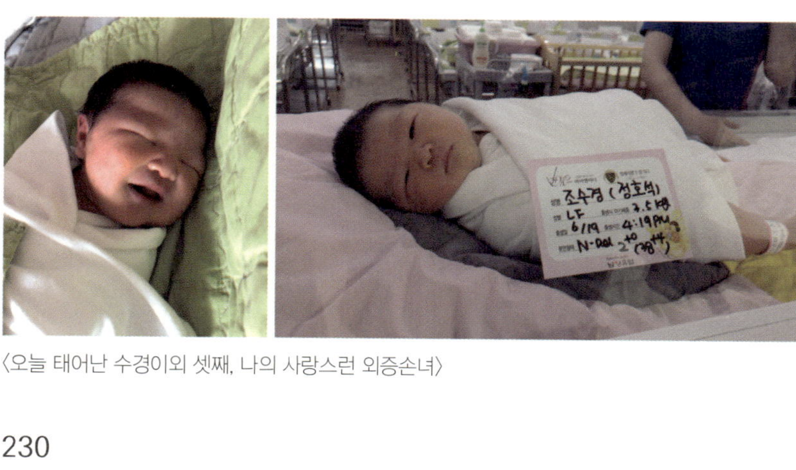

〈오늘 태어난 수경이의 셋째, 나의 사랑스런 외증손녀〉

2018. 6. 20 수요일 (100세 + 199일)

나는 천하에 바보 멍청이

나는 아이를 많이 낳았다.
아홉을 낳아 홍역으로 둘을 어려서 보내고 일곱을 키웠다.
그래도 나는 아이를 좋아한다.
손자나 증손자를 보면 오져 죽겠다.
그런데 사람들은 말한다.
손자 예뻐해 봤자 아무 소용없다고.
조금만 크면 언제 봤냐고 할 것인데 뭘라고 정을 주냐고!
그래서 영리한 사람들은 손자나 증손자에게 정을 주지 않는다고 하는데 나는 멍청해서 좋아 죽는다.
아마 나만 짝사랑을 하는지도 모르지만 나는 자식보다도 손자들이 더 예쁘다.
어제 셋째를 낳은 수경이가 궁금하고 고생했다고 말하고 싶어서 전화를 했는데 받지 않는다.
넷째한테 해보라고 하니 역시 받지 않는다고 한다.
정서방한테 전화해서 물어보니 애기 젖을 주고 있다고 한다.

조금 있으니 수경이가 전화를 했다.
수경이한테 둘도 힘든데 셋째를 낳아서 대단하다는 칭찬과 딸을 낳아서 정말 잘했다고 축하를 해줬다.
여자 의사하기도 힘든데 정말 대단하다.
가서 보고 싶지만 마음대로 움직일 수 없어 전화로만 했다.
그리고 미안하다고 했다.
"나 때문에 엄마가 너를 못 도와주고 여기에 있으니 미안하다"고 했다.
수경이가 "할머니, 괜찮아요"라고 한다.
두 아이들은 누가 보냐고 하니 시아버지가 보고 있다고 한다.
"시아버지가 정말 좋아하시겠다"고 했다.
"세 아이 잘 키우고 혼자되신 시아버지께도 잘 해서 귀염 받고 잘 살아라"고 했다.
여러 손녀들 중에 수경이가 나를 제일 많이 닮았다.
어렸을 때 내가 키워서 그런지 정이 많이 간다.
그런데 나를 많이 닮아 나처럼 바보가 되면 어쩔까 걱정이 된다.
나처럼 천하에 바보가 되면 안 되는데 어쩌지?

2018. 6. 21 목요일 (100세 + 200일)

틀니가 다시 태어나다

틀니가 또 말썽을 부렸다.
윗니는 완전 틀니이고 아랫니는 부분 틀니인데 윗 틀니의 이빨 하나가 깨져 버린 것이다.
이 틀니는 넷째의 제자의 부인이 하는 치과에서 맞춰서 삼십년 가까이 쓰고 있다.
그동안 입천장 쪽 레진이 깨져서 여러 차례 다시 때워 썼다.
그런데 이번에는 깨진 금이 앞니까지 이어져서 인공 치아 앞니 하나의 일부가 떨어져 나가 큰 틈이 생겨 버렸다.
넷째가 깨진 틀니를 보고는 마트에 가서 순간접착제를 사왔다.
완전히 쪼개져 버리면 틀니가 완성될 때까지 밥을 먹을 수 없으니 더 벌어지지 않도록 응급처치를 하였다.
이전에도 몇번 금이 벌어졌는데 넷째가 순간접착제로 고정했었다.
그리고 치과대학병원 보철 전공 박교수님 진료를 급히 예약했다.

넷째가 3시에 복지관으로 나를 데리러 왔다.
순환도로를 타고 치과병원으로 갔는데 아주 멀었다.
광주의 남쪽 끝에서 북쪽 끝트머리로 가는 거여서 아주 멀었다.
치과병원 지하주차장으로 갔는데 빈 자리가 없었다.
넷째 혼자서 휠체어로 나를 싣고 가야 하니 할 수 없이 비어 있는 지정석에 차를 놓고 올라갔다.
넷째 어멈은 산후조리원에 있는 수경이 수발하러 가서 혼자서 하려니 할 수 없다고 했다.
연락이 오면 차를 빼주기로 하고 지정석에 두고 올라갔다.
내가 3급 장애인이니 장애인 자리에 주차할 수 있지만 넷째 차에 장애인 주차증이 없기 때문이다.
진료실로 올라가니 전공의 선생님이 왜 오셨냐고 해서 틀니가 깨져서 새로 하려고 왔다고 했다.
전공의 초진 후에 연락을 받고 보철전공 박교수님이 오셨다.
그런데 보시고는 틀니를 새로 하면 여러번 병원에 와야 하고 새 틀니에 적응하는 데도 시간이 걸리니 고쳐서 쓰게 해준다고 한다.
나도 그렇게 할 수 있으면 최고로 좋다고 생각했다.
서지도 걷지도 못하는 나를 한두 번도 아니고 몇번을 휠체어로 왔다 갔다 해야 한다는데 이는 보통 힘든 일이 아니다.
병원에서 돈을 벌려고 하면 틀니를 새로 하라고 할 텐데 고쳐 쓰게 해준다니 너무 좋았다.
윗 틀니 깨진 인공 치아와 그 옆의 것을 함께 제거하여 새 인공 치아를 박고 금간 부분의 레진은 모두 제거하여 새로 입혔다.

아래 앞 이빨 두 개가 없는 것도 아랫 틀니에 인공 치아 두 개를 박아서 이빨 빠진 것을 감쪽같이 가려지게도 해주었다.
그 교수님은 친절하실 뿐만 아니라 손재주가 좋아서 본인이 직접 장비를 가지고 만들어 주었는데 정말 정말 감사했다.
환자나 가족의 입장에서 생각하여 환자에 딱 맞는 맞춤 서비스를 해준 것이다.
세상에 이런 의사선생님도 다 있나 싶었다.

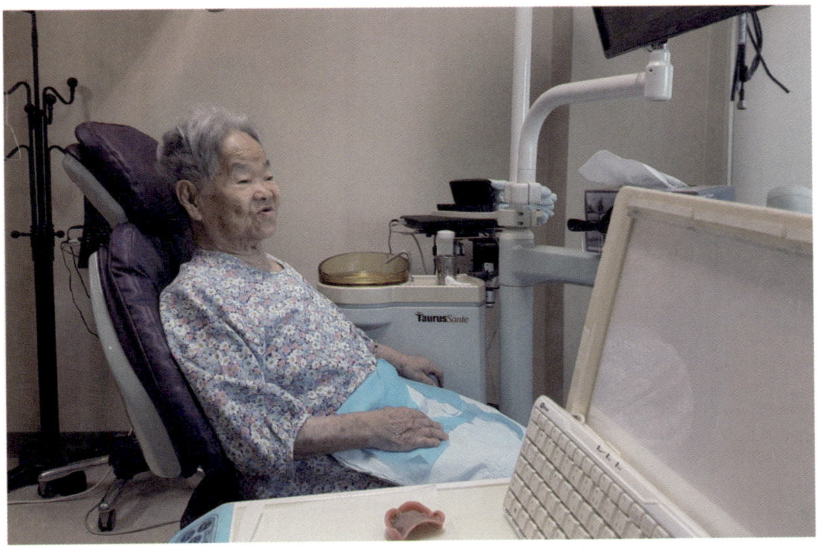

〈치과 치료를 받고 있는 모습〉

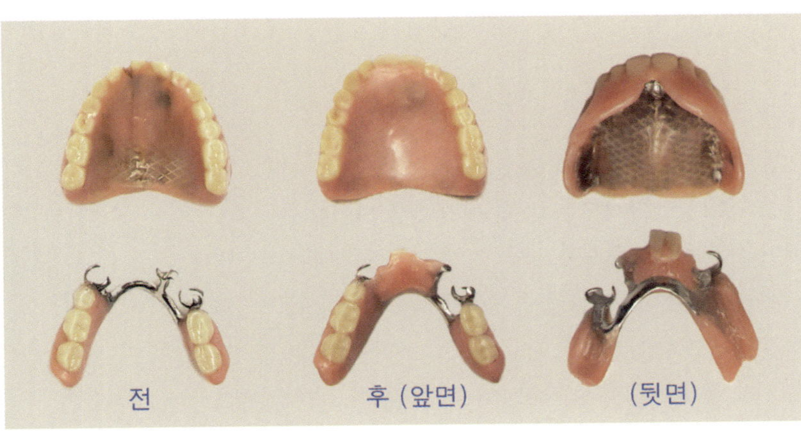

〈왼쪽: 윗 틀니 입천장이 길게 금이 가서 앞니까지 깨진 모습, 가운데: 입천장 레진을 새로 입히고 깨진 인공 치아도 교체한 모습, 오른쪽: 고친 틀니의 뒷면으로 아래 틀니에 빠진 앞니를 채울 인공 치아가 붙여진 모습〉

2018. 6. 24 일요일 (100세 + 203일)

보고 싶은 세기 동갑을 만나다

오늘은 일요일이라 수경이 셋째를 만나러 산후조리원에 갔다.
원래 내일이 예정일이었는데 지난 주 화요일에 낳았다.
그렇지 않아도 복둥이 수경이도 보고 싶고 갓난아이 셋째도 보고 싶었는데 넷째가 같이 보러 가자고 해서 좋다고 했다.
병원은 상무지구에 있었다.
순환도로로 가는 길은 멀었지만 광주에 살면서도 한번도 못 가본 상무지구도 구경하게 되어 수경이 덕이라고 생각했다.
상무지구는 국군 상무대가 장성으로 빠져 나가고 생긴 신 시가지이다.
그래서 도로도 미국처럼 넓고 쭉쭉 뻗어 있었다.
일요일이라 병원 주차장에 차가 꽉 찬 것은 아니지만 내가 휠체어로 내려야 하니 조수석 쪽에 공간이 있어야 한다.
그렇다고 장애인 주차장을 이용할 수도 없다.
장애인 주차증은 막둥이 차에 있기 때문이다.
그렇다 보니 지하 3층까지 내려갔다.
거기에는 주차 면이 두 개 나란히 비어 있는 곳이 있었다.
넷째 어멈은 짐 3개를 하나는 등에 메고 나머지 두 개는 양 손에 들고, 넷째는 휠체어에 나를 밀고 갔다.

7층 신생아실로 가서 기다리고 있던 수경이를 만나고 신생아실 창을 통해 깐난이 (갓난이) 셋째도 보았다.
눈을 감고 있다가 가끔 실눈을 뜨고 바깥세상을 보려는 듯했다.
세기 동갑 외증조할머니가 반가운 모양이다.
내가 1918년에 태어났으니 2018년생인 셋째와는 꼭 한 세기 백년 차이다.
내가 움직이지는 못해 휠체어로 왔지만 이렇게라도 볼 수 있다는 것은 대단한 일이다.
올 초만 하더라도 몇 발만 걸어도 가슴이 아프고 숨이 차서 꼼짝을 못했는데 말이다.
셋째는 기골이 장대해서 여걸이 될 모습이었다.
얼굴은 두 오빠들 중간 정도인데 두 오빠들을 다 해볼 (이길) 것 같은 모습이었다.
셋째 면회를 하고는 6층 휴게실로 내려왔다.
수경이한테 할머니 금일봉을 주고 잘 했다고 대단하다고 많이 많이 축하해주었다.

휴게실에서 과일을 깎아먹으며 이야기를 하다 넷째 어멈은 수경이 수발하러 남고 넷째와 나만 둘이 집으로 왔다.
그러고 보니 수경이 덕에 넷째와 나 둘이서 며칠째 살고 있는데 이것도 색다른 경험이다.
그동안 넷째가 설겆이를 하면 나무랬는데 이제 나무랄 수가 없게 되었다.
그리고 넷째가 눈앞에 보이지 않으면 불안해서 호출 벨을 누르고 거실에까지 나와 "어딧냐, 어딧냐"하며 찾고 다녔다.
이제 막 태어난 동생을 시샘하는 아이처럼!

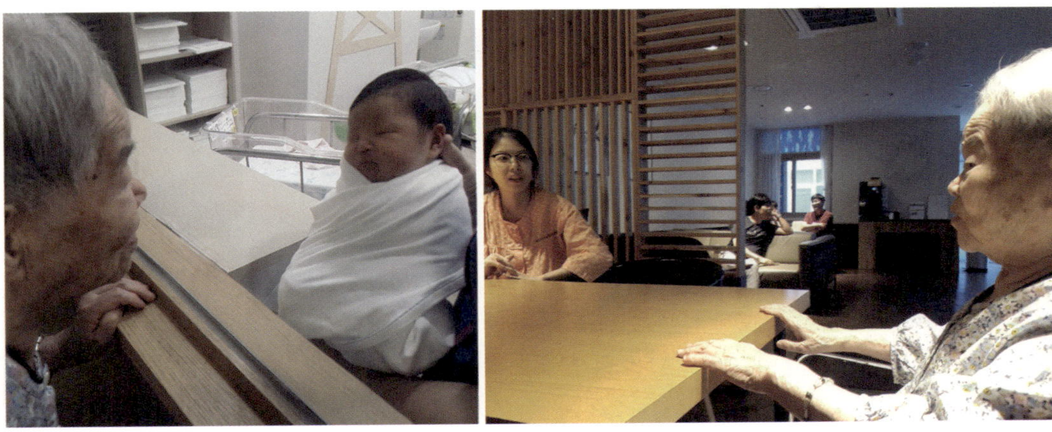

〈산후조리원으로 면회가서 만난 세기 동갑, 외증손녀 정지원〉

2018. 6. 27 수요일 (100세 + 206일)

남녀 칠세 부동석은 시효가 없다

오늘 점심 때 남자는 남자끼리, 여자는 여자끼리 밥을 먹었다.
월요일에 내가 안선생을 불러서 따졌더니 달라졌다.
내가 따졌던 것은 다른 것이 아니다.
지난 월요일에 나와 어떤 남자 둘만 한 테이블에서 점심을 먹게 하고 다른 사람들은 모두 다른 데에서 먹은 것 때문이었다.
남녀가 엄연히 달라 남녀 칠세 부동석인데 외간 남자와 겸상을 하게 한 것이었다.
아무리 나이가 많은 노인네들이라고 남녀가 엄연한데 동석하여 겸상을 하라니!
나는 지금까지 살면서 다른 남자 손 한 번 잡은 적이 없고 어떤 남자와도 겸상을 한 적이 없는데 둘이 한 상에서 점심을 먹게 해서 참을 수가 없었다.

휠체어로 움직여야 해서 두 분이 같이 드시도록 했다고는 하지만 앞으로도 남자랑 둘이는 절대 안 먹겠다고 했다.
그랬더니 오늘은 남자 여자 따로 따로 밥을 먹게 했다.
웬만하면 앞으로 계속 볼 사람들이니 싸우지 않고 좋게 지내려고 하는데 보다보다 못해 고치라고 말했던 것이다.
잘못된 것을 보고도 꿀 먹은 사람처럼 아무 말 하지 않고 있으면 누가 알고 고치겠는가!
아무리 세상이 말세라도 지킬 것은 지켜야한다.
남녀 칠세 부동석은 시효가 없다.
나이 많이 먹었다고 남자가 여자가 되고 여자가 남자가 되는 것 아니다.

2018. 6. 28 목요일 (100세 + 207일)

넷째 어멈이 고생했다

수경이가 오늘 퇴원했다고 한다.
지난 주 화요일에 입원한지 열흘 만이다.
셋째를 낳은 수경이가 제일 고생을 많이 했지만 병원과 집을 오가며 나랑 수경이 수발을 들었던 넷째 어멈도 못지않게 고생했다.
수경이 시어머니가 안 계셔서 넷째 어멈이 수경이 뒷바라지를 다 했다.
거기다가 거동을 못 하는 시어머니 나까지 있어서 더 많이 고생을 했다.
내가 없으면 한것지게 (편하게) 수경이 수발을 했을 텐데 나 때문에 수경이랑 병원에서 자고 아침 9시 전에 집으로 와서 나를 센터에 가도록 휠체어를 밀고 주차장까지 데려다 주고 다시 수경이 병원으로 갔다가 오후 5시 전에 내가 센터에서 오는 것 받아 놓고 또 수경이 수발하러 병원에 가기를 반복했다.
워낙 참을성이 좋아서 아무 내색하지 않고 다 했지만 원래도 좋지 않은 몸이 많이 망가졌을 것이다.
넷째 어멈이 집으로 돌아오니 썰렁했던 집에 온기가 돈다.
제 집만큼 좋은 것이 없으니 좀 쉬고 기운을 되찾았으면 좋겠다.

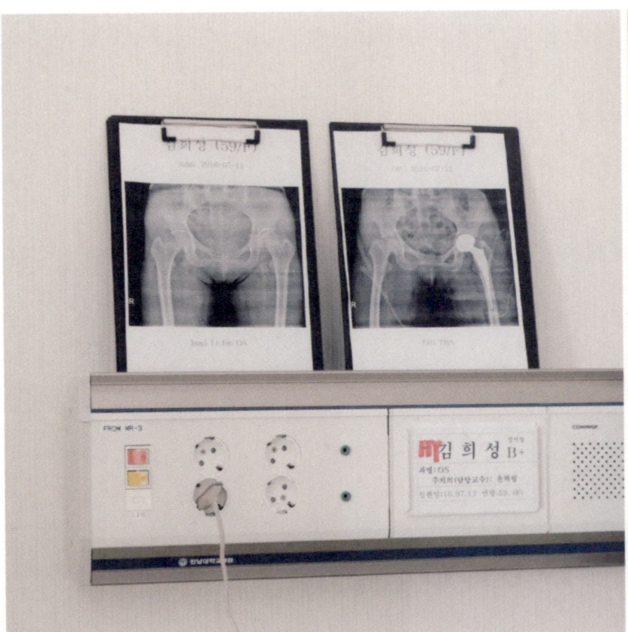

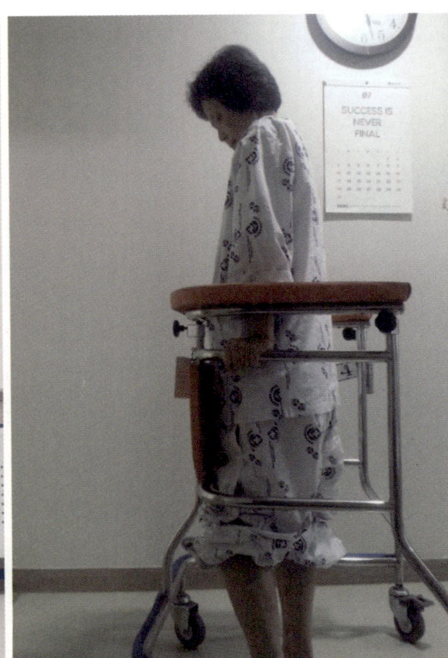

〈넷째 어멈이 고관절 수술한 모습, 2016년〉

2018. 6. 29 목요일 (100세 + 208일)

발 없는 말이 천리를 간다

센터에서 내가 너무 너무 후한 대우를 받고 있다.
아침에 가면 직원들이 마중 나와 볼을 비비며 인사하고 손가락만 까닥하면 쏜살같이 달려와서 도와준다.
점심을 먹을 때는 곁에 앉아 반찬 설명을 해주고 가시를 발라준다.
식사를 마치면 양치물을 가져와 양치를 해주고 화장실에 데려다 주고 다 닦아주고 낮잠을 자라고 침대로 데려가 눕혀준다.
낮잠을 푹 자고 시간이 되면 깨워주고 오후에 또 간식을 준다.

오늘은 원장이 잡수고 싶은 것이 있으면 뭐든지 말하라고 해서 부침개가 먹고 싶다고 했다.
원장이 매일 꼭 한 번씩은 와서 곁에 앉아 귀에 꼭 대고 이야기를 해준다.
오늘도 와서 내가 어머니 같고 때로는 언니 같다고 한다.
시어머니와 좋게 지내고 극진히 잘 모셨는데 먼저 가셔서 대신 나를 보내준 것 같다고 한다.
이렇게 얼굴을 내 귀에 꼭 대고 이야기하는 것을 직원들이 보고 배웠는지 직원들도 모두들 내 볼에 얼굴을 비비고 좋아라 한다.
그런데 생각해보면 이는 다 아들 며느리 덕이다.

내가 대접 받을 만큼 잘 났거나 잘 한 것은 하나도 없다.
발 없는 말이 천리를 간다는 말이 있듯이 말은 날아다닌다.
자식들이 나한테 잘 한다는 것을 어떻게든 듣고 자기들도 잘 하는 것이다.
개도 주인이 예뻐하면 동네사람 모두가 예뻐하고 주인이 미워하면 다른 사람들도 무시한다는 말이 있다.
며느리와 아들들이 잘 한다는 말이 소리 없이 퍼져 나가 센터 사람들도 알고 잘 해주는 것이다.
그래서 오늘 저녁밥을 먹으면서 넷째 부부한테 정말 고맙다고 너희들 덕에 내가 이런 호강을 하고 센터에서도 너무 큰 대우를 받는다고 했다.
요즘은 인터넷 세상이라 입소문보다 훨씬 빨리 퍼지고 비밀이 없다.
따라서 예전보다 더 언행을 똑바로 해야 한다.

2018. 6. 30 토요일 (100세 + 209일)

김치 국 먼저 마실 것은 아니지만

익준이가 여자 친구 혜민이 집에 인사를 갔단다.
"익준아, 니 결혼하는 것 보고 나 죽을라는데 빨리 결혼 안 하냐"고 하면 삐식 웃기만 하더니 드디어 내 소원을 들어줄 모양이다.
혜민이와 사귀기 시작한 지가 일 년이 넘었고 혜민이가 우리 집에 와서 인사한 지도 두 달 보름이 지났는데 차일피일하다가 이제야 인사를 간 것이다.
나나 부모들은 마음이 급한데 애들은 그런 어른들의 마음을 모르는지 아니면 둘 다 바빠서 그러는지 너무 만만디다.
유월의 마지막 날인 오늘에나마 다녀왔다니 다행이고 결혼을 하긴 할 모양이어서 안심이 된다.

오후 6시에 옥과 집으로 가서 9시까지 있다가 왔다는데 집에는 12시가 다 되어 와서 나는 오는 것도 못 보고 잤다.
그런데 아침 식사에 밥 대신 전이 나오고 생수 대신 수정과가 나왔다.
혜민이 집에서 보낸 것이란다.
전도 소고기전, 송이버섯전, 동그랑땡 등 여러 가지인데 두 상자를 보냈고 수정과는 나 먹으라고 2리터 병에 따로 두 개나 보냈다.
음식이 깔끔하고 간도 잘 맞은 것을 보니 음식 해 먹을 줄 아는 사람인 것 같았다.
넷째한테 너는 뭘 보냈느냐고 하니 떡과 이웃돕기 바자회에서 산 작은 그림을 하나 보냈다고 한다.
서로 주고 받은 것을 듣고 보니 두 집안이 다 결혼을 작정하긴 한 것 같다.
아직 결혼을 한 것은 아니지만 혜민이 어머니 음식 솜씨를 보니 가을에는 김치도 얻어먹을 수 있을 것 같다.
하나를 보면 열을 알 수 있는 것이다.
김치 국 먼저 마실 것은 아니지만!

2018. 7. 3 화요일 (100세 + 212일)

태풍 예보가 나만도 못하다니

태풍이 온다고 지난 주말부터 난리법석이더니 깜깜 무소식이다.
지난 겨울과 올 봄에 가뭄이 심해서 태풍 덕에 비가 좀 올까 했는데 비도 신통치 않고 태풍도 소식이 없어 실망스럽다.
듣자 하니 태풍이 제주도까지 왔다고 하는데 내가 보기에는 절대로 우리나라에 안 온다.
태풍이 올려면 구름이 연기처럼 펄펄 날아 가야 하는데 별로 움직이지 않는 것을 보니 오기는 글렀다(틀렸다).
그런데 요즘 우리나라에 태풍이 안 왔다.
넷째 말로는 최근 6년 동안이나 우리나라 본토에 상륙한 태풍이 없었다고 한다.
태풍이 있기는 있었는데 중국이나 일본으로 다 비켜갔다고 한다.

우리 어렸을 때는 태풍이 많았고 어찌나 세던지 밖에 걸어 놓은 솥단지가 날아가고 황소가 넘어지고 그랬다.
봉분도 날아가서 송장이 나와 서 있는 경우도 있었다.
내가 여수 큰아들한테 놀러 가서 태풍을 만난 적이 있었는데 그때 아파트 유리창이 쩍쩍 갈라지는 것을 직접 보았고 바람에 바다물이 육지로 올라와서 도시가 물에 잠기는 것도 보았다.
그런데 요즘에는 그런 태풍이 안 왔고 지금 온다는 태풍도 절대로 안 온다.
하늘에 떠있는 구름이 저렇게 꼼짝도 하지 않고 있으면 절대로 안 오는 것이다.
내가 살아 본 경험이다.
일기 예보도 태풍 예보도 나만도 못하다니!

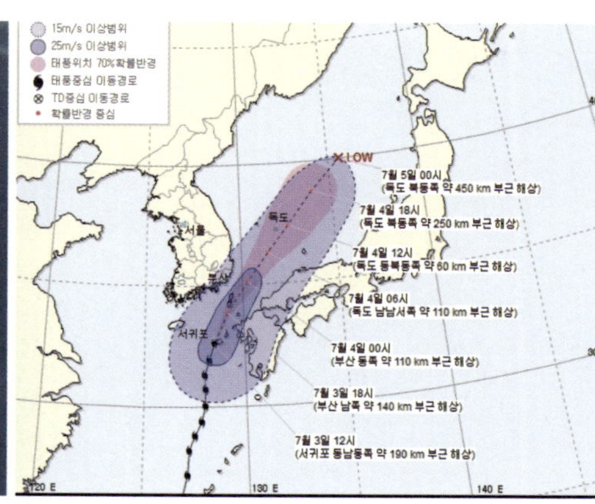

〈우리나라로 온다던 태풍이 결국은 우리나라와 일본 사이로 비켜갔다. MBN 뉴스 사진〉

2018. 7 .5 목요일 (100세 + 214일)

목요일이라 목욕하는 날

오늘 저녁밥은 센터에서 가져온 부추전으로 때웠다.
부추전이 오후 간식으로 나왔는데 점심 때 밥을 많이 먹어 안 먹었더니 원장님이 집에 올 때 싸주었다.
전은 손으로 찢어 먹어야 더 맛이 있어서 통째로 주라고 했는데 가지런히 잘라서 주었다.
이전보다는 맛이 덜 하고 좀 짰지만 넷째 부부랑 함께 잘 먹었다.
무슨 음식이든 같이 먹어야 더 맛있다.
전을 먹고 나서는 감자 한 개와 살구 두 개를 더 먹었다.
요즘 밥맛이 좋아 예전보다 먹는 양이 늘었다.

저녁 먹고 거실에서 넷째랑 옛날 이야기를 했다.
시할아버지가 독자인 아들이 딸 하나 낳고 죽자 대가 끊길 것을 우려하여 주변의 권유로 새장가를 들었다.
며느리가 임신한 상태였지만 석 달 밖에 되지 않고 아들이라는 보장도 없어 새장가를 들었다고 한다.
그래서 환갑 때부터 일흔까지 2남 3녀를 낳았다.
첫째가 아들인데 환갑 때 얻은 아이라고 갑동이라 하였고 애 아빠 보다 2살이 어렸다.
큰아들 갑동이와 큰딸인 봉림이는 내가 시집가서 여웠다.
이야기를 한참 하고 있는데 흥미가 없는지 오늘이 목요일이니 머리를 감자고 한다.

원래는 목요일을 집에서 목욕하는 날로 정했는데 내가 안 한다고 하니 머리라도 감자고 한 것이다.
내일이 목요일 아니냐고 했더니 오늘이 목요일이라고 한다.
정말 시간 하나는 잘 가는 것 같다.
화장실에 갔더니 팬티를 갖다 주면서 갈아입으라고 한다.
용변을 마치고 팬티를 갈아입으니 세면대에서 머리를 감겨 주었다.
머리를 빡빡 밀어 주어 시원했다.
방으로 돌아 와서는 웃옷을 벗기고 물수건으로 몸을 닦아 주었다.
요즘 날도 덥고 비온 뒤라 습기도 많아 개운치 않았는데 시원한 물수건으로 닦아 주니 시원하고 개운하다.
매주 목요일은 집에서 머리를 감고 목욕하는 날이었는데 오늘은 목욕 대신 물수건으로만 닦았다.
그래도 너무 시원하고 개운했다.

2018. 7. 7 토요일 (100세 + 216일)

언제 보아도 이쁜 내 새끼

어제 밤에 서울 셋째가 왔다.

치악산 집에서 시외버스를 타고 원주로 나와 고속버스를 타고 왔단다.

오후 4시에 나와 저녁 9시 반이 넘어서 왔다.

어머니 보려고, 엄마랑 하룻밤이라도 같이 자보고 싶어서 왔단다.

셋째도 일흔을 바라보고 있는 노인이 다 되었는데 언제 보아도 이쁜 내 새끼다.

서울에서 법대 다닐 때 과대표를 했는데 박정희 삼선개헌 반대 데모 주동자로 걸려 군대 징집 명령이 떨어졌다.

그래서 군대 입영 신체검사를 받았는데 폐결핵이 발견되었다.

그때는 폐결핵이 지금의 암과 같은 병이었다.

폐인이 되거나 죽기도 했다.

이렇게 귀한 아들을 잃을까 싶어서 방장을 (방바닥) 치고 울었다.

그러다가 내가 이렇게 울고만 있을 수 없다는 생각에 배수 큰오빠한테 고향에 키워 달라고 맡겨놓은 소 가운데 2마리를 팔아 달라고 했다.

그 돈으로 지원동에 살고 있던 둘째한테 세 들어 살던 대학생한테 그때 돈으로 만원을 주고 사정을 이야기해서 방을 비워달라고 했다.

당시 무등산 자락의 지원동은 개발되기 이전이라 주변 환경과 공기가 좋아 요즘으로 하면 전원주택 단지나 다름이 없었다.

거기서 셋째랑 둘이 살면서 최대한 구환하여 기어코 낫게 하겠다고 한 것이다.

방을 얻고 당시 광주에서 제일가는 갑자당 한의원에서 보약을 지어 매일 한 포씩 다려 주고 보신에 좋다는 개고기를 이틀에 한 근씩 먹이고 매일 달걀을 따뜻한 들깨기름에 섞어서 한 개씩 먹였다.

결핵 약도 먹고 스트렙토마이신 주사도 맞았지만 두 달 후에 찍은 가슴 엑스레이가 놀랍게 좋아져서 강내과 원장한테서 어떻게 했길래 이렇게 좋아질 수가 있냐는 말을 들었다.

그렇게 해서 둘째 집에서 두 달 만에 나왔는데 나오면서 둘째한테 고맙다고 연탄 백장을 떼어주었다.

셋째는 일 년 반 만에 완치 판결을 받았고 이후로는 잔병치레 하나 하지 않고 우리 자식들 중에서 제일 건강하다.

이런 일이 있어서인지 셋째가 유난히 나에게 잘 하고 용돈도 많이 주었다.

또한 넷째의 의대 학비를 다 대고 막둥이가 결혼해서 서울에 아파트를 살 때에도 많이 보태주었다.

셋째와 나랑 둘이 자니까 옛날 생각이 많이 났다.

새벽에 화장실 갈 때는 따라 나와서 도와주었고 어깨가 아프다고 하니 또 주물러 주었다.

그러다가 내 침대에 같이 나란히 누웠다.

일인용 침대에 둘이 누우니 꽉 찼다.
이렇게 나란히 둘이 누워본 것이 얼마만인가?
한 오십년은 다 된 것 같다.
정말 오랫만에 아침밥도 같이 먹었다.
밥도 유난히 맛있었다.
동생 집에서 동생이 해준 따뜻한 밥을 맛있게 먹는 모습을 보니 내 배가 먼저 불렀다.
노인이 다 된 자식도 자식은 여전히 눈에 넣어도 아프지 않을 이쁜 내 새끼다.

〈막둥이 첫 돌 기념으로 작은딸과 셋째(왼쪽, 1960년), 51세 때 작은딸, 셋째와 넷째(오른쪽, 1968년)〉

2018. 7. 10 화요일 (100세 + 219일)

불 끄는 것도 유전

아직도 센터 직원들과 불 끄기 전쟁 중이다.
불 끄라는 이야기 그만한다고 했지만 못 참겠다.
몇 차례 말했으니 좀 들을라나 했는데 습관처럼 불을 다 켜버린다.
이층이고 남향이라서 훤한데도 말이다.
또한 지금은 여름이라서 불을 켜면 열이 나서 덥기까지 하다.
네 개씩 네 줄이 있고 한 줄마다 스위치가 따로 있기 때문에 내가 앉은 줄이라도 끄라고 했다.
내가 이렇게 자꾸자꾸 불 끄라는 소리를 하면 저 늙은이가 또 뭐라 한다고 여기저기서 쳐다보지만 참아지지 않는다.

내가 이렇게 불 끄라고 역정을 내는 것은 요양원을 위해서도 아니다.
지금은 모든 것을 전기로 하는 세상이어서 전기가 없으면 단 1분도 살 수가 없다.
밥도 못하고 화장실도 못 쓰고 엘리베이터도 작동을 못 하니 이층에서 일층으로 내려가지도 못 한다.
그런데 우리나라에 발전소가 몇 개나 되냐!
호남에는 영광에 하나 있고 경상도에는 울진에 하나밖에 없다.
내가 다 가봤다.
그런데 대낮에 이렇게 쓸데없이 하는 일도 없이 전기를 꼬시르고 (태우고) 있어서야 되겠냐!
집에 와서 넷째한테 말했더니 습관적으로 그러니 말을 아무리 해도 안 고쳐지니 내버려 두라고 한다.
그런데 그게 안 된다.
참으려고 해도 안 참아 진다.
그러면서 넷째도 병원 진료실에 불을 절반만 켜게 하고 연구실에서는 하나만 켜든지 다 끄던지 한다고 한다.
그러고 보니 큰아들도 그랬다.
이방 저방 다니며 불 끄고 다니는 것이 일이었다.
전등을 끄는 것만 아니고 겨울에 온수도 끄고 목욕할 때만 켰다.
불 끄는 것도 다 유전인가 보다.
내 유전자가 시키니 나도 어쩔 수 없다.
불 끄기 전쟁은 언제까지 계속될까?
어디 누가 이기나 보자!

2018. 7. 12 목요일 (100세 + 221일)

그놈의 고추 때문에

나는 풋고추를 좋아한다.
시원한 물에 밥을 말아 된장에 풋고추를 찍어 먹으면 여름 한 끼 반찬으로도 최고다.
그런데 고추를 찍어 먹는 된장에는 고추장을 섞어야 더 맛이 있다.
풋고추는 잘라서 참기름과 함께 된장에 무쳐도 좋다.
멸치나 소고기 넣고 볶거나 장에 졸여도 좋고 속에 소고기나 참치를 넣고 밀가루를 입혀서 튀겨도 좋다.
고추뿐 아니라 고추 잎도 영양가가 많아 살짝 데쳐서 참기름으로 무쳐도 맛있다.
오늘 센터에 갔는데 직원이 나를 요양원 마당에 심어놓은 고추를 보여주려고 앞마당으로 데리고 갔다.
갔더니 고추를 화분에 심어 놓았는데 한 열 그루 정도 되었다.
조금 있으니 원장이 와서 기다랗게 잘 익은 고추를 한 줌 따서 주었다, 어르신 잡수라고 하면서.
그런데 어디 넣을 곳이 없어서 어떻게 가져 가느냐고 했더니 그러면 퇴근하실 때 가져 가라고 했다.
송 원장은 참 재주가 많아 복지관 건물도 허투루 짓지 않고 벽에도 물건을 넣거나 거는 장치를 다 해놓았다.
그런데 어떻게 시멘트 포장된 앞 마당에 화분을 놔서 고추를 키울 생각을 했을까!

퇴근하는데 원장이 차문을 열고 그 고추를 넣어 주어서 집으로 가져 왔다.
넷째 어멈한테 장으로 졸여라고 주었다.
저녁에 넷째랑 밥을 먹으면서 원장이 준 고추라고 하며 센터에서 있었던 이야기를 했다.
원장이 생각지도 않은 고추를 줘서 다음에는 무우도 좀 주라고 했다고 했다.
그랬더니 넷째가 더 이상 뭘 주라고 하지 말라고 한다.
작은 것이라도 챙겨줄라면 신경을 써야 하고 많은 사람들이 있는데 어머니만 주면 기분 나빠할 사람도 있으니 앞으로는 뭐든지 주라고 하지 말라고 한다.
그래서 기분이 나빴다.
내가 주라고 한 것도 아니고 줘서 그냥 가져 온 것인데 내가 떼를 써서 가져온 것 같이 뭐라고 하니 기분이 나빴다.
넷째 어멈이 고추에 멸치를 넣고 장에 졸였지만 단단해서 씹기 힘들어 두세 번 먹고 말았다.
주라고 한 것도 아니고 먹지도 못 한 고추 때문에 넷째한테 괜히 지천만 들었다.
다시는 또 주라는 말 하지 말라는 넷째의 말에 부아가 나서 "또 할거야!"라고 했다.
그렇게 말하고 나니 내가 애기 같아 우스웠다.

〈요양원 앞 마당 화분에 심겨진 고추와 송 원장님〉

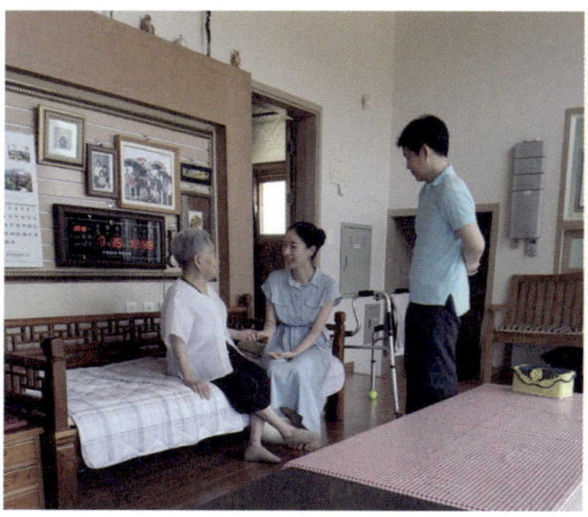

〈예비 손주 며느리의 첫 인사〉

2018. 7. 15 일요일 (100세 + 224일)

여자는 뭐니뭐니 해도 난낫해야

익준이 여자 친구 혜민이가 인사하러 왔다.
결혼을 약속한 상태로 할머니한테 인사하러 온 것이다.
내가 눈이 어두워 얼굴이 예쁜지 어쩐지는 알 수 없었다.
귀도 어두워 옆에 앉아 귀에 대고 말을 해도 목소리가 크지 않아 잘 알아들을 수도 없었다.
하지만 난낫한 (상냥한) 것은 같았다.
여자는 뭐니뭐니 해도 난낫해야 하는데 난낫하니 일단은 합격이다.
혜민이 손을 잡고 "어쩌든지 어른 공경하고 형제 간에 우애하고 행복하게 잘 살아라"고 했다.
"이렇게 좋은 어머니 아버지를 어디서 구하려 해도 구하기 힘든데 시집오게 되었으니 잘 모시고 잘 살아라"고 했다.

실은 넷째한테 "며느리는 학교 선생님으로 얻어라"고 했었다.
"그런데 수학 선생은 빼고"라고 했다.
지금 넷째 어멈은 수학을 전공했는데 말이 없어 재미가 없기 때문에 한 말이다.
이유를 말하지 않아도 넷째는 이심전심으로 알고 있을 것이다.
학교 선생님은 근무 시간이 일정하고 방학도 있으니 살림하고 아이 키우는 데 최고다.
그런데 혜민이는 약사다.
약사가 의사보다는 덜 바쁘고 신경도 덜 쓰니 의사보다는 나을 것 같다.

혜민이 어머니가 그동안 수정과랑 전이랑 여러 차례 선물을 많이 보내줬는데 이번에 인사를 오면서 또 블루베리청이랑 자두청 그리고 약밥을 해서 보냈다.
약밥은 짜지도 달지도 않으면서 밥, 대추, 곶감, 잣 등이 골고루 들어있어 깔끔하고 맛있었다.
약밥이랑 수정과 해먹을 줄 알면 음식 해먹을 줄 아는 사람인데 넷째는 앞으로 사돈 덕을 많이 볼 것 같다.
점심은 삼계탕으로 같이 먹었고 좀 쉬었다가 넷째가 준비한 케익을 먹었다.
약혼식은 아니지만 결혼식이 많이 남아 있어 약혼식처럼 둘이 케익을 자르도록 하고 사진도 찍었다.
혜민이한테 "이왕에 할 결혼, 빨리 해버려라. 올 가을에 그냥 해라"고 했다.
올 가을에 하면 내가 볼 것이고 내년에 하면 내가 못 볼지도 모른다고.
결혼을 앞둔 손자와 혜민이를 보니 나도 저런 시절이 있었는데 이제는 아무 것도 할 수 없는 꼬부랑 할망구가 되어 부러운 마음이 들었다.

2018. 7. 17 화요일 (100세 + 226일)

결혼해도 살 집이 없다니

익준이가 결혼하면 살 집은 어디다 마련했냐고 넷째한테 물었다.
넷째가 안 했다고 한다.
결혼시키려고 하면서 아들 집도 장만해 놓지 않았냐고 하니 요즘 집이 하도 비싸서 살 수가 없다고 한다.
전세를 하나 얻어주려고 하는데 전세 값도 만만치 않다고 한다.
결혼 비용 아껴서 처녀 집에서도 좀 보태라고 했더니 가난해서 못 보탠다고 한다.
그러면 어떻게 할 거냐고 했더니 조금 도와주고 나머지는 익준이한테 빚을 내라고 할 거란다.

나는 넷째가 평소에 돈을 잘 쓰기에 아들 집 하나는 마련해 놓았는 갑다고 (것같다고) 생각했다.
그런데 하나뿐인 아들 살 집도 하나 장만을 안 해놓았다니.
이래도 아버지 자격이 있다는 말인가!
내가 다 걱정이 되었다.
그래서 집 값을 물어 봤더니 너무 너무 비쌌다.
저절로 혀가 내둘러졌다.
이런 집 값을 신혼부부가 무슨 돈이 있어서 장만한다는 말인가!
요즘 젊은이들이 결혼 안 하는 것이 자기들만 편하려고 그러는 줄 알았는데 집 값을 보니 이해가 되었다.
집을 사는 것도 아니고 전세인데도 몇 억씩 하니 어떻게 결혼을 하겠는가!
젊은이들이 결혼을 안 하는 것이 안 하는 것이 아니라 못 하는 것이었다.
결혼해도 살 집이 없는 익준이가 몹시 걱정된다.
사막의 여우도 굴이 있고 공중의 새도 거처가 있다는데 결혼을 앞둔 손자는 살 집이 없다니!

〈수만리 미류나무 위 까치 집〉

2018. 7. 18 수요일 (100세 + 227일)

귀나 코보다 속이 문제

내가 익준이 여자 친구 인사를 받았다고 하니 여기저기서 전화로 어떻게 생겼냐고 묻는다.
그런데 내가 눈이 어두워서 큰 덩어리로만 보이니 제대로 말해 줄 수가 없었다.
그래서 그냥 이쁘지도 밉지도 않게 생긴 것 같다고 했다.
키도 적당하고 손도 크지도 작지도 않았는데 손톱에 매니큐어를 안 해서 다행이라고 했다.
귀도 보고 코도 봐야 하는데 눈이 어두워 자세히 볼 수가 없어서 나도 궁금하여 넷째한테 물어 봤다.
그랬더니 코는 크고 잘 생겼는데 귀는 보통이라고 한다.
"귀 잘 생긴 거지는 있어도 코 잘 생긴 거지는 없다는 말이 있는데 그러면 다행이다"고 했다.
요새는 다 성형해버리니 못 생긴 사람이 없고 미스코리아 빰치게들 잘 생겼다.
사람한테 진짜 중요한 것은 속이다.
그런데 그 한 길밖에 안 되는 속을 들여다 볼 수 없으니 문제다.
그래도 몇 마디 나눠 본 것으로는 착할 것 같았다.
'중매는 잘하면 술이 석 잔이고 못하면 빰이 석 대'라는데 소개한 윗사람이 어련히 신경을 썼겠는가!

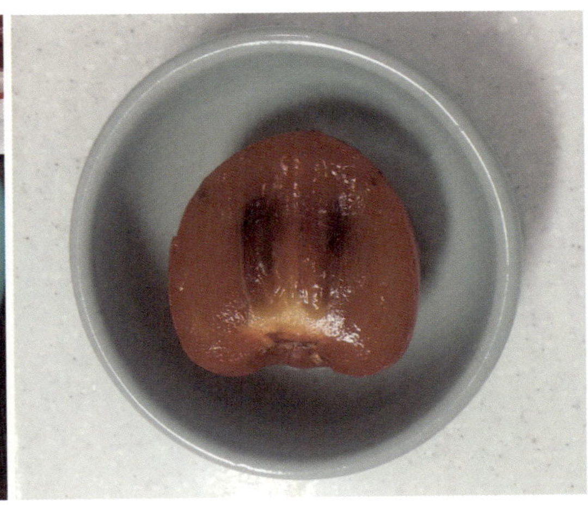

〈감 홍시는 겉과 속이 같아 충을 상징하고 어르신이 먹기 좋아 효를 상징하여 충효의 과일이다〉

2018. 7. 20 금요일 (100세 + 229일)

더워도 덥지 않으니

연일 무더위가 계속 되어 모두들 힘들다고 야단이다.
나도 원래는 여름이 힘들었다.
몸에 열이 많아 겨울에도 이불을 덮지 않았다.
그런데 올 여름은 덥지 않다.
날이 안 더운 것이 아니라 내가 안 덥게 느껴진다는 것이다.
더위를 못 참았던 내 체질이 바뀐 것 같다.
심장약을 여러 가지 먹으니 그 약 때문인지 심장병 때문에 피가 보트니까 (줄어드니까) 그런지 모르겠다.
피가 잘 돌아야 하는데 피가 보트니까 잘 돌지 못해서 몸이 냉해진 것 같다.
그래서 올해는 시험하느라 내 방 에어컨을 한 번 켠 것 말고는 아직까지 한 번도 안 켰다.
그래도 선풍기는 틀었다.
선풍기에 리모콘이 있어서 침대에서도 켜고 끌 수 있으니 좋다.
아기용 선풍기로 바꿔주어서 아주 천천히 돌게 할 수도 있어서 잘 때는 그렇게 하고 잔다.
더워도 덥지 않아서 여름나기는 좋지만 심장병 때문에 그러니 그냥 좋아할 일은 아닌 것 같다.
그래서 좋기도 하면서 슬픈 일희일비다.
그런데 세상 만사가 다 그렇다.
동전이나 지폐의 양면처럼 좋은 면과 안좋은 면이 공존한다.
사람도 그렇다!
일장일단, 장점도 있고 단점도 있다.
그런데 뒤집어 보면 장점이 단점이 되고 단점이 장점이 된다.
따라서 일희일비할 것이 아니라 안좋은 일에서도 좋은 의미를 찾고 단점 속에서도 장점을 찾도록 해야 한다.

2018. 7. 24 화요일 (100세 + 233일)

더운데 밥은 왜 해!

심장병으로 더위를 안 탄다고 했는데 오늘은 나도 덥다.
다들 덥다고 하고 여름이니까 당연히 덥겠지만 그동안은 별로 덥지 않았다.
시원한 집에 있다가 아파트 지하 주차장에서 바로 차로 센터로 가고 센터에서 바로 집으로 오니 더운지를 별로 몰랐는데 오늘은 정말 더웠다.
넷째가 미국에 연수 갔을 때 두 달을 같이 있다가 돌아오는 길에 미국 서부 데스벨리라는 곳을 갔을 때가 생각났다.
그때 차 문을 열고 밖으로 잠깐 나왔을 때 느꼈던 아궁이에서 나오는 뜨거운 불길같이 공기가 뜨겁다.
그래서 집으로 와서 넷째 어멈한테 "더우니까 저녁에 밥하지 말고 짜장면 시켜먹자"고 했다.
돈은 내가 낸다고 하고.
어멈이 짜장면 2개에 찹쌀 탕수육 1개 세트를 시켜서 왔다.
어멈이 밥값으로 만 원만 주라고 한다.
밥값이 얼마냐고 하니 19,500원이라고 한다.
그런데 만 원만 주라고 하니 만 원을 벌었다.
탕수육은 딱딱해서 먹기 어려웠지만 세 조각을 먹고 또 서비스로 나온 군만두를 하나 먹었다.
그리고 짜장면은 반 그릇 조금 못 되게 어멈하고 나눠 먹었다.
그런데 너무 많이 먹었다.
조금 더 먹고 싶을 때 그만 먹어야 하는데 오늘은 그러지 못했다.
그동안 먹고 싶었던 짜장면을 더위를 핑계로 원없이 먹었다.
넷째도 맛있었는지 "어머니, 잊어먹을 만하면 한 번씩 또 사주세요"라고 한다.
어멈은 별 말이 없지만 땀 흘리며 저녁밥 안 해도 되었으니 나쁘지 않았을 것이다.
돈 만 원 가지고 세 사람 모두 기분 좋은 저녁이 되었다.

〈미국 네바다주 데스벨리, 1992년 75세〉

2018. 7. 26 목요일 (100세 + 235일)

가물어도 물싸움할 일 없으니

올 여름, 덥기도 하지만 엄청 가물다.
장마 때도 마른 장마로 비 한두 번 찔끔 오고는 말았다.
옛날 같으면 가뭄 때문에 난리가 났을 것이다.
물싸움으로 여럿이 희생도 되었을 것이다.
요즘은 쌀농사를 많이 안 짓고 저수지도 많아서 물싸움하는 일이 없다.
하지만 내가 살던 때에는 거의 모두 천수답으로 내리는 비에 의존해서 농사를 지었다.
그래서 비가 안 오면 물싸움을 안 할 수가 없었다.
동네에서 지체 높은 어르신들 중에는 긴 지팡이 끝에 작은 모종삽 같은 것이 달려있는 살포를 가지고 다닌 분도 있었지만 대개 남자는 삽을 들고 여자는 호미를 들고 다녔다.

한번은 모내기 물 때문에 우리 동네 세 여자가 싸운 적이 있었다.
세 여자는 우리 동네에서 유명한 세 싸납쟁이로 강골댁, 살치댁 그리고 나 성안댁이었다.
내가 바느질로 산 논 두 마지기가 물 건너 걸치에 있었는데 서로 먼저 논에 물을 채워 모내기를 하려고 붙었다.
물꼬 싸움이 격해지자 나는 대낮에 세 여자가 싸우면 동네 챙피다 싶어서 나와 버렸다.
"나는 오늘 모내기 안 할 테니 당신들이나 원없이 해라"하고.
그러나 이렇게 양보만 하다가 제때에 모내기를 못하면 그 해 농사를 망쳐 버리니 물대기 전쟁은 피할 수가 없다.
그래서 나는 남들이 다 자는 밤중에 가서 우리 논으로 가는 물꼬를 트고 온 적이 많았다.
내가 우리 논 물꼬를 트고 와도 나중에 다른 사람이 또 막아 버리면 헛일이므로 근처 삼밭 같은 곳에 숨어서 지켜보기도 했다.
그러다 보면 보통 새벽 2-3시가 되었다.
걸치 논은 마을 앞 시냇물을 건너 신작로를 타고 적어도 삼사십 분을 걸어야 하는 먼 곳에 있어서 갔다가 오면 잠을 두세 시간밖에 못 잔다.
그때는 다리가 없어 큰 바위로 된 징검다리로 건너 다녔는데 밤에 번개가 칠 때도 있었다.
캄캄한 밤에 치는 번개도 무섭지만 번개가 치고 나면 눈이 캄캄해져서 앞이 안 보이므로 징검다리를 기어서 건널 때도 있었다.
지금 생각하면 어떻게 혼자 그 무서운 밤길을 다녔는지 모르겠다.
누구나 닥치면 하게 된다는데 나도 그랬던 것 같다.
농사짓는 일이 당시 공부하는 자식들 앞길이 달려있는 일이어서 그랬던 것 같다.

2018. 7. 27 금요일 (100세 + 236일)

부자는 돈 많은 사람이 아니라 잘 쓰는 사람

돈은 모으는 것보다 쓰기를 더 잘 해야 한다.
개같이 벌어서 정승처럼 쓰라는 말이 있듯이 힘들게 벌고 애써 모았더라도 쓸 때 잘 써야 한다.
아무리 많아도 안 쓰고 은행에만 놔두면 돈이 아니다.
돈을 움켜쥐고만 있으면 아무 소용이 없고 욕 먹기도 쉽다.
부자는 돈을 많이 모은 사람이 아니라 잘 쓰는 사람이다.

백세 노인이 뭔 돈이 필요하냐고 하지만 백세 노인이라고 돈 쓸 데가 없는 것이 아니다.
맛있는 것 사먹고도 싶고 센터에서 나한테 잘 해주는 사람들한테 선물도 사주고 싶다.
다 돈이 있어야 되는 일이다.
아침밥을 먹으면서 부자는 돈 많은 사람이 아니라 잘 쓰는 사람이다고 넷째한테 했더니 넷째가 "그럼, 나는 어떤 사람이냐?"고 물었다.
그래서 "너는 잘 쓰는 사람"이라고 했다.
"그러면 나는 부자네"하며 좋아한다.
큰돈은 놔두더라도 잔돈이라도 잘 써야 한다.
잔돈도 무서워 못 쓰고 얻어먹고 다니는 사람은 아무리 부자라도 가난뱅이나 거지와 다름없다.

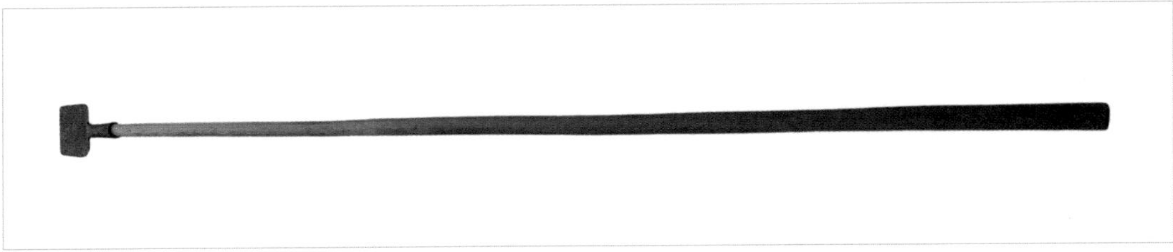

〈물꼬를 트거나 막을 때 쓰는 살포〉

2018. 7. 28 토요일 (100세 + 237일)

오늘은 내가 최고 부자

오늘은 센터에 안 가고 막둥이와 함께 보성에 갔다.
막둥이가 학교에 갔다 오느라 10시가 넘어서 보성으로 갔다.
막둥이가 이번에 차를 새로 샀는데 시승식 겸해서 내가 좋아하는 바다도 보여주고 회도 사주려고 보성으로 갔다.
보성 율포 해수욕장 가는 길에 있는 회천수산물 위판장으로 갔다.
일층 활어 매장에서 살아 있는 활어를 사서 이층 식당으로 가져다가 회와 탕으로 먹는 곳이다.
전에도 막둥이 따라 몇 번 와봤고 가족모임도 했던 곳이다.
그런데 예전처럼 사람이 많지 않았다.
요즘 날이 너무 더워서란다.
얼마 떨어져 있지 않은 율포 해수욕장에도 사람이 얼마 없다고 한다.
여름이 너무 사나와져서 정이 떨어지고 놀러 오는 사람도 적어 여름 한철 대목을 기다리는 사람들이 걱정되었다.

우리는 농어를 사서 먹었다.
내 이가 틀니이고 약하지만 그래도 고기가 부드러워서 먹을 수 있었다.
여러 밑반찬에다 탕까지 먹으니 배가 불렀다.
집으로 오는 길에는 보성 녹차박물관에 들렀다.
입장료가 있어서 안 들어가겠다고 했는데 막둥이가 휠체어를 밀고 들어가 버렸다.
좀 언짢았으나 내 발 스스로 갈 수 없으니 어찌 할 수 없었다.
그런데 특산물 파는 곳이 있었다.
회센터에서는 넷째한테 주려고 민어를 두 마리 샀지만 센터에 줄 것을 못 사고 와서 마음이 허전했는데 녹차박물관 안에 살 곳이 있어서 와따 잘 됐다 싶었다.
그런데 해산물이 아니라 대부분 녹차로 만든 것들이었다.
원장한테 줄 것, 주방 아주머니 두 명한테 줄 것, 그리고 우리 원생들과 나눠 먹을 것을 사서 큰 봉투에 담으니 큰 봉투가 빡빡하다.
그러고 나니 내 마음도 큰 봉투처럼 꽉 찬 듯 흐뭇했다.
배불리 회를 먹었어도 허전한 것이 있었는데 선물을 사고 나니 허전했던 마음이 든든해졌다.
최고 부자가 된 느낌이었다.

2018. 7. 31 화요일 (100세 + 240일)

사람도 음식도 맛이 있어야

음식이 아무리 때깔이 좋고 먹음직스러워도 맛이 없으면 더 이상 숟가락이 가지 않는다.
따라서 음식은 영양도 모양도 아니고 맛이다.
맛이 있어야 한다.
사람도 음식도 과일도 마찬가지다.
맛이 있어야 한다.
맛이 없고 재미가 없는 사람을 모과에 비유하기도 한다.
모과는 크고 잘 생겼어도 퍽퍽하고 맛이 없기 때문이다.
그런 모과도 향이 있고 잘 변하지 않는 장점이 있기는 하다.

넷째 어멈은 다 좋은데 너무 말이 없어 맛이 없다.
같이 살면서 보니 넷째하고도 거의 말을 안 한다.
나하고만 그런 줄 알았는데 지 남편하고도 그런다.
수학을 전공해서 그런지 누구를 닮아서 그런지 모르겠다.
넷째가 정말 심심하고 재미가 없을 것 같다.
그래서 내가 식사 후에는 이런 저런 쓰잘 (쓸) 데 없는 이야기를 많이 한다.
집이 너무 조용하여 심심하지 않으라고 나라도 이야기를 하는 것이다.
그런데 이 집 며느리가 될 혜민이는 어쩐지 모르겠다.
말도 잘 하고 맛이 있는 그런 사람이어야 할 텐데,
그래야 넷째가 좀 덜 외로울 테니까!

〈넷째 며느리가 시집와서 나랑 찍은 첫 사진(1983년 순천의료원 관사), 모과나무와 맛 없는 사람의 상징인 모과〉

2018. 8. 1 수요일 (100세 + 240일)

나는 센터 최고의 볼링 선수

오늘은 공연단이 안 왔다.
아마도 많이 덥기 때문인 것 같다.
그래서 우리끼리 소고도 치고 볼링도 치고 놀았다.
볼링은 긴 책상 위에 요구르트 빈 병을 줄줄이 세워놓고 테니스 공을 굴려서 한다.
어깨가 아프기는 하지만 소고랑 볼링은 내가 선수다.
누구랑 내기를 해도 이길 자신이 있다.
오늘 볼링에서도 나는 한 번에 다 쓰러뜨렸다.
다 쓰러뜨린 사람이 더 있기는 한데 나같이 제대로 굴려서 한 것이 아니었다.
공을 던지는 사람이 많았는데 볼링은 던지는 것이 아니다.
큰 공에 뚫린 구멍에 손가락을 넣고 굴리는 것이다.
그래서 나는 그렇게 했다.
그렇게 해서 단번에 다 쓰러뜨린 것이다.
모두 다 박수를 쳐주었다.
오늘, 최고로 더웠는데 볼링공 한 방으로 더위를 시원하게 날려 버렸다.

〈테니스 공과 요구르트 병으로 더위 날리기 볼링을 하는 모습〉

2018. 8. 3 금요일 (100세 + 242일)

요즘 날씨는 내 몸 예보도 무시하네

요즘은 일기예보가 필요 없다.
계속 구름 한 점 없이 맑고 푸른 하늘에 불볕이 내리 쬐고 기온도 계속 35도를 넘는다.
그러니 예보가 필요 없는 것이다.
비는 커녕 구름 끼는 날도 없고 이렇게 오랫동안 맑고 더운 날이 계속 되는 것은 처음 봤다.
아침에 일어나면 하는 일 없이 기진맥진한데 이 더위 때문이 아닌가 싶다.
요즘에는 아침에 요구르트에 피로 회복에 좋다고 넷째가 아로니아 가루를 타서 주는데 별로 모르겠다.
시작이 있으면 끝이 있고 오르막이 있으면 내리막이 있는 것이니 결국은 끝이 나겠지만 올 여름 더위는 대단하다.
잘 때도 에어컨과 선풍기를 자주 틀어야 된다.
넷째가 리모콘을 침대 머리맡에 두고 켜고 끄는 버튼에 스티커를 붙여 놔서 자다가도 보지 않고 만져서 켜고 끄고를 반복한다.
삭신이 아프고 어깨가 더 많이 아프면 비가 오는가 싶어 넷째한테 비오냐고 물으면 넷째는 손을 절래절래 흔들며 안 온다고 한다.
전에는 내 몸이 기상청이었는데 요즘 날씨는 내 몸 예보도 무시하고 폭염 기록 갱신에만 여념이 없다.
얼른 이 무더위가 가고 내 몸 기상청 예보대로 비도 오고 그랬으면 좋겠다.
내가 기상청이라고 자랑쳤던 내 입장을 생각해서라도 그랬으면 좋겠다.

2018. 8. 4 토요일 (100세 + 243일)

닭 쫓던 개와 꽃 본 나비

넷째 어멈이 어제 밤에 갑자기 딸내미의 부탁을 받고 풍암동 수경이 집으로 가버렸다.
수경이가 막내 지원이를 도우미 이모한테 맡기고 대전으로 당일치기 가족 휴가를 갔는데 오는 길이 막혀 복귀가 늦어지는 바람에 도우미 이모를 퇴근시켜줘야 해서 지 엄마한테 갑작스레 부탁을 한 것이다.
지난 주 토요일에도 그랬었는데 또 그런다.
수경이는 지 엄마를 하인 부리듯 부려먹는다.
어려서부터 그랬다.
넷째는 부부동반 모임에 어멈과 같이 가려다가 닭 쫓던 개 신세가 되어 툴툴거리며 혼자서 모임에 갔다.
그러나 어멈은 싫은 기색 전혀 없이 혼자 딸집으로 갔다.
아이들은 언제나 활짝 핀 꽃이다.
꽃은 시들지만 아이들은 시들지도 않고 아무리 봐도 싫증나지 않는 꽃 중의 꽃이다.
그러니 어멈이 싫겠는가, 꽃 본 나비인데!
넷째와 같이 모임에 가서 다른 사람들 만나는 것보다 백배는 더 좋을 것이다.
나도 그러는데!
그래서 넷째는 닭 쫓던 개가 되고 어멈은 꽃 본 나비가 되었다.

〈꽃 중의 꽃, 수경이 셋째 지원이 돌 사진, 2019년〉

2018. 8. 6 월요일 (100세 + 245일)

내 팬티를 찾아라

어제 수만리에서 넷째가 샤워해주면서 팬티를 벗겨서 빨아주었는데 덜 말랐다.
그래서 인조 속바지만 입고 광주 집으로 왔다.
와서 입을 팬티를 찾는데 팬티 하나가 없어졌다.
침대 밑 내 옷 서랍과 장농 속 옷가방을 다 뒤졌는데도 하나가 보이지 않았다.
새 팬티가 네 장이나 있지만 잃은 팬티를 찾아야 했다.
누가 가져다 팔아먹지는 않았겠지만 안 보이니 어떻게 된 일인지 알아야했다.
그런데 아무리 두 번 세 번 다시 찾아봐도 보이지 않는다.
날도 더운데 땀을 뻘뻘 흘리며 찾았는데 찾을 수 없어 급기야 넷째 어멈을 불렀다.
넷째 어멈도 찾아보고 없다고 한다.
귀신이 곡할 노릇이다.

넷째가 내 방으로 출근 인사를 하러 와서는 그냥 새 팬티를 입으라고 한다.
그냥 그것은 없어져 버린 것이니 새 팬티를 입으라고 한다.
다들 모른다고 하고 아무리 찾아도 없으니 포기할 수밖에 없다.
팬티는 찾지 못했지만 대신 옷 서랍을 다시 정리하게 되었다.
서랍을 빼고 옷들을 하나하나 다 꺼내어 다시 확인하고 정리해 놓았다.
이제 서랍이 닫혀 있어도 어디에 뭐가 있는지 속이 훤히 보이는 듯하다.
팬티는 하나 잃었지만 덕분에 새 팬티를 입게 되고 서랍도 다시 정리했다.
실은 나는 정리를 잘 한다, 옷이든 살림살이든.
내가 정리해 놓은 서랍을 보고는 넷째가 어머니는 정리의 달인이라고 한다.
팬티 때문에 서랍 정리도 다시 하고 아들한테 칭찬도 들어 기분이 좋다.

〈내 침대 밑 서랍 속 옷 정리〉

2018. 8. 7 화요일 (100세 + 246일)

석 달 장마는 못 살아도 칠 년 가뭄은 산다

올 여름 장마는 역대로 2번째로 짧은 초미니 장마였다고 한다.
장마 후로는 비가 거의 안 와서 무척이나 가물었고 그래서 또 무척 더웠다.
집에서나 센터에서 에어컨을 잘 틀어 주어 그나마 견딜 수 있었다.
예전에는 에어컨을 켜면 뭐 하러 켜냐고 끄라고 닦달을 했는데 올해는 좀 더 세게 해달라고 주문할 정도였다.
이제 에어컨은 필수가 되어 버렸다.
그래도 오늘은 소나기가 왔다.
두 시간 정도 왔는데 이 정도로는 턱없이 부족하다.
고랑 물이 내려갈 정도로 와야 뜨겁게 달궈진 땅이 좀 식을 것인데 택도 (턱도) 없다.
그래도 가뭄이 장마보다는 낫다.
옛말에 '석 달 장마는 못 살아도 칠 년 가뭄은 산다'는 말이 있다.
냉장고가 없던 옛날에는 장마가 오래 가면 모든 것이 썩어 버리기 때문에 살 수 없어서 나온 말이기는 하지만 그래도 장마보다는 낫다는 생각으로 긴 가뭄 속 폭염을 잘 버텨야겠다.
이제 길어야 2주일이다.
보름 후면 처서이기 때문이다.
시간은 힘 안 들여도 저절로 가는 것이니 시간한테 맡기자.
보름이면 눈 깜박할 것도 없다.
시간에 기대어 2주만 버텨보자.
여름아 너도 이제 2주면 끝이다.

2018. 8. 8 수요일 (100세 + 247일)

마트 가서 고작 김밥을 사 온 뜻은?

막둥이가 뉴질랜드로 연수를 가면서 전화를 했다, 18일에 다녀오면 자기 집으로 오라고.
원래는 팔월부터 막둥이 집으로 갈 차례인데 막둥이가 연수를 가는 바람에 연기가 되었다.
그런데 솔직히는 넷째 집에 그냥 있고 싶다.
넷째도 얼마든지 있으라고 하는데 불편할 사람도 있고 막둥이도 모셔 보겠다고 오라고 하니 할 수 없어 막둥이 말을 들어 주려는 것이다.

센터에서 오후에는 마트 체험이 있었다.
그런데 참가한 사람은 휠체어 탄 할머니들 네 명과 할아버지 한 명 해서 다섯 명 뿐이었다.
마트에 가서 구경하고 물건 살 사람이 별로 없어 나서는 사람이 적었기 때문이다.
그런데 사기 좋아하는 나는 신이 났다, 소풍가는 유치원생처럼.
한 사람당 도우미 청년이 한 명씩 붙어서 갔다.
만원씩만 가져 오라고 했는데 나는 넷째가 삼만 원을 줘서 삼만 원을 가지고 갔다.
내가 원체 사는 것을 좋아하니까 더 준 것이다.
오랫만에 마트에 왔는데 옛날과 많이 달라져 있었다.
이것 저것 구경하고 결국 바나나 한 가지 3,000원, 국수 2,000원, 김밥 두 개 8,000원 해서 총 13,000을 썼다.
돈이 남아 같이 온 사람들한테 아이스크림을 하나씩 사주려고 했는데 센터 직원이 자기들이 이미 샀다고 해서 못 사줬다.

내가 산 것을 센터 직원이 보고 점심을 드셨는데 무슨 김밥을 또 샀냐고 했다.
그래서 지금 날이 무척 더우니 저녁에 집에 가져가서 며느리 땀 흘리고 밥하지 말고 이것 같이 먹자고 하려고 샀다고 했다.
그랬더니 나한테 최고라고 엄지척을 해주었다.
그런데 같이 간 다섯 사람 중에 나만 샀다.
어렵게 마트에 갔으니 뭐든 하나라도 살 것이지.
그래도 나는 세 개나 사서 모처럼 쇼핑한 기분이 났고 김밥을 사서 며느리 일도 덜어 줄 거라는 생각에 기분이 아주 아주 좋았다.

2018. 8. 11 토요일 (100세 + 250일)

살아서 하늘나라에 가다

오늘은 고흥 나로도 우주센터에 갔다.
가까운 줄 알았는데 2시간 반이나 걸렸다. 서울 가는 것보다 더 멀었다.
바다를 가로 질러 다리를 두 개나 건넜다. 9시에 출발하여 11시 반에 도착했다.
바깥 날씨는 더웠지만 에어컨을 켜고 가니 시원했고 나로 우주센터 안도 아주 시원했다.
먼저 돔 영화관에서 3차원 영화를 봤다. 우주선을 타고 화성에 가서 우주기지를 건설하는 내용이었다.
입체 영화여서 진짜 우주선을 탄 것처럼 실감이 났다.
우주에는 수많은 별들이 있었다. 화성에 가는 도중에 수많은 부유 유성이 떠다니는 유성 지대를 통과하면서 소형 유성에 충돌도 하였으나 큰 문제는 아니어서 화성에 착륙하였다.
영화 속이기는 하지만 살아서 우주선을 타고 하늘나라에 갔다.

넷째가 우리도 죽으면 이렇게 하늘나라에 가서 별이 된다고 한다. 꿈같은 소리지만 정말 그러면 좋겠다. 우리가 다 별이 되어 서로 바라보고 그리워하고 그러면 좋겠다.
나는 원래 하늘이 없다고 생각했었다. 비가 많이 오던 날 비행기를 탔는데 비행기가 구름 위로 올라가니 햇빛이 빛나고 있었고 비는 비행기 아래 구름에서 내리는 것이었다.
그때부터 나는 비가 하늘에서 내리는 것이 아니라는 것을 알았고 하늘도 없다고 생각했다.
그런데 오늘 영화를 보니 하늘이 있는 것 같기도 했다.
점심은 센터 안에서 셋이 따로따로 비빔밥, 제육 덮밥, 돈까스를 시켜서 골고루 서로 나눠 먹었다.
오는 길에 나로도 항으로 가서 미역, 민어, 장어를 사고 오늘 길 국도 노점상에서 무화과를 샀다.
일제시대 때 살았던 구암리를 지나오면서는 예비 손주 며느리 혜민이에게 주려고 기정떡을 샀다.
오늘은 차를 많이 타기는 했지만 우리나라 우주센터도 보고 하늘나라도 가보고 내가 좋아하는 바다도 보고 이것 저것 많이 사서 너무 너무 기분이 좋아 피곤한지도 모르겠다.

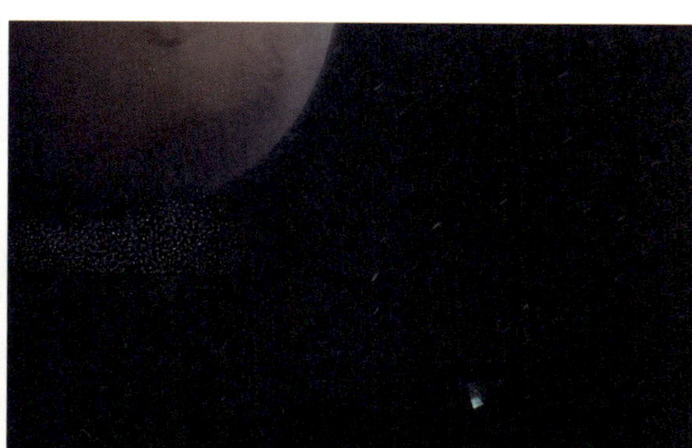

〈나로 우주센터와 우주선을 타고 하늘나라에 간 영화의 한 장면〉

2018. 8. 12 일요일 (100세 + 251일)

강은 건너 봐야 알고 사람은 겪어 봐야

내가 혜민이를 또 보고 싶다고 했더니 오늘 오후 다섯 시경에 수만리로 왔다.
아버지는 4남 2녀 중 셋째이고 아버지 위로 형과 누나가 하나씩 있다고 했다.
할아버지는 경기도 광주에서 농사를 지으신다고 했다.
이야기를 해보니 난낫해서 좋다.
말도 안 하고 찡찡하게 있으면 애가 터지는데 난낫해서 좋다.
그동안 어떻게 생겼냐는 전화가 많이 와서 이번에는 자세히 좀 봤다.
자세히 다시 보았는데 밉지도 이쁘지도 않으나 상냥하니 괜찮은 것 같았다.
혜민이에게 여자의 역할이 아주 중요하니 형제 간에 우애 잘 하고 부모 잘 모시면서 잘 살아라고 했다.
혜민이가 "예, 그럴게요"라고 하고 "좋은 말씀 주셔서 감사합니다"고 했다.
오늘 다시 보니 잘 할 것 같은데 '강은 건너봐야 알고 사람은 겪어봐야 안다'고 했으니 겪어 볼 일이다.

내 고향 배수 앞에 큰 강이 있어서 나는 물을 많이 건너 봤다.
사평천과 동복천에서 내려 온 물이 장선리 앞 합수목에서 합쳐져서 내려오기 때문에 평소에도 수량이 많아 강폭이 100~200미터가 되고 깊은 곳은 수심이 2-3미터가 된다.
70년대 초반까지도 다리가 없어서 얕은 곳에 놓인 노디라고 하는 징검다리로 건너 다녀야 했다.
이 징검다리는 조금만 물이 불어도 물이 넘쳐서 건너기가 쉽지 않았다.

물이 발목 정도 잠기면 조심조심 건널 수 있는데 더 많으면 센 물살 때문에 발이 밀려나면서 균형을 잃으면 물에 빠지게 된다.
물은 겉보기에는 순해도 힘이 여간 세지 않다.
불이 무섭다고 하나 물이 훨씬 더 무섭다.
불은 나도 형체는 남는데 물은 형체도 없이 다 쓸어가기 때문이다.
그런데 폭우로 크게 불은 강물도 건넌 적이 있다.
물이 불으면 강폭이 300-400미터까지 넓어지고 물살도 엄청나게 빠른데 그 큰물을 건넌 것이다.
우리 마을에서 큰물 잘 건너기로 유명한 오리라는 별명을 가진 종윤이한테 죽어도 원망하지 않는다고 몇번 다짐하고 사정해서 종윤이 허리를 잡고 헤엄쳐서 건넜다.
막상 물에 들어가니 힘센 물살에 몸이 붕 떠서 물살에 따라 조금씩 조금씩 건너편으로 이동해서 1킬로 넘게 떠내려가며 건넜다.
이처럼 강은 건너 봐야 알고 사람은 겪어 봐야 속을 안다.

2018. 8. 13 월요일 (100세 + 252일)

환갑 지난 며느리를 혼내다

센터에 다녀오니 내 방에 하얀 비닐 백이 있어서 넷째 어멈을 불러 뭐냐고 물었더니 옷이란다.
옷을 사왔다고 한다.
내가 지금 백살이 넘었는데 무슨 놈의 옷이냐?
지금 있는 옷도 다 못 입고 갈 판국인데 무슨 놈의 옷을 또 샀냐고 너희들이 지금 정신이 있냐고 호통을 쳤다.
며느리라 때리지는 못하고 넷째였으면 한 대 때려 주었을 것이다.
윗 겉옷 두 개와 속옷 한 개를 사왔는데 겉옷은 칠부이고 품이 넉넉해서 입을 만했고 속옷도 괜찮았다.
나중에 넷째가 와서 또 나무랬다.

하나밖에 없는 아들 집도 못 사주는 형편에 있는 옷도 많은데 무슨 돈을 그렇게 쓰냐고 뭐라 했다.
그랬더니 "집은 자기들이 사야지 왜 사주냐"고 하고 "옷이 있다고 맨날 헌 옷만 입어서 쓰겠냐"고 한다.
넷째 어멈에게 호통을 치고 난 다음에 혼자 생각을 해봤다.
마음이 없으면 보기 싫어서도 옷 살 생각을 안 할 텐데 그래도 마음이 있어서 산 것인데 내가 너무 했다고.
내가 나쁜 사람이라고 반성을 했다.
또 앉아서 핸드폰으로 샀냐고 하니 백화점에서 샀다고 한다.
그런데 비싼 것은 아니라고 한다.
내가 또 뭐라 할 것 같으니까 싸다고 미리 하는 말일 것이다.
내가 다 못 입고 가면 자기들이 입을 테니까 아끼지 말고 입으라고 한다.

2018. 8. 15 수요일 (100세 + 254일)

며느리에게 줄 마지막 선물

오늘은 광복절이어서 담양으로 나들이를 갔다.
먼저 담양호 산책길로 갔다.
그런데 오랜 가뭄과 폭염 때문에 호수 물이 거의 말라 바닥이 다 드러나 호수라는 말이 무색했다.
햇볕은 무척 따가왔지만 추월산과 금성산 사이 깊은 계곡의 호반길이라서 간혹 시원한 바람이 불었다.
요즘은 어딜 가나 걷기 좋은 산책길이 많지만 휠체어가 갈 수 있는 곳은 드물다.
나도 걷고 싶지만 걸을 수 없어 휠체어 타는 신세지만 기분이 좋았다.
산책길은 거의 다 바닥을 나무판자를 깔아 놓은 데크 길이어서 휠체어로 다니기 좋았다.
하지만 경사길도 있고 흙길도 있어 한 여름 더위에 나를 밀고 다니는 것이 쉬운 일은 아니다.
데크 길 끝을 지나 왕복 2시간 넘게 걷고 점심은 담양온천리조트에서 했다.

점심을 먹은 후에는 내가 대나무박물관에 가자고 했다.
에어컨이 시원하여 더위도 식히면서 여러 전시물을 구경했다.
나오는 길에 박물관 주차장 근처에 있는 죽산품 매장으로 가자고 했다.
넷째와 막둥이 어멈한테 마지막이 될지 모르는 선물을 사주고 싶어서였다.
대나무 젓가락, 큰 수저, 대나무 접시, 도마 등을 샀다.
대나무 제품은 재료가 무공해이고 요리할 때 소리가 안 나고 오래 쓸 수 있어서 오래 오래 쓰면서 시어머니와 좋은 추억도 가끔 떠올려 보라고.

〈담양호 데크 산책길과 두 며느리에게 줄 죽산품 선물〉

2018. 8. 17 금요일 (100세 + 256일)

오랫만에 간 여수 여행

넷째가 오늘이 여름 휴가 마지막 날인데 어디를 가보고 싶냐고 했다.
이 궁리 저 궁리하다가 여수에 가고 싶다고 했다.
여수에 가서 내가 좋아하는 바다도 보고 장어탕이나 먹고 오자고 했다.
여수는 큰아들이 여수 G고교에서 교장으로 정년하기까지 30여년을 살았던 곳이어서 여러번 갔었다.
처음에는 종고산에 있는 학교 아래 일반 주택에 살았고 나중에는 둔덕동에 있는 아파트에서 살았는데 다 가봤다.
광주에서 같이 살다가 아빠 따라 여수로 간 큰손자 창건이가 보고 싶어 간 것이다.
창건이와는 정이 너무 들어 여수로 간 후에 보고 싶어서 견딜 수가 없었다.
창건이를 못 보게 되어서 학강다리에서 떨어져 죽고 싶은 마음이 들 정도였다.
여수에 가면 창건이는 초등학생 때에도 밖에서 놀다가 잠깐 들어와 "할머니 젖 좀" 하고 내 젖을 빨고 가곤했는데 그 큰손자가 지금 곧 사위를 보게 생겼다.

옛날 생각을 하면서 여수에 갔는데 여수가 천지개벽을 했다.
종고산 비탈에 버스 하나 다닐 길밖에 없었는데 산을 뚫고 다리를 놔서 고속도로 같은 새 길을 내고 바다를 메워 넓은 땅에 큰 건물도 많이 짓고 주차장도 널찍하게 만들어 놓았다.
여수 엑스포를 하면서 이렇게 달라졌다고 한다.
우리는 엑스포 주차장에 주차를 하고 한화 아쿠아 플라넷이라는 수족관에 갔다.
셋이 합쳐서 삼만 원인 줄 알았는데 한 사람이 삼만 원이란다.
빨간 금붕어, 수많은 해파리도 좋았지만 벨루가라는 흰 고래가 신기했다.
큰 수족관에 사람이 들어가 인어처럼 쇼를 하는 것도 재미있었다.
그런데 12시도 안 되었다는데 배가 고팠다.
아직 볼거리가 더 있는데도 밥 먹으러 가자고 했다.
아침밥을 6시 반에 먹어서 배가 꺼질 만도 하지만 나는 원래 밥 재촉을 잘 한다.
원래는 점심 때 시내로 나가서 장어탕을 먹기로 했는데 내가 엑스포 안에서 간단히 먹자고 했다.
배고픈 것을 못 참기 때문이다.
서대회와 게장이 나오는 서대회 정식을 먹었다.

우리가 점심을 먹은 식당은 컨벤션센터 건물에 있어서 우리 차가 있는 아쿠아리움 주차장과는 반대쪽이었다.
대낮에 뙤약볕 아래 휠체어를 밀고 다니는 넷째한테 미안했다.
그래서 중간에 그늘 텐트 밑 의자에서 쉬어 가자고 했다.

넷째는 일부러 높은 산에 등산도 가는데 평지에서 어머니 밀고 다는 것이 뭐가 힘드냐고 한다.
엑스포에서 나와 막 잡아 올린 고기 좀 보러가자 해서 거북선 대교를 건너 돌산항으로 갔다.
그런데 모두 파장이어서 고기 대신 고들빼기 김치만 샀다.
여수 특산물을 좀 사고 가야지 그냥 가냐고 했더니 돌산대교를 건너 여수수협 위판장으로 갔다.
거기도 건어물점만 문을 열어서 멸치와 아구포를 사가지고 왔다.
아침 8시에 나갔는데 집에 오니 오후 6시였다.
바닷가라 바람이 불어 덜 덥기는 했는데 피곤해서 드러누워 버렸다.
정신없이 2시간 정도 자고 나니 정신이 나서 그때서야 사온 고들빼기 김치에 밥을 먹었다.
내가 봐도 백세 먹은 내가 대단하다.
괜히 옛 생각이 나서 여수를 가자고 했는데 나 때문에 여럿이 고생을 했다.
그래도 꼭 한번 가보고 싶었던 여수를 다녀와서 이제 원이 없다.

〈여수 아쿠아 플라넷 수족관. 흰고래, 빨간 금붕어, 해파리, 수족관 진짜 인어 쇼〉

2018. 8. 18 토요일 (100세 + 257일)

또 다시 이별이다

오늘 넷째 집에서 다시 막둥이 집으로 왔다.
정들 만하면 헤어지고 또 정들 만하면 이별이다.
넷째 집에 넉 달 이십 일 가까이 있으면서 넷째는 물론 넷째 어멈하고도 정이 많이 들었는데 또 헤어진다.
어제는 새벽 두 시에 일어나 뜬 눈으로 밤을 샜다.
다 같은 자식인데 이 집에도 있다가 저 집에도 있는 것이 뭐가 힘드냐고들 하는데 모르는 소리다.
넷째 퇴근이 몇 십 분만 늦어도 보고 싶어 안달이 나는 내 마음을 모르는 소리이다.
이왕에 옮길 거라면 오전에 데려다 주라고 했는데 저녁 식사 전에 가기로 약속했다고 한다.
오후에 수경이 집에 들러서 수경이 셋째 지원이 좀 보고 막둥이 집으로 보내 준다고 한다.
수경이가 셋째를 낳은 뒤 못 본 지가 두 달이 다 되어서 많이 보고 싶었는데 잘 되었다.

넷째 어멈은 아침밥을 먹고 미리 수경이 집에 가버려 점심은 둘이 냉면을 시켜 먹었다.
지난 번에는 맛있었는데 오늘은 맛이 없었다.
헤어질 생각하니 밥 입맛도 떨어지는 것이다.
세 시에 수경이 집으로 출발했다.
가깝게 살면 좋으련만 집 값이 비싸서 싼 곳을 찾다 보니 멀리 풍암동 구석진 곳까지 가게 되었단다.
수경이 셋째 지원이는 지 오빠들을 닮아서 두 오빠를 섞어 놓은 것 같았다.
아주 똘똘하게 생겼고 손발도 잘 노댔다.
외할아버지와는 눈도 맞추고 큰 소리로 옹알이도 했다.
두 시간 정도 지원이도 보고 이야기도 하다가 막둥이 집으로 왔다.
넷째 어멈하고 가을만 지내고 온다고 약속했으니 보고 싶어도 꾹 참고 지내다가 다시 올 것이다.
넷째도 가을은 금방 가니 곧 다시 보게 될 것이라고 위로한다.
꼭 다시 돌아와서 추운 겨울은 따뜻한 넷째 집에서 보내고 싶다.

〈막둥이 집으로 가기 전에 만나 본 두 달 된 외증손녀〉

2018. 8. 21 화요일 (100세 + 260일)

백세 늙은이에게 무슨 놈의 무좀이

발가락 무좀이 극성이다.

넷째 집을 떠나기 2일 전부터 가렵고 약간 부었었는데 지금은 양 발이 다 붓고 가렵다.

소독도 하고 처음에는 항생제 연고를 바르고 이튿날부터는 무좀 연고도 발라주었는데도 여전하다.

센터에서도 소독을 해주고 실내화도 벗고 지내게 해주었다.

이 늙은이에게 먹을 것이 뭐가 있다고 무좀이 달라붙었는지 이해할 수가 없었다.

그래서 넷째한테 "무좀이 생기는 것은 어떤 현상이냐?"고 물었다.

그런데 좋은 현상이라고 한다.

어머니한테 아직도 뜯어 먹을 것이 많다는 뜻이란다.

넷째는 뭐든지 좋게만 이야기하니 반만 믿어야 한다.

그래도 듣기 싫지는 않았다.

그래 맞다, 곧 죽게 생긴 노인한테 어떤 멍청한 균이 달라붙겠는가!

그렇더라도 내가 성가시니 이놈의 무좀균을 빨리 쫓아내야겠다.

〈완도 명사십리 해수욕장 스파랜드에서 아들 부부와 함께 해수찜, 2013년 96세〉

2018. 8. 22 수요일 (100세 + 261일)

나도 올림픽 대표 선수

오늘 우리 요양원에서 미니 올림픽이 열렸다.
모두가 선수가 되어 모든 종목에 출전하였다.
나도 눈이 어둡지만 최고령 선수로 참가하여 볼링과 낚시 두 종목에서 금메달을 땄다.
미니 볼링은 예전에도 해봤기 때문에 요령을 알고 있었다.
보이는 대로 굴리면 약간 빗나가기 때문에 약간 왼쪽으로 틀어서 굴렸다.
그렇게 해서 단판에 요구르트 빈병 열 개를 쓰러뜨렸다.

다음은 낚시였다.
낚시는 한 번도 해보지 않은 것이다.
비닐로 만든 연못 속에 든 물고기를 자석 바늘로 낚아 올리는 것이다.
첫번째는 한꺼번에 세 마리를 낚았고 두번째에는 두 마리를 낚아 올렸다.
이는 어렸을 때 고향 앞 냇가에서 낚시하는 것을 봤기에 그때 본 기억을 되살려 그렇게 해 본 것이었다.
그냥 담갔다 들어 올리는 것이 아니고 끌어 당기다가 들어 올리는 것이다.
그래서 여러 마리가 걸린 것이다.
그런데 다른 사람들은 생각없이 그냥 넣었다 뺐다만 했다.
그렇게 하니 고기가 하나도 잘 안 걸렸다.
어쨌든 오늘 요양원 미니 올림픽에서 금메달을 두 개나 따서 박수를 많이 받았다.

올림픽 운동회가 끝난 다음에는 요양원 마당에서 햇빛 가림 텐트를 치고 간이 수영장을 만들어 발을 담그고 물놀이를 했다.
나는 발에 무좀이 있어서 세수 대야에 물을 따로 주라고 하여 따로 했다.
같은 물에서 놀면 전염시킬 수 있기 때문에 그랬다.
원장님이 재주가 많아 별 희한한 일을 만들어 웃을 일 없는 우리들을 즐겁게 해주었다.
우리가 뭣이라고 이렇게 생각해줄까를 생각하니 가슴이 뭉클하다.
원장님한테 고맙다는 말을 몇 번이나 했다.
정말 고마우신 분이다.

2018. 8. 28 화요일 (100세 + 267일)

뭐니뭐니 해도 건강이 최고

오늘은 원장님이 검진을 받는다고 한다.
큰 기관을 여자의 몸으로 혼자 운영하느라 건강을 제대로 관리하지 못 했는데 모처럼 대학병원에 가서 검사를 받는다고 한다.
그래도 어떻게 시간을 내서 검사를 받는다고 하니 잘 됐다.
그런데 내가 괜히 걱정이 되었다.
오고 갈 데 없는 우리 늙은이들을 지극 정성 보살펴 주는 원장의 일이라 남의 일 같지가 않았다.
점심을 먹고 넷째한테 전화하여 결과가 어쩔지 걱정이 된다고 하니 괜찮을 거라고 한다.
넷째는 뭐든지 좋게만 말하기 때문에 곧이 곧대로 다 믿을 수가 없다.
그러나 정말 아무 일이 없었으면 좋겠다.
혼자 이렇게 일궈놓은 시설도 그렇고 우리를 친딸 이상으로 잘 보살펴 주기 때문이다.
천하를 얻어도 건강을 잃으면 아무 소용이 없다.
너나 나나 뭐니뭐니 해도 건강이 최고다.
우리 원장님도 제발 아무 일 없기를 빌고 또 빌었다.

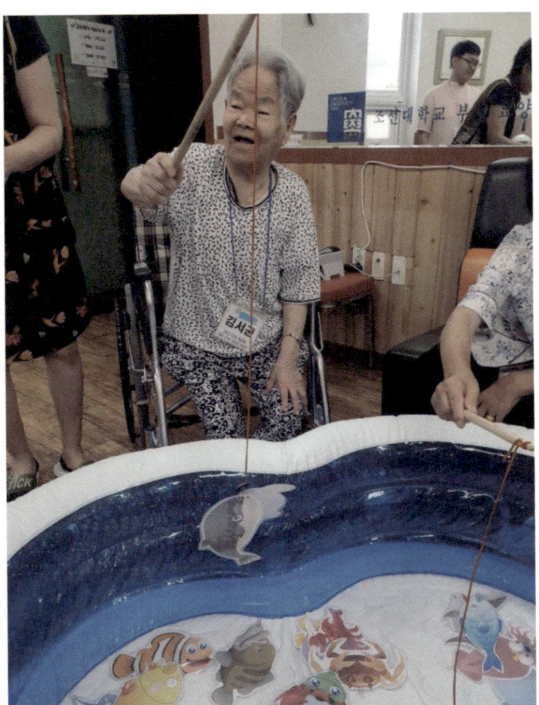

〈복지관 올림픽 낚시대회에서 낚시하는 모습〉

2018. 9. 2 일요일 (100세 + 272일)

나이가 많다고 상사병이 없을까

어제 저녁 내내 힘들었다.
양 어깨를 비롯하여 상체가 엄청 아파서 잠을 한 숨도 못 자고 화장실만 두세 차례 다녀왔다.
가슴도 한 번 아팠다.
새벽 두 시경에 화장실에 다녀와 앉아 있는데 가슴이 아팠다.
약을 찾아서 혀 밑에 넣을까 하다가 에라 그냥 참자고 생각하고 버텼다.
죽으면 죽더라도.
그런데 살그머니 가라앉았다.
네 시가 되니 막둥이가 새벽 등산 가는 길에 내 방에 왔다.
그래서 온몸이 아파서 잠 한 숨 못 잤다고 진통제 좀 주라고 했다.
타이레놀 한 알을 줘서 먹고 어깨 좀 주물러 주라고 했다.
막둥이가 어깨를 정성스레 잘 주물러 주었다.
그랬더니 참을 만해졌다.

간신히 한 숨을 자고 일어나 7시경에 넷째한테 전화를 했다.
"니가 보고 싶어서인지 어제 한 숨도 못자고 온몸이 많이 아팠다"고 했다.
그랬더니 오늘 오전에 보러 온다고 한다.
넷째 집에서 막둥이 집으로 온지 딱 2주가 되었다.
얼떨결에 막둥이 집으로 오기는 했지만 넷째가 보고 싶은 내 마음은 누구도 모른다.
석 달만 꾹 참자고 다짐하고 또 다짐하지만 보고 싶은 마음이 어디로 달아나는 것은 아니다.
억지로 참다보니 병이 난 것 같다.
넷째가 내가 좋아하는 떡이랑 약밥이랑 바나나를 사가지고 왔다.
넷째 얼굴을 보니 아픈 데가 싹 없어진 것 같다.
맥이랑 짚어보고 괜찮다고 한다.
맞다! 쭉 밥도 잘 먹고 그랬는데 아픈 것은 보고 싶은 마음을 꾹꾹 눌러 참아서 생긴 병이다.
일종의 넷째 상사병이다.
나이 많은 노인이라고 상사병이 없으란 법도 없을 것이다.
보고 싶은 넷째를 봤으니 이제 앞으로 적어도 한 달은 안 아팠으면 좋겠다.

2018. 9. 6 목요일 (100세 + 276일)

잊을 만하면 또 통증이

잊을 만하면 또 가슴이 아프다.
저녁 잘 먹고 화장실에 가서 소변을 보고 나와 세면대에서 양치하고 틀니를 닦는데 가슴이 아파왔다.
부랴부랴 방으로 왔는데 심하게 아팠다.
약을 간신히 찾아 혀 밑에 넣었는데도 가라앉지 않아 호출 벨을 눌러 막내 어멈을 불러 스프레이를 했다.
한참 있으니 가라앉기는 했지만 기운이 쑥 빠지고 식은땀이 났다.
쭉 괜찮았는데 잊을 만하면 이 잡것이 아프다.

넷째한테 전화를 했더니 자기 집보다 막둥이 집 화장실이 멀고 막둥이 도움 없이 혼자서 화장실 다녀오고 뒤처리까지 다 하느라 무리가 되어 그럴 거라고 한다.
그러면서 어머니 병은 증상이 없어도 나은 것이 아니니 절대로 무리하면 안 된다고 주의를 준다.
막둥이 퇴근이 늦으면 양치는 좀 늦게 해도 되니 기다렸다가 막둥이 도움을 받으라고 한다.
그리고 딜라트 뭔가하는 협심증 약 하나를 제일 약한 것으로 추가한다고 한다.
혹시 기운이 빠지거나 어지러운지 보라고 한다.
의사 아들 집에 있을 때는 조금만 이상해도 바로 이야기해서 바로 바로 해결할 수 있었는데 막둥이 집에 와 있으니 같은 아파트 단지라도 아쉽다.
통증이 없어도 병이 나은 것이 아니라니 결국 이 협심증으로 죽겠구나 하는 생각이 들었다.
오래 오래 자식들 사랑 원 없이 받고 백 살이 넘게 살았으니 아무 여한이 없다.
그러니 추운 겨울과 더운 여름만 피해서 언제든지 나를 잠든 듯이 살짝 데려가 주면 좋겠다.

〈붉은 상사화라고도 하는 꽃무릇과 상사화〉

2018. 9. 8 토요일 (100세 + 278일)

내 새끼들을 다시 보니 오지다

내 새끼들이 강진에서 다시 다 모였다.
2016년부터 쭉 유월에 모였었는데 이번에는 구월에 모였다.
작은딸 가족이 외손자 용욱이 고등학교 졸업식을 보러 미국에 간다고 해서 연기한 것이다.
내가 많이 아파서 못 볼까도 싶었는데 이렇게 다 보니 너무 오지다.
그동안에는 가족여행 경비를 막둥이가 다 댔는데 이번에는 서울 식구들과 큰애가 비용을 많이 내서 일부 부족분만 넷째와 막둥이가 낸다고 한다.
큰아들과 둘째가 빠져서 아쉽기는 하지만 남은 가족이라도 매년 이렇게 모여서 하룻밤 같이 지내니 너무 좋다.
둘째 사위 홍서방 몸이 좀 불편하다고 해서 걱정을 많이 했는데 직접 보니 그렇게 나빠 보이지 않아 안심이 되었고 큰사위 박서방도 배가 나와 걱정을 했는데 보기 싫게 심하지 않아 다행이었다.
큰딸은 아직도 배탈이 자주 난다고 하지만 얼굴은 괜찮게 보여 안심이 되었다.

삼년 연속 강진에서 모여서 뭐 볼 것이 있을까 싶었다.
하지만 봄에 왔던 예전과 달리 가을이라 시원하고 풍경도 다르고 바뀐 것도 많아서 괜찮았다.
또 마지막 날에는 병영에 들러 병영성과 하멜 기념관도 봐서 좋았다.
우리가 매년 머무는 사의재 주변 한옥체험관은 아주 크게 확장되어 있었다.
어제는 백련사와 다산기념관을 거쳐 가우도에 갔는데 요트를 탔다.
40인승이라고 하는데 다른 사람이 없어 우리 가족 12명이 전세를 낸 꼴이 되었다.
가우도를 중심으로 강진만을 한 바퀴 돌았는데 바람도 시원하고 탁 트인 바다를 보니 너무 기분이 좋았다.
요트를 타고 난 다음에는 가우도 해안가 산책길을 걸었다.
해마다 가는 마량항 건어물점에서 모두들 이것저것 많이 샀는데 나도 서울 세 식구들에게 주려고 황태포를 사고 복지관 친구를 주려고 김자반을 사고 또 내가 먹으려고 멸치도 고급으로 한 상자 샀다.
가족들 만나서 좋고 큰 방에서 아들 딸 며느리가 한 방에서 같이 자며 우애를 나누는 모습이 참 보기 좋았다.
나 때문에 모인다고 하지만 내가 없더라도 가족 모임은 계속 이어졌으면 좋겠다.

〈매년 머무는 강진 사의재 한옥체험관, 가우도 요트, 병영의 천연기념물 800살 은행나무, 2018년〉

〈가족여행 사진, 2016년과 2017년〉

2018. 9. 10 월요일 (100세 + 280일)

똥 싸다가 죽을 똥 말 똥

강진 갈 때부터 지금까지 3일간 똥을 못 누었다.
물론 먹은 것이 없어서 나올 것이 없었을 수도 있다.
그래도 전에 서울에 있었을 때처럼 또 파내야 될까봐 걱정이 되었다.
좀 누려고 힘을 써보아도 나오지 않고 비데의 쾌변 기능을 이용하여 자극을 해봐도 마찬가지였다.
힘을 많이 썼더니 오히려 가슴이 먹먹하게 아파왔다.
가슴이 아프기 시작하면 온몸에 힘이 쑥 빠져서 손가락 하나 꼼짝하기도 어렵다.
더 아프면 죽을 것 같은 공포감이 든다.
넷째가 야채를 좀 더 먹으라고 하고 변비약도 한 알씩에서 두 알씩으로 올려주었다.
똥 싸다가 가슴이 아파서 정말 죽을지도 모르겠다.
똥 싸는 것이 힘들어 '죽을 똥 말 똥'이라는 말이 남의 말이 아니다.

2018. 9. 11 화요일 (100세 + 281일)

아들 생일도 모르는 바보 엄마

오늘이 넷째 생일이었는데 그것도 모르고 오늘이 다 지나가버렸다.
전에는 미리 두 부부에게 맛있는 것 사먹으라고 금일봉도 주었는데 오늘은 잊어버렸다.
아무리 나이 좀 먹었다고 엄마가 아들 생일도 모르다니 살아 있어도 송장이나 다름없다.
바보 멍청이다.
막둥이는 5월 2일, 넷째는 8월 2일로 기억은 하고 있었는데 요즘 달력은 음력이 안 나오고 달력 글씨도 작아서 생일 날 저녁에야 넷째 생일을 알게 되었다.
실은 엊그제 넷째한테 전화를 해서 "아무래도 니 생일이 가까워진 것 같은데 지금 음력으로 몇일이냐?"고 물었는데 넷째가 모른다고 했었다.
아마도 엄마가 지 생일을 알면 또 뭔가 할까 봐서 모른다고 했었던 것 같다.
그때가 음력으로 칠월 그믐 무렵이었다.
오늘이 팔월 이일이니, 넷째 생일을 이렇게 지나쳐 버려서 엄마로서 영 면목이 없다.
내년까지 살아 있을지 모르지만 내년에는 꼭 기억했다가 축하해 주어야겠다.

2018. 9. 17 월요일 (100세 + 287일)

어른도 몰라보는 참 이상한 세상

오늘은 센터 주방에서 일하는 두 아주머니한테 선물을 했다.
그 뜨거운 여름에 뜨거운 주방에서 일하는 두 사람한테 추석이 되면 선물 하나 해야겠다고 벼렸는데 오늘이 추석 일주일 전이라 미리 선물을 했다.
선물은 팬티 두 장에 티셔츠다.
티는 내 옷을 잘 사주는 넷째한테 부탁을 했다.
한 사람은 덩치가 크고 또 한 사람은 보통인데 예쁜 것으로 사라고 했다.
그랬더니 어제 사왔다.

옷이 참 예쁘기는 한데 크기가 똑 같았다.
그래서 넷째한테 "내가 분명히 한 사람은 크고 한 사람은 보통이라고 했는데 왜 옷 크기가 같냐?"고 했다.
그랬더니 요즘 아주머니나 어르신 옷은 크기가 다 같은 한 칫수 (free size)로 나온다고 했다.
참 이상했다.
말이 안 되는 소리인데 그런다니 더 할 말이 없었다.
젊은 사람들은 옷을 몸에 꽉 끼게 다 맞춰 입던데 노인네들은 대충 입어라는 것이다.
어른도 몰라보는 참 이상한 세상이다.

오늘 그 옷을 센터에 갖다 주었다.
다들 생각지도 못한 선물을 다 준다고 너무너무 고맙다고 인사를 한다.
원장님도 어떻게 이런 선물을 할 생각을 다 하셨냐고 정말 감사하다고 한다.
돈을 조금 썼더니 이렇게 다들 좋아한다.
그 돈 그냥 놔두었으면 썩어질 돈인데 이렇게 조금 쓰니 다들 좋아한다.
다들 좋아하니 나도 기분이 좋다.
그래서 늙은이도 죽을 때까지 수중에 돈이 좀 있어야 한다.

2018. 9. 20 목요일 (100세 + 290일)

가지 많은 나무에 바람 잘 날 없다

넷째 어멈이 고생을 많이 하고 있다.

내가 막둥이 집에 와서 넷째 어멈이 좀 쉴까 했는데 계속 일이 생겨서 못 쉬고 있다.

넷째의 큰딸 수경이의 세째 지원이가 백일을 앞두고 있는데 감기에 폐렴이 와서 입원해서 간병을 하며 고생했는데 또 일이 생겼단다.

수경이의 위로 두 아들을 봐주는 도우미 이모가 팔목 골절을 입어서 일을 못하게 되어서 집을 봐줘야 한단다.

그래서 어멈이 넷째 아침밥을 차려주고는 딸네 집으로 가서 애들을 보고 저녁 8시가 다 되어 집으로 와서 넷째 저녁밥을 차려준다고 한다.

그 와중에 지난 일요일에는 아들인 익준이가 장염에 장폐색이 합병하여 대학병원에 입원을 했다고 한다.

설상가상 산 너머 산이다.

그래서 나랑 있을 때보다 더 힘들게 생겼다.

가지 많은 나무에 바람 잘 날이 없다더니 넷째 어멈이 그렇다.

〈수만리 미류나무〉

2018. 9. 26. 수요일 (100세 + 296일)

명절에 노인들은 더 외롭다는데

추석 연휴가 5일이나 되어 긴긴 날을 어떻게 보낼까 걱정이 되었다.
연휴가 시작되는 토요일은 센터가 문을 열어 그나마 하루는 보낼 수 있겠지만 나머지는 암담했다.
막둥이나 어멈이 다 말이 없어 입 다물고 보낼 일이 걱정되었다.
그래도 추석날은 막둥이가 수만리로 바람 쐬러 가자고 해서 따라 나섰다.
새로 산 차가 높아서 오르내리기 힘들고 시골집 화장실도 불편해서 그냥 집에 혼자 있을까도 생각했는데 큰 집에 덜렁 혼자 있기도 뭐해서 따라 나섰다.
점심 무렵이어서 맛있는 것 먹자고 여기저기를 돌아다녔는데 식당들이 다 문을 닫아 결국 집에서 라면을 끓여먹었다.
가장 푸지다는 추석날에 라면이라니!
그런데 나는 라면도 좋아한다.
점심을 먹고는 밖으로 나와 막둥이가 잡초 밭이 된 밭의 풀을 예초기로 베는 것을 보았다.
그 좋은 땅을 묵히는 것이 너무 아까웠다.
내가 열 살만 더 젊으면 고까짓 밭 정도는 내가 다 일굴 텐데.
마지막 일박이일은 수만리 집에서 넷째와 함께 했다.

넷째의 시골집은 들어갈 때나 집 안에서 움직이기가 그래도 좀 편하다.
마당에서 현관으로 올라갈 때 계단이 두 개 있는데 계단에 삼각형 돌을 두 줄로 끼워서 휠체어 바퀴가 잘 굴러가게 해 놓았고 방들 사이나 화장실에도 턱이 거의 없기 때문이다.
앞으로 누구든지 집을 지을 때는 젊을 때만 생각하면 안 되고 늙어서 보행기나 휠체어로 이방 저방 다니고 화장실도 다닐 것을 생각해서 지어야 한다.
방 사이에 문턱을 없애는 것은 물론 문의 크기도 휠체어가 드나들 수 있도록 넓혀야 한다.
화장실에 세면대와 변기의 배치도 변기가 문에 가깝게 하는 것이 좋을 것 같다.
젊고 건강할 때만 생각하고 집을 지으면 나중에 엄청 불편해서 고쳐야 할지 모른다.
마지막 날 점심 때에는 그동안 보고 싶었던 수경이가 정서방이랑 세 아이를 데리고 여러 가지 종류의 만두를 사와서 같이 먹었다.
저녁 때에는 또 혜민이가 갈비탕과 갖은 반찬을 해 와서 열 명이 같이 먹었다.
아무리 맛있는 것도 혼자 먹으면 맛이 없는데 같이 먹으니 입맛이 절로 났다.
명절에 노인들은 더 외롭다는데 나의 사랑스런 손주들 덕에 나는 정신없이 보냈다.

2018. 10. 5 금요일 (100세 + 305일)

가슴이 또 아프기 시작하네

가슴이 자주 아프다.
오늘은 두 번이나 아팠다.
아침에 센터에 가려고 옷을 갈아입는데 통증이 왔다.
센터에 가서는 괜찮았는데 집에 와서 저녁을 먹고 화장실에 다녀오는데 가슴이 또 아프기 시작했다.
막둥이가 틀니를 씻어 주었는데도 아팠다.
내 방에 와서 약을 두 번이나 뿌려서 간신히 잡혔다.
저녁 때 통증은 정말 심했다.

넷째한테 전화했더니 이것 저것 꼬치꼬치 물어본다.
엄마 걱정이 많이 되나 싶었다.
약을 조절하는데도 통증이 자주 오면 시술을 또 해야 된다고 한다.
그래서 말이 끝나기 무섭게 바로 "안 한다"고 했다.
"그냥 이대로 죽을란다"고 했다.
그래도 내년 2월에 이쁜 익준이가 결혼하는 것은 보고 싶다.
그리고 꽃피는 봄이 되는 삼사월에나 죽으면 좋겠다.
입에 뿌리는 약을 자주 뿌려도 되냐고 하니 자주 뿌려도 전혀 문제가 없으니 참지 말고 아플려고 하면 바로 뿌리라고 한다.
아끼지 말라고, 떨어지려고 하면 바로 사줄 것이니 염려 말고 쓰라고 한다.
가슴이 아파도 쓸 약이 있으니 그나마 안심이 된다.

심장병은 환절기가 안 좋다는데 요즘 날이 어제 다르고 오늘 다를 정도로 추워져서 협심증이 악화되는 것 같다.
이번 달과 다음 달만 지나면 다시 넷째 집으로 가니 조금만 참고 버티면 될 것 같다.
심장에 무리가 되지 않도록 조금만 더 조심하고 조금만 더 참고 견디자.
넷째가 막둥이하고 통화하여 아침에 반 알 먹던 딜라트 뭔가 하는 약을 저녁에도 추가한다고 한다.
이렇게 해서 통증이 조절되면 좋겠다.
또 시술하는 것은 정말 싫다.

2018. 10. 7 일요일 (100세 + 307일)

늙은이도 가을을 타는가!

날이 부쩍 쌀쌀해진다.
백살 넘은 나도 가을을 타는지 외롭고 쓸쓸하다.
예전에는 그러지 않았던 것 같은데 올해는 유난히 더 쓸쓸하다.
내 귀가 어두우니 말 거는 사람도 없다.
내 귀에 대고 큰 소리로 말해야 하니 말하려는 사람이 없다.
핸드폰으로 하려고 해도 통화가 쉽지 않고 요금 부담 때문에 웬만하면 일반 전화로 한다.
그런데 일반 전화는 받지 않는 경우가 많다.
오늘은 일요일이라 혼자 집에서 심심해서 여기저기 전화를 했는데 받는 사람이 없다.
넷째도 집에 없어 급기야 핸드폰을 했는데 수만리에서 받았다.
오늘 말 한마디 못하고 지날 뻔 했는데 그나마 하나 건졌다.
심심하고 외롭고 쓸쓸한 이 가을이 빨리 갔으면 좋겠다.
가을은 모두 다 버리고 가는 계절이니 가을도 미련을 버리고 빨리 갔으면 좋겠다.

〈예쁜 단풍마저 버리고 가는 수만리 물촌길 가을 풍경〉

2018. 10. 14 일요일 (100세 + 314일)

그래도 내가 박대통령보다는 낫다니!

오늘은 일요일이라 센터에도 못 가고 집에만 있었다.
막둥이 내외는 외출하여 크나큰 집에 혼자 방 안에 있으니 꼭 감옥 같다.
그래서 박근혜 대통령 생각이 났다.
박근혜 대통령도 나같이 혼자 독방에서 지낼까 하고.
들어 보니 박근혜 대통령이 있는 방은 내 방보다도 더 작고 바깥 창도 없다고 한다.
이뿐 아니라 식사와 대소변도 한 방에서 다 해결해야 한다고 한다.
그래서 내가 박대통령보다는 더 낫다는 생각이 들었다.
심심하면 거실에도 나가고 여기저기 전화도 할 수 있으니까.
박근혜 대통령보다는 낫다고 생각하니 답답감이 좀 덜해졌다.
나야 살 날이 많지 않지만 박근혜 대통령은 아직은 젊은데 그 많은 날을 어떻게 보낼지 걱정이 되었다.
자기 앞가림도 못하는 백세 노인 주제에 별의 별 걱정을 다 했다.

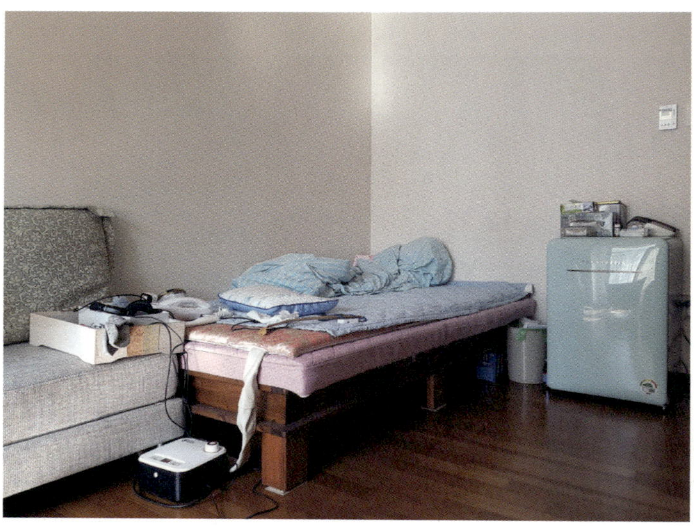

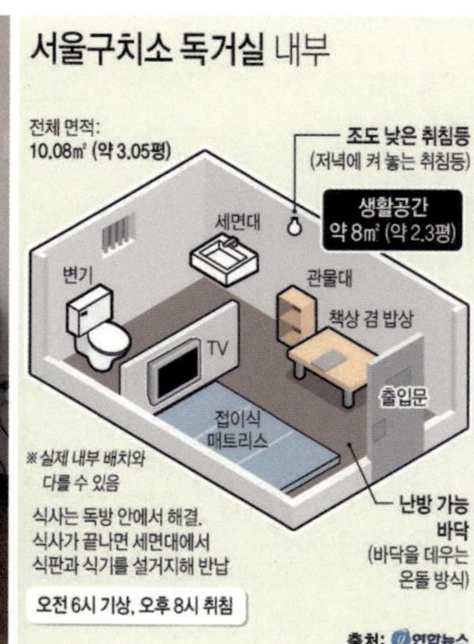

〈막둥이 집에 있는 내 방, 혼자 있으면 감옥 같을 때가 있다〉

2018. 10. 15 월요일 (100세 + 315일)

천국이 어딧냐고?

우리 원장님은 매일 아침 입실할 때와 귀가할 때 문 앞까지 나와서 손을 잡고 환영의 인사와 작별의 인사를 한다.

무슨 회의나 바쁜 일이 있을 때를 제외하고는 언제나 한결같다.

예전에도 간혹 말한 적이 있었는데 오늘도 우리들의 딸이 되어 딸 노릇을 하겠다고 한다.

너무도 감사하고 감사한 말이다.

언제 죽을지 모르는 이 늙은이들한테 딸이 되겠다고 하니 가슴이 먹먹해서 말이 안 나온다.

자기들은 안 늙을 줄 알고 늙은이를 쓰레기 취급을 하는 세상에 자기가 딸 노릇을 하겠다고 하니 세상에 이런 일이 다 있을까!

앞으로 얼마가 될지는 알 수 없지만 여기에서 원장이 해주는 따뜻한 밥에 뭐든지 말만 하면 즉각 해주는 온갖 반찬에 사람 대접받고 살다가 가고 싶다.

천국이 어딧냐고?

바로 여기가 천국이다.

죽어서 천국이 아닌 살아서 천국이 바로 여기다.

〈노래패 단장과 원장님의 환대〉

2018. 10. 25 목요일 (100세 + 325일)

나나 데려 가지 생사람을

친정 조카 며느리가 오늘 저 세상으로 갔단다.
삼 년 전에 남편을 잃고 아들들을 따라 서울로 가서 손주들 봐주면서 재밋게 살고 있었는데 얼마 전에 길을 가다 잠깐 정신을 잃고 쓰러져 병원에 갔는데 뇌암이었단다.
왜 이런 일이 생기는지 모르겠다.
치매 걸린 시어머니를 모시다가 돌아 가셔서 이제 허리 좀 펴고 사는가 했는데 남편을 잃고 남편 여읜 슬픔에서 벗어나 이제 아들들과 좀 살겠다 싶었는데 이렇게 빨리 가다니 이런 원통할 일이 있는가!
나 같은 늙은이나 데려가지 뭔 죄가 있다고 칠십대 초반으로 아직은 팔팔한 젊은 생사람을 데려가다니 이해가 안 된다.

둘째 오빠 둘째 며느리인 그 조카 며느리는 나한테 딸보다 더 잘 했다.
어찌나 알뜰살뜰하게 나한테 잘 했던지 눈에 선하다.
고향인 보성에 다녀오면 다슬기도 잡아다 주고 산이나 밭에 나는 고사리, 죽순 등 온갖 것들을 해서 주곤했다.
내가 성하기만 하면 입원했을 때 병원에라도 가서 보고 싶었는데 이제 영영 이별하게 되었다.
오래 살다 보니 이리저리 슬픈 일도 참 많이 본다.
내가 먼저 갔으면 안 봤을 것을!
내가 정말 좋아했던 조카 며느리가 저 세상으로 갔으니 먼저 간 착하디 착한 조카를 다시 만나 이 세상에서 못다 이룬 꿈과 행복을 마음껏 누렸으면 좋겠다.

2018. 10. 27 토요일 (100세 + 327일)

사람은 재주가 아니라 복으로 산다

넷째 내외가 오늘 저녁에 예비 사돈 댁에서 초대를 받아 저녁을 먹고 오면서 나한테 식혜를 주고 갔다.
전에도 혜민이를 통해서 수정과랑 약밥이랑 여러 번 얻어 먹었는데 오늘은 식혜를 보낸 것이다.
집에서 식혜를 직접 만들어 먹고 또 나에게까지 보낸 것을 보니 음식 솜씨가 상당한 사람이다.
물어보니 식혜뿐 아니라 김치와 밑반찬도 주었다고 한다.
결혼도 하기 전에 밑반찬도 만들어 주는 것으로 봐서 앞으로도 많이 얻어 먹을 것 같다.
내년 2월 결혼 예정인 아들 신혼집도 넷째 집에서 가까운 데로 얻었다고 한다.
직장과 가까운 새로 지은 아파트를 원했지만 넷째가 자기랑 가깝게 살자고 해서 직장에서 더 멀고 오래된 아파트이지만 애들이 아버지 말대로 그렇게 하기로 했다고 한다.

남향이고 층수도 24층 중 12층이고 수리도 새로 해줘서 깨끗하여 2년 전세 계약을 했다고 한다.
걸어서 십분 정도면 갈 수 있으니 얼마나 좋은가!
가족도 떨어져서 살면 가족이라고 할 수 없는데 가까이 살게 되어 잘 되었다.
넷째는 복을 받아 뭐든지 마음먹은 대로 된다.
음식 솜씨 좋은 사돈을 얻고 애들도 가까운 곳에 두게 되어 이 얼마나 좋은가!
사람은 재주로 사는 게 아니라 복으로 사는 것이다.
그런데 복은 절로 굴러 오는 것이 아니다.
감이야 절로 떨어지지만 호박은 절로 굴러 오지 않는다.
복을 지어야 복이 오고 덕을 쌓아야 복을 받는다.

〈넷째의 가훈, 덕의 향기가 만리에 퍼지도록〉

2018. 11. 1 목요일 (100세 + 332일)

못 봐선지 보고 싶어선지 아팠다

그동안 넷째가 보고 싶었는데 못 봐선지 보고 싶어선지 가슴이 아팠다.
저녁을 먹고 화장실에 갔다가 나와 방으로 오는데 가슴이 아팠다.
한 달 전엔가 아팠고 그 뒤에는 괜찮았는데 다시 아팠다.
이번에는 많이 아팠다.
약을 뿌리려다가 에이 이렇게 그냥 죽어버리자고 놔둬버렸다.
그래도 죽기 전에 넷째는 보고 죽어야겠기에 전화를 했다.
거의 다 죽어가는 소리로 엄마가 죽겠다고 했다.
넷째가 놀라서 "가슴이 아퍼, 약 뿌려. 내가 바로 갈게"라고 했다.
대답도 못하고 수화기를 내려놓았다.
넷째가 오 분도 못 되어 왔다.
그런데 그 사이에 가슴통증이 조금 누구러졌다.
힘이 쭉 빠져 누워있었다.

약을 어떻게 먹었는지 약 상자를 살펴보고 자초지종을 물어 보았다.
화장실에 소변 보러 갔는데 변이 나올 것 같아 힘을 좀 쓰고 용변을 다 마치고 일어나 옷을 올리려는데 잘 안 올라가 힘을 좀 썼다고 했다.
다리에 힘이 없어 손으로 벽이나 안전대를 잡지 않고는 설 수 없기 때문에 옷을 올리려면 두 손을 써야하니 고개를 숙여 머리를 벽에다 박고 몸을 간신히 지탱해서 옷을 올린다.
어깨도 잘 안 움직이니 손을 뒤로 젖혀 팬티와 속바지와 잠옷으로 된 3겹 옷을 올리는 것이 쉽지 않다.
막둥이가 와서 많이 도와주었는데 오늘은 내가 먼저 저녁밥을 먹고 혼자 화장실에 와버려서 막둥이가 도와주지 못했다.
넷째가 새로 처방한 약들을 가져오고 나란히 앉아서 그동안 못했던 이야기를 한참을 했다.
가슴통증도 다 좋아지고 보고 싶었던 넷째도 보니 또 살 것 같아 넷째한테 집에 가라고 했다.
넷째가 식사 후에 바로 화장실에 가지 말고 좀 쉬었다가 가든지, 약을 미리 뿌리고 가라고 한다.
아무튼 죽을 듯 아팠는데 넷째를 보고 사라지니 넷째가 보고 싶어 내가 꾀병을 부린 것 같기도 했다.

2018. 11. 4 일요일 (100세 + 335일)

올해도 국화 축제가 열렸다는데

화순에서 매년 가을에 열리는 국화 축제가 올해도 열렸다고 한다.
아주 좋다고 사람들이 엄청 몰렸다는데 우리 집에는 누구도 가자는 사람이 없다.
넷째가 가자고 할라냐 싶었는데 감감 무소식이다.
넷째 어멈이 큰딸 학회 따라 외손자를 데리고 서울에 가서 토요일에는 안 될 줄 알고 있었는데 일요일도 그냥 지나간다.
그래서 저녁을 먹고 넷째한테 전화를 했다, 국화 축제 봤냐고.
그랬더니 오늘도 큰딸 손주들을 봤다고 한다.
그렇지 않아도 어머니 국화꽃 축제 구경시켜드리려고 했는데 큰딸이 먼저 도와달라고 해서 손주들을 봤다고 죄송하다고 한다.
"큰딸 때문에 고생한다"고 하고 전화를 끊었다.
이해는 되지만 손주들에게 밀려 나는 이제 뒷전이라는 생각에 뒷맛이 씁쓸했다.

〈화순 국화 축제, 2019년〉

2018. 11. 6 화요일 (100세 + 337일)

마음은 아닌데 입이 방정

오늘은 꽃메에서 단체로 나주로 소풍을 갔다.
나같이 움직일 수 없는 사람도 많은데 다 데리고 갔다.
어떻게 이런 멋진 생각을 다 했을까?
송 원장이 대단하다.
보통 사람은 엄두도 못 낼 일인데 우리 송 원장은 어찌나 통이 큰지 이런 엄청난 일을 자주 벌인다.
큰 차로 나주 관아와 향교를 보고 점심은 그 유명한 나주곰탕으로 먹었다.
원장이 옆에 와서 잘 드셨냐고 했는데 내가 별로라고 했다.
내가 워낙 솔직해서 그렇게 말을 했는데 말을 하고 나니 대접한 송 원장한테 미안한 생각이 들었다.
맛이 없어도 맛있다고 하고 별로여도 좋다고 했어야 대접한 사람 기분이 좋았을 것인데.
방정맞게 곧이곧대로 말해버린 것이다.

솔직히 말해서 나는 꽃메에서 해 준 밥이 최고다.
밥솥채로 가져와서 퍼주는 따뜻한 밥, 맛깔 나는 반찬, 매일 매일 새로운 따끈한 국이 최고다.
어느 맛집이라고 이만하겠는가!
그래서 별로라는 말이 나도 모르게 튀어 나와 버렸던 것이다.
점심을 먹고는 남평 산림자원연구소로 갔다.
거기도 담양과 같은 메타세콰이어 길이 있었다.
잔디밭에서 놀이도 하고 원장이랑 같이 노래도 불렀다.
"노세 노세 젊어서 놀아 늙어지면 못 노나니 화무는 십일홍이요 달도 차면 기우 나니라! 얼시구 절시구 차차차! 지화자 좋구나 차차차! 만화방창 호시절에 아니 노지는 못 하리라 차차차!"

〈꽃메 가을 소풍, 남평 산림자원연구소 메타세콰이어 길에서 딸 같은 원장과 사진〉

2018. 11. 11 일요일 (100세 + 342일)

애 아버지한테 효도는 둘째가

오늘은 애들 아버지 제삿날이다.
둘째는 빠지고 서울 셋째, 광주 넷째와 막둥이가 참여하여 큰집 장손 창건이가 주도하여 제사를 지냈다고 한다.
마침 일요일이어서 다행이다.
그런데 내년이 걱정이다.
주중에 있을 텐데 직장에 다니는 서울 사람들은 휴가를 내고 와야 하니까.
둘째가 참여를 안 했다고 하니 마음이 안 좋다.
큰형이 없으니 둘째가 큰형 노릇을 해야 하는데 산에 가는 것 외에는 외부 활동을 일체 하지 않으니 강요한다고 듣는 것도 아니어서 어쩔 수가 없다.
그냥 안 아프고 건강하게 제 몸 간수 하나 잘 하고 있는 것만으로도 고맙게 생각해야겠다.

그런데 아버지 효도는 둘째가 다 했다.
뇌출혈로 음력 5월 13일에 쓰러져서 다음 날 광주적십자병원에 입원하여 음력 10월 5일에 운명할 때까지 5달 동안을 병실에서 숙식을 하며 간호를 하였다.
죽이나 미음 떠 넣어주고, 똥 파내고, 양치하고 세수시키고, 몸 닦고 뒤척여 주고, 관절 운동시키고.
다니던 대학원도 휴학하고 아버지 간병을 했다.
지 아버지는 성질이 어찌나 급한지 무슨 말을 하면 말이 떨어지기 무섭게 즉각 시행을 해야 한다.
조금만 늦어도 못 참고 성화가 이만저만이 아니다.
그래서 둘째도 여러 번 군밤도 맞고 살도 꼬집혔다고 한다.
"정웅아~"하고 다정하게 불러서 가까이 가면 눈물이 핑 돌게 꼬집었다고 한다.
그래도 아버지를 살려 보겠다고 불철주야로 성심성의껏 최선을 다해서 간병을 했다.
동네에서 병문안 다녀 온 사람들은 모두 둘째의 간병 모습에 감복하여 이구동성으로 지 아버지가 나아서 퇴원하면 동네에서 둘째한테 잔치를 해준다고까지 했다.
그런 지극 정성에도 돌아가신 아버지의 제사가 오늘인데 지도 나이가 팔십이 다 되어 참여하지 못해서 얼마나 마음이 안 좋을까 싶다.
오늘은 애 아빠 기일인데 남편보다 어려서 고생하고 아버지 살리려고 그렇게 애를 썼던 둘째 생각이 더 났다.
둘째야, 고생 많이 했다.
고생 많이 했으니 오래오래 건강하고 행복해라.

2018. 11. 16 금요일 (100세 + 347일)

살 길을 찾아 밤 봇짐을 싸다

어제 저녁 때까지 괜찮았는데 밤에 또 통증이 왔다.
막둥이가 약을 몇 번 뿌려주었는데도 쉽게 가라앉지 않았다.
실은 지난 주 토요일 큰아들 제사 전날부터 안 좋았다.
그래도 점차 안정이 될까 기대했는데.
새벽에 화장실을 다녀오는데 또 아팠다.
약을 뿌려도 빨리 가라앉지 않았다.
아침 6시가 넘었길래 넷째한테 전화를 했다.
"오늘 너희 집으로 가고 싶다"고 했다.
넷째 집에 있어야 될 것 같았다.
죽든 살든 의사 집에 있어야 될 것 같아 다짜고짜로 넷째한테 너희 집으로 가고 싶다고 한 것이다.
넷째가 오늘 저녁에 오시라고 한다, 원래는 2주후인데.
넷째가 오시라고 하는 말만 들어도 좀 살 것 같았다.
넷째 집에 가면 또 다시 막둥이 집에 올 수 있을지 모르겠다.
다음 주 금요일이 나의 101살 생일인데 그 때까지 버틸 수 있을지도 모르겠다.
뭔가 예감이 안 좋다.

저녁에 밤 봇짐을 싸서 넷째 집으로 왔다.
진짜 내 집에 온 것같이 마음이 편했다.
봇짐을 풀어 옷을 정리했다.
이놈의 떠돌이 생활이 준이 (싫증이) 나지만 밑으로 두 아들이 번갈아 경쟁하듯 잘 해주니 이것도 복이라고 생각했다.
넷째가 혈압을 재고는 130대로 괜찮다고 한다.
도라지와 고사리 나물에 밥을 먹고 홍시 반쪽에 수경이가 빼빼로데이에 준 빼빼로 하나를 후식으로 먹었다.
거실 소파로 자리를 옮겨 넷째랑 한참 이야기를 하고 화장실 들러 방에 왔는데 괜찮았다.
걸으면 숨이 차다고 했더니 내일 아침부터 이뇨제 반 알을 추가해 준다고 한다.
안 아프고 편하게 지내다가 익준이 결혼한 것까지만 보고 죽으면 좋겠다.

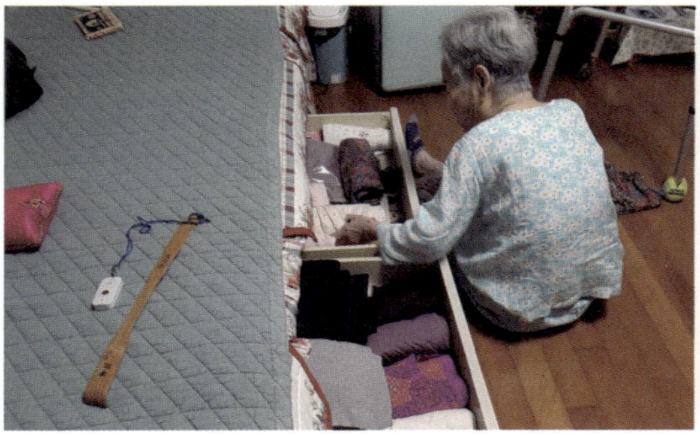 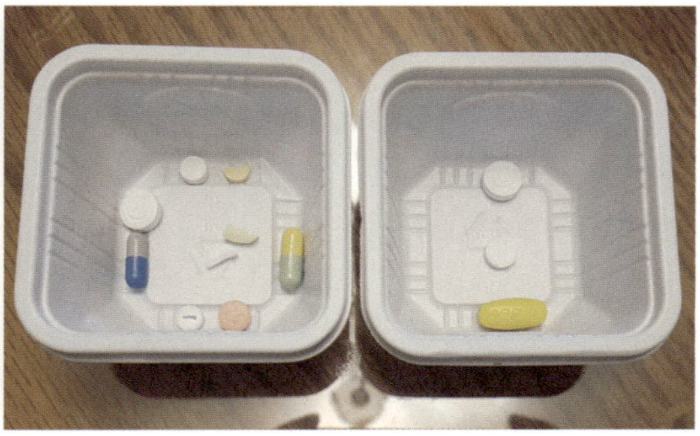

〈다시 돌아와 옷 정리를 하고 있는 모습과 다시 또 조정된 약. 침대 위 등긁게는 내 만능 가제트 팔이고 줄로 연결된 흰색 리모컨이 호출 벨이다〉

2018. 11. 18 일요일 (100세 + 349일)

젊은 사돈을 만나다

오늘 수만리로 혜민이 부모가 나한테 인사하러 오겠다고 한다.
결혼이 석 달 정도 남아 사돈들끼리 왔다 갔다 왕래가 있었는데 이번은 넷째가 초대했다고 한다.
힘이라고는 모기 모가지만큼도 없지만 예비 사돈 부부가 뵙고 인사드리고 싶다고 해서 망설이다가 만나기로 했다.
바깥바람도 쐬고 그동안 수정과랑 식혜랑 약밥이랑 해준 것에 감사하다는 말도 할 겸 해서.
오늘이 마침 화순 장날이어서 장 구경도 하고 병어도 몇 마리 사서 지져 먹고 싶었다.
그런데 손님 오는 시간이 촉박하다고 장에는 못 가고 바로 수만리 집으로 갔다.
조금 있으니 밖에 무슨 인기척이 있는 것 같아서 넷째한테 나가 보라고 하니 사돈이 왔다.

사돈 부부는 아주 젊었다.
바깥사돈은 얼굴이 기라죽하니 (기다랗게) 미남이고 안사돈은 얼굴이 동그라서 혜민이와 같은 형이었다.
극구 만류했는데도 부부가 둘이 큰 절로 인사를 했다.
가져온 수정과와 소고기 육전과 생선전에 넷째 어멈이 마련한 차와 과일을 먹었다.
그동안 여러 번 맛있는 것 보내줘서 정말 고맙다고 인사를 하고 사돈이지만 형제처럼 지내라고 했다.

넷째에게 며느리는 혜민이 하나뿐이니 혜민이가 우리 집에 와서 시부모 잘 모시고 형제 간에 화목해서 좋은 가정 만들고 행복하게 살면 좋겠다고 했다.

안사돈이 혜민이 잘 교육해서 그렇게 하도록 하겠다고 하고 나 보고 건강히 오래 사시라고 한다.

넷째가 내가 시집오게 된 이야기, 자기들이 결혼하게 된 이야기 등을 하며 차를 나누니 어느덧 두 시간이 지났다.

나는 조금 피곤해서 안방 침대로 가서 누웠고 넷째는 주변 구경시켜준다고 사돈 내외를 모시고 나갔다.

나는 칠남매를 혼자서 결혼시켰는데 넷째는 부부가 의논도 하면서 결혼시키는 것을 보니 부럽다.

그리고 그렇게 원했던 며느리를 하나도 못 보고 먼저 간 남편이 불쌍하다는 생각이 들었다.

광주 집으로 돌아와 지금 내 몸이 많이 안 좋고 여기저기가 아파도 너무나 아늑한 넷째 집에서 아들 사돈한테까지 이렇게 대우를 받으니 참 행복하다는 생각을 하며 잤다.

〈넷째 예비 안사돈과 첫 만남〉

2018. 11. 21 수요일 (100세 + 352일)

죽음의 문턱에서

아침에 익준이가 내 방에 들러 월급을 받았다고 용돈을 가져 왔다.
그래서 나도 봉투를 하나 주었다.
결혼을 앞두고 있어서 필요한 데 좀 보태 쓰라고 복돈을 담아 주었다.
"복 많이 받아 행복하게 잘 살아라"고 하고 "어머니 아버지한테 효도하라"고 했다.
"많이 보고 배웠으니 어련히 잘하겠지만 부모한테 잘하는 게 복 받는 일이다"라고 했다.
아침까지도 별 일이 없었고 기분도 좋았는데 오늘 밤에는 정말 죽는 줄 알았다.
저녁을 먹고 거실로 와서 넷째랑 이야기를 하는데 숨이 찼다.
내가 원래 목청도 크고 말을 하기 시작하면 열을 내서 쉬지 않고 계속하니 넷째가 오 분만 쉬었다가 하라고 했다.
그렇게 열을 내서 말을 계속하니 숨이 더 차는 거라고 좀 쉬시라고 했다.

이야기는 그만 두고 조금 쉬었다가 화장실에 갔는데 예전 같지 않았다.
넷째가 앞장서서 보행기를 끌어주고 화장실에서는 옷도 내려주고 틀니도 빼서 닦아주고 좌변기에 앉은 채로 세수도 해주었는데 숨차는 것이 가라앉지 않았다.
대여섯 발자국밖에 되지 않은 내 방에 가는데 가슴이 아팠다.
스프레이를 뿌리고 눕혀주었는데 별로였다.
통증도 숨차는 것도 좋아지지 않으니 넷째가 심상찮다고 생각했는지 내 방에서 잘 생각으로 방바닥을 닦고 요를 깔아 놓고 나를 지켜보고 있었다.
실은 오늘 저녁에 넷째 주관의 부부 동반 모임이 오래 전에 계획되어 있었는데 지인들한테 양해를 구하여 취소시키고 집에 들어왔다고 한다.

자꾸 혈압을 재고 청진을 했다.
숨이 목에까지 차오르고 가슴이 아프고 진땀이 났다.
밤 10시 무렵이 되었는데 넷째가 빨리 병원으로 가야겠다고 했다.
내가 안 간다고 하니 그러다가 돌아가신다고 한다.
"나 많이 살았으니 여기 니 집에서 이제 그만 죽을란다"고 했다.
넷째가 "내년 봄까지는 사셔서 익준이 결혼하는 것을 보고 가셔야 한다"고 했다.
숨은 더 차고 어찌할 바를 모르게 답답하고 정신이 가물거렸다.
임종이라도 하게 막둥이를 불러라고 했다.
넷째가 "자고 있는데 어떻게 깨우냐"고 해서 "그래도 임종은 해야제!"라고 역정을 냈다.

넷째는 숨차서 눕지도 못하는 나를 붙잡고 있느라 꼼짝할 수 없어 어멈한테 119를 부르고 정일이도 불러라고 했다.
내가 정신이 흐려지고 힘이 빠져 저항할 수 없게 축 늘어지자 넷째랑 어멈이 옷을 입혔다.
그 사이에 정일이가 왔는데 119는 10분도 더 지나서 왔다.
중간에 상태를 확인하는 전화가 왔는데 그런 다음에도 한참이 걸렸다.
119 접이식 구급 침대가 내 방 안으로 들어와 나를 앉힌 채로 엘리베이터를 타고 내려갔다.
구급차 안에는 구급대원과 정일이가 타고 넷째는 입원 짐을 싣고 자기 차로 뒤따라 왔다.
구급차 안에서 숨이 끊어질 것 같아 "아이고 죽것네"라고 소리를 쳤다.
산소마스크를 쓰고 있었어도 숨이 턱까지 차올라 죽을 지경이었다.

대학병원 응급실에 밤 11시 15분경에 도착했다.
응급실 입구에 지난 번에 시술해준 안교수님이 나와 있었다.
응급 심전도를 찍었는데 혈관이 꽉 막힌 것은 아니라고 했다.
그런데 워낙 호흡곤란이 심하고 기관지에서 쌕쌕 소리도 나서 산소마스크를 씌우고 기관지 확장제를 분무해주고 몰핀과 이뇨제를 주사해 주었다.
이삼십 분이 지나니 조금 살 것 같았다.
바늘구멍만큼 숨이 트인 것 같았다.
그러니 죽지 않고 살 것 같다는 생각도 조금 들었다.
늘 죽고 싶다고 했으나 이런 고통은 정말 참기 어려웠다.
죽고 싶다는 것은 고통 없이 그냥 잠들 듯이 죽고 싶다는 것이다.
그런데 가슴이 답답하고 숨이 차는 것은 정말 고통스러웠다.
죽는 것이 두려운 것이 아니고 고통이 두려웠다.
고통 없이 죽는 법은 없는 것인가!
죽음의 문턱 하나 넘는 것이 이렇게 힘든 것인가!

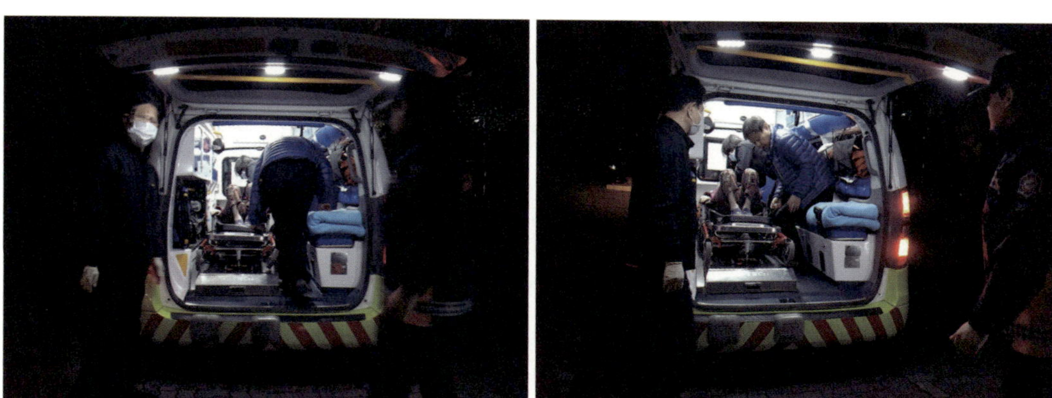

〈119 구급차에 실려 가는 모습〉

2018. 11. 22 목요일 (100세 + 353일)

이제 또 얼마를 더 살아야 하나

어제 응급실에 도착하여 의사들이 수대로 달려들어 나를 치료해 준 덕에 간신히 살아났다.
자고 나니 아침밥이 나왔는데 입을 대지도 않고 물만 좀 마셨다.
중환자실에서 밤을 새운 넷째한테 이제 나 죽게 해달라고 했다.
"나, 그동안 너무너무 대우받고 행복하였으니 아무런 여한이 없다. 그러니 이제 여기 중환자실에서 저기 영안실로 가게 해주라"고 했다.
넷째도 이제는 어머니를 더 이상 붙잡을 수 없다는 것을 예감한 듯한 심각한 표정이었다.
"어머니, 정말 여한이 없어?"하며 둘이 목을 껴안고 얼굴을 맞대고 울었다.
이른 아침이고 주변의 시선도 있어서 커튼을 치고 터져 나오는 울음을 억누르며 엉엉 울었다.
"넷째야, 너무너무 고마웠다. 따뜻하게 대해주고 알뜰살뜰 챙겨줘서 너무 고마웠다. 행복하게 건강하게 오래오래 잘 살아라"고 유언을 했다.
이렇게 둘이 울고 있는데 병원 원장님과 간호부장이 방문하여 울음을 멈추고 눈물을 닦았다.

이제는 정말 끝인가 싶었고 끝이면 좋겠다고 생각했다.
백 한 살이면 보통 나이인가!
가도 진즉 갔어야 할 나이다.
그런데 넷째가 작업을 시작했다.
영안실로 가겠다는 나에게 검사만 한번 더 받아보자고 설득하기 시작했다.
넷째는 나를 닮아 집요할 때는 정말 집요해서 포기가 없다.
결국은 설득을 당할 수밖에 없다.
그냥 죽겠다고 하니 지금은 아니고 내년 봄에 가시라고 한다.
검사를 해서 왜 숨이 그렇게 찼는지 원인을 알아 보자고 한다.
"원인을 알면 뭐하냐"고 했더니 그러면 그것을 치료하면 된다고 한다.
거짓말이다, 지난번에도 검사만 한다고 해놓고 시술을 했기 때문이다.
의사들이 검사만 한다는 말, 안 아프다는 말은 다 거짓말이다.
넷째가 마지막으로 자기 말 한번만 더 들어주라고 하도 그래서 거짓말인 줄 알면서도 그런다고 승낙을 했다.

다시 심혈관촬영실로 가서 이번에는 왼팔에다 바늘을 넣었다.
정말 아파서 "아야"소리를 질렀다.
의사들한테 미안한 줄 알지만 나도 모르게 소리가 나와 버리는데는 어쩔 수가 없었다.
제발 마취를 시켜 죽여 놓고 해라고 해도 그러면 숨이 멎을 수 있어 전신 마취는 못한다고 한다.
무슨 약을 넣는지 가끔 훈짐이 돌고 또 무슨 약을 썼는지 머리가 아팠다.
넷째가 옆에서 머리를 수건으로 싸매어 지그시 눌러 주었다.
심장에서 제일 큰 혈관이 시작부터 꽉 막혔다고 한다.
가는 철선을 넣어 막힌 곳을 뚫은 후 풍선으로 넓히고 스텐트로 고정했다고 한다.
팔목은 아프지만 가슴은 뻥 뚫린 듯 숨 쉬기가 편해졌다.
시커먼 소나기 구름이 개고 밝은 태양이 쨍하고 빛나는 것처럼!
올해 2월에 시술하고 아홉 달을 살았으니 이제 또 얼마를 더 살 것인가!
얼마를 더 살아야 죽을 수 있는 것인가!
죽는 것은 하나도 두렵지 않다.
다만 사랑하는 자식들 못 보게 되는 것이 슬플 뿐이고 고통이 두려울 뿐이다.
이제 또 얼마를 더 살지 모르지만 하루하루 감사한 마음으로 살아야겠다.
다시 살려 놓은 사람들 생각해서라도!

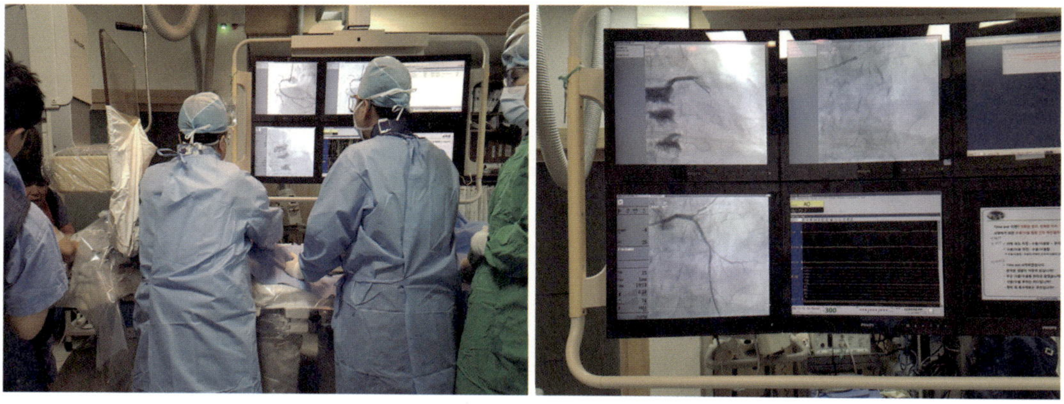

〈세번째 시술: 안교수님과 김교수님이 완전히 막힌 혈관을 정상에 가깝게 뚫어 주셨다〉

2018. 11. 23 금요일 (101세)

101살 생일도 꽝이다

시술을 마치고 회복이 빨라 심장 중환자실을 이틀 만에 졸업하고 오후 4시에 일반 병동으로 올라왔다.
그런데 오늘은 내가 101살이 되는 생일 날이다.
1918년 음력 10월 16일에 태어나서 오늘이 2018년 음력 10월 16일이니 만 100살인 101살 생일이다.
내가 아프지 않고 집에 있었다면 제법 폼나는 생일 상도 받고 여기저기서 축하도 많이 받았을 것이다.
그런데 또 입원해 버렸으니 모든 것이 다 꽝이 되었다.
생각해보면 만 100세 생일 잔치가 문제가 아니고 생일 날이 장례 날이 될 뻔했다.
넷째가 수요일 모임을 취소하고 집에 오지 않았으면 죽었을지 모르는데 운이 좋아 용케 살아났고 회복도 빨라 심장 중환자실에서 병실로 올라온 것만큼 큰 생일 상이 어디 있겠는가!
그러니 꽝이 아니고 대박이다.
세상에서 가장 큰 대박 생일 상을 받은 것이다.

중환자실에서 병동으로 이사하기 전에 큰애가 먼저 와서 병실로 같이 갔다.
병실로 올라가니 넷째 어멈이 미역국을 가져왔다.
또 조금 있으니 혜민이가 내가 좋아하는 고구마에 물김치와 수정과를 가져왔다.
여섯 시 무렵에는 막둥이 어멈도 미역국을 가져오고 새 옷을 두 벌이나 사왔다.
죽었다가 살아난 것도 큰 선물인데 이렇게 많은 선물을 받다니!
나는 참 행복하고 복 많이 받은 사람이다.
병실에서 맞은 나의 만 백세 생일 날, 새로 태어난 것처럼 너무 기뻤고 자식들한테 너무 감사하다.
남은 인생은 하루하루가 너무 소중하니 그동안 자식들에게 받은 사랑을 되새기며 정말 행복하게 살아야겠다.

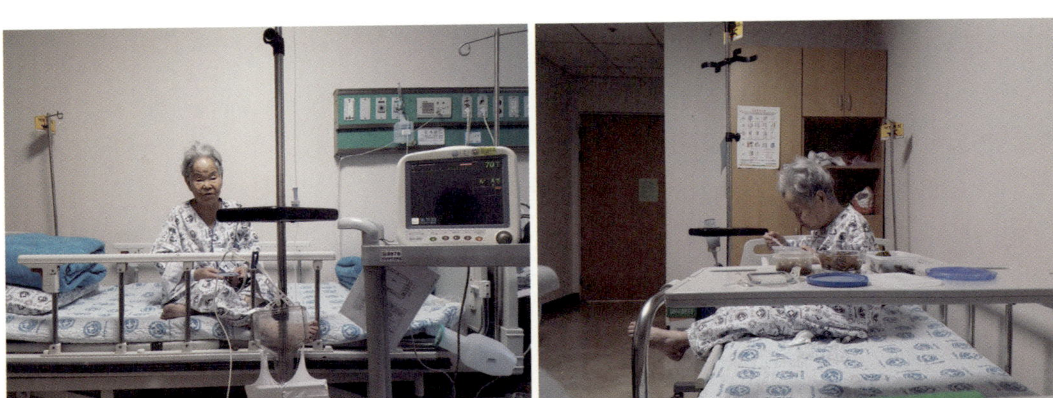

〈입원실에서 맞은 101세 생일과 병상에서 먹은 미역국〉

2018. 11. 24 토요일 (101세 + 1일)

모두들 응원에 힘을 얻고

병실에서 둘째 날이다.
어제 저녁은 넷째가 집으로 가고 막둥이 어멈이 잤다.
밤새 안녕했다.
아무런 증상이 없었다.
저녁에 화장실을 두 번이나 갔는데 아프지도 않고 숨도 안 찼다.
이럴 수가 있나 싶도록 신기했다.
아침 일찍 막둥이 어멈은 막둥이 출근시키려 집으로 돌아가고 넷째가 왔다.
넷째가 심전도 감시 장치도 제거하고 산소 콧줄도 뺐다.
손가락 끝에서 산소 수치를 보는데 94점 정도 나와서 좋다고 뺐다.
심장 소리나 호흡 소리도 좋다고 한다.
넷째가 백세가 넘으셨는데도 어머니의 생명력과 회복력은 정말 대단하다고 한다.

오후에는 순대가 먹고 싶어서 넷째 어멈한테 남광주 시장에서 순대랑 허파랑 좀 사오라고 했다.
허파가 아주 부드럽고 순대 맛도 지금까지 먹어본 것 중에 최고였다.
허파를 대여섯 점 먹고 순대도 너댓 점이나 먹었다.
그러고 있었는데 익준이가 오고 이어서 큰애가 전복죽과 물김치를 가져왔다.
순대를 먹어 배가 아직 덜 꺼졌지만 그래도 좀 먹었다.
큰애 음식은 뭣이든 내 입맛에 너무 잘 맞아서 먹었다.
이틀 전만 해도 입맛이 써서 밥을 입에 대지도 못했는데 심장이 좋아지니 입맛도 바로 돌아온 것 같다.

저녁밥은 나랑 큰애랑, 넷째 부부와 익준이랑 다섯이 같이 먹었다.
그런데 수경이 식구들이 왔다.
수경이 부부, 연우, 현우, 막내 지원이 해서 다섯 명이 왔다.
연우가 증조할머니가 119 구급차를 타고 병원에 입원했다는 말을 듣고 가보고 싶다고 해서 왔단다.
아들 둘 밑에 셋째 지원이는 나하고 딱 100살 차이인데 그동안 많이 컸고 방긋방긋 잘 웃었다.
“왕할머니 빨리 나으세요”라는 증손자들의 격려와 지원이 재롱에 힘이 솟았다.
이어서 둘째 아들, 둘째 딸, 셋째 어멈한테도 전화를 받고 꽃메 원장님한테서도 격려의 문자를 받았다.
여러 많은 사람들로부터 응원을 받아 오늘 밤만 잘 자고 나면 내일은 퇴원할 수 있을 것 같다.
너무도 감사하고 다시 또 살아나서 집으로 돌아갈 수 있다니 꿈만 같다!

2018. 11. 25 일요일 (101세 + 2일)

똥 벼락 맞은 자식!

오늘 퇴원 날인데 새벽부터 소동이 났다.
5일째 제대로 똥을 못 쌌다.
똥이 마려워서 새벽 2시 반에 깨서 화장실에 갔는데 안 나왔다.
나올 똥 말 똥 하면서 시원하게 나오지 않았다.
비데를 틀어 물을 쏘아 넣어도 소용이 없다.
삼십분 이상을 실갱이를 했는데 조금 묻어 나온 정도였다.
침대로 돌아와서 관장을 해야겠다고 했다.
예전에 변비로 고생한 경험이 있어서 관장을 해야 할 것 같았다.
넷째가 간호사실에 가서 관장을 부탁했다.
새벽 4시도 안 된 한밤중 같은 시간에 관장을 해달라고 하니 어린 간호사가 와서 나를 새우등을 하고 옆으로 눕게 하고는 글리세린을 큰 주사기로 항문에 넣고 넷째한테 누르고 있으라고 하고 가버렸다.

넷째가 거즈로 내 항문을 막고 있는데 갑자기 아래 배가 틀어오더니 힘이 들어가 똥을 싸 버렸다.
침대 위에 일회용 기저귀 하나 깔아 놓은 상황에서 글리세린에 섞인 물똥이 폭발하듯 쏟아져 나와 버렸다.
침대 위가 똥 천지가 되어 버렸다.
넷째는 오밤중에 느닷없이 똥 벼락을 맞아 당황했겠지만 나는 시원했다.
물똥을 누었는데도 아직 덜 나온 것이 있는 것 같아 간호사한테 손가락으로 좀 파내주라 하라고 했다.
그런데 간호사를 데려 오는 것이 아니라 비닐장갑을 가지고 왔다.
넷째가 비닐장갑을 끼고 손가락 마디처럼 딱딱해진 묵은 똥을 다 빼내주었다.
뒷정리를 하고는 침대보를 벗겨 매트리스를 닦고 다시 알콜로 닦았다.
그리고는 나를 화장실로 데리고 가서 온몸을 씻겨 주었다.
퇴원 날 새벽에 똥을 싸고 목욕을 하니 묵은 똥은 물론 묵은 때까지 다 병원에 버리고 몸도 마음도 깨끗하게 퇴원을 하게 되어 신이 났다.
이렇게 해서 넷째도 셋째 며느리와 막둥이에 이어 똥 벼락 맞은 자식 3호로 등극했다.

2018. 11. 27 화요일 (101세 + 4일)

자식들 속을 긁으니 속이 풀린다

퇴원하여 센터에도 안 가고 이틀째 방에 혼자 있으니 온갖 짜증이 났다.
넷째 어멈이 점심에 뭐 드시겠냐고 해서 묵 좀 갖다 주라고 했다.
그랬더니 가져온 묵이 너무 싱거웠다.
장을 좀 더 쳐오라고 했는데도 비슷해서 못 먹겠다고 한쪽으로 치워버렸다.
그리고 서울 큰딸한테 전화를 해서 넷째 어멈 흉도 보고 엄마가 아파 죽으려다 간신히 살아났는데 그렇게 코빼기도 안 비치냐고 역정을 냈다.
그리고 또 막내 어멈한테 전화해서 어찌 죽 한 그릇도 쒀다 주지 않고 어쩌면 그럴 수 있냐고 나무랬다.
그리고 또 서울 셋째한테도 전화를 해서 어찌 아들이 넷이나 되는데 엄마를 넷째한테만 맡겨 놓고 그럴 수 있냐고 나무라고는 듣지도 않고 끊어버렸다.
여기저기 전화해서 자식들 속을 박박 긁어 놓았다.
다 똑같이 키웠는데 넷째한테만 미루는 것 같아 넷째한테 미안하고 다른 자식들은 섭섭해서 한 방씩 먹여 부렸다.
그런데 머리가 계속 텅 빈 것 같다.
이러다가 머리가 이상해져서 바보가 되는 것은 아닌지 걱정이 되었다.
넷째가 퇴근하고 와서 내 머리가 좀 이상하다고 하니 신경을 많이 써서 그런다고 한다.
힘을 많이 쓰면 힘이 빠지듯이 신경을 많이 쓰면 머리에서 총기가 빠져서 멍해진다고 한다.
신경을 안 쓰려고 해도 신경이 써지는 것을 어떻게 하라고!
아무튼 여기저기 전화하여 가슴에 맺힌 것을 내뿜어 버렸더니 속은 좀 후련하다.

저녁밥을 먹고는 모처럼 뉴스를 봤다.
잘 안 보이고 잘 안 들리지만 헤드폰을 씌워주고 소리 크기 최대가 100인데 96까지 올려줘서 간신히 한두 단어로 짐작해서 듣는다.
그런데 문재인 대통령 말이 들려서 넷째한테 박근혜 대통령 감옥에서 나왔냐고 물었다.
넷째가 아직 아니라고 한다.
문대통령도 잘 해야 할 것인데 걱정이 되었다.
우리나라는 대통령만 하면 감옥에 가는데 문대통령은 안 가야 할 텐데 어쩔란가 모르겠다.
이어서 일기예보를 들으니 내일 아침에 안개가 많이 끼고 황사가 와서 미세먼지가 많아진다고 한다.
안개가 낀다고 하니 내일은 푹하겠다.
그러니 내일은 어떠한 일이 있어도 감옥 같은 '나 홀로 방'에서 탈출해야겠다.

2018. 11. 30 금요일 (101세 + 7일)

이래도 살아야 하나

퇴원해서 가슴 증상은 없는데 힘이 없다.
힘이라고는 파리 모가지만큼도 없다.
입맛은 되살아나서 잘 먹는데 왜 이리 힘이 없는지 모르겠다.
그런데 몸에만 힘이 없는 것이 아니라 오줌 누는 것에도 힘이 없다.
그래서 오줌이 마려워 화장실에 가다가 나도 모르게 오줌이 나와 버리기도 했다.
삼일 전에 센터에 다녀와서 한 번 실례를 했다.
어제 아침에 넷째가 나한테 찌렁 냄새가 난다고 속옷을 갈아 입혀주고 물휴지로 닦아 주었는데 오늘 새벽에도 또 실례를 했다.
팬티를 벗어 세면대에서 빨아 널고 방으로 와서 엉엉 울었다.
이게 무슨 꼴이냐 이렇게 추접스럽게 살아서 뭐하냐고 엉엉 울었다.

새벽 5시 반쯤에 화장실에 또 갔는데 넷째가 왔다.
옷을 올려 주면서 왜 팬티가 없냐고 물었다.
그래서 이실직고를 했다, 옷에 오줌을 눠버려서 벗었다고.
그럼 팬티가 어디에 있냐고 해서 빨아서 내 방 문고리에 걸어 놓았다고 했다.
세면대로 와서 나를 세워놓고 수건을 빨아 물수건을 만들어 내 아래를 닦아 주었다.
방으로 와서 새 팬티를 입혀주고 아래 속옷과 잠옷 바지의 냄새를 맡더니 오줌 냄새가 난다고 빨라야겠다고 한다.
어멈한테 미안해서 더 입겠다고 버텼는데도 가져다가 빨래 바구니에 넣고 왔다.
그런데 또 오줌이 마려왔다.
중환자실에 입원했을 때 소변 호스를 넣고 4일 만에 뺐는데 그것 때문인지 자꾸 오줌이 마렵고 나도 모르게 나와 버린다.
치매가 오려는 것인지 무슨 합병증이 생긴 것인지 모르겠다.
넷째가 치매 증상은 아니고 소변 호스 넣어서 그런 것 같다고 당분간 기저귀 팬티를 입자고 한다.
그래서 기저귀 팬티를 입었다.
정말 하기 싫은 게 기저귀 차는 것인데 하루에도 몇 번씩 실례를 하니 미안하고 도리가 없다.
입원해서는 똥을 못 싸서 난리를 폈는데 이제는 오줌을 저려서 난리다.
이래도 살아야하는지? 그때 119차 안에서 죽어버렸어야 했는데 하는 생각뿐이다.

2018. 12. 1 토요일 (101세 + 8일)

햇빛 같은 사람이 있다

지난 주 일요일에 퇴원하여 수요일부터 센터에 나갔다가 주말은 집에서 쉬겠다고 센터에 안 가고 모처럼 나들이를 나왔다.
겨울 날 치고는 추운 편은 아니지만 그렇다고 따뜻한 것도 아니다.
화순 장날이면 장 구경도 좀 하고 콩나물 국밥도 먹고 싶었는데 오늘은 장날이 아니란다.
화순 장은 3일과 8일인데 이번에 심근경색으로 구급차 안에서 정신을 잠깐 잃고 중환자실에 입원하고 나왔더니 날짜 가는 것도 모르는 멍청이가 되었다.
그래서 장 구경은 포기하고 대신 넷째 어멈이 콩나물 국밥집에서 콩나물 국밥 두 그릇에 부추전 한 장을 사왔다.

수만리로 가는 길 가로수의 나뭇잎들이 다 떨어졌다.
잎이 떨어져서 앙상한 나무들이지만 그래도 반가웠다.
어쩌면 다시 못 보았을 나무들이기에.
넷째 집 뒤뜰에 있는 방울 토마토와 가지는 아직도 남아 있었다.
남향으로 양지바른 곳이라 겨울이 되었어도 죽지 않고 살아있었다.
그러고 보면 햇빛 같이 좋은 것이 없다.
모든 것이 그 빛으로 산다.
사람도 그런 빛과 같은 사람이 있다.
많은 사람을 살리고 주변에 도움을 주는 그런 햇빛 같은 사람!

수경이가 삼남매를 데리고 늦게 와서 점심은 한 시가 넘어서 먹었다.
그런데 화순에 사는 넷째 아는 사람이 김장을 했다고 김치와 옥수수를 쪄 왔다.
그렇잖아도 옥수수가 먹고 싶었는데 어떻게 알고 철도 아닌 옥수수를 다 쪄 오다니.
옥수수 한 대병을 단숨에 먹고 나니 배가 불렀다.
그래서 먹고 싶다고 해서 어멈이 사온 콩나물 국밥은 몇 숟갈 먹는 둥 마는 둥 했다.
이번에는 정말 죽는 줄 알았고 중환자실에서 영안실로 가게 놔두라고 떼까지 썼는데 넷째의 집요한 설득에 못 이겨 다시 시술을 받아 이렇게 또 한세상을 산다.
외증손자와 손녀의 늘어가는 재롱까지 보게 되니 다시 살게 된 것이 감사하다.
햇빛 같은 사람들 덕에 다시 사는 삶이 참 좋다.

2018. 12. 4 화요일 (101세 + 11일)

모처럼 큰애와 저녁을

센터에서 돌아왔더니 큰애가 왔다.
내가 중환자실에 입원했을 때에도 제일 먼저 왔고 병실로 옮겼을 때는 전복죽도 맛있게 쑤어 왔었다.
애 아빠는 생전에 며느리를 보고 싶어 안달을 했는데 결국 며느리를 못 보고 세상을 떠났다.
큰아들이 아버지 잃은 다음 해에 결혼을 해서 복을 입고 탈상을 했다.
그렇게 해서 큰애랑 산 것도 반세기가 넘었다.
미운 정 고운 정이 많이 들어 마지막까지 같이 살려고 했는데 큰아들이 먼저 가버리는 바람에 내가 넷째 집으로 와서 같이 못 살게 되었다.

오늘은 김장을 했다고 김장 김치랑 동치미랑 가져왔다.
큰애가 해주는 것은 뭐든지 내 입맛에 딱 맞다.
오늘 담아 온 김치도 맵지도 않고 간도 적당해서 맛있었다.
그래서 심심하면 먹으려고 한 접시를 따로 담아 내 냉장고에 두려고 했는데 넷째한테 들켰다.
넷째는 나한테 맵고 짜게 먹으면 안 된다고 김치를 못 먹게 한다.
그런데 반찬으로도 아니고 맨 입으로 먹는다고 하니 기겁을 하며 가져가 버렸다.

매운 것 먹어 속이 쓰려서 혈전 예방약 아스피린을 못 먹게 되면 스텐트가 막혀 큰 일이 난다고 못 먹게 한다.
또 짜게 먹으면 물이 쓰이고 물을 많이 먹으면 화장실에 자주 가게 되어 자다가 화장실에 가다가 넘어질 수도 있고 옷에 저릴 수도 있고 심장에도 부담을 주게 된다고 김치 대신 나물을 먹으라고 한다.
그런데 애기들같이 꼭 먹지 마라는 것만 먹고 싶다.
캄캄해지기 전에 가려던 큰애를 붙잡아 저녁을 먹고 가라고 했다.
지금 집에 가서 어떻게 혼자 밥을 먹겠냐고, 같이 먹고 가라고 했다.
모처럼 큰애와 한 상에 밥을 먹으며 이런저런 이야기를 했다.
무엇보다도 막둥이 용성이 처가 임신을 했다고 해서 기분이 아주 좋았다.
마흔셋이 되도록 아이가 없어 영영 못 낳나 싶어 혼자 걱정을 많이 했는데 정말 잘 되었다.
큰애가 차츰 안정을 찾아가고 내 마지막 걱정거리였던 용성이 걱정도 덜어서 오늘 밤은 잠이 잘 올 것 같다.

2018. 12. 9 일요일 (101세 + 16일)

예단보다 더 반가운 것

내가 5남 2녀를 여웠지만 예단으로 문제가 된 경우도 문제를 삼은 경우도 없었다.
그런데 요즘도 간혹 예단 때문에 사돈 간에는 물론 부부 간에도 문제가 생긴다고 한다.
우리 집에 그 말썽 많은 문제의 예단이 왔다.
혜민이랑 익준이가 예단을 가져 온 것이다.
내년 2월 16일로 결혼 날도 잡아서 예단을 보내온 것이다.
내가 어른이라고 나한테 먼저 보여 주었다.
요와 이불이었는데 아주 고울 뿐 아니라 늙은이가 덮기 좋게 가볍고 포근했다.
내가 얼마나 더 산다고 이 아까운 것을 쓰겠는가!
애들한테 바로 돌려줄까 했지만 보낸 사돈의 성의도 있고 해서 돌아오는 설까지 가지고 있기로 했다.
설날 모다 (모두) 세배하러 오면 자식들한테 자랑하고 보여 주고 싶어서.
넷째 부부한테는 반상기가 왔다고 한다.
예단 보자기 속에 혜민이와 혜민이 아버지가 친필로 쓴 편지도 들어 있었다고 한다.

결혼할 때 예단 때문에 갈등이 생기고 상처가 남아 두고두고 문제가 되는 경우가 있어 예단을 없애야 한다는 사람도 있다.
그러나 나는 각자 형편에 맞게 사치품이 아닌 일용품으로 조금씩 하는 것은 괜찮다고 생각한다.
오래된 전통에는 나름의 좋은 뜻이 있으니 이를 잘 살려 나가는 것이 좋다고 생각한다.
결혼의 마지막 단계인 예단이 와서 반가웠지만 볼수록 정이 가는 혜민이가 더 반가웠다.
그리고 결혼 후에도 예단을 주고 받는 마음으로 사돈 간에 작은 것이라도 서로 나누고 어려운 일은 서로 돕고 도우며 친 형제처럼 잘 살면 좋겠다.

〈예단보다 더 반가운 예비 손주 며느리〉

2018. 12. 17 월요일 (101세 + 24일)

몸이 아프니 노인양만 늘고

며칠 전부터 넷째가 감기로 고생을 하고 있었다.
저녁 식사 후에는 내 침대에 나란히 앉아 이야기를 하는데 요 며칠은 감기를 옮긴다고 자리를 일찍 뜨곤 했다.
자리를 뜨려고 하면 무슨 감기를 다 걸린다냐며 더 있으라고 해서 좀 더 있다가 가기도 했다.
그런데 드디어 나도 감기에 걸려 버렸다.
내가 감기에 걸렸다고 하니 넷째가 그러기에 "건강은 장담하지 마시라고 하지 않았냐"고 한다.
그동안 감기에 여러 번 걸려봤지만 감기는 건강을 자신하고 만용을 부리면 바로 걸리는 것 같다.
목이 컬컬하다고 했을 때 넷째가 바로 약을 주어 목은 괜찮은데 기침이 나왔다.
날이 갈수록 기침을 더 심하게 하니 기침약과 가래약을 주었다.
그러면서 입맛이 없어질 수 있다고 경고를 했다.
그런데 약을 먹으면 기침은 귀신같이 멎는데 넷째 말처럼 아무 것도 먹고 싶지 않고 뭣을 먹어도 맛이 없다.

밥을 잘 안 먹으니 어제 넷째가 화순에서 유명한 다슬기 수제비를 사왔다.
그 다슬기 수제비 집도 원래는 내 고향 사평에 있었다.
건물 주인이 집세를 너무 올려서 화순읍으로 이전을 했는데 아주 잘 된다.
우리는 사평에 있을 때부터 자주 갔었다.
부추를 잘게 썰어 그릇 가득 띄워주는 특이한 조리법의 다슬기 수제비를 뜨끈뜨끈한 맛에 정신없이 먹었다.
그런데 오늘은 정말 아무것도 먹고 싶지 않았다.
어멈을 불러서 내일은 녹두를 사서 녹두죽을 좀 쒀 달라고 했다.
그러면서 아범이 감기에 걸려 고생하고 있는데 맛있는 것 좀 해주지 그냥 그렇게 주면 어떻게 먹겠냐고 투정을 했다.
몸이 아프니 노인양만 늘고 괜한 짜증을 부려 애꿎은 사람 힘들게 했다.
이 나이 먹은 늙은이한테 뭐 먹을 게 있다고 감기가 와가지고 여러 사람 힘들게 한다.
감기야, 너 콩물도 없으니 곧장 나가거라!

2018. 12. 23 일요일 (101세 + 30일)

우리 집 때밀이 선수

보름 만에 목욕을 했다.
그동안은 감기 때문에 못 했다.
가렵고 끕끕했지만 참아야했다.
감기는 재탕이 더 무섭기 때문에 넷째가 목욕을 시켜준다고 해도 내가 싫다고 했다.
넷째가 먼저 감기에 걸렸는데 목감기로 시작하여 낫는 듯 하다가 코감기가 되었다가 다시 기침감기로 변해 20일 가까이 감기 3종 세트로 고생하고 있다.
결근을 할 수 없어 아픈 몸으로 근무를 계속하다 보니 감기가 떨어지지 않는 것 같다.
나는 목욕도 거부하고 방에만 있어서 먼저 걸린 넷째보다 더 빨리 나았다.
월요일은 센터 목욕날이라 내일 요양원에 가서 하겠다고 했으나 넷째가 자기가 깨끗하고 따뜻하게 잘 해준다고 집에서 하라고 사정을 했다.
나도 물론 넷째가 해주면 좋지만 미안해서 요양원에서 한다고 했다.
전에는 살을 내보이는 것이 부끄럽기도 했는데 그런 단계를 넘은 지 오래 되었다.
목욕을 한두 번 시켜준 것도 아니고 하루에도 몇 번씩 대소변 보면서 엉덩이를 보여주게 되어 부끄러운 단계는 진즉 지났다.
그리고 다 내가 젖 먹여 키운 자식인데 뭐가 또 부끄럽겠는가!

밤부터는 추워진다고 점심 먹고 낮잠 한숨 자고 네 시경에 했다.
보름 만에 목욕을 하니 때가 이만 저만이 아니었다.
누룽지처럼 붙어 있었다.
뜨거운 물로 때를 불려서 이태리 (때밀이) 수건으로 빡빡 밀어서 벗겨 주었다.
주머니 모양의 이태리 수건 속에 일반 수건을 넣어 뚱뚱하게 만들어 피부 결을 따라 때를 밀어 주었다.
옛날 젊었을 때는 설이나 추석 등 명절 전에 연례 행사로 가족들이 함께 목욕탕에를 갔다.
당시에는 아파트가 없어서 다들 주택에 살았다.
그때 화장실은 본채와 떨어져서 대문에 붙어 있는 문간채에 있었다.
그래서 묵은 때를 벗기려면 공중 목욕탕에 갔어야 했다.
혼자서 묵은 때를 벗기기는 힘들고 닿지 않는 곳도 있어서 어머니와 딸, 아머지와 아들이 함께 가서 서로의 때를 밀어주었다.
딸이나 아들과 못 갈 경우는 탕 안에서 옆 사람과 품앗이로 때를 밀거나 때를 밀어주는 때밀이의 도움을 받아야 했다.

노약자가 아닌 사람도 한번 때밀이를 경험하면 중독이 되어 계속 이용하기도 했다.
넷째가 때밀이 수건 속에 작은 수건을 넣어 복어 배처럼 부풀려서 힘 주어 밀었다.
그러면 때가 우수수 떨어졌다.
오지게 떨어졌다.
넷째는 초등학교 2학년 때 아버지를 잃어 아버지와 목욕탕에 간 적이 없다.
원래 손 재주가 좋지만 나 목욕을 시켜 주면서 때밀이 선수가 된 것 같다.
발바닥까지 꼼꼼히 때를 밀어 주어 아주 개운하고 피부가 반들반들해졌다.
방으로 와서 새 옷을 입었다.
날아갈 기분이다.
감기로 목도 아프고 기운도 없고 입맛도 떨어지고 몸도 끕끕했는데 우리 집 때밀이 선수 덕에 깨끗해져서 너무 너무 행복하다.
그런데 무엇이든 중독은 병이므로 우리 집 때밀이한테 중독되지 않도록 조심해야겠다.

〈손 재주 좋은 넷째의 작품들〉

101

성안댁 김서균 2019 ~

2019년 1월 13일 일요일 – 2019년 3월 1일 금요일

2019. 1. 13 일요일 (101세 + 50일)

며느리 흉을 보다가

겨울 가뭄이 심하다.
올 겨울에는 눈이 거의 안 왔다.
백 살을 먹도록 이런 겨울은 처음 봤다.
넷째 부부가 화순 집에 다녀온다고 나갔다.
가뭄 때문에 마을 상수도가 말라 물탱크가 텅 비어서 채우러 간다고 한다.
지하 관정을 가동시켜 지하 관정의 물로 물탱크를 채운다는 것이다.
오후 1시 반쯤에 나갔는데 4시가 되어도 오지 않아 나 혼자 심심하기도 하고 무슨 사고가 났을까 하는 걱정도 들어 안달이 났다.
요즘은 전화 친구들한테 전화를 해도 일부러 안 받는지 걸려드는 사람이 거의 없다.

여러 차례 여기저기 돌려봤는데 막판에 분당 작은딸과 연결이 되었다.
심심하던 차에 전화가 되어 작은딸과 이런저런 이야기로 수다를 떨다가 넷째 며느리 흉을 보게 되었다.
"넷째 며느리나 막둥이 며느리 모두 말이 없어서 재미가 없다"고 하고 또 "넷째 며느리는 환갑이 지났는데도 무우 생채 하나 할 줄을 몰라 반찬을 사다가 준다"고 했다.
그런데 이때 넷째 부부가 집에 왔다.
나는 귀도 어둡고 전화에 집중하고 있어서 넷째 부부가 집에 온 줄 몰랐고 넷째 부부는 내가 며느리 흉보느라 정신이 없어 복귀 인사를 못했다고 한다.
내가 한참을 계속하고 있는데 넷째가 내 방으로 와서 내 어깨를 쿡쿡 찔렀다.
뜨끔했다.
그래서 작은딸한테 "왔다 왔어, 끊자"하고 전화를 얼른 끊었다.
넷째가 "어머니한테 밥해주고 빨래해주고 아프면 병원에 모시고 가는 그런 며느리를 그렇게 흉보면 쓰겠어요"라고 한다.
"애써 반찬을 해드리면 조금만 맛이 없어도 에이 못 먹겠다고 툭 치워버리니 주눅이 들어서 우리나라에서 최고로 맛있는 반찬을 사드리는 것이다"고 한다.
모처럼 신나게 며느리 흉을 보다가 들켜서 얼굴이 화끈해졌다.
"어멈도 들었냐?"고 했더니 자기는 거실에 있어서 들었고 어멈은 안방으로 들어가서 못 들었다고 한다.
그나마 아들만 들어서 다행이었다.
그 말을 들어서인지 오늘 저녁에는 무우 생채가 나왔고 나는 아무 소리 않고 먹었다.

2019. 1. 22 화요일 (101세 + 59일)

오래 살아서 죄송합니다

오늘 동구청에서 조사하러 사람들이 왔다.
이층 긴 의자에 앉아있는데 나를 가운데로 데리고 나왔다.
영문도 모르고 휠체어에 앉아있는데 그 직원들이 나한테 큰 절을 했다.
얼떨떨했다.
그러고는 다가와서 어떻게 이렇게 나이 드셔서도 건강하시냐고 그 비결이 뭐냐고 물었다.
나는 황당해서 두 손으로 얼굴을 가리고 아무 대답도 하지 않았다.
내가 102살을 먹었다고 나이 먹은 깐에는 정정하다고 나한테 와서 인사를 한 모양이다.
그런데 나는 싫다.
내가 나이를 먹고 싶어서 먹은 것도 아니어서 나이 많이 먹은 것이 부끄러울 뿐이다.
나이 먹어 자식들 힘들게 해서 미안하고 아무 것도 할 수 없는 것에 화가 난다.
내가 죽고 싶어도 못 죽고 살고 있는데 나이 먹은 것이 무슨 자랑이라고 대답을 하겠는가!

퇴근 무렵에 송 원장이 인사를 하러 와서 "나는 물건이 아니니 송 원장한테 무슨 보탬이 되면 몰라도 그렇지 않다면 나를 구경거리로 내보이지 말라"고 했다.
집에 와서 넷째한테 오늘 별꼴을 다 봤다고 일러 바쳤다.
넷째는 "어머니, 기분 나쁘게 생각하지 마시라"고 한다.
그분들이 어머니 보러 오는 것은 손자나 증손자들이 어머니 보러 오는 것과 같다고 한다.
자기 부모님도 어머니같이 오래 살아 계시면 좋겠는데 안 계시니 대신 어머니를 보러 온 것이라고 한다.
그리고 그분들도 어머니처럼 오래 살고 싶어서 어떻게 하면 오래 건강히 살 수 있을까 알고 싶어서 물어 보는 것이라고 한다.
그러니 "다음에 또 오면 그냥 그러려니 하고 불편하시면 오래 살아서 죄송합니다"라고 하라고 한다.
나도 젊어서는 누구한테도 무엇으로도 지지 않는 사람이었는데 늙어서 구경거리가 되는 것이 정말 싫다.
그래서 또 다음에 나한테 와서 물어 보면 나는 아무 말도 하지 않을 것이다.
맬갑시(괜히) 오래 살아서 죄송하기만 하기 때문에!

2019. 1. 28 월요일 (101세 + 65일)

늙으니 안 아픈 데가 없다

이렇게 오래 살다보니 안 아픈 데가 없다.
오른쪽 위 잇몸과 입술이 만나는 부분에 염증이 생겨서 오른쪽 광대뼈까지 아프다.
넷째가 들여다 보고는 안쪽이 패이고 누렇게 염증이 생겼다고 한다.
아침 저녁으로 항생제를 주고 입안 소독약으로 가글을 하라고 시킨다.
패인 곳에 처음에는 프로폴리스 스프레이를 뿌려주었는데 별로여서 구내염 연고를 발라주었다.
입 안이라 잘 안 보이니 넷째가 가는 손전등을 입에 물고 한 손으로는 입몸을 제끼고 또 한 손으로는 소독을 하고 연고를 발라 주었다.
틀니는 매일 저녁 잠 잘 때 빼서 틀니 통에 넣고 소독약으로 소독을 했다.
밥도 먹을 수 없어 누룽지와 소고기 야채죽 등을 먹었고 후식으로 과일도 갈아서 주었다.
이렇게 사흘을 치료하니 많이 좋아져서 오늘은 틀니도 다시 끼우고 밥도 먹었다.
어째서 이런 일이 다 생기냐고 하니 딱딱한 것을 먹다가 틀니에 다친 잇몸 상처가 단 것을 많이 드셔서 균에 감염이 됐을 것 같다고 한다.
단 것이 왜 안 좋냐고 하니 사람도 단 것을 좋아하듯이 세균도 단 것을 좋아해서 세균이 단 것을 먹고 많아지기 때문이라고 한다.
실은 최근에 엿을 많이 먹었다.
뱃속이 출출하거나 목이 마를 때 엿을 넣고 쪽쪽 빨아 먹으면 너무 좋기 때문이다.
아무튼 넷째가 치료를 잘 해주고 어멈도 죽도 끓여주고 과일도 갈아 줘서 빨리 좋아졌다.
다시 틀니를 끼우고 밥을 먹으니 이제는 살 것 같다.
살다가 별 희안한 꼴을 당했으나 다행히 또 위기를 모면했다.

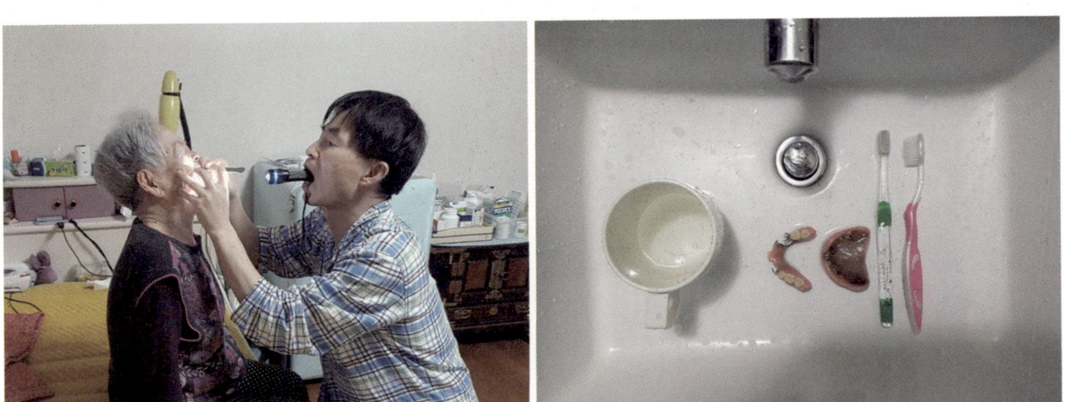

〈입에 손 전등을 물고 잇몸 패인 곳을 소독하고 틀니도 잘 씻어 소독을 했다〉

2019. 1. 30 수요일 (101세 + 67일)

주는 것이 받는 것보다 행복하다더니

설이 다가 와서 센터 주방 아주머니 두 명한테 인사를 하려고 깨끗한 헌 봉투 두 개를 준비했다.
넷째가 퇴근하고 와서 보여주었더니 새 봉투를 쓰라고 한다.
그리고 두 분만 드리면 다른 직원들이 서운해 하지 않겠냐고 한다.
자기가 돈을 드릴 테니 몇 분인지 세어 보라고 한다.
하나 하나 세어 보니 7명이었다.
그래서 넷째가 준 새 봉투에 '복돈'이라고 글을 썼다.
눈이 어두워서 글씨가 똑바로 써지지 않았으나 넷째가 보고 잘 썼다고 한다.
대충 짐작으로 썼는데 시집오기 전에 친정아버지가 가르쳐 준 붓글씨 실력이 좀 남았는가 싶다.
그런데 새벽에 일어나 생각해보니 한 명이 빠졌다.
그래서 아침에 봉투 하나를 더 만들어 8개를 바지 주머니에 넣고 센터에 갔다.
다른 원생들 눈에 띠지 않게 몰래 주려고 봉투를 절반으로 접어서 넣었다.
센터에 가서 이 봉투에 돈이 들어 있는 것이 아니고 글자 그대로 복이 들어 있다.
안에 복이 들었으니 복 많이 받아 새해에는 더욱 건강하고 하는 일도 크게 번창하라고 했다.
모두들 좋아하고 주방 아주머니는 내 얼굴에 볼을 비비고 오래 오래 사시라고 한다.
적은 돈으로 복을 준 것이고 정을 나눈 것인데 다들 좋아라고 하니 나도 정말 기뻤다.
주는 것이 받는 것보다 행복하다더니 정말 그랬다.

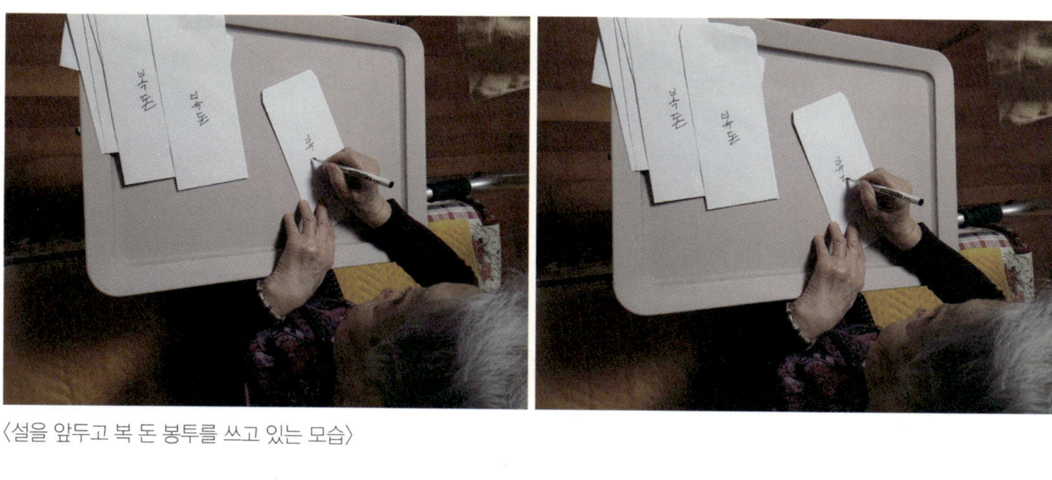

〈설을 앞두고 복 돈 봉투를 쓰고 있는 모습〉

2019. 2. 4 월요일 (101세 + 72일)

사람으로 태어났으면 사람 노릇을 해야

아이들이 성묘를 다녀왔다고 한다.
우리 집 성묘는 추석과 설 명절 전날에 형제들이 모여서 함께 한다.
각자 점심을 먹고 오후 2시에 산음 마을 입구 당산나무 정자에 모여서 시작한다.
남편 묘와 첫째 묘가 있는 선산에서 시작하여 인근 문중 산에 있는 시부모 묘로 간다.
시조부모 묘는 1.5킬로 정도 떨어져 있는 한천자연휴양림 안에 있는데 잘 가지 않는다.
휴양림 길이 잘 뚫려 있고 성묘 간다고 하면 입장료도 안 받고 통과시켜주는데도 잘 가지 않는다.
이번에도 안 갔다고 한다.
증조부모님을 뵌 적이 없는 아이들로서는 성묘가 크게 내키지 않을 것이라고 이해는 되지만 그래도 나는 서운하다.
그 분들 덕에 자기들이 복 받아 이렇게 잘 살고 있는데 말이다.
물론 이유는 있다.
증조 묘에 다녀오면 복귀 시간이 최고로 붐비는 귀성 차량 행렬에 겹치기 때문이다.

지금 남편과 선조들 묘는 2008년에 내가 서둘러서 정비하고 보강한 것이다.
특히 선산과 휴양림에 있는 시조부모님 묘는 남이 보면 창피할 정도였다.
봉분도 무너져서 묘의 형태가 거의 없어질 정도였고 남편의 묘도 허술했다.
원래 남편의 묘는 남편이 내 친정 배수에서 세상을 떠났기 때문에 배수 남의 집 산에 있었다.
십여 년을 배수에 있다가 애 아빠의 고향인 산음 우리 산으로 옮겼다.
그런데 산음의 선산은 애 아빠가 무슨 선견지명이 있었는지 첫째를 낳은 해에 샀던 것이다.
그 산에 자기가 묻히니 자기를 위해서 사놓은 꼴이 되었다.
이 선산 자락 초장 (초깔판, 소 꼴을 베는 풀밭)에 시할머니 묘가 있었다.
시할머니는 내가 둘째 딸을 낳고 첫 이레도 지나지 않은 1948년 설날에 돌아가셔서 지관을 불러 묘자리를 잡을 수도 없고 인부를 구하기 어렵고 땅도 꽁꽁 얼어서 산자락 초장 언저리에 임시 가묘식으로 묘를 썼던 것이다.
남편 되는 시조부 묘로 이장 한다 한다 하면서 애 아빠는 일찍 세상을 떠나고 자식들은 자기 일에 바빠서 세월만 무한정 흘러 묘는 형체를 분간하기 어려울 정도가 되었다.
그래서 내가 우체국에 예금된 돈 천만 원을 찾아서 백만 원은 내가 제하고 나머지를 첫째한테 주면서 "할머니 묘를 그렇게 놔두고는 내가 도저히 눈을 감을 수 없으니 이 돈으로 이장을 하고 시부모 묘랑 남편 묘도 흙 한 삽이라도 얹혀서 사초를 좀 해라"고 했다.
그래서 할아버지 묘로 이장하기 위해 할머니 묘를 파묘했는데 60년이 지났지만 유골이 건재하여 묘를 그렇게 아무데나 대충 썼는데도 유골이 그렇게 건재할 수가 있는가 싶었다.

내 돈에 아들들이 돈을 더 보태서 내 묘도 미리 만들어 우리 부부, 시부모, 시조부모 묘에 둘레석과 상석도 하여 챙피하지 않을 정도로 정비를 했다.
더불어서 시어머니 열녀효부 비도 세웠다.
시어머니는 내 남편을 석달 유복자로 임신한 상태에서 혼자되었어도 시부모님 모시고 수절하였다고 대한제국 정부로부터 열녀효부로 표창을 받았다.
열녀효부상 축하 한시를 첫째가 한글로 번역하여 비문으로 새겼다.
시어머니는 청상으로 아들 하나 의지하고 살았는데 아들의 사랑도 별로 받지 못하고 환갑도 못 되어 한 여름에 품앗이 다녀오신 후 수제비 한 그릇 드시고 체한 듯 가슴이 답답하다 하시고는 갑자기 돌아가셨다.
나 혼자 종신을 했는데 운명하시기 전에 "네 남편이 흉이 많아도 흉 갚하지 말고 잘 살아라"는 위로와 격려의 말씀을 유언을 남기셨다.
흉 없는 사람이 어디 있겠는가!
흉이 있더라도 그 값을 내라고 하지 말고 감해주고 덮어주고 살아라는 말씀이셨다.

첫째가 정년을 하고 광주로 돌아 와서는 시간이 나서 선산에 관심을 가지기 시작했다.
그래서 수목 개량 사업에 참여하여 선산의 잡목을 제거하고 편백나무를 심었다.
그런데 어렵게 심은 2-3년생 편백나무가 가뭄으로 많이 고사하고 살아남은 것도 잡목과 칡넝쿨의 등살에 또 많이 죽어 2차례나 보식을 하여 겨우 자생 능력을 갖추기에 이르렀다.
"나무가 죽거나 말거나 그냥 놔둬 버리지 뭘 그리 애를 쓰냐"고 했는데 2년 전 느닷없이 본인이 세상을 떠나 그 산에 들어가게 되니 첫째가 미리 알고 그랬나 하는 생각도 들었다.
남편이 첫째 낳은 해에 사 놓은 산에 본인이 들어가고, 내가 서둘러서 묘역을 정비한 다음 첫째가 잡목 숲을 편백나무 숲으로 개량해 놓고는 또 본인이 그 산 아버지 유택 밑으로 들어가서 자연스럽게 가족 묘지가 되었다.
나도 그 산에 들어 갈 날이 머지않았는데 죽기 전에 내가 할 최소한의 사람 도리는 해서 죽어서 선조님들을 뵈어도 부끄럽지는 않을 것 같다.
사람으로 태어났으면 죽을 때까지 사람 노릇하기를 마다하면 안 된다.
그래야 사람이다.

〈산음에 있는 가족 묘지, 위에 우리 부부 아래에 자녀들 묘가 있다.〉〈오른쪽은 시어머니 효부열녀비〉

2019. 2. 5 화요일 (101세 + 73일)

102살 설날, 기억하고 싶지 않는 나이

오늘은 설날이다.
어제 그믐날 넷째랑 목욕을 하고 막둥이 어멈이 사준 새 옷을 입고 떡국을 먹고 또 한 살을 먹었다.
우리나라 나이로 치면 102살이다.
기억력은 아직 괜찮으나 내 나이는 별로 기억하고 싶지 않다.
넷째 집이 큰집 아닌 큰집이 되어 모두들 내가 있는 넷째 집으로 세배를 온다.
열시에 오기로 했다고 열시 오분 전에 넷째가 와서 거실로 가자고 했으나 안 간다고 했다.
애들이 와서 내 방으로 오면 그때 가겠다고 했다, 내가 어떻게 살고 있는지 직접 좀 보라고.

막둥이가 여행을 가서 빠지고 셋째도 서울에 있어 못 왔어도 거실이 가득 찼다.
3대 독자 유복자로 대가 끊길 수도 있는 집으로 시집와서 5남 2녀를 낳고 여기서 친손자녀가 15명, 외손자녀가 5명이 나와 손주가 총 20명이다.
친손자 8명이 결혼하여 13명을 낳았고 친손녀 5명이 결혼하여 10명을 낳아 증손도 23명이다.
내 한 몸에서 이렇게 많은 손이 뻗어 나왔다고 생각하니 오져 죽겠다.
오형제 모두 의사가 있고 의사가 총 열 명이나 되니 이 얼마나 좋은 일이냐!
내가 지금까지 허리 척추 시술 두 번, 눈 시술 다섯 번, 심장 시술 세 번을 받고 지금까지 살았는데 의사 아들이 없었으면 진작에 (진즉) 죽었을 것이다.
그래서 집안에 의사가 하나는 있어야 하는데 오형제 모두 적어도 하나는 있으니 정말 잘된 일이다.
세배를 받고 "내가 이렇게 백 살이 넘게 산 것은 다 너희들 덕이다. 복 많이 받아 건강하고 소원성취하라"고 덕담을 했다.
훌륭하게 자란 내 새끼들을 보니 덩실덩실 춤이라도 추고 싶었다.
오늘 같은 날만 있었으면 좋겠다.

〈사랑스런 손주들의 세배를 받고 덕담을 하는 모습〉

2019. 2. 9 토요일 (101세 + 77일)

102살 마무리 세배

이제나 오나 저제나 오나 기다렸던 수경이가 드디어 오늘 늦게 세배를 왔다.
전화를 하고 싶었지만 애들 셋에 큰며느리 아닌 큰며느리가 되어 바쁠 것으로 생각되어 전화도 못했는데 드디어 왔다.
그동안 셋째 지원이가 감기에 걸려서 설날 전 날에 입원을 하여 설을 지원이랑 병원에서 쇘다고 한다.
그래도 빨리 회복되어서 오늘 올 수 있게 되었단다.
지원이는 언제 아팠냐는 듯이 씽씽하게 (건강하게) 보였다.
애들이란 원래 아프면서 크는 것이다.
요즘 젊은 부모들은 혼자서 애를 키우고 한둘만 낳아 기르기 때문에 옛날같이 육아 경험이 많은 할머니의 도움을 받을 수도 없고 본인의 경험도 적어서 조금만 아프거나 보채도 무조건 병원으로 데려간다.
더더구나 요즘에는 명절 가사 노동을 피해 꾀병을 부리거나 검사나 수술 날을 일부러 명절 때로 잡기도 한다고 들었다.
넷째랑 이야기하고 있는데 수경이 식구들이 내 방으로 들이닥쳐서 내 방이 꽉 찼다.
나는 이렇게 북적북적한 것을 좋아 한다.
수경이 부부가 꼬맹이 증손자까지 함께 세배를 했다.
복 돈을 나눠주고 올해 내내 건강하고 소원성취하라고 했다.
이렇게 해서 나의 102살 설 행사도 다 마무리가 되었다.

〈손녀 수경이 가족의 늦은 세배〉

2019. 2. 13 수요일 (101세 + 81일)

자식 이긴 부모 봤어

익준이 결혼이 3일 앞으로 다가왔다.
나는 결혼식에 참석하지 않으려고 마음을 먹고 있었는데 참석하라고 여기저기서 전화가 불나게 왔다.
아들 딸 며느리는 물론 손자에서 증손까지 익준이 결혼식장에서 세배 겸해서 내가 죽기 전에 한번 보려고 하니 예식장에 꼭 나오라고 난리들이다.
좋은 날에 인간 벌거지 (벌레) 같은 나 때문에 분위기 망치게 하고 싶지 않고, 혼주로서 바쁘고 신경 쓸 것이 많은 넷째한테 힘들게 하고 싶지 않아 집에 있으려고 한 것이다.
나를 휠체어 실어서 차에 올리고 내리고 또 화장실 가게 되면 화장실에 데려다 줘야 하는 것이 얼마나 힘 드는데.
새로 지은 건물에는 장애인 화장실이 있는데 오래된 건물에는 따로 없어서 휠체어를 화장실 안으로 밀고 들어가기가 매우 힘이 든다.
그리고 나는 여자여서 여자 화장실을 써야 하는데 넷째는 남자라서 남자가 여자 화장실에 들어가는 것도 이상한 일이다.
그래서 어멈이 먼저 여자 화장실에 사람이 없는 것을 확인하고 문을 열어 주면 넷째가 휠체어를 밀고 들어가서 나를 변기에 앉혀주고 난 다음에 나갔다가 일이 다 끝나면 넷째가 다시 들어와서 나를 휠체어에 옮겨서 싣고 나간다.
아무 것도 아니지만 실은 되게 복잡한 일이다.
그래서 내가 그냥 집에 혼자 있기로 결심을 했었던 것이다.
그런데 서울 증손들 보고 싶지 않느냐?
어머니가 식장 안에 있고 싶지 않으시다면 딴 방에 있도록 하겠다, 어머니 이동은 막둥이한데 부탁하겠다며 참석하라고 난리 법석이다.
정말 가보고 싶지만 가지 않으려고 굳게 마음먹고 있었는데 거절을 할 수 없게 한다.
정말 내가 보고 싶다면 예식 끝나고 잠깐 들러서 보고 서울로 올라가면 될 일인데 자기들 생각만 하고 이 노인을 식장에 기어이 나오게 만든다.
그래도 어쩔 수가 없다.
내가 져줄 수밖에 없다고 포기를 했다.
자식 이긴 부모가 어디에 있단 말인가!
오늘 센터에서 머리도 잘라주고 넷째 어멈이 드라이 맡긴 분홍 스웨터도 찾아오고 새로 사준 베이지색 털모자도 있어서 익준이 결혼식에 참석하는 데에는 큰 문제가 없을 것 같다.

2019. 2. 16 토요일 (101세 + 84일)

더 바랄 것도 없고 이제 봄도 되었으니

기다리고 기다리던 익준이 결혼식 날이다.
맑다고 했는데 겨울 내내 오지 않던 눈발이 날린다.
그런데 열 시가 넘으면서 눈이 멈춰서 내렸던 눈은 축복과 축하의 표시였던 것이다.
익준이 결혼은 집에서 축하하려고 했는데 자식들 성화에 못 이겨 할 수 없이 식장으로 가게 되었다.
나이 들어 볼품없는 모습 보여주기 싫고 자식들한테 부담 안 주려고 집에 있으려고 했는데 막둥이가 차로 싣고 가서 휠체어로 밀고 들어가 버리니 어쩔 수가 없었다.
막상 가니 좋았다.
그동안 못 봤던 서울 두 딸과 셋째 아들 내외와 손자, 증손들은 물론 오래 만에 보는 친정 조카들을 비롯한 여러 친척들도 다 볼 수 있어서 좋았다.
큰집에서는 큰애와 장손 창건이와 둘째가 오고, 둘째는 며느리랑 큰딸 아라 부부와 같이 왔고 셋째는 아들 셋을 다 데리고 왔다.
친정 조카들로는 봉주 부부, 봉진이 부자, 봉룡이 부부, 종님이 부부, 이남이 부부가 와서 예식장 안에서 세배를 받았다.
살아서 꼭 보고 싶었던 익준이 결혼식도 보고 그동안 못 봤던 일가친척들 얼굴도 다 봐서 더 바랄 것도 없고 봄도 되었으니 이제 미련 없이 떠날 때가 된 것 같다.
지금부터는 안 아프고 잘 죽을 궁리나 해야겠다.

〈백세 삶의 원동력이 되어 준 손자 익준이 결혼식과 가족석 속의 나〉

2019. 2. 21 목요일 (101세 + 89일)

이제 탁구공 신세를 면할 수 있을까

요즘 고민이 있어 계속 잠을 잘 못 잤다.
다음 달부터 막둥이 집으로 또 옮겨야 될지 몰라서이다.
나는 여기가 좋아서 막둥이 집으로 가기 싫다.
넷째가 따뜻하게 잘 해주고 의사여서 조금만 아파도 바로 바로 해결해줄 뿐만 아니라 화장실도 내 방문만 열면 바로 있어 다니기 편하고 또 이집 저집 피난민처럼 옮겨 다니는 것도 싫기 때문이다.
그래서 저녁을 먹고 넷째한테 "나 여기 계속 있으면 안 되냐?"고 물었다.
넷째가 "계속 계셔"라고 한다.
그러나 넷째 말만으로 되는 것이 아니기에 주방에 있는 어멈한테 "어멈도 말을 해줘야지~"라고 했다.
넷째가 어멈도 동의했다고 걱정하지 말라고 한다.
그래서 진짜 고맙다고 했다.

요새 계속 고민이 되어 잠도 잘 못 잤는데 넷째 어멈도 계속 있으라고 했다고 하니 이제 발 쭉 뻗고 잘 수 있을 것 같다.
백두 살이나 먹어 내가 몇 년이나 더 살지 모르지만 남은 기간 탁구공처럼 넷째와 막둥이 집을 왔다 갔다 하지 않게 되어 너무 좋다.
그래서 앞으로 내가 살 집은 103동 넷째 집이고 그 다음에 살 집은 시집가서 살았던 한천면 오음리 선산 흙집이다.
앞으로 이생에서 살 집과 죽어서 살 집이 다 정해져서 너무 너무 마음이 편하다.
염려 놓으시고 잘 주무시라고 인사하고 가는 넷째한테도 손을 흔들며 "나, 너무 너무 좋아, 고맙다"라고 했다.
정말 좋다.

2019. 2. 22 금요일 (101세 + 90일)

새로 생긴 내 심심풀이 전화 친구

혜민이가 결혼하고 신혼 여행 갖다 와서 인사하러 왔다.
재밋게 잘 지내다가 왔다고 한다.
내 몫으로 맛있는 과자도 많이 사왔다.
혜민이가 난낫하여 심심하면 전화하려고 내 핸드폰에 전화번호 좀 입력해달라고 했다.
단축키도 만들어 주었는데 8번이다.
1번은 큰애, 2번은 둘째 아들, 3번은 셋째 아들, 4번은 넷째, 5번은 막둥이, 6번은 큰딸, 7번은 작은딸인데 혜민이가 8번을 얻었다.
내가 단축키를 눌러서 전화가 되는지를 시험해보았다.
"혜민이냐, 잘 들리냐?"
"네, 할머니, 혜민이예요. 잘 들려요"
바로 옆에 두고 전화를 걸어 멀리 있는 사람들처럼 전화를 하니 애들 장난하는 것 같았지만 재미있었다.
내 전화 친구들이 하나씩 떨어져 나가는 찰나에 새 전화 친구 혜민이가 생겨서 너무 좋다.
내가 아프면 좋은 약도 부탁하고 또 심심하면 전화해서 심심풀이도 좀 해야겠다.

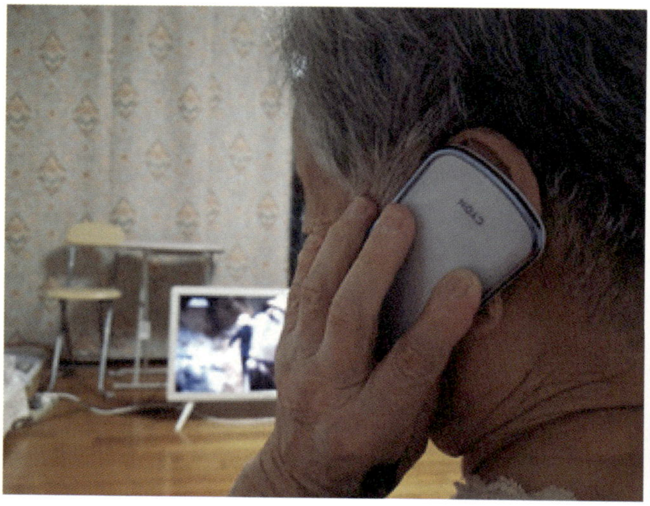

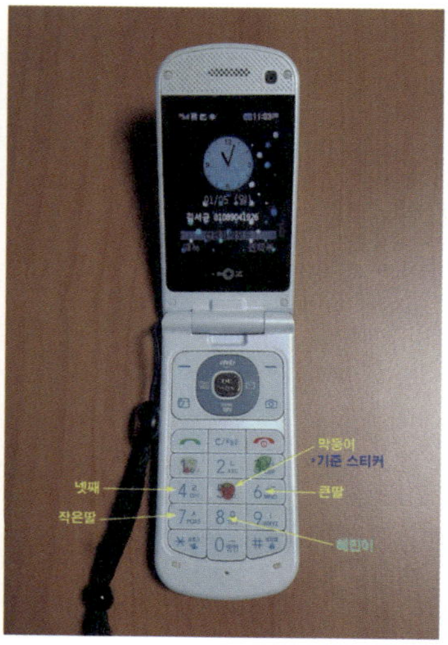

〈휴대전화로 전화 친구와 통화하는 모습, 새 친구 혜민이는 5번 밑에 8번이다〉

2019. 2. 25 월요일 (101세 + 93일)

서균 반란 4일 천하

넷째 집에 계속 있기로 넷째 부부와 이야기가 다 되어 너무 좋아 했는데 4일 천하가 되었다.
막둥이 고집 때문에 아무래도 막둥이 집에 가서 몇 달을 살다가 와야 할 것 같다.
지난 주 금요일부터 전화를 해서 3월 1일부터는 자기 집으로 와야 된다고 한다.
형 몸도 안 좋고 하니 와야 한단다.
거의 명령하는 식이다.
넷째가 보고 싶어 어떻게 갈 것인지 눈물이 앞을 가리지만 막둥이가 저렇게 세게 나오니 마음이 흔들린다.
넷째한테 말했더니 조금만 더 있다가 가겠다고 하면서 버티라고 한다.
토요일에 막둥이한테 그렇게 말했더니 막둥이가 일언지하로 안 된다고 하면서 전화를 끊어 버렸다.
그래서 그냥 주말에 막둥이 집으로 가려고 마음을 고쳐먹었다.
막둥이는 막둥이들 특유의 성깔이 있어 말을 안 들었다가 나중에 무슨 일을 당할지 모르니까!

넷째가 그럼 한 달만 연기해보겠다고 한다.
막둥이는 내 말은 무서워하지 않지만 형 말은 들을 수도 있으니 그래 보라고 했다.
그런데 한 달 연기하는 것에 동의를 했다고 한다.
이제는 왔다 갔다 안 하고 넷째 집에 계속 있으려고 했는데 막둥이 집에 한 번은 더 다녀와야 할 것 같다.
형제들이 서로 안 모시려고 싸우는 것보다는 낫지만 왔다 갔다 해야 하고 정 들면 또 정 떼야하는 나로서는 한 집에 계속 있는 것만은 못하다.
그런데 어찌 자식을 이길 것인가!
결국 나의 거사는 4일 만에 물거품이 되었다.

2019. 3. 1 금요일 (101세 + 97일)

드라마도 인생도 마지막은 모두 해피엔딩!

몸 둘 곳이 있고 마음 둘 곳이 있다는 것이 얼마나 행복한지!
어젯 밤은 여덟 시 반에 잠들어 딱 두 시에 한 번 깨고 다섯 시 반까지 잘 잤다.
마음이 안정이 되어 편히 잘 잔 것이다.
이렇게 잠들듯이 가고 싶은 것이 내 마지막 소원이다.
자식들 고생 덜 시키고 나한테 얽매이지 않고 맘대로 좀 즐기도록 이제는 가고 싶다.
나 때문에 저녁 모임은 거의 안 가고 매년 두세 번 나가던 해외 학회도 거의 못 가고 있다.
자식들한테 미안하고 면목이 없다.
그래서 잠들듯이 가고 싶은 것이 진심이다.
작년 11월에 위독하여 심장병 중환자실에 입원했을 때 넷째가 "어머니, 지금 돌아가셔도 미련이나 여한이 없어?"라고 물었었다.
그래서 "사랑하는 너희들 못 보게 되는 것이 아쉽고 마음이 아프지만 아무 미련도 아무런 여한도 없다. 너희들 따뜻한 사랑 많이 받고 오래 오래 살았으니 그저 감사하고 고마운 마음뿐이다"라고 했다.
정말 지금도 그렇다.

우리나라 설악산에서 제주도 한라산과 마라도까지 안 가본 데가 없고 미국도 동부와 서부는 물론 하와이까지 다 가봤고 안 먹어 본 것 없이 다 먹어봤다.
그러니 어찌 행복하지 않았다고 할 수 있겠는가!
나는 정말 행복했고 행복하다.
그러니 행복했던 순간만 기억하고 고맙고 감사한 마음만 가지고 갈 것이다.
저 세상에서 애들 아빠를 만나면 당신 덕에 내가 오래 오래 살고 당신 몫까지 사랑받고 왔노라고 할 것이다.
온갖 난리와 풍상을 겪었지만 죽으면 죽으리라는 각오로 자식들 교육과 가문의 재건을 위해 '죽으면 썩을 삭신을 뭐 하러 아끼냐'며 뼈가 부스러지도록 일을 했다.
그래서 지금은 온 몸에 성한 관절이 하나도 없다.
매일 아침 저녁으로 진통제를 먹어도 여전히 아프고 엉덩이 관절은 아예 못 쓰고 어깨도 거의 못 쓰며 허리는 3번이나 부러졌다.
내가 봐도 내가 참 대단했지만 나 혼자 한 것이 아니다.
자식들의 도움과 선영의 덕으로 된 것이다.
덕을 많이 베풀었던 선조의 도움으로 된 것이다.
선조의 덕에 감사하고 나도 죽어서 혼이 되면 우리 자식들이 자자손손 번성하고 행복하도록 복을 내려 줄 것이다.

이제 나의 백세 일기도 접으려고 한다.
내 이야기도 할 만큼 했고 앞으로 내가 몇 년을 더 살지 모르지만 지금과 별로 다를 것도 없으니 이제는 접으려고 한다.
연속극도 인생도 마지막은 모두가 행복한 해피엔딩이어야 하기에 내 일기도 내가 최고로 행복한 지금에 해피엔딩하려고 한다.
앞뒤도 없이 종횡무진 왔다 갔다 했던 내 한 세기 지난 삶의 기록과 백세에 이르면서 당한 여러 차례의 죽을 고비를 현대 의학의 도움으로 간신히 넘기고 자식들과 노인복지기관의 도움으로 하루하루 살면서 희로애락했던 백세 노인의 하루살이가 누구에게는 감사가 되고 누구에게는 희망이 되고 누구에게는 공부거리가 되면 좋겠다.
지금까지 돌봐 준 내 아들 딸 사위 며느리, 복지관과 요양원 원장님과 직원들, 전화 친구들, 그리고 여러 차례 죽을 고비에서 나를 살려 준 대학병원 선생님들께 말과 글로 다 할 수 없는 고마운 마음을 전한다.
내가 살아가는 데 힘과 자랑이 되어 준 손자들과 내 삶의 비타민이었던 증손주들이 큰 꿈을 품고 사랑과 용기로 꿈을 이루기 바라며 한 시대를 같이 살았던 여러분 모두와 나의 조국 대한민국에도 사랑과 평화가 넘치기를 기원한다.

감사합니다! 사랑합니다! 행복하세요!

백세인 성안댁 김 글라라 서균

감사합니다
김서균

나의 별로 초대

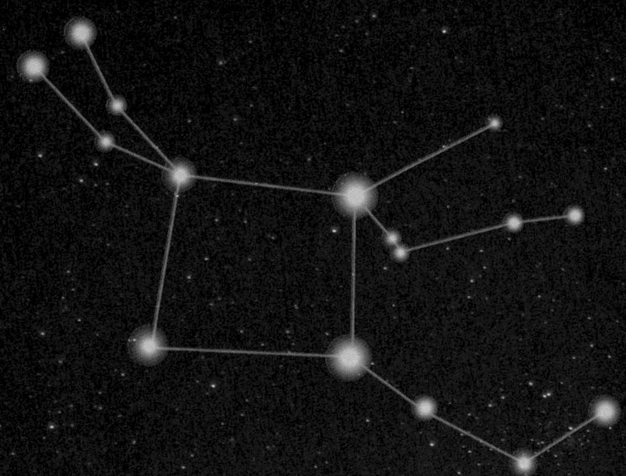

나의 별은 페가수스(Pegasus) 천마자리 가을의 궁전에 있습니다.
페가수스자리는 가을 초저녁에 머리 위에서 약간 남쪽 하늘에 정사각형에 가까운 사다리꼴을 이루는
4개의 별로 보입니다. 이 사각형은 페가수스가 뜻하는 천마의 거꾸로 누운 몸통에 해당됩니다.
4개의 별이 이루는 사각형은 가을의 창 또는 가을의 궁전이라고도 불립니다.
나는 말띠였고 가을에 태어났고 시집가서 어머니가 생각나면 밖에 나와 별을 보면서 별을 통해
어머니와 이야기를 나누었습니다. 그래서 나도 이 세상을 떠나면
가을 궁전의 별이 되어 사랑하는 나의 가족과 친지 여러분 모두를 만나고 싶습니다.
내가 보고 싶으면 가을밤 남쪽 하늘을 높이 쳐다보십시오.
페가수스 천마자리 가을 궁전의 큰 네모 창가에서
사랑하는 여러분을 언제나 기다리고 있겠습니다.

– 성안댁 김서균 –

저자 약력

전남대학교 의과대학
전남대학교병원 순환기내과
교수 **조 정 관**

1981년	전남대학교 의과대학 졸업
1988년	전남대학교 의과대학 전임강사
1989년	전남대학교 대학원 의학박사
1991~1992년	미국 펜실베니아 대학병원 펠로우
1992년	순환기내과 분과 전문의
2004~2006년	대한심장학회 연구이사
2008~2010년	대한심장학회 부정맥연구회 회장
2008~2011년	전남대학교병원 홍보실장
2010~2012년	대한심장학회 감사
2012~2013년	전남대학교 의학박물관장
2013~2015년	호남순환기학회 이사장
1999년~현재	전남대학교 의과대학 순환기내과 교수
2000년~현재	미국 심장율동학회 정회원
2001년~현재	미국 심장학회 정회원(FACC)

대표 저서

심장병 환자를 위하여(1998, 전남대학교 출판부)
부정맥 지피지기(2005, 기현출판사)
심전도 홀로서기(2006, 고려의학)

성안댁 김서균의 백세일기

2020년 3월 20일 인쇄
2020년 3월 31일 발행

저 자 김서균, 조정관
발행인 정병석
발행처 전남대학교출판문화원

등 록 1981. 5. 21. 第53호
주 소 61186 광주광역시 북구 용봉로 77
전 화 (062) 530-0571~3 팩스 (062) 530-0579
이메일 cnup0571@hanmail.net
홈페이지 http://www.cnup.co.kr

값 15,000원
ISBN 978-89-6849-720-9 (03800)

꿈 사랑 용기

백세인
김형석

2018. 11. 23

저의 백세 일기를 읽어주셔서 감사합니다.

여러분의 관심과 사랑에 보답하고자 제가 100세 생일에 쓴 휘호를 선물합니다.

꿈, 사랑, 용기 이 세 마디는 저의 100세 삶을 상징하는 말입니다.

여러분도 큰 꿈을 품고 사랑으로 용기를 내어 사십시오.